·立信会计丛书·

国际会计

International Accounting

(Fifth Edition)

郝振平 编著

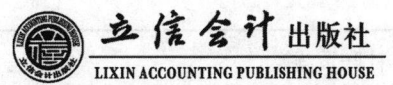

立信会计 出版社

LIXIN ACCOUNTING PUBLISHING HOUSE

图书在版编目(CIP)数据

国际会计 / 郝振平编著. —5 版. —上海：立信
会计出版社，2021.11(2025.7 重印)
ISBN 978-7-5429-6959-0

Ⅰ. ①国… Ⅱ. ①郝… Ⅲ. ①国际会计 Ⅳ.
①F234.5

中国版本图书馆 CIP 数据核字(2021)第 215747 号

策划编辑　　方士华
责任编辑　　孙　勇
封面设计　　南房间

国际会计（第五版）
GUOJI KUAIJI

出版发行	立信会计出版社	
地　　址	上海市中山西路 2230 号	邮政编码　200235
电　　话	(021)64411389	传　真　(021)64411325
网　　址	www.lixinph.com	电子邮箱　lixinaph2019@126.com
网上书店	http://lixin.jd.com	http://lxkjcbs.tmall.com
经　　销	各地新华书店	
印　　刷	常熟市人民印刷有限公司	
开　　本	787 毫米×1092 毫米　　1/16	
印　　张	23.5	
字　　数	510 千字	
版　　次	2021 年 11 月第 5 版	
印　　次	2025 年 7 月第 4 次	
书　　号	ISBN 978-7-5429-6959-0/F	
定　　价	58.00 元	

如有印订差错,请与本社联系调换

第 五 版 前 言

进入 21 世纪以后的二十余年中，国际会计领域继续发生着许多重大的变化，因而需要国际会计学科及时得到更新，以反映客观世界的最新发展。国际会计准则委员会完成改组之后，在国际上的影响与日俱增，其制定的国际会计准则和国际财务报告准则被越来越多的国家和地区所采纳；美国创新性地建立了会计监管体制后，对世界各国会计职业的发展产生了重要影响；中国经济的持续强劲增长，使中国在国际经济舞台上的地位越来越重要，在国际资本市场和国际会计领域中的作用越来越大，同时中国企业从事国际经营、发展跨国公司以及到海外证券市场上市证券的步伐也越来越快。这一切发展变化都需要我们对国际会计的有关内容及时进行更新。

本书第五版是在第四版的基础上根据国际会计领域里的最新发展进行的更新。随着会计准则国际趋同的趋势越来越明显，各国的会计实务和会计准则都发生了许多重大的变化，这些都在各个国别的会计环境阐述中得到了反映；国际会计准则委员会改组后国际财务报告准则制定的最新进展情况得到了更新；跨国公司国际经营活动中的新变化和国际金融市场中的新发展也都进行了更新。某些章节也进行了适当的调整和完善。

书中有错谬不当之处，恳请读者批评指正。

郝振平

2021 年 7 月 20 日

于清华园

目　　录

第一章　国际会计环境 ……………………………………………………………… 1

第一节　会计的国际发展 ……………………………………………………… 1

第二节　国际会计的概念 ……………………………………………………… 3

一、国际会计形成的两个经济背景(3)　二、国际会计的概念(5)　三、国际会计的主要内容(7)

四、国际会计与比较会计(9)

第三节　各国会计环境的差异及其成因剖析 ……………………………… 10

一、各国会计环境的差异(10)　二、成因剖析(12)

第四节　会计模式的国际分类 ……………………………………………… 18

一、缪勒的开创性工作(19)　二、诺贝斯的分层分类(20)　三、五大会计模式(20)

第五节　会计环境的分析模式 ……………………………………………… 23

复习思考题 ……………………………………………………………………… 25

参考文献 ………………………………………………………………………… 25

第二章　美洲及大洋洲的会计环境 ……………………………………………… 27

第一节　美国的会计环境 ……………………………………………………… 27

一、美国会计模式的形成(27)　二、基本的法律环境(28)　三、会计准则的制定与实施(30)

四、建立财务会计概念框架(33)　五、会计领域里的利益相关者(35)

第二节　澳大利亚和加拿大的会计环境 …………………………………… 38

一、通过公司法来规范公司会计实务(38)　二、会计职业界和会计准则的制定(39)

第三节　中南美洲国家的会计环境 ………………………………………… 42

复习思考题 ……………………………………………………………………… 43

参考文献 ………………………………………………………………………… 43

上网查询 ………………………………………………………………………… 44

第三章　欧洲的会计环境 ………………………………………………………… 45

第一节　英国的会计环境 ……………………………………………………… 45

一、强调"真实与公允反映"(45)　二、通过公司法规范公司财务报告(46)　三、现行公司法

中的会计规则概览(47)　四、历史悠久的会计职业界(49)　五、会计准则制定机构及其沿革(51)

　第二节　法国的会计环境 ……………………………………………………… 53

　　一、经济概况与法律环境(53)　二、会计总方案(55)　三、会计的管理机构和职业组织(58)
　　四、会计实务的几个方面(61)

　第三节　德国的会计环境 ……………………………………………………… 62

　　一、基本法律环境和主要的企业组织形式(62)　二、基本会计制度和会计原则(65)　三、会
　　计准则制定机构的建立及其发展(66)　四、会计职业团体(67)　五、会计实务(68)

　第四节　西欧其他国家的会计环境 …………………………………………… 71

　　一、比利时(71)　二、荷兰(72)　三、意大利(73)　四、西班牙(74)　五、瑞典(75)　六、瑞
　　士(75)

　第五节　东欧国家经济转轨时期的会计 ……………………………………… 76

　　一、会计法律体系的变革(76)　二、会计规则的主要内容(78)

　复习思考题 ……………………………………………………………………… 81

　参考文献 ………………………………………………………………………… 81

　上网查询 ………………………………………………………………………… 82

第四章　亚洲及非洲的会计环境 ………………………………………………… 83

　第一节　中国的会计环境 ……………………………………………………… 83

　　一、计划经济体制下会计规范体系的建立(83)　二、市场经济建设过程中的会计改革与发展(85)
　　三、经济体制改革和企业经济类型的多样化发展(87)　四、会计制度与会计准则的现状和未
　　来(91)　五、注册会计师制度的发展沿革(96)　六、对外开放与走向世界(99)

　第二节　日本的会计环境 ……………………………………………………… 101

　　一、由"三法体制"和新公司法构成的会计环境(101)　二、主要的企业组织形式及其治理结
　　构(102)　三、基本会计制度和会计准则(104)　四、会计职业界(107)

　第三节　其他亚洲国家的会计环境 …………………………………………… 110

　第四节　非洲国家的会计环境 ………………………………………………… 113

　复习思考题 ……………………………………………………………………… 114

　参考文献 ………………………………………………………………………… 114

　上网查询 ………………………………………………………………………… 115

第五章　会计准则的国际趋同 …………………………………………………… 117

　第一节　国际会计准则趋同的必要性 ………………………………………… 117

　　一、协调化、标准化与国际趋同的含义(117)　二、会计准则国际趋同的必要性(118)
　　三、会计准则趋同中的主要障碍(119)

　第二节　政府间组织的协调活动 ……………………………………………… 120

　　一、联合国的会计论坛(120)　　二、欧洲联盟的区域性协调(124)　　三、经济合作与发展组织的协调活动(132)　　四、非洲大陆在努力追赶(133)

第三节　非政府间组织的协调活动 ……………………………………………… 133
　　一、国际性工会组织对会计协调形成压力(133)　　二、投资者及其相关组织要求可比的财务信息(134)　　三、债权人及其相关组织对会计协调的影响(134)

第四节　民间会计职业团体的趋同成果 ………………………………………… 135
　　一、国际会计准则委员会及其国际会计准则(135)　　二、国际会计师联合会的影响(143)
　　三、其他地区性会计职业团体的作用(144)

复习思考题 ………………………………………………………………………… 144

参考文献 …………………………………………………………………………… 144

上网查询 …………………………………………………………………………… 145

第六章　国际资本市场和跨国公司 ……………………………………………… 146

第一节　世界资本市场的一体化 ………………………………………………… 146
　　一、金融市场及其主要经济功能(146)　　二、世界主要资本市场及其上市要求(149)

第二节　跨国经营的原因及其组织 ……………………………………………… 157
　　一、跨国经营与直接投资(157)　　二、全球化组织及其战略(160)

第三节　跨国公司组织结构的设置原则和基本类型 …………………………… 162
　　一、跨国公司组织结构的设置原则(162)　　二、基本类型(164)　　三、跨国公司组织结构的发展趋势(167)

第四节　跨国公司的内部控制与风险管理 ……………………………………… 168
　　一、内部控制的性质和作用(168)　　二、跨国公司内部控制中面临的特殊问题(169)　　三、跨国公司内部控制和风险管理的基本要素(170)

复习思考题 ………………………………………………………………………… 171

参考文献 …………………………………………………………………………… 172

上网查询 …………………………………………………………………………… 172

第七章　国际财务报告 …………………………………………………………… 173

第一节　国际财务报告的类型及其编报中面临的问题 ………………………… 173
　　一、财务报告是重要的决策信息载体(173)　　二、国际财务报告的类型和内容(175)　　三、国际财务报告编报中面临的问题(176)

第二节　回应国际需求的措施 …………………………………………………… 177
　　一、跨国公司信息披露的压力和阻力(177)　　二、跨国公司对国际需求的回应措施(179)
　　三、编报财务报告的概念框架(180)

第三节　国际财务报表分析的特殊要求 ………………………………………… 183

　　　一、了解报表提供者所在国的会计环境(183)　二、了解国际财务报告披露实务(183)

　　　三、理解各国经营环境中的差异(184)

　第四节　关于双重报告问题的讨论 …………………………………………………… 186

　复习思考题 …………………………………………………………………………… 189

　参考文献 ……………………………………………………………………………… 189

　上网查询 ……………………………………………………………………………… 190

第八章　合并报表与分部报告 ……………………………………………………… 191

　第一节　编报合并财务报表的动因和目的 …………………………………………… 191

　　　一、反映企业集团的经济实质(191)　二、促使合并财务报表产生和发展的因素(192)

　　　三、编报合并财务报表的目的(193)

　第二节　合并财务报表的合并范围与非控股股权 …………………………………… 194

　　　一、合并财务报表的合并范围(194)　二、非控股股权及其对集团概念的影响(196)

　第三节　编报合并财务报表所涉及的方法问题 ……………………………………… 197

　　　一、企业联合日合并财务报表的编制问题(197)　二、期末合并财务报表的编制方法(199)

　第四节　合并报表实务的国际发展及其协调 ………………………………………… 202

　　　一、各国合并报表实务发展概况(202)　二、中国的企业集团和合并报表实务(203)　三、合
　　　并报表实务的国际协调(205)

　第五节　分部报告 …………………………………………………………………… 207

　　　一、分部报告是合并报表的必要补充(207)　二、分部报告规则(208)　三、分部报告实务(209)

　复习思考题 …………………………………………………………………………… 211

　参考文献 ……………………………………………………………………………… 212

　上网查询 ……………………………………………………………………………… 213

第九章　外币会计 …………………………………………………………………… 214

　第一节　基本概念 …………………………………………………………………… 214

　　　一、外汇交易和外汇市场(214)　二、外币折算(215)　三、汇兑损益(216)

　第二节　外币交易会计 ……………………………………………………………… 216

　　　一、记录外币经济业务中的两种业务观(216)　二、期汇交易的会计处理(219)　三、衍生工
　　　具带来的会计问题(223)

　第三节　外币报表折算 ……………………………………………………………… 225

　　　一、外币报表折算的意义与方法(225)　二、折算损益的披露(230)　三、折算方法的历史回
　　　顾(232)　四、单一汇率法还是多种汇率法(233)　五、中国外币报表折算实务(236)

　复习思考题 …………………………………………………………………………… 238

参考文献 ·· 239

上网查询 ·· 239

第十章　通货膨胀会计 ·· 240

第一节　通货膨胀会计的基本理论 ·· 240

一、通货膨胀对财务信息的影响(240)　二、反映通货膨胀影响的主要方式(241)　三、通货膨胀会计的若干概念(242)

第二节　一般购买力会计模式 ·· 244

一、一般购买力会计模式的调整步骤(244)　二、一般购买力会计模式举例(247)　三、一般购买力会计模式的优点及局限性(251)

第三节　现行成本会计模式 ·· 251

一、现行成本会计模式的基本概念(251)　二、现行成本会计模式的调整步骤(252)　三、现行成本会计模式举例(254)　四、关于现行成本/不变币值模式的探讨(256)　五、现行成本会计模式的优点及局限性(258)

第四节　各国通货膨胀会计概述 ·· 258

一、各国通货膨胀会计的现状(259)　二、国际组织对通货膨胀会计的主要要求(263)　三、外币报表的通货膨胀调整(263)

复习思考题 ·· 264

参考文献 ·· 265

第十一章　预算控制和业绩评价 ·· 266

第一节　跨国公司全球化战略 ·· 266

一、全球化战略的含义(266)　二、战略目标的分解(267)　三、战略、计划与业绩评价系统(268)

第二节　跨国公司的管理信息系统 ·· 269

一、管理信息系统的基本概念和类型(269)　二、系统建立中所考虑的原则(270)

第三节　跨国公司的计划体系 ·· 271

一、计划体系的前提条件(271)　二、全面计划的设计与组织(272)

第四节　国际经营活动中的预算 ·· 272

一、预算在国际经营活动中的意义和作用(272)　二、影响预算的主要因素(274)　三、可供选择的预算形式和方法(275)

第五节　全球经营活动的管理控制 ·· 277

一、管理控制与企业战略(277)　二、管理控制与组织结构(278)

三、管理控制的实务分析(278)

第六节　跨国经营业绩评价 ·· 283

一、常见的业绩评价指标(283)　二、经济增加值指标(284)　三、平衡计分卡绩效管理工具(286)

　　四、建立跨国公司业绩评价系统应考虑的问题(289)

　复习思考题 ……………………………………………………………………… 290

　参考文献 ………………………………………………………………………… 291

第十二章　外汇风险管理 …………………………………………………………… 292

　第一节　汇率的影响因素及其预测 ……………………………………………… 292

　　一、外汇风险管理概述(292)　二、影响汇率的主要因素(293)　三、汇率预测(296)

　第二节　外汇风险敞口的计量与控制 …………………………………………… 298

　　一、外汇风险的类别和计量(298)　二、外汇风险的控制(301)　三、中国企业外汇风险管理

　　问题(306)

　复习思考题 ……………………………………………………………………… 307

　参考文献 ………………………………………………………………………… 307

第十三章　国际转移价格 …………………………………………………………… 309

　第一节　国际转移价格的意义 …………………………………………………… 309

　　一、促进分权经营管理(309)　二、确保资源最佳利用(310)　三、完善公司经营策略(310)

　　四、实现利润最大化(311)

　第二节　国际转移价格定价系统 ………………………………………………… 311

　　一、国际转移价格定价系统的目标(311)　二、国际转移价格定价方法(315)　三、西方发达

　　国家跨国公司国际转移价格定价实务(318)　四、进一步的考虑(321)

　第三节　国际转移价格的总税负分析 …………………………………………… 321

　　一、基本公式(321)　二、税负最小化分析(323)

　第四节　各国政府对跨国公司转移价格的反应 ………………………………… 325

　　一、跨国公司的策略(325)　二、各国政府的反应(327)

　复习思考题 ……………………………………………………………………… 328

　参考文献 ………………………………………………………………………… 329

第十四章　国际税务 ………………………………………………………………… 330

　第一节　税务是与会计密切相关的一个领域 …………………………………… 330

　第二节　国际所得税税制 ………………………………………………………… 331

　　一、传统税制(331)　二、归属税制(332)　三、分率税制(335)

　第三节　避免国际双重征税 ……………………………………………………… 335

　　一、国际双重征税和税收管辖权(335)　二、避免国际双重征税(336)

　第四节　税种和税基的国际对比 ………………………………………………… 339

　　一、税种与税负(339)　二、税基计算中的国际对比(340)　三、资本利得与年度亏损计税规定的国际对比(341)

　　第五节　税收饶让和避税港 …………………………………………………… 341

　　　　一、税收饶让(341)　二、避税港(342)

　　复习思考题 ………………………………………………………………… 343

　　参考文献 …………………………………………………………………… 343

第十五章　国际审计 …………………………………………………………… 344

　　第一节　国际审计的基本概念 ………………………………………………… 344

　　第二节　国际审计中的主要问题 ……………………………………………… 345

　　　　一、环境背景方面的差异(345)　二、各国会计实务差异(345)　三、各国审计实务差异(346)

　　第三节　国际会计公司 ………………………………………………………… 347

　　第四节　国际审计准则 ………………………………………………………… 350

　　　　一、各国审计准则(350)　二、国际审计准则(351)　三、中国审计准则(354)

　　第五节　跨国公司审计实务 …………………………………………………… 356

　　　　一、跨国公司审计的基本点(356)　二、审计策略(357)　三、审计范围(358)　四、与其他注册会计师的合作(358)　五、对合并报表进行审计(359)

　　第六节　跨国公司内部审计与审计委员会 …………………………………… 360

　　复习思考题 ………………………………………………………………… 361

　　参考文献 …………………………………………………………………… 361

　　上网查询 …………………………………………………………………… 362

第一章　国际会计环境

　　会计既具有技术性又具有社会性,会计的技术是在一定的社会环境中产生和发展的,反映着一定社会环境的要求,同时又受一定社会环境所制约。会计不可能脱离开一定的社会环境独立存在,会计是社会环境的产物。由于目前世界各国的社会环境纷繁复杂,故各国的会计制度、会计模式、会计实务等呈现出了多样化发展的现状。会计所处的这种社会环境构成了会计环境,包括对会计产生影响、形成制约的政治、经济、法律、文化、教育等各种因素和各个方面。各国不同的会计环境就是国际会计环境,正因为会计是其所处环境的产物,所以从全球角度审视和研究会计问题时就不能不从国际会计环境入手。

　　从 20 世纪末以来,以信息技术为代表的科技革命正在迅猛发展,由此加速了国际经济结构的调整,从而加快了经济全球化进程。世界经济一体化已经是一种不以人的主观意志为转移的客观趋势和潮流,其实质是市场经济在全球的推广和深化,结果将是资源的配置在世界范围内进行,这是国际会计环境发展的新特点和新趋势。

第一节　会计的国际发展

　　人类在劳动中创造了会计,在交流中发展了会计。会计的知识和技术几千年来一直在不同的地区和国家积累、进步,又在各地区和国家之间传播、扩散。现代会计的历史发展呈现出明显的国际性,许多国家都在现代会计的形成和发展过程中作出了贡献。

　　现代会计的新纪元始于 1494 年,其里程碑性的标志是该年意大利人卢卡·帕乔利(Luca Pacioli)的不朽之作《算术、几何、比及比例概要》(Summa de Arithmetica, Geometria, Proportioni et Proportonalita)在威尼斯出版。该书的出版同时也确立了意大利当时在会计方面的世界领先地位。13 世纪至 14 世纪,随着国际贸易的发展,以威尼斯为中心的地中海贸易区形成,从而奠定了借贷复式记账法产生和获得初步发展的经济基础。关于复式记账法的起源有多种说法,但是以借贷复式记账法为特征的意大利起源说有较多的史料予以支持。

　　帕乔利的著作中有专门介绍威尼斯复式记账法的章节,这些章节的归纳和论述为借贷复式记账法在欧洲和世界的传播奠定了基础。该书共分五部分：代数和算术、代数和算术在商业中的应用、簿记、货币和兑换、纯几何学和应用几何学。其中簿记部分共36章，讲解了借贷复式记账法，此外还讲解了以日记账、分录账和总账构成的账簿体系，并说明了结账的步骤和试算表的编制方法。帕乔利有关簿记的总结和论述在当时的世界范围内确实反映和代表了最高水平的会计文献和会计实务，并且借贷复式记账法目前仍在世界范围内被广泛采用，故将帕乔利著作的问世看作是现代会计的开端得到了世界上大多数国家会计师们的认可。一般作者认为复式记账是意大利人的发明，但有的专家则认为马可·波罗（Marco Polo）在中国曾看到复式记账的做法，因此，中国人有可能早于意大利人发明了复式记账法，意大利的复式记账有可能是从中国传入的①。

　　到16世纪，意大利借贷复式记账法已逐步传入德国、法国、西班牙、葡萄牙和荷兰，在这些国家中得到了应用并有了进一步的完善和发展。从16世纪开始，欧洲的商业中心由地中海沿岸逐步转到了大西洋沿岸。处于这一时期商业中心的荷兰在吸收意大利复式记账法的同时，改进了确定和计算一个会计期间的收入的方法，使会计知识和方法体系增添了新的内容。随着商品经济的发展，荷兰会计发展到了当时世界的领先地位。

　　意大利复式记账法在意大利周边国家得到了进一步的完善和发展。之后，这些国家在进行国际性经济和贸易活动中又将其较先进的会计方法传播到世界各地。欧洲大陆的会计方法首先传到英国，后又传到美国。荷兰将它的会计传播到印尼，法国则在波利尼西亚和法属非洲领地推行其会计制度；而德国则在北欧、俄国以及后来在日本扩大它的影响。

　　18世纪英国的产业革命，促进了生产力的极大发展，对会计的作用提出了新的要求；意大利先进会计方法的引入使适应经济扩张需要的新会计技术和制度的发展成为可能。到19世纪，英国的会计与其经济一样在世界上达到了最先进的水平。随着生产技术的发展，大批大量生产的大规模企业日益增加，固定资产规模扩大，折旧会计应运而生，并且产生了间接费用和存货成本的分配方法。同时，企业组织的基本形式也从独资和合伙转向了有限责任公司和股份公司，适应这些新的需求，英国会计师们创造了相应的会计理论和方法与之相匹配；伴随着公司税赋和个人税赋的增加，产生了新的税务会计制度和程序。

　　英国还是现代审计和职业会计师的发源地。在苏格兰产生了最早的职业会计师组织，1854年爱丁堡会计师协会被授予了皇家特许证。会计职业团体及其成员从事的审计工作对现代会计的发展产生了积极的促进作用。

　　进入20世纪，美国的经济实力不断增长。尤其是第二次世界大战以后，美国的经济

---

　　①　Holzer etc(1984) *International Accounting*, Harper & Row Publishers, pp. 3 and 5.

取得了绝对的优势,美国的会计也相应地在资本主义世界里取得了主导的地位。之后,美国的会计理论和实务对世界许多国家都产生了重要的影响。

随着企业管理水平的不断提高和各种经济业务的日益复杂,对会计理论和方法提出了更高的要求,而美国以其经济实力为基础在会计研究方面投入了巨大的人力、物力和财力,使得美国会计理论和技术水平逐渐居于世界领先地位。

20世纪初,随着十月革命的胜利,在原苏联建立了第一个社会主义国家。苏联在吸收德国、法国等欧洲国家会计方法的基础上逐步建立了计划经济体制条件下的统一会计制度。中国在1949年以后基本上接受的是苏联会计模式。东欧许多国家也都是如此。

现代会计的国际发展使得各国会计有了许多“共同语言”,而借贷复式记账法则几乎成为会计界的“世界语”。但是会计的国际发展造就的各国会计的共性并不意味着各国会计的统一性。由于各国会计环境的差异,形成了形形色色的各国会计实务。会计的国际发展及其所显现的国际性是国际会计得以产生的必要条件,但还不充分,国际会计作为一个独立学科发展还需要有其他条件。

第二节　国际会计的概念

一、国际会计形成的两个经济背景

国际会计作为一个独立学科发展的主导因素是经济方面,为什么国际会计形成于20世纪? 人类进入20世纪以后,经济领域出现了许多以往不曾有过的重大发展,这些重大发展又促进了其他事物的发展,同时也成为国际会计产生和发展的重要背景。对国际会计的形成具有尤为明显作用的经济背景主要有两个方面:一是国际经营活动的发展,其中主要是跨国公司的发展;二是随着全球金融市场一体化的深入,国际资本市场的形成和扩大。

国际经营活动在很久以前就产生了,最初主要表现为直接的商品交换。16世纪和17世纪在殖民主义扩张过程中,出现了最早的国外投资活动,经济水平较高的国家在各殖民地进行直接投资,最初是掠夺原材料,进而制造产品,最后几乎完全垄断了殖民地的经济贸易。18世纪和19世纪的产业革命促进了资本主义生产力的极大发展。到19世纪末、20世纪初,资本主义进入垄断阶段,在一些发展起来的资本主义国家开始出现大量的“过剩资本”,由此使得资本输出成为普遍的现象。一些大型企业通过对外直接投资,在国外设立了分支机构和子公司。跨国公司开始在国际经营活动中扮演主角。

国际经营活动的发展,提出了许多新的会计问题,这些问题是以往以一个国家为基础建立起来的会计理论和方法所不能解决的。

一个企业在其他国家开展经营活动,首先遇到的一个问题是如何选用适当的会计准则进行会计处理。这里有两种情况:

一种情况是选用资本输出国的会计准则。一个企业在其他国家开展的经营活动按本国的会计准则进行会计处理。这种情况主要反映在一个企业在其他国家建立独资企业，或是经济发达国家在经济落后国家建立分支机构或子公司的经营活动中。

另一种情况是选用资本输入国的会计准则。也就是一个企业在其他国家开展的经营活动按所在国的会计准则进行处理。

无论哪种情况，都因企业的经营活动超出了一个国家的范围，客观上要求对其他国家的会计准则和实务，以及与会计有关的立法情况和企业组织的形式进行研究和比较。

跨国公司的经营活动在多个国家中展开，除整个跨国公司要面对多个国家的会计准则或会计制度的情况外，还会涉及的会计问题有：各个分支机构或子公司在使用不同的货币单位记账；各国通货膨胀率不同，财务报告的数据与实际的财务状况和经营成果就会有一定的出入；整个跨国公司的财务报表需要合并，如何使合并报表真实反映综合的财务状况和经营成果；等等。这些情况都需要有新的会计理论和方法来加以解决。另外，跨国公司的国际税务、跨国转移价格和跨国财务报告等，也都是跨国经营活动中与会计有关的新问题。

国际资本市场的发展是促使国际会计形成的另一重要经济背景。国际资本市场是国际资本集中和流转的场所。第二次世界大战以后，随着经济发达国家资本输出的扩大，金融市场呈现出全球一体化的发展趋势，即全世界的金融市场统一成为一个国际金融市场，国际资本市场得到了巨大的发展。任何国家的经济实体在寻求融资时不必受限于其国内金融市场，投资者欲进行投资也不必受其国内市场的限制。各国的企业对资本的需求由原来主要由国内资本市场得到满足转向主要依靠国际资本市场的融资。

国际资本市场中主要是长期证券市场的发展对会计提出了新的要求。投资者在长期证券市场上进行的投资一般称为间接投资。投资者在进行投资决策之前，需要了解上市证券企业的各个方面，为此，上市证券的企业必须提供有关的经济信息，其中包括通过财务报告提供各种财务信息，只有如此才能吸引投资者的投资，企业也才能筹集到所需要的资金。但是在国际资本市场上，上市证券的企业分属不同的国家，遵循各种不同的会计准则，因而提供的财务报告各不相同，存在着或大或小的差异，这就给各国投资者对各种财务信息进行对比、分析和据以作出相应的决策带来了不便。因此，客观上要求对各国的会计进行比较研究，以便有关各方了解和掌握这方面的知识，解决国际资本流动中财务信息方面存在的潜在障碍问题。为此，国际会计职业界力图经过努力来协调各国的会计准则，以期有利于国际资本的流动和增强投资者的信心。

国际经营活动和国际资本市场的发展首先促进了国际企业管理、国际金融、国际税务等学科的形成和发展，进而又使国际会计的形成和发展成为必要和可能。国际会计成为一门完整和系统的学科只有五六十年的历史。第二次世界大战以后，随着国际经营活动和国际资本市场的发展，一些会计学者开始观察和研究各国会计实务差异、会计准则制定等国际会计问题；跨国公司在其会计实务中为解决新问题而创造了新的会计方法和技术，于是，各种总结、介绍和探讨国际会计理论和方法问题的文章和专著不断问世、逐步增多。在跨国公司将其业务经营活动扩展到国外的过程中，各国职业会计师进行了广泛的交流，增进了彼此的了解，并且在此基础上对各国会计的协调做了许多工作，由此构成了国际会计形成和发展中不可缺少的一个重要方面。

二、国际会计的概念

美国会计学教授杰哈得·G·缪勒(Gerhard G. Mueller)是国际会计研究的先行者，他最早在 1967 年出版了专著《国际会计》一书，并首次对世界会计模式进行了划分。20 世纪 70 年代，美国会计学会针对涉及国际经营活动的诸学科中国际会计发展最为落后的状况成立了专门的国际会计委员会对此进行调查研究，该委员会的研究报告发表在《会计评论》1973 年的增刊上，报告阐述了将会计教育扩大到国际经营领域的必要性。由此促进了国际会计作为一门独立的学科纳入大学会计课程体系之中。1980 年美国俄克拉荷马大学的乔治·斯克特与庞特斯·特罗伯哥(George Scott and Pontus Troberg)为美国会计学会进行了一项称为德尔斐评估(Delphi Evaluation)的工作，提出了按重要性顺序排列的 88 个国际会计问题，首次系统地确定和排列出主要的国际会计问题以及评价解决这些问题的恰当研究方法。

20 世纪 80 年代以后，美、英等国有关国际会计问题的专著和教材逐渐增多，这些著作逐步丰富和完善了国际会计的理论和方法，促进了国际会计的进一步发展。

1973 年成立的国际会计准则委员会及其发布的国际会计准则，对国际会计实务产生了重要的影响，也对国际会计的理论建设起了促进作用。另外，许多国际会计公司经常进行有关国际会计问题的调查研究，为国际会计的研究提供了许多有价值的资料。

从国际会计的形成过程可以看到，国际会计的概念是逐步建立起来的，人们不是先有了国际会计的概念再去发展国际会计这一学科，而是在对国际性会计问题探讨和研究的不断积累中渐渐地形成了国际会计的概念。尽管如此，由于不同的研究人员或实务工作者的研究背景或实际经历不同、看问题所站的角度不同，对国际会计就有各种不同的解释和诠注，故迄今为止并未形成一个世界会计界公认的国际会计概念。早在 20 世纪国际会计日益发展的 70 年代，美国会计学家威瑞奇(T. R. Weirich)、艾温里(C. G. Avery)和安德森(H. R. Anderson)就已观察到了这种现象，他们将与国际会计有关的认识或观念归纳为三类，并相应提出了三种不同含义的国际会计概念①：

---

① Weirich, T. R., Avery, C. G. and Anderson, H. R., (1971) "International Accounting: Varying Definitions", *International Journal of Accounting*, Fall, pp. 80 - 88.

（一）世界会计（World Accounting）

在这种概念框架中,国际会计是指世界上所有国家都认可和采纳的一种全球性会计制度,它可以适应于一切国家。为此,需要在世界范围内建立各国公认的会计准则,确立世界范围内的统一会计模式。这种概念可能会是国际会计发展的最终目标。

（二）国际会计（International Accounting）

在这一概念框架下,国际会计是世界各国不同的会计原则、准则、原理和方法的集合体。它包含着各个国家公认的会计原则,是多原则概念结构,不认为短期内能建立一套全球公认的、完美的会计准则和制度。根据这种概念,人们要分析比较各国的会计差异,探索差异产生和存在的原因,寻求协调各国会计实务的途径。

（三）国外子公司会计（Accounting for Foreign Subsidiaries）

这种概念概括的是母公司及其国外子公司的会计实务,研究跨国公司国际经营活动中产生的特殊会计问题,如建立有效的信息系统和内部控制制度,国外子公司财务报表的折算和调整等等。

国外子公司会计应该看作是跨国公司会计的同义语。站在跨国公司的角度研究跨国经营活动中出现的各种会计问题,被概括称为跨国公司会计。跨国公司会计是为增进跨国公司国际经营活动和国际资本流动、以跨国公司遇到的特殊会计问题为主要研究对象、以适用于跨国公司的各种会计理论和方法为主要内容而形成的一个会计分支。主要内容包括:国外子公司以外币表示的财务报表如何折算成以母公司报告货币表示的报表,日常会计处理遵循什么会计准则或会计制度,各国会计原则、制度、方法和程序方面存在的差异如何在子公司中进行协调,如何处理各国币值波动的问题,国外子公司的财务报表如何与母公司的报表进行合并,等等。

我们认为,在上述三种不同含义的概念中,第二种概念比较切合实际。第一种概念所指的可以看作是一种理想的国际会计,而不是现实的国际会计,这种目标在短期之内是不可能实现的,这是一种理想主义的观念。第三种概念只能是国际会计中的一个组成部分,而不能用它来取代国际会计的完整概念。国际会计的外延比国外子公司会计或跨国公司会计的外延要更加广泛。

综上所述可见,国际会计是一个集合体,通过对这个集合体的研究,找出各国会计原则、原理和方法方面的差异及其原因,归纳出各国通行的国际惯例,可以有助于协调各国的会计实务,有利于提高跨国公司的经营效率,为发展各国经济服务。因此,国际会计是以会计的国际差异和国际惯例为研究对象,以会计的国际比较分析、跨国公司特有的会计计量、报告和控制问题、国际金融市场对会计的需求以及各种国际性组织对世界范围内会计和财务报告所进行的协调和趋同等为研究内容,将一般目的的、面向本国的会计在广泛的意义上扩展到国际环境中而形成的一门新兴会计学科。

三、国际会计的主要内容

国际会计的主要内容可大体概括为以下几个方面：

（一）各国会计环境的描述、比较和差异分析

国际会计首先研究各国会计环境现状，即研究各国会计实务、会计观念、会计准则及其制定等，比较各国会计的异同，寻找产生差异的原因。这种研究首先是从一些经济发达国家开始的，如美、英、法、德等。在国别研究的基础上，根据各国会计所表现出的特征的相近性，对各国会计进行分类研究，从而概括出不同的会计模式。

（二）国际会计协调的组织及其协调活动

各国会计存在的差异给国际经营活动和国际资本流动带来了障碍，为解决国际会计差异问题，一些国际性组织或为此专门成立的国际性组织开展了各种旨在协调各国会计差异、促使各国会计趋同的活动，如联合国的国际会计和报告政府间专家工作组、国际会计准则委员会等。研究国际会计协调和趋同的必要性及其障碍，各种协调和趋同活动取得的进展及其发展方向等。

（三）国际财务报告

跨国公司在不同国家进行直接投资、在国外证券交易所上市证券、从国际金融市场筹集资金等各项活动中，需要向国外的投资者、债权人、政府机构和其他有关各方提供本公司的财务报告，这是实现投资、融资财务管理目标的必要前提。为保持其证券的正常流通和满足投资者和贷款者的信息需求，还要向有关各方提供年度财务报告。大型跨国公司在财务报告中还要包括分部报告，即按行业和按地域提供相应的财务信息。

（四）外币会计

外币会计包括外币交易会计和外币折算会计，外币交易会计是一国的企业与外国企业进行以非记账本位币标价的交易而产生的会计问题。跨国公司母公司和子公司处于不同的国家，往往使用着不同的货币，为了编制合并财务报表的需要或是为了满足不同国家投资者的需要，以不同货币表示的财务报表必须折算成单一货币表示的报表。折算方法有单一汇率法和多种汇率法，多种汇率法中又有流动非流动法、货币非货币法和时态法等。由于汇率的变动，折算过程中往往要产生折算损益。多种折算方法的存在和折算损益的不同处理，会直接影响各公司之间财务信息的可比性，因而经常出现折算后财务报表对折算前财务报表歪曲反映的情况。为解决这一问题，美国首先提出了职能货币的概念，以此对国外子公司的经营活动进行划分，并根据不同性质的经营活动采取不同的折算方法。

（五）国际通货膨胀会计

大多数国家的财务报表都是按历史成本原则编制的，即以币值不变为基本假设。

随着各国物价变动的加剧，物价变动会计在不同的国家有不同程度的探讨和运用。对于跨国公司来说，母公司和各子公司处于不同程度的通货膨胀经济环境之中，它们分别编制的财务报表反映着不同的货币购买力水平，在编制合并报表时需要将这些财务报表重新计量为反映相同购买力水平的数据，然后再进行合并。当子公司报表中所用货币与母公司的报告货币不一致时，还要对子公司的外币报表进行折算。这样，对于调整通货膨胀和进行外币报表换算孰先孰后的不同，产生了先调整后折算与先折算后调整两种不同的方法。

（六）跨国公司合并财务报表

合并财务报表是反映母公司及其各子公司作为一个经济实体的总括财务状况和经营成果的财务报告形式。跨国公司在合并财务报表方面需要确定合并的范围、程序和应采用的方法、技术。跨国公司进行财务报表合并中的特别之处是涉及上述的外币报表折算和通货膨胀调整。

（七）跨国公司和国际资本市场

许多新的会计和财务报告问题是由国际资本市场的全球一体化和跨国公司从事国际性经营活动引起和产生的，跨国公司和国际资本市场虽然不是国际会计研究的直接内容，但是它们是理解和研究国际会计问题所必须弄清的基本背景和条件。在跨国公司日益发展的同时，金融市场正向全球一体化方向演进，全球性竞争使得世界主要金融市场上的参与者能够更有效地参加投融资活动。现代信息技术的迅猛发展使金融市场的全球一体化成为可能并正在成为现实。

（八）跨国公司预算控制和业绩评价系统的建立

跨国公司的会计信息系统要为其国际国内各种经营活动的预算、计划、控制、协调和业绩评价提供所需的信息。这种信息系统既要能为外部需要者提供有关的信息，更要为整个公司内部各级管理部门和管理人员提供所需的各种信息。跨国公司的会计信息系统和管理控制系统是紧密相连、融为一体的，既为跨国公司提供信息服务，也为跨国公司进行控制和评价服务。

（九）外汇风险管理

跨国公司母公司及其子公司在生产经营活动中往往使用多种货币，而当一种货币的变动引起母公司货币价值变动时，这种货币所反映的资产、负债或收益等用母公司的货币进行衡量就"暴露"在汇率变动的风险之中。有两种外汇风险管理的基本策略：进攻性管理和防御性管理。进攻性管理是企业管理当局积极主动地进行汇率变动预测，根据预测结果采取相应的有力措施，避免或减少汇率变动给企业可能带来的损失。预防性管理是企业尽可能地将某种货币表示的资产与该种货币的负债相配合，或某种货币的现金流入与该种货币的现金流出相配合，这样，某种货币的资产发生损失，这种货币的负债会产生收益，或者某种货币的现金流入发生损失，这种货币的现金流出就会产生收益，以此来避免风险。

（十）跨国转移价格和国际税务

国际转移价格的制定有两种基本的方式：一是以成本为基础；二是以市价为基础。跨国公司在确定转移价格定价策略时一般要考虑所得税、关税、进出口限制、子公司的竞争力及其形象、通货膨胀率、外汇管制、当地合伙人和雇员的利益以及政治的稳定性等因素。跨国公司通过操纵转移价格达到公司利润最大化的做法使各国政府认识到必须采取措施加以限制，因而许多国家的政府通过立法来规定对跨国公司转移价格的监督和管制。跨国公司为了谋求税后利润最大化，就要设法谋求全球税赋最小化，因此跨国经营需要具备国际税务方面的知识。各国税法税制有着很大的差异，跨国公司在国际税务管理中需要了解其他国家的税收制度，进行税务规划，合理避税，实现最大利润。

（十一）跨国公司审计

跨国公司审计包括外部审计和内部审计两个方面。跨国公司的外部审计涉及跨国公司选择外部审计师的问题，即是选择一个大型国际会计公司对整个跨国公司进行审计还是在不同的国家选择不同的会计师事务所进行审计。内部审计既要配合外部审计，也要补充外部审计。内部审计要按照外部审计的要求进行准备，同时对外部审计未审的机构和内容进行审计，因为外部审计一般采用抽样审计，内部审计还要实施一些专门的审计，如经营审计、效益审计等等。

四、国际会计与比较会计

比较会计是指对不同会计原则、会计方法、会计制度、会计实务等进行比较分析，概括异同点及其形成原因，探索发展规律，旨在帮助人们认识和理解各种会计模式的特点，以便学习、吸收和引进先进的会计理论与方法而形成的一个专门的会计学研究领域。比较会计在一般的情况下是指比较国际会计，即在国际的范围内比较不同国家不同会计模式下的会计原则、会计方法、会计制度、会计实务等。

对比较会计与国际会计的关系，目前有两种不同的理解：一是认为比较会计就是国际会计，即国际会计实际上是比较国际会计，两者的内容是一致的；二是认为比较会计是国际会计的一个组成部分，国际会计是一个大概念，比较会计只是其中的一个研究方面或是一种研究方法。从理论上说，比较会计与国际会计不能是同一个概念，至少两者研究问题的角度是不一样的。从现实情况来看，比较会计尚不构成一个独立的学科，而国际会计则被普遍认为是会计学的一个分支。比较会计目前比较的内容多集中在财务会计和财务报告方面，如比较不同国家会计准则的制定、内容和实施问题，比较各国会计实务的发展和现状以及比较各国公司企业财务报告的要求、形式和内容等。国际会计除包括对各国财务会计进行介绍和研究外，还包括国际管理会计问题，主要涉及跨国公司的管理会计实务。

　　比较会计研究的目的是,通过概括不同国家在会计原则和会计实务方面的相同点和不同点、分析形成这些相同点和不同点的影响因素以及它们的发展趋势,帮助跨国财务信息的使用者和提供者了解和遵循国际会计惯例,促进国际会计协调和趋同,以有利于解决跨国经营中产生的特殊会计问题。一个国家的会计人员通过观察和了解其他国家的会计人员是如何处理和解决某些他们正在或将要遇到的会计难题的,可以提高和改进他们自己的会计实务。通过比较研究也可以使人们懂得,各国会计方法的不同是由于各国政治、法律、经济和社会文化等因素的不同造成的,这样可以把握国际会计协调的方向、力度和深度。

　　比较会计研究的内容主要是针对财务会计的。具体来说包括:财务报告环境的比较研究,分析塑造一国财务报告模式的影响因素;财务会计准则的比较研究,分析准则的制定机构及其人员组成、制定程序和发布的形式,准则的内容、权威性及其与法律的关系;各国财务会计实务的现状和发展历程的比较研究,分析适应不同会计环境的不同会计方法的产生和运用的条件,概括财务会计领域中的习惯做法或惯例;各国财务报告法定要求方面的比较研究,研究各国法定财务报告所要求的形式和内容、涉及的报告单位的范围以及报告单位选择报告内容和形式的自由度等。

　　比较会计研究的方法主要是采用比较法。具体表现形式有:描述性比较,通过文字叙述来描述各国会计的异同点;统计数表比较,通过列示财务会计某些方面的统计数字来揭示各国会计实务这些方面的特征;图示比较,通过各种不同的图示(如色调深浅不一的世界地图、反映各种比例或趋势的直方图和曲线图)反映各国不同会计实务的现状和发展等。

第三节　各国会计环境的差异及其成因剖析

一、各国会计环境的差异

　　从会计的国际发展中我们可以看到会计具有明显的国际性,各国会计有许多共性的地方,复式记账是现代会计的共同特征。然而各国会计又都有各自的特点,有多少个国家就有多少种会计制度,没有哪两个国家的会计制度是完全一样的。这种差异存在的基本原因是各国会计环境之间都存在着一定的差异。会计存在于一定的环境之中,并且在一定的环境中得到不断地发展,会计在很大程度上说是环境的产物。现实世界中的各国环境是各不相同的,从经济方面来说,不同的国家处于经济发展的不同阶段,有的国家仍然是自给自足、易货贸易的经济,有的国家已进入高度发达的工业化阶段,而有的国家则已进入信息时代、知识经济阶段;小型独资企业对会计的要求显然不同于大型跨国公司对会计的要求。

除经济方面外,各国会计环境的差异还表现在各国不同的政治制度、法律制度、教育制度和教育水平、社会文化特征等方面。例如,在穆斯林国家中,宗教教义禁止收取利息,因此,在这样的国家中就不可能运用与利息有关的会计程序。会计是由一国的环境塑造的,它要反映该国环境所具有的特征,并且还会巩固这种特征。

国际会计的研究起点可以有多种[①],其中之一是从会计环境入手。从会计环境入手实际上是首先研究各国会计环境的差异。了解和弄清各国会计环境的特征及差异的意义在于:

(一) 有助于吸取别国的经验教训

当学习和吸收别国的会计理论和方法时,除了要掌握这种理论和方法本身之外,更要理解这种理论和方法产生与应用的环境条件。只有真正理解了应用条件,才能避免生搬硬套、有效吸取别国的经验教训。例如一个从未经历过严重通货膨胀的国家是不会一下子开发出与通货膨胀有关的会计程序与方法的,而当这样的国家出现严重通货膨胀的时候,考察其他国家的通货膨胀形成的原因及其会计理论与方法就是十分必要的了。显然,一个国家的解决办法对另一个国家来说不一定可行,因为不同国家通货膨胀的性质和表现可能是不同的;但是如果弄清了其他国家通货膨胀的原因和表现形式,并分析出有可借鉴之处,那么就可以有针对性地吸收、引进其他国家的通货膨胀会计模式,从而可大大缩短本国找到有效对付通货膨胀办法的时间、减少搜寻最佳通货膨胀会计模式的耗费。

(二) 有助于增进国际投资和国际经营活动的发展

国际投资融资的增加和国际经营活动的扩张客观上要求增进对各国不同会计制度的比较和了解。一个国家的某个公司在考虑是否给予另一个国家的一个公司信用以及给予多大金额和多长时间的信用时,或者一个国家的某个投资者在考虑是否要从一个国家撤出资金到另一个国家进行投资时,都要以一定的财务信息为基础作出相应的决策。了解各国会计环境的差异对理解和把握各国财务信息的生成与意义、作出正确的决策是十分必要的。

(三) 有助于促进会计的国际协调

协调的基础是理解,在理解的基础上增进交流,才会促进会计的国际协调。比如从文化差异方面进行分析,当了解了产生会计差异的文化差异和文化背景后,对某些看起来是不合理的经营活动和会计实务,就不再会觉得这些行为和实务是不合理的或不合逻辑的。

当一个公司取得国外某公司的财务报表进行分析时,会立刻遇到这样一些问题:报表是用不同的语言编写的、以不同的货币为单位、使用不同的名词术语、在本国语言中找

---

① 许家林:"关于国际会计研究的几个问题",《财务与会计》(中国人民大学复印报刊资料),1999 年第 2 期第 71～74 页。

不到对应的词汇、或对应的词汇与原文表达着不同的意思、不同公司报表中披露的信息的数量和种类也不一致,等等。当各国的估价、确认、计量和实现等规则和程序各不相同时,财务分析人员若不熟悉某国的会计环境和会计制度,则该国公司的财务报表会变得毫无意义。

二、成因剖析

我们不可能准确确定每一个因素对形成会计的国际差异的影响程度,但是我们可以通过观察和分析确立各种影响因素与会计差异之间的相关关系并进行合理的逻辑推论。造成会计的国际差异的原因是多方面的,基本可以概括为以下六个方面:法律、政治、经济、税收、文化和教育。

(一)法律因素

欧美法学界根据各国法律的特点及其源流关系对各国法律进行的分类称为法系。近代一般分为五大法系:中国法系、印度法系、阿拉伯法系、普通法系和罗马法系。中国法系、印度法系和阿拉伯法系基本上是法制史上的概念,只有普通法系和罗马法系的划分仍在西方各国中具有重要影响。

普通法系源于英国,英国在历史上依靠法庭审判案件的判决结果逐步形成不成文的习惯法延传下来,成为制约人们行为的规范,并由此产生了一种通过审判案件制定规则的法规产生模式。英国古代审判案件是根据一个地方的习惯来判断是非的,这些判决结果是以后类似案件审判的重要参考依据,实际上成为制约人们行为的一种法律,一代一代地加以改进并相传下来,故普通法又有称作"案例法"的。英国资本主义制度确立以后,逐渐制定了有限的一些成文法律,这些法律由法院进行详细解释,因此法院积累了大量的案例来列示和补充这些法律。普通法系比较具体,不抽象,通过审判案例形成的普通法是为每一个具体案例寻找答案,而不是为未来的发展制定一般的规则。属于普通法系的国家包括英国、爱尔兰、美国、加拿大、澳大利亚和新西兰等。

在普通法系的国家中,成文的法律一般不规定过多的具体细节问题,所以总体来说,对于公司的各种活动和财务报告的编制没有一个概括所有情况的统一规则。在这样的法律环境中,企业的会计处理和财务报告形式在法律的框架范围内有很大的自由度,因此,在普通法系的国家中,许多详细的会计规则一般是由会计职业界制定的,以后有的国家又改变为由独立的准则制定机构来制定会计准则。

罗马法系是古罗马的法律以及在罗马法的基础上制定和发展起来的相关国家法律的统称。罗马法系首先盛行于欧洲大陆,故亦称"大陆法系"。罗马法以成文法为主要形式,具有完整性和系统性的特征,是一种在问题发生之前先制定规则的法规产生模式。罗马法系中民法最为完备,对后世资本主义社会的民法影响深远,成为许多国家立法的依据,如 1804 年颁布的《拿破仑法典》就是以罗马法为基础制定的。属于罗马法系的国家包括法国、意大利、德国、西班牙、荷兰、葡萄牙和日本等。

在罗马法系的国家中,公司法或商法对公司的各种活动以及会计和报告问题都有较为详细的规定,比如有的国家的公司法中公司会计事项是很重要的内容,占有较大的篇幅,有具体的记账规则和报表格式。各公司在这样的法律环境中进行的会计处理必须严格遵守法律条文的具体规定,会计职业界几乎没有自己制定会计规则的余地。

通过什么法律来规范会计实务在各国间也有很大差异。有些国家有专门的会计法,有的国家则没有。有的国家在公司法中包括会计规定,有的国家在证券法中提出会计方面的要求,而有的国家则在商法或税法中有会计规则。

(二) 政治因素

一个国家的政治思想和政治制度对该国的会计理论和会计实务一般都有着间接的影响,有时政治事件和政治变革还会对会计产生直接的影响。一个国家政治方向的改变会影响会计的发展方向。会计制度的性质要反映一个国家的政治观点和政治目标。

两国间的政治关系会对两国的会计实务产生一定的影响。政治上联盟或敌对的国家影响着会计实务向相近还是相反的方向发展。政治上结盟的国家,会计界的交流就会增多,相互引进和吸收对方经验的障碍就会比较小;相反,政治上敌对的国家在会计界也容易产生敌对的情绪,两国的会计实务有可能向着相反的方向发展。第二次世界大战以前,日本和德国的政治关系一直非常密切,所以两国的会计实务也非常接近。第二次世界大战以后,美国在政治和军事方面对日本施加了重大影响,因此日本会计准则和公司报告越来越趋近美国。20世纪的绝大部分时间里,东西方分成两大阵营,两大阵营不仅在政治、经济方面,而且在会计制度和会计实务方面都出现了根本的分歧。苏联和东欧国家从90年代开始会计发展方向发生的改变不是会计本身发展引起的,而是由于政治事件和政治变革引起的。

以前的殖民地和宗主国关系影响殖民地国家仿效宗主国的会计制度。如英联邦国家大多数都仿效英国的会计制度;前法国的殖民地国家都遵循法国的会计模式。欧洲联盟是欧洲国家政治上结盟的组织,正通过政治的力量影响着欧盟国家会计实务的发展。

在西方国家,工会、环境保护组织等政治力量也对会计实务和财务报告施加着影响。随着经济的发展,企业在追求最大利润的同时置其社会责任于不顾的掠夺式经营行为,日益引起了社会各界的关注和不满。这样,关于企业应承担怎样的社会责任和社会义务的问题成为人们讨论的话题,要求企业报告其在经营活动中给社会带来的影响方面的情况就成为一种社会意志。一些工会组织、环境保护组织等社会力量要求公司公布与职工工作和生活条件有关的信息、公司应承担的保护环境和其他社会责任方面的信息。为了协调与社会的关系、消除对企业的不利影响,一些企业开始在公布其财务信息的同时公布有关社会责任方面的信息,并由此产生了社会责任会计。

（三）经济因素

一个国家的会计发展状况和发展水平一般是与该国的经济类型和经济发展水平相适应的。在一个以农牧业为主的国家中，不可能有发达的工商企业会计实务；在高度工业化的国家中，生产过程和经济业务相对比较复杂，相应地发展出了更高水平的会计理论和会计实务。

经济体制的不同对会计的要求会有所不同。在计划经济体制下，会计主要为执行国家计划服务，各级会计组织要将核算结果逐级上报，为中央政府的国民经济计划的编制和实施提供资料，反映各类计划的执行和完成情况。在市场经济体制下，会计主要为企业和其他经济组织实现其组织目标服务，为资金供应者和其他利益相关者进行经济决策提供有用的财务信息，为组织内部管理决策提供分析性资料和备选方案。

企业组织的形式和规模也是影响会计实务的一个因素，公司会计不同于合伙会计是由于企业组织的形式不同产生的差异。在资本主义社会由合伙企业到公司组织形式的转变反映着企业组织形式发展的不同阶段。没有有限责任公司的国家显然不会有公司会计存在。公司组织形式的出现使得公司财务信息的披露变得尤为重要。公司作为一个独立的法律实体，承担有限责任，因而股东、潜在的投资者和债权人必然十分关心公司的财务状况和经营成果，从而引起了财务会计和财务信息披露方面的变革。合资经营企业的出现又产生了合资企业会计。合资经营的形式多种多样，产生了不同的会计处理方法，原第31号国际会计准则曾概括出三种不同情况下的各种处理方法。大公司结构层次多，会计需要有相应的反映和控制方式；多步骤生产的企业往往需要分步计算成本；而简单的小型企业则只需要相对简单的会计制度与之相适应。跨国公司的发展又带来了一些不同以往的新的会计问题，使得会计的技术方法又有了进一步的发展。

新的经济现象的出现产生了新的会计问题。如股票股利、租赁、企业合并、递延项目，等等。在许多国家，无形资产的核算越来越重要，如专利权、特许权、商标、商誉等。随着企业现代化水平的提高，对职工的素质和技能水平的要求也越来越高，相应的职工取得成本、对职工的教育培训和提高其业务能力方面的投入也越来越大，从而产生了人力资源会计来对这方面的成本效益进行反映。这些都是经济的发展促进会计发展的明显例子。

资金来源的不同也对各种经济实体的会计有直接的影响。各国企业组织的形式和掌握公司所有权的状况多种多样。在一些国家中，银行是企业资金的主要供应者，银行可以直接任命公司的董事，因此可以直接获得公司的信息、影响公司的决策。在欧洲大陆的一些国家中，许多公司由政府或家族所控制，因而公开公布财务信息的必要性就不十分明显。在另外一些国家中，股东是公司资金的主要供应者，公司的股权比较分散，国内有着发达的股票交易市场和大量的股票上市公司，因而公开公布财务信息的必要性对于广大股东和潜在的投资者来说是十分明显的。公司股权越分散，越要求财务信息公开披露来满足公众的需求。在中国,国有企业占有重要地位,政府有关部门或实体是国有企业所有权的代表,因而在制定会计准则时不能不考虑国家对会计信息的需求①。

会计以货币为计量尺度,通货膨胀的出现使得币值不再稳定,从而使会计信息扭曲、失真,为解决这种问题而产生的理论和方法构成了通货膨胀会计。通货膨胀率较高且持续时间较长的国家其会计实务必然以对付通货膨胀为特征。如南美许多国家的通货膨胀率都很高,往往达到三位数字,所以这些南美国家都采用一般物价水平调整的会计模式。不从通货膨胀这一因素分析,就不可能解释清楚为什么这些国家的会计与其他国家的会计存在着巨大的差异。

（四）税收因素

每个国家都有自己的税收体制。税收体制直接制约着企业的经营活动和会计实务。各国征税纳税等税务事务构成了对会计服务需求的一个重要方面。税务对会计制度在不同的国家有不同的影响,有的国家对外财务报表就是确定应付税款的基础,而另外的国家为纳税的目的要对提交给股东的财务报表进行必要的调整。

虽然我们可以从不同的角度对各国的税收体制进行分类,但只有某些分类与会计和财务报告问题有关。比如我们可以将欧洲大陆国家的所得税税制分为传统税制和归属税制,但是这种划分并不影响公司的财务报告。与会计和财务报告问题有关的是税法税则中对会计计量规则规定的详细程度。有的国家税法税则就是会计规则,会计报告中列示的利润与纳税申报表中申报的利润必须一致,法国和德国是属于这种税收体制的国家;而在另外的国家有所谓的财务会计和税务会计之分,会计利润和应纳税所得往往不同,在财务会计和税务会计之间允许存在差异,包括永久性差异、时间性差异或暂时性差异。

税法税则中对会计计量规则有不同规定的一个例子是对固定资产折旧的规定。例如,在英国,为纳税目的计算的折旧金额是由鼓励投资的资本税收减免决定的,企业为了得到投资税收减免,一般按税法规定的折旧计划表提折旧,而同时会计准则从公允反映的角度要求采用最适合各类固定资产的折旧方法尽可能公正地摊配各年的折旧额,因此在英国存在着应税项目处理方面财务会计与税务会计的差别。德国是另一方面的例子,德国税法对各类固定资产规定了具体的折旧率,折旧率是以固定资产预计的使用年限为基础确定的。对于生产节能或控制污染产品的企业,德国税法规定固定资产可以采用加速折旧法,并且相应的折旧额可以直接计入当期损益,不需要另外编制按直线法调整的财务报表,这在德国会计师看来是正确的和合法的,但在英国会计师看来却是不"公正"的。

总之,税务是对会计有直接影响的一个因素。如果税法对会计计量和报告问题规定的较细,企业会计实务就按税法的规定发展,税法的修订会对会计实务产生直接的影响,会计实务与税法的规定趋于一致。如果税法不要求对外财务报表的计量和报告必

----

① 余秉坚、陈毓圭:"国际会计惯例与中国会计的特色",《会计研究》1995年第12期。

须与税法中的详细具体规定相一致,则税务当局必须较多地运用职业判断来确定公司的纳税项目和纳税金额,对公司的会计实务有较小的影响,这使得财务会计可以相对独立地发展。

（五）文化因素

一个国家的文化取向(主要是其中的价值取向)影响着该国的会计实务发展过程和方向。会计文化取向是指由一个国家的文化取向所决定的会计发展倾向。西方国家在研究文化对会计的影响方面,比较著名的是以霍夫斯特德(Hofstede)的价值倾向为代表的文化取向理论为基础进行的研究。霍夫斯特德提出的一个国家的价值倾向所反映的文化取向表现在四个方面:

1. 个体主义取向对集体主义取向

指一个社会的成员之间保持联结的程度。个体主义表示社会中人们偏好松散联结的社会结构;而集体主义表示社会中人们偏好紧密联结的社会结构。

2. 大跨度权力结构取向对小跨度权力结构取向

指一个社会的成员所接受的机构或组织中权力分配的程度。在一个大权力跨度的社会中,人们倾向于接受一种等级制度秩序,每个人都有自己的位置而不需要证明这种位置的合理性;而在一个小权力跨度的社会中,人们倾向于寻求权力的公平、要求证明现存权力不平等的合理性。

3. 避免不确定性愿望中的强避免取向对弱避免取向

指一个社会的成员对不确定性和模糊性能够容忍的程度。在一个强避免不确定性的社会中,人们一般不容忍模棱两可,总是不惜代价控制不确定性和模糊性,以期能够控制未来;而在一个弱避免不确定性的社会中,人们一般不太在乎不确定性和模糊性,有一种自然的相对安全感。

4. 阳性取向对阴性取向

指人们对待某些事物的态度,是从社会中两性的作用划分来考察的。阳性取向意味着人们倾向于取得成就、比较自信、讲究赚钱、同情强者、崇尚英雄主义等;而阴性取向则意味着人们倾向于良好的关系、谦逊虚心、关心弱者、保护环境、讲究生活质量等。

由文化取向所决定的会计取向即会计文化取向有这样一些表现:个体主义取向的文化决定了一个社会中会计职业界比较发达、自制程度较高,政府对会计准则制定和会计实务管理等事务介入较少;相反,集体主义取向的文化决定了一个社会中政府的统一会计规则比较完善和有很高的权威性,实务中较少需要职业判断、会计职业界相对较弱;弱不确定性避免取向的文化决定了在这样的社会中一般表现出较弱的保守主义倾向和较弱的保密倾向;而强不确定性避免取向的文化决定了在这样的社会中一般表现出较强的保守主义倾向和较强的保密倾向。会计文化中的保守主义取向对会计计量实务有直接的影响,如一个社会中有较强的避免不确定性的取向,那么这个社会中的人们对待未来事件的不确定性的处理就比较谨慎,对利润的计量一般比较保守。而会计文化中的保密倾向则对财务报告中的信息披露产生直接的影响,保密程度高,财务报告中披露的信息就少。大跨度权力结构取向的文化往往选择统一的会计制度,而小跨度权力结构取向的文化通常造就一种通过"公认"的途径规范会计实务的模式。阳性取向的文化对会计的影响是会计计量倾向于公正性和财务披露倾向于公开性;而阴性取向的文化对会计的影响是会计计量倾向于保守性和信息披露倾向于保密性。不过,会计实务是受文化取向的多个方面共同影响的,不会是某个因素单方面起作用。

西方许多学者在研究文化与会计的关系中,研究了文化对会计的决定作用,有所谓的文化决定论的观点。会计的文化决定论认为会计理论和会计方法的选择、对各种会计现象的认识和解释、会计模式的形成以及会计实务的发展方向等在很大程度上是由会计所处的文化环境决定的、文化是一个国家会计制度形成中的重要决定因素。这种观点认为,在各国间对于什么是最佳会计实务缺乏统一认识的根本原因不在技术方面而在文化方面。

阿潘(Arpan)和雷德伯哥(Radebaugh)认为对会计实务有决定性影响作用的文化因素有四个:① 人们的保守主义倾向;② 人们对保密的态度;③ 人们对商业活动的态度;④ 人们对会计职业界的态度。格雷(Gray)研究了一种将文化的各种取向与对会计有影响作用的四个方面联系在一起的模式。

根据霍夫斯特德和格雷的研究,佩雷勒(Perera)提出了如下假设和推论:① 一个社会中个体主义倾向较大、不确定性避免倾向较小,那么其会计文化中表现出的职业化倾向就较大(或统一性较小)。② 推论:一个社会中个体主义倾向较小、不确定性避免倾向较大,那么其会计文化中表现出的职业化倾向就较小(或统一性较大)。③ 一个社会中不确定性避免倾向较大、个体主义倾向较小,那么其会计文化中表现出的保守主义倾向就较大。④ 推论:一个社会中不确定性避免倾向较小、个体主义倾向较大,那么其会计文化中表现出的保守主义倾向就较小。⑤ 一个社会中不确定性避免倾向较大、个体主义倾向较小,那么其会计文化中表现出的保密倾向就较大。⑥ 推论:一个社会中不确定性避免倾向较小、个体主义倾向较大,那么其会计文化中表现出的保密倾向就较小。①

（六）教育因素

一个国家的一般教育水平和专业教育状况对会计实务有着重要的影响。一般教育水平表现在人们接受教育的程度,尤其是接受高等教育的比重方面。一个国家的一般教育水平受该国的教育结构、教育制度的基本方向、教育对满足和适应国家经济建设需要和社

---

① Perera, M. H. B. (1989) "Towards a Framework to Analyze the Impact of Culture on Accounting", *The International Journal of Accounting*, pp. 42 - 56.

会需要的程度等因素所制约。一般教育水平决定着一个国家会计人员的总体素质,从而决定着该国的会计工作水平和会计发挥作用的大小。在文盲所占比重较大的国家中,会计人员整体工作水平和工作能力不可能很高,会计中采用的方法和技术以及财务报告的编制都会相对简单;在一个教育水平较高的国家中,由于会计人员素质较高,就会有比较复杂和严密的会计方法与技术、有完善的财务报告制度和报告形式、会计在一个组织的管理或控制中就能发挥较大的作用。

　　会计专业教育和后续教育状况直接影响着会计人员的业务水平和技能高低,会计专业教育状况反映在专业教育制度、专业课程设置以及专业学位的设置等方面,职业后续教育状况可以从职业后续教育制度、在岗与脱产培训情况等方面观察。如果在会计教育体制中设置了比较齐全的各层次学位,尤其是高层次学位,就会吸引高素质的学生不断进入会计界,长此下去就会使会计人员素质和会计工作质量得到不断的提高。健全完善的职业后续教育和在岗培训制度可以保证现有会计人员不断吸收新知识、促使新方法和新技术的开发和应用,从而使会计人员素质和工作质量保持较高的水平。教育水平对会计环境的影响是长期的、缓慢的,在一定条件下会制约会计理论和实务的进一步发展,成为会计环境中的主要影响因素。

第四节　会计模式的国际分类

　　国际会计模式的确定实际上是对国际范围内各国会计实务按一定标准进行分类的结果。尽管对各国会计实务和财务报告状况进行分类的研究尚不十分完善,然而这种努力对更好地理解各国会计发展的现状和特征是十分有用的,将有助于估计不同国家会计实务有可能发生的变动及其影响,把握各国会计理论和实务发生变动的趋势和方向。

　　国际会计模式是将国际范围内一定时期各国会计状况用抽象化和典型化的方法进行分组、归类而形成的具有一定特征的会计实务形式和定式。会计模式是某类会计实践活动的一种标准形式。在历史发展的一定时期,若干国家在会计原则和财务报告方面具有某些共同的特征,这样,这些国家的会计实务就形成了一种会计模式,其中在这个模式中会计发展水平居于领先地位、会计实践具有该模式典型的和明显的特征的国家往往成为这个模式的代表国家。会计模式是对相对定型化的会计实务的描述和概括,体现着某种相对固定的会计思想、目标、理论和方法。

　　了解国际会计模式的分类有助于掌握某一国家会计制度和会计实务的特征,因为了解了一国在某种国际会计模式分类中的位置,就可以通过该会计模式的特征推论该国会计的特征。因此,会计模式的国际分类应有助于人们对这些问题的理解:① 各国会计制度相同和不同的程度;② 各国会计制度的发展模式和可能的变动趋势;③ 某些国家会计制度具有重要影响作用的原因。

一、缪勒的开创性工作

美国会计学家缪勒在国际会计的比较、分类和模式研究方面进行了开创性的工作。缪勒教授根据企业经营环境和会计发展环境的不同于 1967 年提出了四种不同的会计发展模式,曾被广泛地介绍和引用:

(一)按宏观经济要求发展会计

在这种发展模式中,会计与国民经济政策密切相关,公司的目标要服从国民经济政策。为了提高经济和企业经营的稳定性,一般都鼓励企业将各年利润平滑化,折旧率的调整要适应刺激经济增长的需要,并且为了鼓励投资而允许建立特种储备,为了宏观经济的需要而重视增值表、社会责任会计和税务会计。瑞典是这种模式的例子。

(二)以微观经济学为基础发展会计

会计被视为是企业经济学的分支,强调经济活动的中心是私人和企业。会计在其计量和计价过程中要反映经济现实,这意味着会计规则既要成熟又要有灵活性。基本的会计概念是要保持公司资本的真实价值,因此重置成本会计得到重视。荷兰是这种模式的例子。

(三)作为独立学科发展会计

将会计视为能够自我发展、自成体系的独立学科,因而会计形成了独立的自我发展模式。会计不从属于政府的政策和任何经济理论,而是通过成功企业的实务逐渐形成了自己的概念结构,并且在会计实务中经常使用"公认会计原则"的表述。美国是这种模式的例子。

(四)以统一的模式发展会计

政府将会计作为管理企业的一种手段,通过制定和实施统一会计制度,使得会计实务有着较高的统一性。会计可用于衡量业绩、分配资金、控制价格、收取税金等。法国是这种模式的例子。

缪勒教授的上述模式不是对会计和财务报告的直接分类,而是通过对会计的环境因素的分析进行的间接分类。推论的前提是会计环境相似的国家会有相似的会计实务。然而,这种分类存在着一定的缺陷,它没有考虑当时的社会主义国家,而且各类之间的界限并不十分明显,尤其是按宏观经济要求发展会计和以统一的模式发展会计之间的界限不十分清楚。

1968 年,缪勒教授主要根据各国经济发展的不同状况、企业经营活动所处的经济环境、企业的复杂程度、政治和文化氛围、有关的法律制度等几个不同因素进行分析和分类,其结论是世界上存在着 10 种不同的企业经营环境,从而使相应的会计各具特色:① 美国/加拿大/荷兰;② 英联邦国家(不包括加拿大);③ 联邦德国和日本;④ 欧洲大陆国家(除联邦德国、荷兰及斯堪的纳维亚各国);⑤ 斯堪的纳维亚各国;⑥ 以色列/墨西哥;⑦ 南美;⑧ 中东及近东发展中国家;⑨ 非洲(除南非);⑩ 社会主义国家。

虽然缪勒教授指出不同的企业经营环境需要不同的会计制度,但他并没有实地考察实务中的会计差异。

二、诺贝斯的分层分类

英国的诺贝斯(C. W. Nobes)教授研究和分析了其他学者对国际会计的分类,认为其他的分类研究都有各自的不足之处,他借用生物学的分类方法,对股份公开公司的财务报告按"纲""亚纲""族""种"等层次将不同国家的财务报告模式进行了分层分类,所选择的国家为西方发达国家,进行分类的时点为 1980 年。诺贝斯的分类结果是一种金字塔形,如图表 1-1 所示①:

(图表 1-1)

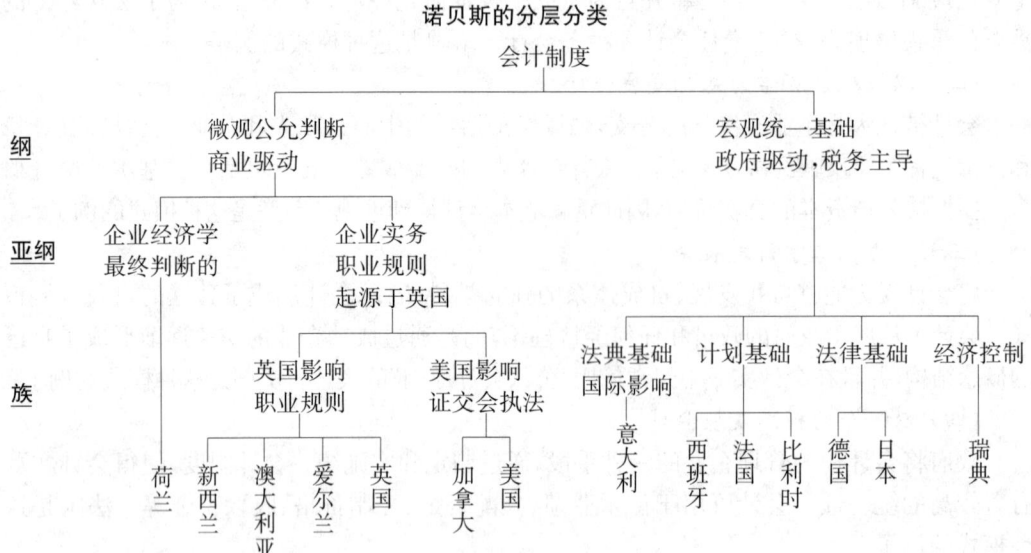

这种分层分类的优点是:可以将一些国家会计实务之间的联系和区别反映出来,如英国和美国的会计实务属于两种不同的会计模式,但是这两种会计模式又有着非常密切的联系,以往的会计分类要么将两种会计模式归为一组,反映不出英、美的区别,要么将它们分成两组,使人看不到它们之间的联系。而在诺贝斯的分类图中这种联系和区别得到了很好的反映。

三、五大会计模式

美国会计学会的国际会计教育工作委员会在 1975—1976 年的报告中根据"影响区域"把世界上的会计制度和会计实务划分为五个"影响区":① 英联邦;② 法国/西班牙/葡萄牙;③ 联邦德国/荷兰;④ 美国;⑤ 社会主义国家。

---

① Nobes, C. W. and Parker, R. H. (1998) *Comparative International Accounting*, 5th edition, Prentice-Hall, Inc., p. 58

美国学者阿伦(P. H. Aron)博士根据财务会计的主要服务目标进行了类似的划分：① 强调公司财务报告应给予"真实与公允反映"的英国会计模式；② 通过"公认会计原则"，强调保护投资者利益的美国会计模式；③ 强调服从税法税则的法国-西班牙-意大利会计模式；④ 强调面向公司、保护公司利益的北欧会计模式；⑤ 强调为计划经济提供服务的苏维埃会计模式。

以上两种划分基本上是一致的，这五种主要会计模式有"五大会计模式"之称，是20世纪80年代比较流行的一种国际会计模式划分方法，也是对这一时期国际会计模式较为概括、易于理解的一种划分。

（一）美国会计模式

美国会计模式是会计和财务报告以保护投资者和债权人的利益为主要目的、以长期形成的"公认会计原则"主导会计实务为特征、以美国会计理论和实务为典型代表的一种国际会计模式。美国会计模式在第一次世界大战之后逐渐形成并产生影响，第二次世界大战之后又进一步定型和完善，并扩展到世界上许多国家和地区，一般认为，菲律宾、日本、加拿大、澳大利亚、以色列、巴西、墨西哥和委内瑞拉等国引进了大量的美国会计理论与方法，实务中有许多方面实际上按美国的"公认会计原则"进行处理，越来越具有美国会计模式的特征，因此这些国家被划分到美国会计模式的范围内。

（二）英国会计模式

英国会计模式亦称不列颠会计模式，是以英国会计理论和实务为代表的、以要求公司财务报表给予"真实与公允反映"为特征的一种国际会计模式。英国会计模式是世界上产生较早、历史较久的一个模式。英国产业革命以后，随着生产力的提高、生产规模的扩大，产生了许多不同以往的会计问题，在解决这些会计问题的过程中，英国会计师创造了许多新的会计理论、方法、技术和制度，从而逐渐形成了英国会计模式。英国会计模式在大英帝国的殖民扩张过程中传播到了其他许多国家，尤其是英联邦国家。

（三）法国会计模式

法国会计模式亦称法国-西班牙-葡萄牙会计模式或法国-西班牙-意大利会计模式，它是以法国及其周边国家西班牙、葡萄牙、意大利等国的会计实务为典型代表、以强调会计处理服从税法税则的要求、并与税法税则的规定保持一致为主要特征的一种国际会计模式。法国政府对法国会计的发展和一些特点的形成产生着重要的影响，法国会计也因此而成为比较有特色的国际会计模式代表之一。这一模式深受法国重商主义和拿破仑法典的影响。法国会计总方案是这一会计模式中最具代表性的一个方面。属于这一会计模式的国家除上述四国外，还有比利时、希腊、土耳其、黎巴嫩、埃及、阿尔及利亚、摩洛哥、扎伊尔、刚果、巴西、厄瓜多尔、哥伦比亚和秘鲁等。

（四）德国会计模式

德国会计模式亦称北欧会计模式，它是以德国及北欧国家的会计实务为典型代表、以强调会计处理和财务报告规则应面向公司、保护公司利益为主要特征的一种国际会计模式。德国政府在发展市场经济中强调"社会原则"，国内证券市场相对不如英、美发达，银行在向企业提供资金方面占有重要地位以及经济政策法典化，这些构成了德国会计环境的主要特点，在这样的政治、经济和法律环境中发展起来的会计实务形成了德国会计模式。在这一会计模式中，各种法律在规范会计实务方面起着决定性的作用，会计的统一性是这一模式中的传统。"只要求公司给予最低限度的披露""允许公司建立秘密储备"等描述和概括，常出现在有关介绍这一模式的文献中。属于这一模式的国家除德国外，主要还有荷兰、瑞士、挪威、瑞典、丹麦和芬兰等。

（五）苏联会计模式

苏联会计模式亦即社会主义会计模式，是以苏联和东欧国家的会计实务为典型代表、以为计划经济服务为目的的一种曾在社会主义国家流行过的国际会计模式。这一会计模式随着苏联的解体和东欧国家政治经济制度的变革而逐步消失。

进入 20 世纪 90 年代以后，随着国际政治经济形势的变化，国际会计模式也相应地发生了一些变化。

首先是苏联和东欧国家政治经济制度在 80 年代末、90 年代初发生了变化，相应的会计和财务报告制度也发生了一些变化。苏联和东欧国家对其原有商业立法（包括会计条例）不是修改，就是撤销，并通过了适应市场经济的新立法，其中包括公司法、外国直接投资规则、会计条例和私有化规则。大多数中欧和东欧国家都想通过私有化、放开价格以及取消政府补贴等办法来走向市场经济。这些国家中原有的会计条例是服务于计划经济的，目的是确保计划的实施和保护生产资料，财务会计曾是国家经济信息系统的一个组成部分，财务报表是供政府当局使用的。

在走向市场经济的转变过程中，苏联和东欧国家都需要制定新的会计规则来适应新的形势。90 年代初，有许多国家都在计划用欧共体指令作为出发点。例如，匈牙利选择欧共体模式，将欧盟某些代表性指令纳入其会计法，因为匈牙利的国外投资主要来源于欧盟国家。同时，东欧国家仍保留其制度中的长处，一些国家仍将维持统一的会计科目表，使微观资料同宏观资料保持原有的联系，为计划、财政、国家银行以及统计等政府部门服务。

其次是在欧洲联盟的范围内，随着第 4 号指令在 80 年代开始在各成员国实施，各成员国间的会计和报告差异已经得到了控制，并且有所缩小。以法、德为主的欧洲大陆国家接受了英国"真实与公允反映"的会计思想；英国也在一定程度上接受了通过法律规定具体会计规则的做法，公司法中包括了比较详细的财务报表格式。第 7 号指令的实施一方面促进了合并财务报表实务在所有欧盟国家内的发展，另一方面也缩小了各成员国在合并报表实务中存在的差异。随着欧盟经济货币一体化的实现，欧盟各国之间的会计差异也在缩小，属于欧盟范围内的英、法、德三大会计模式在不断地进行协调。2000 年 6 月，欧盟委员会发布了一份名为《欧盟财务报告战略：未来发展》的建议书，并将其呈送给欧洲议会和欧盟部长理事会，要求欧盟的 7 000 多家上市公司（包括银行和保险公司）从 2005 年开始采用国际财务报告准则编制合并财务报表，并同时提议欧盟建立认可国际财务报告准则的双层机制。由此拉开了欧盟全面接受国际会计准则的序幕。本书第五章第二节第二部分将对此做更详细的介绍。

第五节　会计环境的分析模式

在国际会计领域内，对会计和财务报告环境有从不同的角度进行归类分析的，帕克思蒂等人（Puxty et al）和诺贝斯（C. W. Nobes）进行的分析就是两种不同研究方式和结果的代表。帕克思蒂等人的工作是一种外在的分析，是从会计和财务报告规则的形成过程与影响因素方面进行的研究，他们的成果为后人提供了一种分析和研究的方法与思路；诺贝斯的成果则属于一种内在的分析，他通过对公司财务报告本身进行研究，对 1980 年西方发达国家的财务报告进行了分层分类，借助的是生物学的分类方法（见本章第四节）。

帕克思蒂、威尔莫特、库珀和洛尔等人（1987）根据斯特里克和史密特（Streeck and Schmitter，1985）的研究成果，分析并得出结论认为会计规则的形成和会计实务的发展过程中，有三种原则或三种影响力在发挥作用："市场""国家"和"团体"。借助这种分析模式分析各国的会计环境，有值得借鉴之处。

（一）市场原则及其影响力

市场原则及其影响力是指会计和财务报告规则的形成过程完全依赖于市场的力量，即通过财务信息的提供者和接受者形成的供应方和需求方的相互作用，逐步形成各方都可接受的公认规则，其中主要依赖于广泛的竞争原则，通过博弈达到一种均衡。在完全由市场进行规范的情况下，各公司往往选择自己的规则，但是这些规则要受到市场的制约，要根据需求进行调整，逐步发展起来的资本市场成为对各公司财务报告规则形成制约的主要力量。在某种程度上，19 世纪实行"自由经济"政策的英国和证券交易委员会建立之前的美国就是这种情况，有些公司自愿公布财务信息，并且接受审计，但这种实务完全是由市场力量调节的。市场原则体现在同行竞争对财务报告编制者形成压力的程度和方式以及财务报告受到接受者制约的程度和方式两个方面。

（二）"国家"原则及其影响力

"国家"原则及其影响力是指依赖国家机器通过法律法规的形式制定统一的会计和财务报告规则，并依赖国家的强制力通过分级控制制度予以实施。例如，国家在公司法、证券法、商法、税法、会计法等法律法规中对公司和其他经济实体的财务报告作出强制规定。会计和财务报告规则形成的整个过程都掌握在"国家"手中，国家通过法规规定会计和财务报告应遵循什么惯例，并配有实施机制。

(三)"团体"原则及其影响力

"团体"原则及其影响力就是依靠会计职业界团体的力量形成会计和财务报告规则。会计职业团体以"协会"等组织形式可以控制公司财务报告的编制者和审计人,职业会计团体制定财务会计和报告规则并要求其会员遵守,以此为基础构成了财务报告规则的制定与实施的机制。这一原则的实现要求有一个强大的、独立的、自制的会计职业界。"团体"的力量来自职业会计师的高度自治能力和完善的自治制度。

在这三个原则的范围内,不同力量的组合形成了"自由模式""协会模式""合作模式"和"法律模式"。四个模式构成了一个连续统一体。主要由市场的力量支配财务报告规则的是自由模式,其规则明显的是依据市场原则形成的,只有在市场需求或商业需要的情况下,公司才会提供有关的财务信息。主要依据国家的力量规范财务报告规则的是法律模式,它依赖于无条件地利用国家机器制定规则并强制实施,财务报告的编制要严格遵循法律规定,并通过国家独有的强制措施来保证规则能得到执行。

在两个极端之间的是协会模式和合作模式,两者都是自由模式和法律模式的结合,并带有"团体"影响的成分。在协会模式中,财务报告规则是通过职业团体起主导作用来制定和执行的。职业团体在制定规则的过程中注重分析市场的需求,并往往以自由模式的情况为假设研究各种合理的规则。合作模式是国家和社团结合起来规范财务报告环境,较多地依赖国家等级控制的原则。国家不是简单地颁发许可证,允许有组织的利益集团的存在,而是将它们组成它们自己的中央等级制度,在政府的控制下发挥职业团体的作用。合作模式和协会模式的基本不同点是,相对于民间(市场)目的,国家在达到公共(国家)目的中"依赖"职业集团的程度有所不同。如图表 1-2 所示[①]:

(图表 1-2)

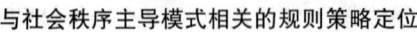

与社会秩序主导模式相关的规则策略定位

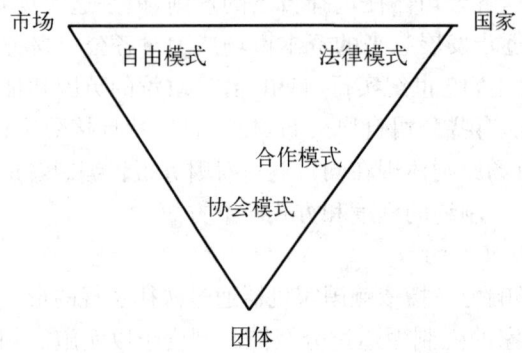

---

① Puxty, A. G., Willmott, H., Cooper, D. J. and Lowe, T. (1987) "Modes of regulation in advanced capitalism: locating accounting in four countries", *Accounting, Organizations and Society*, Vol. 12, No. 3, p. 283.

　　会计涉及方方面面的利益关系,这种利益关系所涉及的群体可分为两大类:一类是会计和财务报告所涉及的所有者、债权人、税务部门、职工以及一般公众;另一类是会计及相关工作所涉及的注册会计师、审计师、管理会计师、财务管理人员、财务总监等。本小节所指的是后者。随着市场经济的发展,与会计相关的工作逐步细分为不同的职业领域,这些职业领域的从业人员形成了各自的利益集团,为了保护各自的利益,这些从业人员组织起来,从控制人员的准入到总结提高职业工作水平,从而形成了各种不同类型的职业团体。同一领域的从业人员可能组织起多个职业团体,经过一定时期的发展,通过优胜劣汰的竞争,有的国家同一职业领域只剩一个职业团体,而有的国家则有两个以上。

复习思考题

　　1. 简述会计的国际发展历程。

　　2. 为什么说"会计的国际发展造就的各国会计的共性并不意味着各国会计的统一性"?

　　3. 国际会计形成和发展的两个经济背景是什么?

　　4. 国际经营活动的发展提出了哪些会计问题?

　　5. 简述国际会计的概念及其形成过程。

　　6. 简述国际会计的主要内容。

　　7. 什么是比较会计? 它和国际会计存在怎样的关系?

　　8. 造成会计的国际差异的主要原因有哪些?

　　9. 比较缪勒和诺贝斯提出的会计发展模式。

　　10. 简述会计规则形成和会计实务发展中的三种影响力的作用。

参 考 文 献

　　1. 常勋、常亮著:《国际会计》,厦门大学出版社 2010 年版。

　　2. 夏皮罗著:《跨国公司财务管理》,中国人民大学出版社 2007 年版。

　　3. 孔欣著:《跨国公司理论与实务》,中国人民大学出版社 2015 年版。

　　4. 邹昭晞编:《跨国公司战略管理》,首都经济贸易大学出版社 2004 年版。

　　5. 王德升、白肇鲁、阎金锷主编:《国际会计》(第三版),中国时代经济出版社 2002 年版。

　　6. 文硕著:《西方会计史》(上),中国商业出版社 1987 年版。

　　7. Belkaoui, A. R. (1994), *International and Multinational Accounting*, The Dryden Press.

8. Choi, F. D. S. and Mueller, G. G. (1978), *An Introduction to Multinational Accounting*, Prentice-Hall, Inc.

9. Choi, F. D. S. and Meek, G. K. (2011), *International Accounting*, 7th edition, Pearson Prentice Hall.

10. Holzer, H. P. and others (1984), *International Accounting*, Harper & Row, Publishers, Inc.

11. Nobes, C. W. and Parker, R. H. (1988), *Issues in Multinational Accounting*, Philip Allan Publishers Limited.

12. Nobes, C. W. and Parker, R. H. (2016), *Comparative International Accounting*, 13th edition, Pearson Education Limited.

13. Radebaugh, L. H., Gray, S. J. and Black, E. L. (2007), *International Accounting and Multinational Enterprises*, 6th edition, China Machine Press.

14. Seidler, L. J. (1981), "Technical Issues in International Accounting" in *Multinational Accounting — A Research Framework for the Eighties*, edited by Frederick D. S. Choi, UMI Research Press.

第二章　美洲及大洋洲的会计环境

　　美洲及大洋洲的会计渊源大体上分两大部分：一部分源于英国模式，如美国、澳大利亚、加拿大和新西兰；另一部分源于欧洲大陆，如南美各国。进入 20 世纪，美国随着经济的快速增长，其会计理论和技术方法取得了长足进展，逐步取代欧洲，居于世界领先地位，形成了美国会计模式。原属于英国模式的澳大利亚和加拿大等国会计实务逐步转向美国模式。相近的历史背景和相同的语言文化，使美国、澳大利亚和加拿大等国会计交流频繁，相互之间信息传递迅速，会计理论和实务有着很强的趋近性。美国会计模式也传播和影响到中、南美各国，但是这些国家由于经济状况和语言文化等因素与美国相差较大，故整体上说并未完全发展成为属于美国会计模式的国家。

第一节　美国的会计环境

一、美国会计模式的形成

　　目前，美国在会计领域的许多方面处于领先地位，在世界上具有很大的影响力。美国会计最初是从英国输入的，为美国引入英国会计的先驱包括被流放的英国人阿瑟·扬（Arthur Young）和罗杰·马维克（Roger Marwick）。

　　现已传遍世界各地的"公认会计原则"（Generally Accepted Accounting Principles，GAAP）的概念发源于美国，并以此为标志形成了美国会计模式。美国的"公认会计原则"是一个泛称的概念，是由官方与民间的权威性机构公布的各种公告和实务中被普遍认可的各种惯例形成的。美国的民间会计职业组织在"公认会计原则"的发展过程中起着重要的作用，制定和颁布了大量的意见书、说明书和准则公告。各种有关的规则制定机构认为必要时就会发表意见或制定准则；当出现新问题时，如果规则制定者不能及时制定规则，会计实务工作者和研究人员就会提出解决办法，被普遍接受后逐渐成为公认的惯例。

　　美国于 1887 年成立了第一个会计职业组织。目前的全国性组织是美国注册会计师协会（American Institute of Certified Public Accountants，AICPA）。该组织曾是有权制定会计规则的民间机构中的主要代表，在 20 世纪 70 年代以前，美国公认会计原则主要出自该组织先后建立过的会计程序委员会和会计原则委员会。证券交易委员会对上市公司有许多信息披露和财务报告方面的规定,这些规定也构成了美国公认会计原则的组成部分,政府通过证券交易委员会对上市公司会计和财务报告进行规范,并对整个会计实务产生影响,这是美国会计模式的特点之一。

二、基本的法律环境

(一) 立法机构的影响

美国是一个有 50 个州的联邦制国家,每个州都有自己的立法机构,这些立法机构拥有广泛的权力,可以控制各自州界范围内的各种经营活动并征收税款。各个州负责自己州内批准公司设立、授予注册会计师资格等事宜,各州在公司设立的条件、授予注册会计师资格的要求等方面略有不同。

美国各州有自己的有关公司方面的立法,上市公司和不上市公司在法律上一般未作区分。但是,要在证券市场上上市证券的公司必须向政府的证券交易委员会进行注册登记。这样实际上可以区分出,在证券交易委员会注册登记的公司一般都是上市公司,此外则都是非上市公司。

作为美国全国性立法机构的国会很少直接讨论和涉及会计和财务报告问题,也无专门的会计立法,它授权证券交易委员会负责会计和财务报告方面的事务,依靠证券交易委员会规范公司的财务报告、满足公众对有关公司信息方面的需求。

不过,美国国会也曾有过直接关心会计问题的例子。为了鼓励企业购买生产性资产,税法曾规定可以给购买生产性资产的企业以投资减免,即企业在新资产首次使用的年度内,可以从税务负债中扣减新资产成本的一定百分比。这项投资减免措施的出台引起了对收益确认时间问题的争议。有人认为投资减税额应加到该年的利润中;其他人则认为投资减税额应在所涉及资产的有效使用年限内分摊。最后,民间准则制定机构提出建议,要求有关的公司采用在资产的有效使用年限内分摊的方法。然而,在该项建议尚未定稿之前,国会通过了《1971 年税收法案》,其中规定禁止任何准则制定机构限定在向政府机构(包括证交会)提交的报告中处理投资减免额时采用何种会计方法。

国会的意图是明确的,不能因为会计方法的限制而影响税收减免所带来的刺激作用。国会认为会计准则不应规定一种不利于企业决策的确认收益的模型,不能因为某个会计准则而使企业作出"非经济的决策"。国会的意图到目前已产生了广泛的影响,人们普遍认为,会计准则在经济决策中应尽可能保持中立的效应。财务会计准则委员会已出资赞助评估各项准则的经济后果的研究。美国国会的这次行动被认为是会计准则中立观的前兆。

(二) 证券交易委员会的作用

如前所述,美国政府对公司(尤其是上市公司)会计和报告实务的管理主要是由证券交易委员会(Securities and Exchange Commission,SEC,以下简称证交会)负责的。由证交会管理企业会计事务是美国会计的一大特色。证交会在美国会计模式的形成过程中有着举足轻重的作用,实际上控制着美国会计准则的制定和执行。因此,研究美国的会计首先需要了解证交会的概况及其作用。

美国 1929 年证券市场的大崩溃使广大的投资者遭受了巨大的损失。为了对证券市场加强管理,保护投资者的利益,美国国会于 1933 年和 1934 年颁布了证券法和证券交易法。按照这两项法律的规定,证券交易委员会负责实施这两项法律,包括负责制定财务报告方面的规章,其主要职能是确保投资者获得进行投资决策中所需的各种信息。证交会被设置为一个可以自己制定规章制度的独立机构,具有准司法权,它不是政府的一个部,这意味着证交会的政策不受白宫和国会的直接影响。但是证交会的五名委员要由总统任命、参议院核准,而国会则控制证交会的预算,所以白宫和国会对证交会还是有间接的影响。证交会委员们任期五年,其中一人由总统指定为主席。

证交会已发布了大量的有关财务会计和报告方面的公告和意见书。其中之一是 S-X 规则,主要内容是有关公司申请上市登记表和提交证交会的其他报告中包括的财务报告的格式、内容和要求。其中之二是《会计公告文集》,主要内容是澄清和解释会计程序和实务中需要的特殊处理方法,并且说明证交会有关的惩罚措施。最近又发布了《财务报告文集》和《工作人员会计公报》。

虽然证交会有权制定会计准则,但从其成立之日起就一直表现出不去行使这种权力,而是将制定会计准则的任务交给了会计职业界来完成,证交会只起监督作用。证交会于 1973 年发布了第 150 号《会计公告文集》:"关于建立和改进会计原则与准则的政策说明书",重申了其继续发挥监督作用的意图:"委员会为了有效地履行其法定责任,在承认会计职业界的专业知识、能力和财力的同时,并不放弃这种责任,多年来一直关注着职业界指定的准则制定机构在制定和改进会计原则方面的领导作用。这些机构的决定,除极少数例外外,一直被委员会视为是对投资者需求的回答。目前被美国注册会计师协会指定的制定会计原则的机构是财务会计准则委员会。委员会将继续执行关注民间机构领导制定和改进会计原则的政策。……为了执行这一政策,对于财务会计准则委员会颁布的'公告'和'解释'中的原则、准则和惯例,委员会将认为有充分的权威性支持,不符合财务会计准则委员会提出的要求的做法将被认为缺乏这种支持。"

2002 年萨班思-奥克斯雷法案实施后,证交会研究了其中会计准则制定的规定,在此基础上于 2003 年 4 月又一次确认了财务会计准则委员会作为会计准则制定机构的地位[①]。

在监督财务会计准则委员会制定会计准则的过程中,证交会的工作人员保持着与财务会计准则委员会工作人员的定期联系。证交会的工作人员和财务会计准则委员会之间

---

① Choi and Meek: International Accounting, 5th edition, Pearson Prentice Hall, p. 93.

有时会对某些问题产生不同的意见,但是证交会真正干涉财务会计准则委员会制定会计准则的情况只有有限的几次。比较明显的有两次:一次是 1976 年证交会发布了第 190 号《会计公告文集》影响了财务会计准则委员会关于物价变动会计准则的制定进程;另一次是 1978 年证交会直接否定财务会计准则委员会关于石油和天然气会计处理方法的第 19 号会计准则。

不过,美国在证交会注册的公司只占公司总数的很小比例①,这些公司是必须服从证交会会计和审计规则的;其他大多数公司则无需强制执行证交会的规定,当然这些公司的股东和债权人还是要求公司要公布经审计的财务报表的。所以,一个公司要上市证券,就必须向证交会注册,必须公布财务报表,财务报表必须经过审计,必须遵循证交会的规则、符合公认会计原则,必须向证交会报送年度报告,等等。

(三)萨班思-奥克斯雷法案及监管新模式

在发生了安然公司报表造假等几个影响巨大的财务丑闻之后,美国国会于 2002 年颁布实施了萨班思-奥克斯雷法案,该法案扩充了对公司治理结构、财务信息披露以及对审计职业界进行监管的要求。该法案最重要的一个方面是通过建立公众公司会计监管委员会构造了一个全新的审计职业监管模式。公众公司会计监管委员会是一个独立的准政府机构,受证交会监督,其最高管理者是五名委员,由证交会任命,任期五年,其中:两人为注册会计师,三人为非注册会计师。

公众公司会计监管委员会的主要职责包括:制定与上市公司审计报告相关的审计准则、质量控制准则、职业道德准则等;对上市公司审计业务进行监管;对会计师事务所进行检查、调查或处罚;向证交会或其他监管机构报告特定案件以便做进一步的调查处理等。根据萨班思-奥克斯雷法案,所有在美国证券市场上执行上市公司审计业务的会计师事务所都必须向公众公司会计监管委员会登记注册,都必须接受公众公司会计监管委员会的监督检查。审计客户超过 100 家的会计师事务所必须每年接受检查,审计客户不足 100 家的会计师事务所每三年接受一次检查。公众公司会计监管委员会在其网站上公布对会计师事务所的检查结果报告,通过访问该网站一般公众可以了解哪些会计师事务所在什么时候接受了检查,检查发现的主要问题是什么以及是如何处理的。

三、会计准则的制定与实施

(一)会计准则制定机构的演变历程

美国第一个系统开发会计原则的民间机构是美国注册会计师协会于 1934 年建立的会计程序委员会。会计程序委员会负责研究总结最佳会计实务,并以"会计研究公报"的

---

① 在美国 370 万家公司中约有 1.2 万家公司属于证交会管辖,见 Walton, P., Haller, A. and Raffournier B. (1998) *International Accounting*, International Thomson Business Press, p. 57。

形式公布。自 1939—1959 年共发布了 51 份"会计研究公报"。1959 年会计原则委员会取代了会计程序委员会的工作,负责制定有关的财务会计和报告的会计原则。会计原则委员会发布的文件主要是"意见书"和"说明书"。从 1959—1973 年共发布了 31 份意见书和 4 份说明书。

　　会计原则委员会制定会计原则的程序日益引起了人们的不满。一种不满意见认为,会计原则委员会由会计职业界把持,不能考虑其他有利害关系的各方面的意见。另一种不满意见认为,会计原则委员会在确认作为发展会计准则基础的基本概念方面进展迟缓。

　　于是,美国注册会计师协会组建了惠特委员会(Wheat Committee)负责对第一种不满意见进行调查研究。惠特委员会 1972 年提交了一份报告:"建立财务会计准则",这份报告促成了三个新机构的诞生:① 财务会计准则委员会(Financial Accounting Standards Board,FASB)取代以前的会计原则委员会,负责制定会计准则;② 财务会计准则咨询商议会(Financial Accounting Standards Advisory Council),负责提供咨询意见;③ 财务会计基金会(Financial Accounting Foundation),负责任命财务会计准则委员会和财务会计准则咨询商议会的成员,审查和批准这两个组织的工作计划,并负责筹集资金和批准预算。

　　为研究解决第二种不满意见,美国注协又成立了杜布拉德委员会(Trueblood Committee)负责起草关于财务报告目标的报告,这是开发财务会计基本概念的第一步。该委员会的报告最终导致了一个非常重要的项目的开展——财务会计准则委员会的概念结构项目。

　　根据惠特委员会的报告建立的财务会计基金会、财务会计准则委员会和财务会计准则咨询商议会构建了美国新的会计准则制定模式,这是一种全新的模式,是一种独立的结构,这种模式和结构正在影响到越来越多的国家,给其他国家建立独立的准则制定体系造成了压力。在新的模式中,会计准则制定机构不再隶属于单一的一个组织,与会计准则相关的利益团体派代表组成财务会计基金会,基金会任命财务会计准则委员会的成员并向该委员会提供预算、进行监督,但是不干涉准则制定过程。财务会计准则委员会按规定的程序制定会计准则,准则制定过程有着很高的透明度。

　　财务会计基金会 1984 年组建了政府会计准则委员会,为各州和地方政府的实体制定财务会计准则。同时成立政府会计准则咨询商议会,就一些技术问题、项目的优先选择问题等向政府会计准则委员会提供咨询意见。

　　(二)财务会计准则委员会

　　组建于 1973 年的财务会计准则委员会不再隶属于美国注册会计师协会,是一个独立的组织,其成员由财务会计基金会确定,7 名委员分别来自会计职业界、工商业界、政府和教学机构。它的经费由财务会计基金会负责筹集,主要来自会计师事务所、工商企业、投资者和债权人组织以及其他各种相关的组织和个人等的自愿捐助,每个组织每年的捐助额都有限制,以确保委员会的独立性不受影响。

财务会计准则委员会发布"财务会计准则公告""概念公告"和"解释书"。准则公告建立新的准则或修改以前发布过的文件。概念公告建立基本的概念结构,用于指导准则的制定,但是不包括直接指导实务的具体准则。解释书对现存的准则进行阐述、解释和澄清。财务会计准则委员会从1973—2007年已经发布过160份准则公告。前两个委员会发布过的文件后来未被修改或废止的现在仍然有效,它们与目前的准则公告共同构成了美国的"公认会计原则"的主要内容。2009年7月1日财务会计准则委员会的"会计准则典籍"(Accounting Standards Codifications)正式开始成为美国公认会计原则的唯一权威性来源,即财务会计准则委员会将所有的会计准则编辑成典,包括各种有效的会计规则,使得美国公认会计原则不再散见于各类文献,便于使用者在一个出处查找和参阅会计准则。

财务会计准则委员会制定每一项准则都需要遵循规定的程序。一个准则制定项目确定之后,委员会一般都要经过下列步骤:① 任命一个技术专家工作组对所选定的项目提供咨询意见,工作组成员由财务信息的编制者、审计者和使用者的广泛代表组成;② 研究与所选定项目有关的现存文献,进行必要的其他研究;③ 公布一份关于所选项目涉及的问题及可能的解决办法的综合讨论稿,以此作为征求意见的基础;④ 举行一次公众意见听证会;⑤ 广泛散发拟议的准则公告征求意见稿,征求公众的意见。

财务会计准则委员会于1984年组建了一个叫做"新生问题工作组"(The Emerging Issues Task Force)的机构,其成员来自大型会计师事务所和公司企业,美国注册会计师协会和证券交易委员会派有观察员。新生问题工作组负责调查研究那些需要按一般公认的原则给予及时指导的新产生的问题。工作组的意见结论要公开公布,有非常大的影响。

(三) 实施问题

财务会计准则委员会制定的财务会计准则得到了证券交易委员会代表的官方的认可,由此获得了来自政府方面支持的权威性。另外,美国注册会计师协会的职业道德规范中要求其成员遵循财务会计准则委员会的会计准则。不过,不是所有的注册会计师都是美国注册会计师协会的会员,但是每个注册会计师都必须受某个州的会计委员会管辖,各州的会计委员会要求其管辖的会计师要遵循美国注册会计师协会的职业道德规范。

美国注册会计师协会的职业道德规范第203款规定,如果客户的财务报表包括的内容违背了美国注册会计师协会指定或认可的团体(财务会计准则委员会)颁布的会计准则,对财务报表作为一个整体产生了严重的影响,对该报表进行审计的协会成员不应发表无保留意见。除非他能够证明由于异常原因,客户必须按现行方式编制财务报表,否则将使读者产生误解。在这种情况下,成员须说明违背会计原则的行为及其后果,如果可能,应说明为什么遵循会计原则可能导致误解。

美国注册会计师协会的行为规则还规定,"审判委员会经过听证以后可以对违反行为规则的会员给予警告、暂时吊销资格或开除的处罚。"因此,注册会计师必须根据公认会计原则进行审计、提出报告,对于不按要求去做的协会成员将给予一定的制裁,最终可能导致违规的会员被逐出职业界,失去作为公共会计师从事公共会计业务的证书和资格。这种措施也有助于增强会计准则的权威性。

四、建立财务会计概念框架

(一) 财务会计概念结构

根据杜布拉德委员会报告中提出的建议,财务会计准则委员会成立之后不久便开始了一项奠基性工程,即制定"财务会计概念公告",为制定财务会计准则确立概念结构。财务会计准则委员会在其发布的一个文件中阐述了这种概念结构的重要性:

"也许因为会计在整体上(尤其是财务报表)被笼罩着一种准确和正确的光环,所以当许多人知道并不存在一种权威性的、表述明确的财务会计和报告概念结构时感到很惊讶。虽然许多组织、委员会和个人发表了他(它)们自己构造的概念结构或这种结构的某些方面,但没有一个被普遍接受和在实务中被作为依据。在这些努力中,比较著名的有会计原则委员会的第4号说明书'作为企业财务报表基础的基本概念和会计原则'(1970),不过,它的主要目的是描述事物存在的方式,而不是指出事情应该怎样。

一个概念结构就是一部根本大法,是一种内在相关目标和基本原则的联结体系,这些目标和原则可以产生前后一致的准则,并可确定财务会计和会计报表的性质、职能和限度。这些基本原则是会计的基本概念,是指导选择被记录事项的概念,是这些事项的计量原则,是汇总这些事项并向有利害关系的各方进行报告的手段。"

为财务会计购建一个概念结构是一项具有挑战性的任务。财务会计准则委员会从其成立之日起就一直致力于这项工程。经过多年的努力财务会计准则委员会共发布了8个财务会计概念公告,其中第1号、第2号、第3号后来被第6号和第8号等新的概念公告所取代,所以实际有效的是5个概念公告。这些概念公告是:第1号《企业财务报告的目标》(被取代);第2号《会计信息的质量特征》(被取代);第3号《企业财务报表的要素》(被取代);第4号《非企业组织财务报告的目标》;第5号《企业财务报表的确认和计量》;第6号《财务报表的要素》;第7号《在会计计量中使用现金流量信息和现值》;第8号《财务报告的概念框架》。

(二) 财务报告的目标

财务会计准则委员会于1978年11月发布了第1号《财务会计概念公告》,阐述了企业编制财务报告的目标,由此确定了财务报告决策有用性目标的理论概念。2010年该号公告被第8号《财务报告的概念框架》所取代。概念框架的主要内容如下:① 一般目的财务报告的目标是,向目前的和潜在的投资者、债权人及其他权益人提供报告实体的财务信息以有助于他们是否向该实体提供资源进行决策,包括是否买、卖或持有该实体的权益工具、债务工具等。② 财务报告提供的信息应有助于目前的和潜在的投资者、债权人和其他使用者作出合理的投资决策、信贷决策和类似的决策。这种信息应该是对经营活动和经济活动具有正常的理解力的人们以及愿意以合理的努力研究这种信息的人们所能理解的。③ 财务报告提供的信息应有助于目前的和潜在的投资者、债权人和其他使用者评价未来以股息或利息的形式取得现金收入的金额、时间以及不确定性,估计从销售、赎买证券或者债券、贷款到期所能取得的收入。④ 财务报告应提供一个企业的经济资源的信息,提供对这些资源的债权、引起资源以及资源债权变动的业务和事件的影响等方面的信息。⑤ 目前的和潜在的投资者、债权人以及其他权益人一般不能直接要求报告实体向他们提供信息,而是必须依赖一般目的财务报告提供的信息,因此他们成为一般目的财务报告的主要使用者。⑥ 财务会计并不直接用于测量企业的价值,但它提供的信息有助于那些愿意进行这种测量的人们去估计企业的价值。

（三）会计信息的质量特征

关于会计信息质量特征的第 2 号概念公告旨在确定使会计信息达到有用程度的具体质量标准,该概念公告被第 8 号概念公告《财务报告的概念框架》所取代。在确立这一概念结构中,该公告考虑了成本效益关系,会计信息的提供是有耗费的,只有能判断出利用会计信息的益处超过其成本时才应提供这种信息。有用财务信息的质量特征是指最有助于决策者决策中所需要的那类信息。

在使会计信息成为有用信息的各种质量特征中,最重要的是相关性和可靠性。会计信息只有具备某种最低程度的相关性和可靠性才有值得陈报的价值。

1. 相关性

包括三个方面的质量要求:预测价值、反馈价值和及时性。预测价值质量是对目标公告主要内容的响应:如果会计信息有助于评价未来的现金流量,那么这种信息就是有用的。反馈价值是与预测价值相关的。对于以前所作的预测,信息使用者要求得到实际结果的信息,以便分析其预测的准确性,如果发现有欠缺之处则要设法改进。及时性质量要求会计信息必须在需要时及时提供。

2. 可靠性

包括三个方面的质量要求:可证实性、陈报公允和中立。可证实性是指人们应能使用公认的方法独立地核对各项数字。陈报公允意味着会计信息应陈报其有目的要陈报的内容,或者说陈报要真实。中立就是说要避免偏见。虽然偏见在实务中很难确认,但是会计信息的选择至少不应为了满足某些人的利益需求而损害其他人的利益。

五、会计领域里的利益相关者

有各种各样的社会群体与会计领域有着直接的关系,有的是在经济实体内部从事会计、审计工作,有的则在经济实体外部提供会计、审计服务,有的对会计审计事务进行管理,有的则进行会计审计教育和研究。各类群体组织起来形成了不同的团体,这些团体一方面保护其成员的利益,另一方面使该团体所代表的职业领域能够稳定发展、逐步提高。美国在市场经济的发展过程中,逐步形成了若干个与会计相关、对会计发展产生影响的团体或组织,这些团体或组织在各自的领域中已经发展成熟,对美国的会计理论或实务的发展有着重要的影响作用。

美国会计界有一种观点认为,会计领域里的规则制定过程是一个政治过程,不同的会计规则对不同的团体和个人的利益有不同的影响,这些利益集团是会计规则的需求者,从自身利益出发,都试图控制或影响会计规则的制定过程,使会计规则的制定有利于自己。有权供应会计规则的立法机构也被认为是一个利益集团,它们的利益在于维护自己的权利,因此它们要向那些最有助于维护其权利的群体供应规则。自治团体居于两者之间,它可以供应会计规则,同时平衡不同利益集团的需求。以下组织是会计领域里的利益相关者,是对会计规则(尤其是会计和报告准则)产生直接影响的利益集团。

（一）美国注册会计师协会

美国注册会计师协会是注册会计师的职业组织,它的主要作用是培养、管理和保护注册会计师。它是财务会计基金会的主要赞助者之一。协会的历史可追溯到 1887 年成立的美国公共会计师公会,1916 年,该公会被公共会计师协会所取代,当时协会有会员1 150 人。1917 年协会又更名为美国会计师协会,1921 年各州注册会计师公会成立全国性的美国注册会计师公会,该公会于 1936 年并入美国会计师协会,协会同时确定其未来的会员发展限定为注册会计师。1957 年美国会计师协会更名为现在的美国注册会计师协会。

美国注册会计师协会的最高权力机关是由大约 265 人组成的理事会(Council)。理事会决定协会的行动方案和政策。

美国注册会计师协会设有下列专门委员会：① 会计和评审服务委员会；② 会计准则执行委员会；③ 同行互查委员会；④ 审计准则委员会；⑤ 考试委员会；⑥ 公众公司审计论坛委员会；⑦ 咨询服务执行委员会；⑧ 雇员惠及审计质量中心执行委员会；⑨ 政府审计质量中心执行委员会；⑩ 信息技术执行委员；⑪ 个人财务规划执行委员会；⑫ 私人公司实务部执行委员会；⑬ 职业道德执行委员会；⑭ 税务执行委员会。

其中审计准则委员会颁布"审计准则公告"。早在 1948 年,美国注册会计师协会就制定颁布了 10 条基本审计准则,因而美国成为世界上最早制定审计准则的国家。这 10 条基本审计准则和各种审计公告构成了美国的"公认审计准则"。美国的审计准则和审计质量控制制度在国际上居于明显的领先地位，成为许多国家效仿的榜样。

注册会计师的考试由美国注册会计师协会负责，这是全国性的、在同一时间同时举行的考试，每次两天，共约 14 个小时，每年举行四次，是以计算机为基础的测试，考试内容包括审计与鉴证、财务会计和报告、法规，以及经营环境与概念。

美国注册会计师协会的各种出版物对改进会计实务有很大的影响作用。它出版发行两种杂志：《会计杂志》和《税务咨询家》。其他出版物包括各种小册子、调查报告或研究报告等。

2017 年，美国注册会计师协会和英国的特许管理会计师协会共同组建了国际注册职业会计师协会（the Association of International Certified Professional Accountants），旨在打造一个国际化的会计职业组织。新组建的协会有近 70 万人的会员和学生。

（二）财务经理人员协会（Financial Executives Institute，FEI）

财务经理人员协会是财务会计基金会的赞助者之一。该协会成立于 1931 年，1962 年改为现名。1969 年促成建立财务经理人员协会国际联合会，会员遍布美国、加拿大和波多黎各。2000 年 11 月又更名为国际财务经理人员协会（Financial Executives International），其成员主要是大公司中的财务总监、主计长和财务经理等，会员人数超过15 000 人。该协会出版有月刊《财务经理人》，文章的范围包括会计和报告、养老金和保险、资产保护、税务、计划和预算、管理信息系统等。该协会的各地区分会定期举行研讨会，讨论会员们关心的各种问题。协会还积极支持财务管理人员研究基金会的研究活动，比如支持过的研究项目包括："通货膨胀，对财务报告和决策制定的影响""公司财务报告、纳税申报表以及国民收入与国民产值表中的公司利润""重置成本信息揭示的影响和意义""权益的估价、模式、分析和意义"等。

（三）管理会计师协会（Institute of Management Accountants，IMA）

管理会计师协会是管理会计和财务管理领域里的职业组织，也是财务会计基金会的出资者之一。管理会计师协会成立于 1919 年，已成为美国管理会计领域最有影响力的组织。目前该组织颁发两种证书：管理会计师证书（Certified Management Accountant，CMA）和战略分析师证书（Certified in Strategy and Competitive Analysis，CSCA），这两种证书虽不像注册会计师证书那样是一种政府颁发的执照，但它们代表着持证人达到了一定的专业教育水准和具有一定的职业经验，具有从事管理会计和财务管理相关工作的资格和能力。管理会计师协会为会员提供各种各样的接受教育的机会，如全国性的培训班和研讨会，地区性的培训课程，自学课程以及远程教育等。协会有两种杂志：《战略财务》和《管理会计季刊》。

管理会计师协会的管理会计委员会发布《管理会计公告》，对管理会计和财务管理问题表达协会的意见，公告的制定和发布有一套严格程序。协会的分会分布在美国各地，在其他国家也有一些会员。该组织的目标之一是增进人们更好地理解会计的资源、类型、目的和利用,促进有关资料在各种经济活动中的运用。

（四）美国会计学会(American Accounting Association,AAA)

美国会计学会是会计教育和研究工作者的专业学术组织,它也是财务会计基金会的赞助者之一。该学会的前身是 1916 年成立的美国大学会计教师联合会,于 1936 年改为现名。学会的宗旨是促进会计教育、研究和实务达到世界最优。该组织是一个全国性的会计学术团体,任何对会计感兴趣的人都可以自愿加入,学会吸引了许多会计教师和研究人员,因为它的主要目标是推进会计研究和努力促进会计教育方法的改进,当然也有一部分会员来自公司和政府机构。学会为其数量众多的会员提供了各种参与会计研究的机会。学会出版多种刊物,其中《会计评论》是世界著名的会计学术刊物之一,此外还有《会计地平线》《会计教育问题》《审计:实务和理论杂志》《会计中的行为研究》《信息系统杂志》《管理会计研究杂志》《会计与公共利益》等。美国会计学会每年举行一次年会,并经常在各地举办各种研讨班。美国会计学会的研究成果对会计实务的发展有着重要影响。

（五）财务分析人员联合会(Financial Analysts Federation)

财务分析人员联合会曾是财务会计基金会的赞助者。它是证券分析家、投资管理者以及其他与投资决策有关的人士参加的一个专业组织,会员分布在美国和加拿大。财务分析人员联合会的目的是努力增加适合于投资者所用的各种信息的数量和改进其质量、提高财务分析人员和投资管理人员的业务能力、提高会员的职业道德水准。财务分析人员联合会所属的财务会计政策委员会从投资者的角度对会计的发展情况进行分析并提出报告;该委员会还负责对证券交易委员会、财务会计准则委员会、美国注册会计师协会和国际会计准则委员会发布的文件作出反响、编制意见书,由此对会计实务产生过影响。

（六）州注册会计师协会(State Societies of CPA)

各州注册会计师协会不直接隶属于美国注册会计师协会,所以会员也与美国注册会计师协会不完全一致,有的注册会计师既属于美国注册会计师协会,也属于一个或多个州的注册会计师协会,而有的注册会计师只属于某一个注册会计师协会。各州注册会计师协会的活动主要包括举行分会会议、举行技术问题讨论会、举办教育培训班、向会员提供咨询服务、在会员和其他有关各方之间提供交流的机会、参与本州的一些法律活动等。这些活动不仅对会员提供的会计和审计服务是一种支持,而且对会员提供的税务、管理咨询和其他服务也是一种支持。

（七）州会计委员会(State Boards of Accountancy)

各州会计法规授权管理注册会计师资格和执业的机构是各州的会计委员会。州会计委员会向符合条件的个人授予注册会计师的称号,同时也有权暂停或取消违规的注册会计师的称号。州会计委员会的管辖范围只包括个人注册会计师,不包括会计师事务所。

取得注册会计师称号的人要想公开执业还必须取得一个州的执照,各州发放执照的制度略有不同。一般来说要成为一个领取执照的注册会计师,他/她必须:① 年满 21 岁;② 是美国公民;③ 是该州的居民或在该州有营业场地;④ 大学毕业或同等学历;⑤ 有从事公共会计业务的经验;⑥ 通过注册会计师考试。不过,有的州取消了公民、居民和经验的要求。

(八) 州会计委员会全国联合会(National Association of State Board of Accountancy, NASBA)

这是一个以各州会计委员会为会员的全国性组织,其主要目标是协助各州的会计委员会更加有效地履行其职责,也是各州会计委员会的一个全国性论坛。该组织要检查注册会计师考试的内容、过程和管理。该联合会每年组织全国性年会及一系列地区性会议,交流情况、探讨问题,有时也组织专题研讨会。该联合会有三个常设委员会:执行委员会、提名委员会和注册会计师考试复核委员会。另外,每年还要组织多达 30 个临时委员会或工作组,主要涉及执照和注册等问题,如进入会计职业界的教育和经验要求、考试要求、州际和国际相互承认、后续职业教育以及政府事务等。该组织和美国注册会计师协会共同发布了《会计条例与规则》,具有规范会计事务和注册会计师职业法律依据的作用。

第二节　澳大利亚和加拿大的会计环境

英国会计模式在大英帝国的殖民扩张过程中传播到了世界各地,尤其是英联邦国家,澳大利亚、加拿大的会计环境就是受到英国会计模式深刻影响的典型代表。随着与美国经济联系的不断发展,美国会计模式对澳大利亚和加拿大会计的影响随之增长,使这两个国家的会计实务越来越接近美国的做法,所以,现在一般认为澳大利亚和加拿大的会计实务介于英国模式与美国模式之间。

一、通过公司法来规范公司会计实务

澳大利亚和加拿大有着比较发达的资本市场,公司会计是面向资本市场的,财务报告主要为了满足目前的和潜在的投资者进行各类经济决策的需要。发达的资本市场培育了发达的会计职业界,这两个国家都有强大的会计职业团体。像英国一样,澳大利亚和加拿大都通过公司法来规范公司会计实务。由于澳大利亚和加拿大的政治制度采取联邦制结构,故这两个国家都有两级公司法,除全国性公司法外,澳大利亚各州和加拿大各省都有各自的公司法。

澳大利亚曾出现过分别适用于不同地域的几部公司法并存的局面,这一状况对跨地区的商务、金融等经济活动带来了诸多不便。为解决这一问题,20 世纪 60 年代初,各州通过协商达到一定程度的统一,但公司法的通过、颁布及实施仍由各州分别进行。

1978年统一进程又有了新的进展,联邦政府和各州政府达成了一项旨在统一各州和各地区公司立法及管理的正式协议。1981年联邦政府制定了统一的公司法,它在保留各州立法权的前提下,主要采纳了当时适用于澳大利亚首都地区的公司法。此法于1982年生效,后又进行过多次修订。澳大利亚公司法像英国公司法一样,包括规范公司财务报告的附表,附表中有财务报表格式。

　　加拿大对公司财务报告的要求有其特殊的规定。在加拿大,1907年的安大略公司法首次对工商企业提出了信息披露方面的要求,并以此为基础形成了以后联邦公司法中对财务报表披露方面的要求。但是加拿大公司法不包括规定财务报表格式的附表。1975年的联邦商业公司法对财务报表的披露要求作出了新的规定,将这种要求转入了较易修订的细则部分,并要求财务报表必须符合加拿大特许会计师协会《手册》中归纳的公认会计原则。另外加拿大许多省有证券法和证券委员会,对公司财务报表也有类似联邦商业公司法的要求。通过立法直接要求公司遵守会计职业团体的准则,这是加拿大会计环境的一大特点。

二、会计职业界和会计准则的制定

　　澳大利亚和加拿大在制定和实施会计准则方面与英国有许多相像之处,他们都受美国会计职业界所制定的成文会计准则的影响,都制定了内容和要求十分相近的具体会计准则。澳大利亚和加拿大与英、美等国的准则制定程序基本上也是一样的,首先确定某一会计问题进行研究,发布征求意见稿;其次对征求意见稿进行评论,并经审批表决通过后就可成为一项准则;之后就是监督准则的执行,必要时要对准则进行修订。

(一)澳大利亚会计职业团体

　　澳大利亚的会计职业团体主要有三个:一个是澳大利亚特许会计师协会,始建于1928年;另一个是澳大利亚注册会计师协会,是于1952年由几个会计团体合并成立的;再一个是澳大利亚公共会计师协会,源于1923年成立的企业成本会计师协会,于2011年5月改为现名。

　　澳大利亚特许会计师协会的历史可追溯到1885年,1928年获得皇家特许证,目前是根据1988年3月27日总督授予的补正特许证运作的。协会的最高管理机关是由各州理事会推选的代表组成的全国理事会,全国理事会选举执行委员会负责协会的日常事务。

　　澳大利亚注册会计师协会是由多个会计职业团体经过若干次合并和改组之后发展而来的。其前身可追溯到1886年成立的维多利亚会计师协会,该协会很快吸纳了澳大利亚其他几个会计团体,发展成为全国性的澳大利亚联邦会计师协会,其会员最初是通过推选入会的,至20世纪初才确定为通过考试吸收会员。20世纪初在协会组织自由发展阶段,澳大利亚曾出现多个会计职业团体并存的局面,1952年两个最大的联邦会计师协会合并组建澳大利亚会计师协会,转年澳大利亚会计师公会加入,使澳大利亚会计师协会成为最大的会计职业团体。1990年7月1日,澳大利亚会计师协会更名为澳大利亚注册会计师协会,2000年4月13日又更名为"CPA Australia"（直译为"注册会计师澳大利亚"）。目前,注册会计师协会在澳大利亚各地有分会,在中国香港、吉隆坡等城市和新加坡、新西兰、英国等国设有分支机构。

澳大利亚公共会计师协会的前身是1923年成立的企业成本会计师协会,该协会曾更改过几个不同的名称,如税务与成本会计师协会（1950年）,1957年曾更名为国家会计师协会,于1988年再次采用该名称。2011年5月2日在经过广泛征求意见后又更名为澳大利亚公共会计师协会。公共会计师协会由选举产生的董事会负责管理其各项事务。协会定位是为中小企业代言的顶级会计专业团体。

（二）澳大利亚会计准则

1965年澳大利亚特许会计师协会和注册会计师协会决定成立会计研究基金会,归纳总结澳大利亚的会计实务、起草制定澳大利亚的会计准则,该基金会于1966年11月正式成立,通过由两个职业团体的执行委员会组成的联合委员会对两个职业团体负责。基金会的目标是改进澳大利亚的财务报告和审计质量,促进财务报告和审计的国际发展,促进澳大利亚商法和商业实务的发展,改进资本市场的运作,促进社会资源的有效分配,改进公司治理结构和职业界的服务。

会计研究基金会曾下设会计准则委员会,负责制定澳大利亚会计准则。到1990年年底,澳大利亚会计研究基金会的会计准则委员会共制定发布了24项会计准则,基本上采纳了英国的会计准则,其权威性也与英国的标准会计实务说明书相当。

1984年会计准则审议会成立,由政府机构控制,其主要任务是通过颁布"批准的会计准则"给会计准则以法律支持,决定会计团体及其他组织所制定和将制定的准则的取舍,确定准则制定的先后顺序,资助准则的制定,征求有关各界的意见,对准则作出评价。

根据1989年澳大利亚证券投资委员会法,1991年新的澳大利亚会计准则委员会取代了澳大利亚会计准则审议会,新的会计准则委员会被授权制定符合公司法目的的会计准则。根据2001年澳大利亚证券投资委员会条例澳大利亚会计准则制定机构再次进行改组,新的会计准则制定架构于2001年正式生效。澳大利亚新的会计准则制定架构包括财务报告理事会和澳大利亚会计准则委员会,前者负责监督后者的运作,后者负责制定澳大利亚会计准则。在新架构下澳大利亚会计准则委员会有自己的资源,是一个独立的机构,不再利用澳大利亚会计研究基金会的服务。

新会计准则委员会根据公司法和证券投资委员会条例的规定,在开发会计准则的过程中要广泛征求各方意见,以使会计准则能公平代表各方的利益。公司法规定公司年度财务报告必须遵循会计准则。公司法要求公司财务报告对公司财务状况和经营成果给予真实与公允的反映,为此,必要时公司要提供比法律和会计准则所要求的更多的信息。

（三）加拿大会计职业团体和会计准则

加拿大特许会计师协会是加拿大全国性的会计职业团体，成立于 1902 年。加拿大特许会计师协会曾负责制定加拿大的会计准则和审计准则，还发布各种指南。加拿大的会计准则以前一直叫"会计建议"，是由加拿大特许会计师协会下属的会计准则委员会制定的。

加拿大管理会计师协会成立于 1920 年，1944 年获得联邦政府特许，有权颁发管理会计方面的职业资格证书，根据各省的法律管理其会员。该协会会员大部分在工商界和政府部门担任高级财务管理人员，也有一些会员在事务所工作。加拿大另一个会计职业团体叫加拿大注册会计师协会，该协会的历史可追溯到 1908 年，1913 年获得加拿大联邦政府特许，有权颁发注册会计师资格证书。该协会是一个向国际化发展的组织，曾将培训和考试方案引入中国。协会会员在工商界、金融界、政府及公共实务界工作。

2013 年，加拿大上述三大会计师职业组织宣布全面合并，成立加拿大唯一的特许专业会计师协会（Chartered Professional Accountants of Canada，CPA Canada），于 2014 年 10 月完成了会计师行业的整合，合并后协会拥有会员超过 20 万人。加拿大特许专业会计师协会整合了各方的优势，力图成为更全面的专业会计师团体，提高其国际影响力。协会在加拿大对各种有关会计及相应的商业问题进行研究，并帮助加拿大企业、非盈利组织及政府部门建立会计、审计和鉴证业务标准。同时，针对各种技术问题发表指导意见、出版专业文献，发展教育和专业认证项目。

在加拿大，安大略特许会计师协会于 20 世纪 50 年代提出的各种会计建议，有着很大的影响。加拿大特许会计师协会从 1968 年开始对已颁布的会计建议进行重新修订，集中对外发布，这些建议都纳入加拿大特许会计师协会的《手册》之中，是加拿大会计准则的主要来源。《手册》中的会计准则于 1972 年首次得到加拿大证券管理者全国政策公告第 27 号的承认，后于 1975 年得到加拿大商业公司法的法律认可。

加拿大特许会计师协会董事会曾建立会计准则委员会并授权该委员会自己负责发布各类报告。根据这种授权，会计准则委员会针对会计实务中的问题不定期发布《建议书》，由此巩固完善了会计建议，即加拿大的会计准则。

加拿大特许会计师协会建立过紧急问题委员会，负责及时审议新出现的会计问题，并希望能取得一致的意见，以有助于财务信息的使用者、编制者和审计师。会计准则执行委员会根据会计准则委员会的授权制定"指南"，该指南包括在《手册》之中，指南的制定不需要复杂漫长的程序，可以很快制定出来先用以指导实务，一般认为每一项指南最终要被一项建议所取代。

加拿大还有一些对公认会计原则产生影响的组织。由来自律师、经济师、高级财务主管、工商业、金融业、学术界和工会的代表等组成准则咨询委员会，对会计、审计准则提供咨询意见，成员有 10~15 人。

加拿大现行会计准则制定机构是一个独立运作的组织：加拿大会计准则委员会。该委员会是加拿大准则制定组织体系中的一部分，该体系中的其他准则制定机构包括公共部门会计准则委员会、审计准则委员会、质量控制准则委员会等。加拿大特许专业会计师协会为会计准则委员会提供资金、人员和其他资源支持，但是不干涉会计准则的制定过程。

第三节　中南美洲国家的会计环境

中南美洲国家经济一般都不很发达，教育水平较低，许多国家主要依赖农业和进出口，货币疲软，人口增长过快。在中南美国家中，除巴西讲葡萄牙语外，其他各国都讲西班牙语，由此可见中南美国家与欧洲大陆的联系，中南美国家的会计基本上属于法国-西班牙-葡萄牙模式，从总体上说，会计主要要满足政府宏观经济计划的需求，因而使企业会计实务较为统一，为纳税目的编制的财务报表与一般财务报告中的财务报表没有区别。但是中南美国家的会计又有自己突出的特点，即由于持续的高通货膨胀，使得中南美国家必须使用调整通货膨胀的会计方法。因而这些国家在通货膨胀会计方面积累了不少经验。

南美的巴西和阿根廷也是属于欧洲大陆会计模式的，财务信息要满足债权人和税务当局的需求，虽然这两个国家的证券市场在不断发展，但面向股东的信息披露还不具有主导性影响。巴西于1976年颁布实施了公司法，其中包括上市公司编报财务报表的基本要求，巴西会计准则制定机构叫巴西会计准则公告委员会，负债制定会计准则以及相应的解释和指南，准则的实施得到了政府的证券交易委员会以及会计职业团体的支持。阿根廷则在商法中规定所有的公司必须编制年度报告，上市公司还必须提交季度报告，阿根廷经济科学专业理事会联合会下设阿根廷会计审计准则委员会负责制定阿根廷会计准则。一些巴西和阿根廷的公司到美国去上市，执行美国会计准则，因而深受美国会计模式的影响。

中南美一些国家开始引入国际会计准则，如布宜诺斯艾利斯证券交易所要求国内公司应当遵循阿根廷会计准则，外国公司可以遵循阿根廷会计准则，也可以遵循国际会计准则或其本国的会计准则，但必须同时提供与阿根廷会计准则的差异调节表；里约热内卢证券交易所和圣保罗证券交易所要求上市公司应当遵循巴西会计准则，而巴西会计准则是借鉴国际会计准则制定的。

美洲国家建立自由贸易区的努力对会计服务的自由流动产生了影响。首先是美国、加拿大和墨西哥于1993年签订了北美自由贸易区协议，根据协议，职业人员可以在三国贸易区内自由流动，包括职业会计师，如在一国取得注册会计师资格的，在其他两国可以得到认可并从事注册会计师业务。其次是34个北美和南美国家的首脑于1994年举行美洲国家首脑会议，同意共同努力建立美洲自由贸易区，自由贸易区的建立将会促进美洲国家的会计人员的流动和会计制度的协调。

北美自由贸易区中的墨西哥是讲西班牙语的国家,商业活动和会计实务的渊源可追溯到欧洲大陆,所以从传统上说墨西哥会计属于欧洲大陆模式,仍可看到的痕迹是墨西哥商法和税法中包括比较详细的会计记录和财务报表方面的要求。但进入 20 世纪以后墨西哥会计越来越受到美国模式的影响,墨西哥会计界的许多著名人物都是通过学习美国会计成长起来的,美国会计教科书在墨西哥的会计教育中被广泛使用,美国会计刊物也在墨西哥广为流行。墨西哥现行制定会计准则的机构是墨西哥财务报告准则委员会,负责制定会计准则,其制定过程借鉴了美国的做法。

复习思考题

1. 分别指出下列英文缩写的全称及中文含义:
GAAP, AICPA, SEC, PCAOB, FASB, IMA, AAA, NASBA
2. 简述美国会计模式的特点及基本会计环境。
3. 美国会计准则制定机构经历了怎样的历程?
4. 美国建立了怎样的财务会计概念结构?
5. 用"利益集团"观点分析美国会计领域中的利益相关者。
6. 简述澳大利亚和加拿大的会计职业团体及其在会计准则制定过程中的作用。

参 考 文 献

1. Choi, F. D. S. and Meek, G. K. (2011), *International Accounting*, 7th edition, Pearson Prentice Hall, chapter 3.

2. KPMG (2003), *Sarbanes-Oxley: A Closer Look*, Montvale: KPMG.

3. Layton, L. (1981), "Accounting Authorities and Organizations" in *Accountants' Handbook*, 6th edition, volume I, edited by Lee J. Seidler and D. R. Carmicheal, John Wiley & Sons, Inc., chapter 3.

4. Miller GAAP Guide, 2004, by Jan R., Ph. D. Williams, Joseph V. Carcello, Aspen Publishers.

5. Nobes, C. W. and Parker, R. H. (2016), *Comparative International Accounting*, 13th edition, Pearson Education Limited, chapters 8 and 9.

6. Radebaugh, L. H., Gray, S. J. and Black, E. L. (2007), *International Accounting and Multinational Enterprises*, 6th edition, China Machine Press, chapters 3 and 4.

7. Zeff, S. A. (September 2003), "How the U. S. Accounting Profession Got

Where It Is: Part I", *Accounting Horizons* 17, no. 3.

8. Zeff, S. A. (December 2003), "How the U. S. Accounting Profession Got Where It Is: Part II", *Accounting Horizons* 17, no. 4.

上 网 查 询

获取详细信息、追踪最新动态：

1. 美国证券交易委员会
   http：//www. sec. gov
2. 美国公众公司会计监管委员会
   http：//www. pcaob. org
3. 美国财务会计准则委员会
   http：//www. fasb. org
4. 美国注册会计师协会
   http：//www. aicpa. org
5. 美国财务经理人员协会
   http：//www. financialexecutives. org
6. 美国管理会计师协会
   http：//www. imanet. org
7. 美国州会计委员会全国联合会
   http：//www. nasba. org/
8. 澳大利亚注册会计师协会
   http：//www. cpaaustralia. com. au/
9. 澳大利亚和新西兰特许会计师协会
   http：//www. charteredaccountantsanz. com
10. 澳大利亚公共会计师协会
    http：//www. publicaccountants. org. au/
11. 澳大利亚会计准则委员会
    http：//www. aasb. gov. au/home. aspx
12. 加拿大会计准则制定机构
    http：//www. frascanada. ca
13. 加拿大特许专业会计师协会
    http：//www. cpacanada. ca

第三章　欧洲的会计环境

欧洲是产业革命的发源地，也是现代会计的发源地，诞生于产业革命前夜的意大利复式记账法为产业革命的到来做好了准备，为产业革命的推进提供了条件，同时又在机器大工业的发展中发展和完善了自己。进入 20 世纪后，欧洲各国会计与其经济发达程度相适应普遍达到了较高的水平，并逐步形成了几个有代表性的会计模式，20 世纪流行过的五大国际会计模式中，有四大模式在欧洲。

在欧洲，由于东欧国家和西欧国家政治经济环境的差异，会计环境在东欧和西欧之间也明显不同，东欧国家随着政治经济制度的变革，会计制度和会计实务也处于一种新旧体制转变过程之中。西欧国家以欧盟的会计协调为主旋律，各国在这种协调的影响下，会计规则和会计实务在不断地进行调整，会计差异得到了控制并且向着缩小差异的方向发展，欧盟的会计有可能成为一种颇具影响的会计模式。本章重点考察英、法、德的会计环境，然后概述西欧其他几个主要国家和东欧各国的会计环境。

第一节　英国的会计环境

一、强调"真实与公允反映"

英国是创造"真实与公允反映"概念的国家，目前这一概念已被欧盟国家正式接受，而且也对世界上许多其他国家产生了重要的影响。英国在会计审计领域中作出了许多开创性贡献，奠定了影响广泛持久的英国会计模式的基础。英国是现代职业会计制度的发祥地，这种制度目前已扩展到世界上许多国家。

在英国会计实务中，财务报告应对公司财务状况和经营成果给予"真实与公允"的反映被认为是压倒一切的最高要求。这一要求是在 1948 的公司法中最终确定的，在此之前，公司法中曾有"全面与公允"反映、"真实与正确"反映等不同的提法。从 20 世纪 40 年代末起，"真实与公允"反映的概念一直沿用至今，并且通过欧共体指令影响到欧洲大陆其他国家。但是，英国的法律从未定义过这一概念，它的含义被认为要由职业判断来确定，而作为一个法律概念，它的含义最终由法院给予权威性解释，并由此影响和左右会计实务。

　　"真实与公允反映"的一般要求是,公司财务报告必须符合公司法和公认会计惯例的规定,公司如果这样做了,就被认为是"真实与公允"地反映了公司的财务状况和经营成果;如果在某些情况下,按照公司法和公认会计惯例的要求编报财务报表不能给予"真实与公允"的反映时,公司可以不按公司法和公认会计惯例的要求去做,但必须在报表附注中解释原因和产生的影响。[①]

二、通过公司法规范公司财务报告

　　在英国,公司法一直是公司财务报告的主要法律依据,公司法对公司财务会计和报告作出总括规定,提出基本要求,包括对公司应编制的财务报表种类和报表的格式内容等;先由会计职业团体、后发展为独立的准则制定机构制定会计准则对会计实务进行具体规范,如规范会计信息具体的披露方式和计量方法。这样公司法的执行在很大程度上要依靠非政府的准则制定机构通过制定具体规则来完成。

　　英国制定"公司法"的议会,一方面受英国传统的影响,另一方面又受欧洲联盟的影响,因此,在英国的"公司法"中对会计和财务报告的要求,既保留着英国多年来形成的惯例性规定,又融入了"欧共体指令"中规定的各项规则。不过,随着英国脱欧,欧盟的影响将会逐步减弱。

　　英国的第一部公司法诞生于1844年,以后根据情况的变化和新问题的出现曾多次对公司法进行修订,所以公司法的内容随着社会经济的发展在不断地发展和变化。早在16世纪,英国已经出现了经皇家特许而成立的股份公司,但由于当时经营者与所有者是一体的,对财务报表要求不高,财务报表并不显得十分重要。1844年出台的第一部公司法确立了公司的法人地位,同时规定公司要有会计记录,并要编制年度资产负债表,全面、公允地向股东揭示公司的财务状况。

　　1855年公司法引入了保护投资人权益的有限责任制。1856年将以前的公司法合并颁布了合并后的公司法。1856年公司法取消了1844年公司法中关于会计和审计的强制性条款,代之以适用面更广、选择性更强的会计和审计规范,要求公司从自身利益出发,自觉地公布有关会计信息。

　　英国公司法的发展中不断地出现补充性公司法,然后过若干年合并一次,以此经历过几次发展、合并的过程,每次在会计和审计方面都有一些新的要求。1862年的公司法要求股息只能从利润中分配,以达到资本保全和保护债权人利益的目的;1900年公司法针对公司管理者与投资者分离的情况,提出进行强制性审计的要求;1908年公司法要求公开招股公司将会计记录在注册处备案待查。1929年公司法进一步规定公司招股章程中增报对公司利润及股息分配进行审计的审计报告,公司要披露所采用的基本会计方法,要

[①]　参见王德宝、仇林明英:"真实和公允",《会计研究》1999年第1期。

向股东提供年度损益表(未规定其内容和必须审计)、资产负债表的详细内容、格式以及估价方法,报表编制要"真实和正确"。

1948 年公司法是合并了以前几年的公司法后重新制定的,1967 年、1976 年、1980 年和 1981 年等四年的公司法是对 1948 年公司法的补充和修订。这五部公司法都是作为单独的立法存在的,在执行和引用时需要互相参照,多有不便。1985 年议会通过新的公司法,将上述五部公司法加以合并,使之成为一部统一的公司法规。1985 年公司法长达 747 节(不包括附则),其中有关会计、审计的规定主要在第 7 部分中,并按以下顺序排列: ① 会计记录;② 会计报告期;③ 一般报表格式与内容;④ 董事会报告和审计报告的规定;⑤ 年度报告的提交及其在公司注册机构存档的规定。各公司每年必须向其股东提交资产负债表和损益表,并且控股公司应编报控股公司及其子公司的集团财务报表。公司法要求各公司编制的财务报表必须做到"真实与公允",并任命合格的审计师对财务报表是否"真实与公允"提出报告。

1989 年和 2006 年对 1985 年公司法两度进行补充和修订。1989 年公司法是将欧共体第 7、8 号指令的要求纳入英国公司法,涉及会计和审计的问题主要有两个方面:集团报表和审计人员。1989 年公司法对集团的界定和控制的概念等方面作出了新的规定;对审计人员的任命、辞职和撤换提出了新的要求。2006 年公司法补充和修订的内容涉及强化中小企业地位、倡导股东在公司治理中的积极作用以及改革公司设立与运营法律制度等多个方面,此次补充和修订旨在服务经济,以保持并继续强化英国的国际竞争力。

2009 年 6 月英国政府新成立了一个部,叫做"商务、革新与技术部"(The Department for Business, Innovation and Skills, BIS),该部是合并了商务、企业与调整改革部(BERR)和革新、大学与技术部(Department for Innovation, Universities and Skills)之后成立的,其主要责任是促进增长,这种增长必须是可持续的、整个国家和经济各界分享的和平衡的,该部门就是代表政府为增长创造条件和消除阻碍增长的障碍。对于会计审计问题该部在阐述其相关政策中解释道:有效的资本市场以及通过增进透明度保持对公司结构的信心对英国经济来说是至关重要的,对此需要提供可靠和有信息含量的报告,途径是在英国发展有关审计、会计和报告的规则框架,包括实施国际会计准则和国际审计准则。目前该部又被商务、能源与行业战略部(the Department for Business, Energy & Industrial Strategy, BEIS)所取代。

三、现行公司法中的会计规则概览

(一)报表的编制

所有公司的董事会每一会计期间都有责任编制财务报表,并提交股东大会审批,批准后的财务报表由两名董事签署,在公司登记机构存档、公开。存档的报表包括,损益表、资产负债表、报表附注、审计报告和董事会报告等。拥有子公司的控股公司,除本身为另一公司的子公司外,均需编制反映控股公司及其子公司整体财务状况和经营成果的合并报表。

报表编制的最高原则是"真实与公允反映",一般应遵循的原则是:权责发生制、谨慎性、持续经营和一致性。在公司法中有可供选择的两种资产负债表和四种损益表的报表格式,各公司可各选择一种使用。

(二) 损益表

损益表及其附注应提供以下信息:

1. 收入

它包括销售收入、其他营业收入、投资收益和应收利息。

2. 费用及支出

它包括销售成本、折旧费用、审计师酬金、董事津贴、职工工资总额及平均雇员人数、社会保险费用及养老金费用、应付利息、厂房和设备的租赁费用、正常经营活动所负担的各种税金。

3. 利润分配

它包括增加或减少的利润留存额、宣布和支付的股息等。

4. 其他事项

它包括非正常经营活动的收入与支出及相应的税金、以前年度项目的调整、偶发事项、投资核销金额、外币折算方法、比较数据及其他有助于真实与公允反映的信息。

(三) 资产负债表

资产负债表及其附注应提供以下信息:

1. 固定资产

它包括:固定资产期初、期末余额,固定资产的购置、变卖、报废和其他处置的信息,固定资产重估价价值,固定资产转移、折旧和其他调整方面的信息。既包括有形固定资产,也包括无形固定资产。

2. 流动资产

它包括:原材料、在产品和产成品等存货的信息,现金、应收账款和短期投资等项目的信息。

3. 负债

它包括:流动负债和长期负债,如应付货款、应付票据、应付税金、应付社会保险金、备用金、预收款、应付债券、银行借款等。

4. 资本和留存利润

它包括:注册和发行的股本的数量、收到的股本金额、股票溢价额资产重估价损益、留存利润和其他储备等方面的信息。

5. 其他事项

它包括:会计政策、比较数据、或有负债、外币折算方法等,以及其他有助于真实与公允反映的信息。

（四）董事会报告

董事会报告应提供以下信息：

1. 公司或集团的概况信息

它包括：主要的经营活动情况和发展变动情况,固定资产数量增减变动情况及其市价变动情况,本年度业务发展趋势的总结与分析,股息分配方案和利润留存方案的说明,年末以后发生的重大事项,未来长短期发展计划和目标,等等。

2. 董事会成员的信息

它包括：本年董事会成员的姓名,董事会成员及其家属持有本公司股票和债券的数量以及股票和债券本年的收益额,董事会成员的报酬以及其他的利益。

3. 其他事项

它包括：政府及其他机构的捐款、加强董事会与雇员沟通的各项举措、残疾人就业政策、环境保护措施等。

（五）审计报告

公司必须在年度股东大会上任命公司审计师。审计师必须就公司是否保持了恰当的会计记录、财务报表的编制是否符合法律规定的格式和披露要求、财务报表对公司的财务状况和经营成果是否给予了真实与公允的反映等方面表达意见。对财务报表是否符合"标准会计实务说明书"和"财务报告准则"的要求进行检查也被认为是审计内容的一个重要组成部分。审计报告代表了审计师与被审公司股东之间的一种正式的交流渠道。公司法对审计报告的最低内容提出了要求,但是对审计报告的具体措辞并无规定,审计实务委员会在审计准则中对此有规定。

四、历史悠久的会计职业界

英国是独立的会计职业的发源地,会计职业团体的产生迄今已有一百多年的历史。然而,英国的会计职业团体一直没有组成一个全国性的统一组织,而是多个会计职业团体并存。目前在英国较大的会计职业团体主要有：

● 英格兰和威尔士特许会计师协会

(Institute of Chartered Accountants in England and Wales,ICAEW)

● 苏格兰特许会计师协会

(Institute of Chartered Accountants of Scotland,ICAS)

● 爱尔兰特许会计师协会

(Institute of Chartered Accountants in Ireland,ICAI)

● 特许注册会计师公会

(Association of Chartered Certified Accountants,ACCA)

● 特许管理会计师协会

（Chartered Institute of Management Accountants，CIMA）

● 财政与会计特许协会

（Chartered Institute of Public Finance and Accountancy，CIPFA）

苏格兰会计职业团体产生的时间最早。1854年爱丁堡的会计师公会被授予了第一张皇家特许证，以后于1855年和1867年格拉斯哥和亚伯丁的会计师们也被授予了特许权成立了公会。1892年苏格兰各会计师团体建立了联合组织。1951年这些团体正式合并成立了目前的苏格兰特许会计师协会。

英国会计职业团体中规模最大的是英格兰和威尔士特许会计师协会。英格兰的会计师们从1850年起就从事公司审计工作了。1861年以后又从事了大量的破产清算业务。1870年在利物浦和伦敦成立了会计师公会，随后在1871年和1877年，曼彻斯特和谢菲尔德也成立了会计师公会。1880年这些职业团体合并成立了目前的英格兰和威尔士特许会计师协会。

爱尔兰特许会计师协会于1888年被授予特许权。爱尔兰分立之后，它仍然是整个爱尔兰的统一会计团体，年度大会分别在都柏林和贝尔法斯特轮流举行。

特许注册会计师公会是1939年合并了1891年与1904年成立的两个会计团体后成立的。该公会逐步发展成了一个具有国际性的组织，在世界上130多个国家举行考试，所以其成员遍布世界各地。

特许管理会计师协会成立于1919年，其会员主要是工商企业中的管理会计师，它通过职业资格考试，为工商界第一线培训成本和管理会计师。2017年，特许管理会计师协会和美国注册会计师协会共同组建了国际注册职业会计师协会（the Association of International Certified Professional Accountants），旨在打造一个国际化的会计职业组织。财政与会计特许协会成立于1885年，以前叫市政财务主任和会计师协会，表明其源于地方政府。现在该协会的成员主要在政府机构和国有企业的财务部门中工作。

各职业团体曾有过多次合并建立全国性统一会计团体的努力，但均未获得成功。提出建立统一组织的理由有：可以减少管理费用；在职业领域内将会计师的工作能力联合起来形成更有效的工作环境；在有关会计准则、公司法规、税务、会计师和审计师的注册登记以及其他有关职业界的事务方面统一组织能有更大的权威性发表意见。但一般认为，不建立统一组织也能达到上述目标，以至迄今尚未建立起全国统一性组织。

但六个会计团体于1974年建立了一个称为"会计团体协商委员会"（Consultative Committee of Accountancy Bodies，CCAB）的协商组织。该组织的目的是协调主要由六个会计团体形成的会计职业界，协调英国会计职业界与本国政府、与国际会计组织（如国际会计准则委员会、国际会计师联合会）之间的关系。会计团体协商委员会曾下设会计准则委员会和审计实务委员会，负责制定英国的会计准则和审计准则。1989年，英国成立了独立于会计职业团体的财务报告委员会（Financial Reporting Council），在其之下首先建立了新会计准则委员会，负责制定会计准则，后又建立审计实务委员会，负责制定审计准则。英国进入各职业团体的专业考试和资格要求仍由各团体各自负责。1986年会计团体协商委员会注册登记为一个有限责任公司，六个会计职业团体为公司的股东。2011年2月特许管理会计师协会宣布退出CCAB有限责任公司，于是原公司进行了清算，于当年10月份完成，其余五个团体决定继续CCAB有限责任公司的存在，成为新的CCAB有限责任公司的股东。

五、会计准则制定机构及其沿革

（一）财务报告委员会的建立及其结构

1989年成立的财务报告委员会是目前英国独立的制定规则的框架中的核心机构，该框架的目的旨在增进公众对公司报告和公司治理的信心，其主要职能包括促进公司治理水平的提高、制定并监督实施会计准则和审计准则、制定精算业务准则、对审计师进行监督与管理、为保护公众利益而设立独立的调查与处罚运行机制以及监督职业会计团体和精算业务团体的协调管理活动。财务报告委员会由来自会计职业界、证券交易机构和工商业界的27名委员组成，其目的是确保财务报告提供真实和公允的财务信息。

财务报告委员会设立了如下运行机构来履行其职能：会计准则委员会（Accounting Standards Board，ASB）、审计实务委员会（Auditing Practices Board，APB）、精算业务准则委员会（The Board for Actuarial Standards）、职业监管委员会（Professional Oversight Board）、财务报告评审委员会（Financial Reporting Review Panel）和会计实务与精算业务纪律委员会（Accountancy & Actuarial Discipline Board）。财务报告委员会的总体框架，如图表3-1所示：

（图表3-1）

财务报告委员会的总体框架

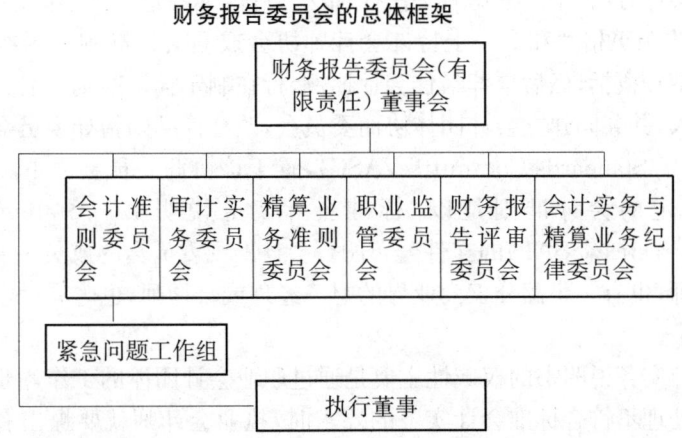

会计准则委员会更详细的情况将在下一小节中介绍。审计实务委员会通过制定审计准则来为外部审计师建立基本原则和基本程序，制定审计准则的应用指南，同时也为其他鉴证业务制定准则，就外部审计师提供审计和其他鉴证服务中涉及的独立、客观和公正等原则制定职业道德规范，在涉及审计和鉴证业务的法律法规立法过程中发挥应有的作用，并且要向社会公众宣传解释审计和鉴证的职能作用。

精算业务准则委员会成立于 2006 年 4 月，旨在制定高质量的精算业务准则。职业监管委员会专门的检查监督机构对审计职业和审计质量进行独立的监管，通过会计职业团体对会计职业界进行独立的监管，通过职业精算师组织对精算业务进行独立的监管以确保高质量的精算工作。

财务报告评审委员会由来自工业公司、会计公司、金融机构、公用事业部门以及律师职业团体等各行各业的 21 名委员组成，负责检查各大公司执行会计准则的情况，分析公司财务报告是否给予了真实与公允的反映，并提供各种咨询意见。会计实务与精算业务纪律委员会负责检查和处理违反职业准则和道德规范的职业人员及其相关的业务活动。

（二）会计准则制定机构的沿革及现状

1970 年以前，英国的会计实务是在公司法的规定之下和框定的范围之内，依靠"不成文"的会计惯例进行规范和制约的，不过，像英格兰和威尔士特许会计师协会这样的会计职业团体发布过非强制性、建议性的指导文件，对规范会计实务产生过影响。1942 年英格兰和威尔士特许会计师协会成立了"税务研究委员会"，该委员会从 1942 年 12 月至 1969 年 11 月的 27 年间共发布了 29 个"会计准则建议书"。虽然这些建议有利于会计实务的改进和发展，但由于其不具有强制性，使其影响范围和程度都很有限。

从 1970 年起，英国的会计职业界逐步开始制定成文的会计准则。1969 年 12 月英格兰和威尔士特许会计师协会发布了"70 年代会计准则设想的声明"，主要内容是：总结并公布最优会计实务，缩小会计实务差异；建议报表列报中对影响较大的判断项目、估计项目应采用的会计方法；不断根据有关法律和法规修改和制定会计准则。

1970 年先由英格兰和威尔士特许会计师协会成立会计准则指导委员会进行最佳会计实务的总结和概括，然后推荐最佳会计惯例，旨在制定会计准则。后其他五个会计职业团体先后加入，并共同建立会计团体协商委员会，改会计准则指导委员会为会计准则委员会（Accounting Standards Committee，ASC），置于该协商委员会之下。这两个会计准则制定机构制定的会计准则是以"标准会计实务说明书"（Statements of Standard Accounting Practice，SSAP）的文件公布的。会计准则委员会的成员主要是公开执行业务的职业会计师，也有一小部分工商业界的财务经理或会计师，也曾有过学术界和财务信息使用者的代表。

标准会计实务说明书的权威性主要是通过职业会计团体的工作逐步建立的。当某个公司的会计处理不符合标准会计实务的要求时，执业会计师就要提出有保留意见的审计报告。这样就促使了各公司遵守标准会计实务说明书中提出的要求。标准会计实务说明书后又得到政府和法院的认可，这样就确定和巩固了它的权威性地位。到 1990 年，会计准则委员会共公布了 25 个标准会计实务说明书。此外还有多种其他文件公布，除标准会计实务说明书征求意见稿外，还有会计实务建议说明书、技术说明书等。

1990 年英国成立了新的会计准则委员会（Accounting Standards Board，ASB）取代了原来的会计准则委员会（ASC）。新会计准则委员会不再隶属于会计团体协商委员会，而成为一个独立的机构。新会计准则委员会的成员和经费是由财务报告委员会任命和筹集的。

新会计准则委员会的成员不超过 10 人，其中主席和技术委员为专职，其他成员为非专职，来自大会计公司、工业公司、金融机构等。新会计准则委员会发布的会计准则称为"财务报告准则"（Financial Reporting Standards，FRS），以前的标准会计实务说明书若未宣布取消或予以修改的，仍然有效，与财务报告准则一起构成了英国的公认会计惯例①。

新会计准则委员会下设有一个紧急问题工作组，由来自会计公司、会计职业团体、工业公司和银行等机构的 15 名成员组成，成立于 1991 年 5 月。作为新会计准则委员会的辅助机构，紧急问题工作组负责对会计准则执行过程中产生的问题、现行准则没有涉及的新生事项以及现行准则实施过程中出现的不合理或相互矛盾之处进行研究，提出处理意见，用以指导实务。

从 2005 年开始，当时作为欧盟成员国的英国和其他欧盟成员国一起逐步采纳国际财务报告准则。2006 年修订的公司法授权政府部门如商务、能源与行业战略部负责采纳国际财务报告准则事宜。商务、能源与行业战略部又授权财务报告委员会具体负责此事。财务报告委员会设有专门的叫做"会计和报告政策"（Accounting and Reporting Policy，ARP）的部门来协调英国会计准则和国际财务报告准则，并通过反映英国的观点来影响国际财务报告准则。

第二节　法国的会计环境

一、经济概况与法律环境

法国的经济体制被认为是有计划的市场经济体制，这种市场经济有三个显著特点：① 政府对国民经济实行强有力的干预；② 经济计划在市场经济体制中起着指导作用；③ 国有经济在国民经济中占有重要地位。

---

① 在英国使用 GAAPs 一词时，英文原文一般为 Generally Accepted Accounting Practices。

法国企业的组织形式主要有：股份公开公司、有限责任公司、有限合伙企业、合伙企业等，与其他欧洲大陆国家一样，在数量上占主导地位的企业组织形式是规模不大的有限责任公司。

在法国的经济结构中，大型企业与为数众多的中小型企业同时存在(特大型企业为数不多)，私营企业与相当数量的国营企业并存。法国的证券市场相对不很发达，法国投资者乐于持有政府的证券和储蓄存款，而不愿意拥有私人工商企业的股票。所以银行向企业提供的信贷资金在企业经营过程中发挥着很大的作用。法国投资者的这种倾向使得政府积极向公众出售国库券和政府债券，然后将筹集的资金贷给国营和私营企业。

首先盛行于欧洲大陆的罗马法系亦称"大陆法系"，在法国表现得比较典型。在欧洲的历史中，法国在立法上曾有过令人瞩目的成就。早在 1673 年法国就颁布了商法典《商事王令》，在由法律规定会计规则方面比英国 1844 年《公司法》和美国 1933 年《证券法》的出台要早得多。《拿破仑法典》至今在西方国家的法律中仍有相当的影响并受到广泛的重视。当代法国法律体系中与公司会计密切相关的是商法、公司法、税法以及一些会计法令。

法国的会计环境主要受政府控制。会计处理方法和公司财务报告的格式都在有关的法律(包括商法和税法)中作出了规定。法国的会计法规可追溯到 19 世纪初商法典中的规定。目前有关会计方面的基本规定仍然包括在商法典中。为贯彻执行欧盟第 4 号指令，法国在 1983—1986 年期间通过并颁布了一系列对会计产生影响的法令。此外，公司法中也有有关会计方面的基本要求。法国会计被认为是面向税务的会计，表现在税法中规定了详细的计量规则，公司会计一般按照这些计量规则处理经济业务，因而财务会计和税务会计的处理结果是一致的。

(一) 商法和公司法

在法国商法中，虽然包括了有关会计的条款，但内容比较简单，基本上属于簿记方面的一些规定。如商业实体必须建立有关的日记账以登记交易事项；其账项必须经法庭或相当的权威机构盖印审定；账页要预先编号不得跳页登记和进行涂抹；等等。另外，还要求编制资产和负债的明细目录并保留商业函件的有关文本。

对公司会计有更大影响的主要立法是 1966 年修订后颁发的"公司法"，它包括对公开集资的股份有限公司规定的会计披露要求。不发行证券的非公开公司，除具有一定规模者外，可以不受该法披露要求的约束。

公司法要求公司的财务年度一般应为十二个月，结账日由公司法律文件确定。结账日变更要由股份有限公司 2/3、有限责任公司 3/4 以上股东的同意。每一个公司要求编制"真实和公允"的年度资产负债表和损益表，这些报表要在财务年度结束后三个月内向税务当局备案。批准报表的股东大会要在财务年度结束后六个月内召开。将批准后报表的两份复印件于批准当月向商法庭备案。董事长对报表的编制、内容和符合当地规定负责。

（二）税法

法国会计被认为是面向税务的会计,税务当局是公司法法定的会计信息使用者,而且,税法也对会计提出了明确的要求。法国的公司税制以转嫁体制为基础,这种体制与英国现行的体制差别不大(实际上法国的体制曾经在一定程度上是英国的样板),但是应税收益的计算则不同。税法的规定对法国财务报告的影响体现在以下两个方面:一是报告的账面利润的计量规则与应税收益的计量规则差别不大;二是费用只有已经入账的才能作为纳税申报中的扣减项目予以扣减。

（三）会计法令

法国有关会计法的历史可追溯到17世纪,其现行会计法仍然反映着法国固有的司法传统和价值观念。法国的会计法令有两种:一是以法案形式发布;二是以政令的形式发布,后者属于政府的行政法规。1983年后,通过和颁布过以下会计法令和政令:① 1983年4月30日通过了第83-353号会计法案,使商业实体和其他公司实体的会计要求与欧盟第4号指令相协调;② 1983年11月29日通过了第83-1020号政令,是83-353号会计法案的实施细则;③ 1985年1月3日通过第85-11号会计法案,使商业公司和股份公开公司的合并报表与欧共体第7号指令相协调;④ 1986年2月17日通过第86-221号政令,是85-11号会计法案的实施细则。

二、会计总方案

（一）会计总方案的制定与实施

法国会计的一个重要特征是实行统一的会计制度。系统表述统一会计制度的文件称为"会计总方案"(Plan Comptable général)。这个方案不仅包括统一的会计科目表,而且包括非常详细的会计操作指南。1999年重新修订后的会计总方案主要包括以下内容:

第一部分　会计的目标和原则

第一章　应用范围

第二章　原则

第三章　年度报表的定义

第二部分　资产、负债、收入和费用的定义

第一章　资产和负债

第二章　费用和收入

第三章　利润或损失

第三部分　会计确认与估价规则

第一章　资产、负债、收入和费用的记账日

第二章　资产与负债和估价与会计方法

第三章　特殊估价与会计确认程序

第四章　其价值随外汇波动之资产与负债的估价

第五章　重估价

第六章　特殊资产与负债的估价与会计确认

第七章　特殊金融业务的估价与会计

第八章　跨财务年度经济业务的记账

第九章　共同经济业务和为第三方记账之业务的估价与会计确认

第四部分　账簿的记录、结构和功能

第一章　会计的组织

第二章　记录

第三章　会计编码

第四章　账簿的功能

第五部分　财务报表

第一章　年度报表

第二章　年度报表的格式 — 资产负债表 — 损益表

第三章　年度报表的格式 — 报表的附注

会计总方案在实施运用上是非常灵活的，主要体现在两个方面：① 根据企业的规模大小来确定适用范围（规模大小根据销售额、资产总额以及员工总人数的一定标准加以划分）。会计总方案的适用范围：扩展方案用于上市公司；标准方案用于大中型企业；缩简方案用于小型企业。② 考虑了行业差异，制定一些具体的专业会计方案。

从上面的介绍可知，法国的会计总方案实际上是企业组织会计工作的全面性规范和依据。它不仅包括企业财务会计的原则和规则，而且还涉及成本和估价的要求和规范。法国会计自实施这种统一的制度以来，在服务于国家的宏观决策、确定政府导向机制方面，在服务于企业间业绩评比、为评选国家优胜企业而提供数字依据方面以及在沟通宏观和微观信息系统、促进社会会计的完善和发展方面，都发挥了一定的作用，反映出统一性带来的好处。除此之外，会计总方案的推行也为国家税收工作以及教育部门培养会计专门人才提供了很大方便。

（二）会计总方案形成的历史回顾

制定统一会计方案的思想产生于 19 世纪 80 年代以后。随着企业规模的扩大和大批大量生产的发展，在西方发达国家产生了制定行业统一会计制度的思想。在美国和欧洲一些国家中某些行业提出并实行了行业的统一会计科目表。20 世纪初，在由来自西方发达国家的会计师参加的国际会计师代表大会上曾有人提出制定国际标准化的会计科目表。德国会计学教授舒玛尔兰巴赫（Schmalenbach）是这种思想的积极倡导者，他在 20 世纪 20 年代设计了一套示范会计科目表。1937 年德国政府以法令的形式发布了西方国家第一套会计科目表,称为高林方案(Goering Plan),适用于所有的私营企业。

法国的会计总方案酝酿产生于第二次世界大战期间德国占领下的维希政府时期,当时成立了一个部长间委员会来负责制定全国统一的会计规范,该委员会也包括来自私营企业的代表和一些公共会计师。在德国人的干预和影响下,该委员会于1941年完成了第一部统一会计方案,于1942年公布。该方案与德国的高林方案极为相似。不过,它不是简单照搬德国的方案,有许多适合法国情况的设计。

1946年法国战后政府组建了一个会计标准化委员会重新制定统一会计方案,新方案于1947年被批准执行。1947年方案与1942年方案有许多共同之处,主要不同之处是增加了成本和管理会计方面的规定。同时政府组建了全国会计监督委员会来负责实施会计总方案。

最初会计总方案只适用于国有企业和有政府补贴的公司,对私营企业没有约束。以后会计总方案经过几次修订完善后,与税法在很多方面取得了一致,因而被各种企业广泛采用。会计总方案于1982年根据欧共体第4号指令进行了修订,1986年又根据欧共体关于合并报表的第7号指令进行了补充。目前有效的是1999年又做过一次修订并被批准实施的会计总方案。会计学教科书都是根据会计总方案编写的。年度纳税申报表也要求根据会计总方案编制。会计总方案还在国家政府机构和地方政府机构中实施,这样可以提供详细的全国性统计数字。

（三）基本会计原则、概念和"真实与公允反映"

法国年度财务报表中遵循的基本会计原则和使用的基本会计概念包括成本与收入配比的原则、会计方法的一致性原则、资产与权益不抵销原则、谨慎原则、合法性原则、持续经营假设、真实以及"真实与公允反映"概念。

谨慎性原则对法国财务报表的影响历来大于英国和美国,这对资产的计价和利润的计量都有影响。利润分拨的实务反映着这种谨慎性。一般来说,凡是强调谨慎原则的会计实务往往都表现为计提各种准备,这种做法在欧洲大陆国家中比较普遍,但在法国稳健的会计实务中因受税法的影响却没有计提坏账准备的习惯,存货计价中也不采用后进先出法。合法性是指遵循现行的法规和程序。在西方发达国家中强调合法性的国家不多,但法国是其中一例,这与法国强调统一会计的思想是一致的。如果因为遵守"真实与公允反映"方面的规则而违反了合法性,要求企业披露任何与合法性不相符的详细内容。

欧盟第4号指令在上述的法国原有概念的基础上加上了英国的"真实和公允反映"的观点,在引入英国的真实与公允的概念之前,法国财务会计和报告中就有"真实性"的要求。所不同的是原来的"真实性"要求要服从"合法性"的要求,而现在"真实与公允反映"应高于"合法性"要求。目前,法国的财务报表不仅要符合谨慎性和合法性的要求,而且还必须真实与公允的反映公司的财务状况和经营成果情况。由于真实与公允的观点是一个引进的概念,而且在其起源国英国也无精确的定义,故法国对这一概念一直有许多争论。有些法国学者认为"真实与公允反映"这个要求仅仅是术语上的变化;其他学者则认为这是规避严格的法规的一种手段。在实务中很可能采取介于这两个极端之间的某种做法，即资产负债表和损益表遵循规章制度的细节，而用注释来进一步提供真实与公允反映所要求的信息。

三、会计的管理机构和职业组织

（一）国家会计委员会（Conseil National de la Comptabilité，CNC）

1946 年，法国成立了由政府高级官员、高级会计人员、审计人员、企业家、律师、研究人员及其他人员组成的会计标准化委员会，并颁布了第一部会计总方案。1947 年起执行会计总方案，同时会计标准化委员会改组为会计监督委员会。1957 年，由延续至今的国家会计委员会（CNC）取代了会计监督委员会。1959 年，法国政府发布一项政令，要求国家会计委员会把会计总方案作为公认的会计原则的基础来进一步完善制定行业的会计规则，也就是人们所说的法国的"公认会计原则"。

从 1965 年起，国家会计委员会开始仿照英、美等国准则制定机构的做法以说明或建议的方式对 1957 年的会计总方案的应用发布解释性指南。1971 年，国家会计委员会着手修订 1957 年的会计总方案，同时参与欧共体第 4 号指令的制定。参与第 4 号指令制定的活动影响了国家会计委员会的思想方法，特别是 1973 年英国加入欧共体，对法国会计产生了重要影响。

国家会计委员会是政府经济财政工业部下的一个独立的机构。它的主要职责是修订发展会计总方案、监督执行会计总方案、让有关各方了解会计总方案、出版与总方案有关的会计指南、讨论和批准以行业会计法规的方式对方案进行的扩充和变通、对会计法规在公共管理部门的使用提出建议。国家会计委员会的成员一直具有比较广泛的代表性，同时又具有政府机构的权威性，故它在塑造法国财务会计和报告模式的过程中具有明显的主导作用。但是，国家会计委员会本身不具有制定规则的权力，它的任何新建议和修正意见都需通过财政部经政府批准。在英、美等国不存在这样一个对等的全国性管理会计事务的政府机构。

1996 年法国政府颁布会计规范化管理改革法令，对国家会计委员会进行了改组。2000 年时国家会计委员会由 58 名成员组成，其中：13 人来自政府各部门，10 人来自会计职业界，28 人来自工商企业界，其余为来自其他不同方面的代表。在改组国家会计委员会的同时，在其内部增设了一个紧急问题委员会。由于需要一种灵活和及时的手段为会计准则提供规则上的权威性，1998 年建立一个会计管理委员会（Comité de la Réglementation Comptable，CRC），这是一个权力机构，它能够将国家会计委员会的意见和建议转变为具有法律效力的条例或法令，使会计规范化管理和会计立法趋向一致[①]。会计管理委员会由经济财政

---

① 关于国家会计委员会与会计管理委员会的关系，可参见周红："法国会计制度改革的现状"，《会计研究》1998 年第 3 期。

部管辖,其15名成员来自几个政府不同的部门、国家会计委员会、金融市场管理局、法国注册会计师协会、国家法定审计师协会以及两个高等法院,会计管理委员会制定的规则在法国政府的官方刊物上发布,所以它具有实质上的规则制定权。

2009年法国成立了会计准则管理局(Autorité des Normes Comptables,ANC)置于经济财政部管辖之下,主要职责包括界定一般会计准则和具体行业会计准则;在政府部门颁布有关法规时提供咨询意见;对国际会计准则发布意见书;就会计问题促进和协调理论探讨和方法研究;提供各种意见和建议。

(二)金融市场管理局(The Autorité des marchés financiers,AMF)

根据2003年8月1日的金融证券法,合并了原证券管理委员会(Commission des Opérations de Bourse,COB)及另外两个部门组建了金融市场管理局,旨在提高法国金融监管制度的效率和透明度。它的主要职责是保护投资,确保投资者收到所有重要的信息,维持有序的金融市场。金融市场管理局包括由16名委员组成的最高委员会、由12名委员组成的执行委员会以及若干专门委员会和咨询委员会。它的主席通过总统令任命,任期五年,不得连任,财政部部长为金融市场管理局的各个机构指定一名无投票权的政府代表。

金融市场管理局管辖的内容包括:① 信息披露与公司财务。为上市公司制定规则,监督上市公司及时提供完整、相关的信息,平等对待所有的市场参与者;② 公共投资产品。审查募资说明书,确保向潜在的投资者清楚地披露了具体特点,解释了其可能的结果;③ 交易所和市场基础设施。为金融市场的基本单位(如证券交易所)和清算系统制定组织和运行的原则,监督市场及其发生的业务;④ 职业界。为提供投资服务和进行金融投资咨询的专业人员建立业务规则、确定其职业责任。

(三)会计职业组织

法国的会计职业界一直积极地参与有关会计的立法过程,这形成了会计职业界能及时接受会计立法的传统。同时,职业协会也不断发布大量的建议书,提供适当的会计、审计和报告披露方面的指导,以便有助于实施各种法律中对会计的要求和统一会计制度。不过,一般认为法国的会计职业界相对规模较小,力量不够强大,不像英、美会计职业界那样,在规范和控制会计实务中有较高的独立地位。政府在制定会计规则方面的统治地位没有给职业会计团体留下什么地盘来发展它们自己的权威性规则。职业会计团体发布过的许多关于会计事务的意见和建议,一般都是对法律要求的解释。

法国会计职业团体的历史可追溯到1881年。目前法国的会计职业团体主要有两个:一个是法国注册会计师协会(Ordre des Experts Comptables,OEC),受财政部管辖,其会员主要为客户提供会计、税务、管理咨询等服务;另一个是国家法定审计师协会(Compagnie Nationale des Commissaires aux Comptes,CNCC),由司法部管辖,其会员主要从事法定审计业务。符合条件的注册会计师,两个协会都可以加入。这样,一个注册会计师既可以为一部分客户提供会计服务，又可以为另一部分客户提供审计服务。

法国注册会计师协会成立于 1942 年，重建于 1945 年。第二次世界大战之前法国的会计职业界人数很少、资源有限、组织脆弱，而且没有得到明确的法律承认。1942 年组建的法国注册会计师协会在很大程度上受政府控制，这种情况一直延续至今，使法国会计职业管理越过了由职业界自我管理、不受政府控制的阶段。法国注册会计师协会是法国会计职业界在国际会计师联合会中的代表。该协会的主要职业工作包括法定审计以外的所有公共会计业务。协会成员资格仅限于公开从业人员，如果他们离开公共会计职业界到某个公司去工作，那么他们将失去注册会计师的称号。法国注册会计师协会发布指导会计实务的技术指南。

1973 年国际会计准则委员会成立，法国的会计职业组织是发起人之一。由于法国注册会计师协会已经于 1965 年仿照英、美职业组织的方式设立了常设委员会来解决实务中出现的问题，故国际会计准则委员会的运行方式对法国人已经不陌生。法国注册会计师协会的参与增加了向法国引入国外会计观念的一条渠道。

1966 年公司法颁布之前，不需要公司财务报表随附审计报告。法国注册会计师协会从组建时起一直置于财政部控制之下，1966 年公司法颁布之后，司法部要求建立一个注册审计师的独立组织，于是 1969 年成立了国家法定审计师协会，受司法部管辖。法律规定股份公开公司和非股份公开公司的财务报表必须经国家法定审计师协会的成员进行审计，故该协会的成员为法定审计师，为了与欧共体第 4 号指令相协调，法定审计师必须在其审计报告里就"真实与公允反映"的情况表示意见。法定审计师的独立性由法律作出了严格的规定，如果他们被任命为一个公司的审计师，就不允许他们从该公司接受法定审计以外的服务报酬。

在法国，取得职业会计师资格和取得注册审计师资格都必须具备一定的条件，通过职业考试和具有一定的工作经验。大多数法定审计师协会的成员也是注册会计师协会的成员，2000 年时，国家法定审计师协会的成员有 13 481 名，法国注册会计师协会的成员有 16 516 名。

国家法定审计师协会于 1980 年发布过新的审计准则，取代了早在 1971 年发布的一套准则。新审计准则的发布是为了适应审计环境中的许多变化。例如，新的会计规则已经有所发展；计算机在会计工作中迅速普及；财务报表的国际使用者对法国的财务报表日益感兴趣。另外，国家法定审计师协会对国际审计准则问题也引起了重视，并有所借鉴。

国家法定审计师协会的准则基本上是建议而不是要求。虽然这些准则不具有强制性，但是它们对于职业团体考虑其成员应如何进行一项正常的审计时确实具有权威性指导。而且，法院和其他惩戒性组织在确定公认的审计行为时可能要考虑这些准则。

四、会计实务的几个方面

(一)面向税务当局和债权人

会计传统中将满足税务当局和债权人的信息需求置于优先的地位。不过,这种情况正在发生改变,随着法国大型股份上市公司、跨国公司的增多,面向股东的财务报告受到鼓励,并向这一方向转变。

(二)注重谨慎的原则

会计实务普遍表现为超谨慎态度,法国公司的资产负债表从总体上来说低估按现行价值计量的净资产,公司往往多提各种准备计入损益表,如或有事项准备、存货减值准备。

(三)社会责任报告

雇员 300 人以上的公司要求编报社会责任报告,该报告说明和分析职工培训、行业关系、健康与安全状况、工资水平和职工福利以及其他与工作环境状况有关的事项。

(四)资本和储备

在权益中,法国会计最引人瞩目的是各种储备,包括重估价储备、法定储备、资本利得储备,还有一些比较特殊的项目,如特别税收抵免。法定储备必须按净利的 5% 计提,提满股本的 10% 为止;约定储备是根据公司章程有关条款提取的储备或类似的任意储备;特别税收抵免主要是进行加速折旧产生的税收抵免,也包括为鼓励出口而提供的税收优惠。

(五)合并财务报表

在相当长的一段时间内,法国在合并报表方面并无统一要求。有些法国跨国公司为了进入国际资本市场而按美国公认会计原则或伦敦证券交易所的要求编制合并报表,因而许多法国公司熟悉英、美的合并报表规则。20 世纪 80 年代以后,随着欧盟第 7 号指令在法国并入有关的法律,法国才有了编制合并财务报表的法定要求。法国公司编制合并报表中所采用的方法,既有英、美比较熟悉的逐行合并的全部合并法和一行合并的权益法,也有英、美不很熟悉的比例合并法。一般认为,比例合并法源于法国,然后扩展到其他欧盟国家,法国人的这种首创目前已逐步被国际社会所承认,国际会计准则第 31 号“合营中权益的财务报告”就推荐在对合营企业的合并中采用这种方法。

(六)审计要求

法国在会计和审计事务的管理方面是一个较有特色的国家。法国在西方市场经济的国家中是引入计划管理比较多的国家。法国公共会计和民间审计保持着相对的独立性,即会计职业被分为两部分:法定审计师只做法定审计业务;公共会计业务受政府财政部指导,审计业务受司法部指导。

第三节　德国的会计环境

一、基本法律环境和主要的企业组织形式

(一) 基本政治经济制度

德国实行社会市场经济制度。德国的宪法一方面强调一系列的"自由原则",提供了在德国建立市场经济制度的法律前提和保证;另一方面又规定"社会原则",由此提供了国家为保证经济健康、协调发展及社会的公平和安全而干预经济的依据。德国的政治法律制度影响社会市场经济运行的一个显著特点是经济政策法制化,最重要的经济法规主要有《商法》《有限责任公司法》《股份有限公司法》、《合作公司法》等。

　证券市场发展状况是形成一国会计特色的一个重要方面,德国的证券市场现状在形成德国会计特色方面影响力不足是一个明显的特点。与其巨大的市场经济规模和社会经济发达程度相比,德国的证券市场相对不够发达,特别是股票市场规模较小,在1975—1990 年的十五年间,德国企业以发行股票方式筹集的资金仅占企业外部资金来源的 5%左右,股票市价总额占国民生产总值的比重仅为 10.7%,而美国则为 49.8%。证券市场不发达的一个重要原因是,政府对银行业的管制大大松于英、美等国,所以德国的银行业比较发达。企业以发行股票的方式筹集资金不如从银行贷款筹资简便易行;此外,长期以来形成的银行直接控制企业的传统一直发挥着重要作用,短期内很难改变。

(二) 典型的大陆法系环境

　德国的法律体系属于以成文法为特征的欧洲大陆法系。在大陆法系的国家中,公司法或商法对公司的各种活动以及会计和报告问题都有较为详细的规定,有具体的记账规则和报表格式。因此,德国的公司在这样的法律环境中进行会计处理和编制财务报告必须严格遵守法定的要求,会计职业界几乎没有自己制定会计规则的余地。

　德国有着大陆法系环境的显著特点,即通过法律规定会计规则,直到 20 世纪末一直都没有专门的民间机构负责制定会计准则,法律条文试图囊括所有可能发生的事件。早在 19 世纪,德国的会计规则就已开始法典化,有关的公司法和商法等法律规定了会计处理、财务报表和管理报告的形式和内容以及估价规则等,如会计计价、收益计量以及财务报表的格式和内容等。同时,税法和税则对企业会计也有着重要的影响,各纳税主体的财务报表必须符合税法的要求。

(三) 法律中的会计规定

　德国的法律制度中明显的罗马法系特征表现为各种法律法规都基本上编集成典。在商事法典中规定详细会计规则的做法可追溯到法国路易十四时期的《商事王令》,这种传

统在德国又得到了加强。德国法律提到要建立"统一会计原则"，但是这些会计原则实际上散见于各项法律规定之中。统一会计原则主要来源于下列有关法律：商法、股份有限公司法、有限责任公司法、税法和税则以及为实施欧共体第 4 号和第 7 号指令而于1985 年 12 月颁布的会计指令法。

按照商法的要求，所有的企业都必须保持会计记录，按税法有关规定提供年度财务报表，股份有限公司和有限责任公司的财务报表必须公开。此外，商法还详细规定了记账和核算的一般原则、计价规则、会计资料的保管、财务报表的格式和内容等。1965 年颁布的股份公司法对股份有限公司的会计问题作出了规定。对于财务报表和管理报告的形式和内容以及对于估价规则等也都有详细的规定。

税法和税则对企业会计有着很强的影响。财务报表必须符合税法的要求。税法税则不断地得到修正，因而造成财务报表要随税法要求的变动而变动。税法要求各公司企业遵循有关法律的规定处理会计事务，经过税务审计表明各项会计原则得到了遵守时才能给予减免税款或允许弥补以前年度的亏损。公司为了尽可能地得到减免税款或要弥补以前年度的亏损，都按统一会计原则进行估价、编报财务报表。

德国的税法中对会计实务有制约作用的法律是所得税法和所得税指令。德国政府要求应税利润必须能够从公开的财务报表中所列示的收益中得到，税务上所要求的任何特殊会计处理应在公开的财务报表中予以披露。许多详细的计价规则以及某些会计处理程序在税法中都有所规定。例如，固定资产计价必须使用最低价值原则，即按原始成本、重置成本或可变现净值的最低者计价。这一原则同样也适用于存货。由于公开的资产负债表上的计价决定了纳税资产负债表的结果，几乎所有税法允许的特殊的折旧方法也会影响对外公开的资产负债表。在计算公司利润时，税务机构重视资产负债表方式，而不是损益表方式，税法将利润定义为本年年初年末企业净资产的差额。

股份有限公司法中包括了许多会计规定，除了规范的会计应遵循的原则和计价规则，还详细地描述了财务报表的结构和内容。资产负债表和损益表必须符合法定的格式要求。按照股份有限公司法的规定，如果一项固定资产的市价或可变现净值持续低于原始成本，那么就必须运用最低价值原则。流动资产也要按最低价值原则计价。这些原则的运用使得德国公司财务报表所披露的利润信息就会比较保守。

法律规定了公司必须提供的最少财务信息，但公司也可以提供比法律要求更多的信息。法律规定的基本目的之一是保护债权人。1985 年 12 月 19 日颁布的会计指令法是德国采纳和贯彻欧盟第 4 号和第 7 号指令的专门法规，其中包括了各种会计、审计和报表公布的原则。

（四）主要的企业组织形式

德国的股票市场相对较小的状况，使得长期以来公司的资金来源主要来自银行及政府和家族。然而，近年来德国的情况也在发生变动，一方面是股票市场变得越来越重要，另一方面是许多跨国公司在其他国家上市,这对公司财务报告产生了影响,促进了公司财务信息披露实务的发展。

德国对财务报告和披露的要求取决于企业组织的形式。德国企业组织的形式主要有三类：第一类是具有无限责任的企业,包括个体企业和一般的合伙制企业;第二类是具有有限责任的企业,包括股份有限公司和有限责任公司;第三类是两合公司,包括有限的合伙制公司和部分受到股份限制的合伙制公司。

1. 股份有限公司

股份有限公司的资本按股划分,股份可以自由转让。股份公开公司必须有自己的章程。股票票面价值、认股价格(即发行价格)和股票分类都必须有公证文件确认。公证文件是公司章程的组成部分。在股份有限公司的法定组织结构中,决策权和责任集中在管理委员会[股份公开公司法第76(1)条]。另外,公司还须设有一个监督委员会(股份有限公司法第100条)。监督委员会的成员一半由股东大会选举产生,一半由工人选派。其职能是委认、解雇管理委员会成员和监督该委员会的工作,以及批准公司年度财务报表。关于这一职能,英国法律没有类似规定,但与法国和荷兰的法律有类似之处。

2. 有限责任公司

根据德国的法律规定,有限责任公司对债务人的偿债责任以其全部资产为限,其股东无需直接承担偿债责任。因为有限责任公司法的要求比股份有限公司法的要求少,所以具有更大的灵活性和契约方面的自由度。由于有限责任公司成立不当和管理不善,有不少无力偿还债务乃至破产的现象,其结果,有限责任公司想通过银行贷款来筹措资金就变得更加困难,从而在德国出现了创新的"有限可信公司"。在有限可信公司中,根据公司章程或股东决议,经理人员无需拥有公司的股票(有限责任公司法第6条、第46条)。公司股票必须在公司成立时由股东全部认购,但可以分次要求股东们付款。公司股票的转让需有公证文件。这类公司的股票不存在上市的可能性,也没有不记名的形式,更不像股份有限公司的股票那样可以流通。

3. 两合公司

两合公司是股份有限公司的转化形式。这种公司与股份公司一样,具有独立的法人资格。两合公司至少有一个合伙人要对公司债务的清偿负个人责任,其他股东的责任则仅以其在公司的权益为限(股份有限公司法第278条)。两合公司,顾名思义是合伙企业和有限公司的混合体。尽管两合公司的特点与股份和有限公司的特点较接近,其有关的法定要求体现在股份有限公司法第278～290条,但其中也有明显地带有一些合伙组织的特征。商法和民法的规定对两合公司中负个人责任的股东(事实上是公司的经营者)尤其重要。两合公司通常也称为商法上的股份有限公司。

两合公司的组织形式自从18世纪由法国引入德国之后,曾有过一定的发展,但目前其重要性已日趋衰落。其原因是：复杂的立法以及由于它与股份有限公司具有同样高的最低资本要求，以致小企业不愿选择这种组织形式，同时一个股东负无限责任也是一个因素。然而，这种组织形式可能会由于某些有利条件而继续被采用。比如，两合公司的管理当局不受监督委员会雇佣和解聘的影响，因此也免受占该委员会一半成员的工人代表的影响。

二、基本会计制度和会计原则

(一) 基本会计制度

统一的会计制度在德国具有悠久的历史，因此德国会计的标准化程度很高。德国在1911年就出现过较为全面的会计科目表。20世纪20年代德国学者设计了示范会计科目表，同时得到了政府的鼓励，这对第一次世界大战之后德国几个主要工业集团建立统一会计制度产生了很大的影响。这些工业集团还建立了统一的成本制度。

科罗勒大学舒玛尔兰巴赫(Schmalenbach)教授于20世纪20年代后期设计了重要的统一会计科目表及图示。舒玛尔兰巴赫的科目表对德国政府很有吸引力，因为政府只要想对经济实行高度集权控制，就必须利用其账表所提供的信息。当时德国比较发达的工业卡特尔组织形式和连锁所有权关系的存在成为接受舒玛尔兰巴赫思想的背景条件。这样，到30年代就产生了将示范会计科目表转换为强制性国家会计规范的思想和做法，1937年世界上第一套国家性会计科目表 —— 高林方案(Goering Plan)在德国诞生，运用于所有的私营部门。德国的会计科目表方案直接影响到后来的法国会计总方案。第二次世界大战以后，德国的会计科目表由工业联合会、商业外贸联合会等组织制定，向各企业推荐，供企业选择使用。

到了20世纪60年代中期，随着1965年《公司法》的颁布，舒玛尔兰巴赫制度也就自然被取消了。然而，宏观经济会计和统一会计制度仍然是德国会计的主要特征。具体地说，德国的会计制度有以下一些特点：① 深受税法的影响；② 股份有限公司的披露程度高于有限责任公司；有限责任公司和合伙企业会计方法的选择余地较大；③ 可以对利润尤其是对秘密准备的变动作平稳处理；④ 财务报告建立在"真实、准确和完整"的基础上；⑤ "统一会计原则"的全部内容均未编纂成典，而是通过法院裁决间接确定；⑥ 会计要求的变化不与环境的变化同步；⑦ 对于资产负债表中项目的包括和估价存在着多种选择；⑧ 会计职业界在会计原则的发展过程中影响不大。

(二) 会计原则

1. 统一会计原则

在德国，"统一会计原则"有时像美国会计中"公认会计原则"一词一样使用，但统一会计原则并没有单独的一套文件，而是散见于各项基本法律规定之中。

德国的"统一会计原则"包括会计反映和会计核算两方面的原则。会计反映原则有全面性、客观性、正确性、公允性、明晰性、概括性和可审核性。会计核算原则包括持续经营、会计分期、配比、实现和谨慎等。这些原则都包括在商法的不同条款之中,而且商法中还有进一步比较详细的会计反映和核算原则。

德国以会计主体、会计分期和历史成本等为基本原则,并且比较注重稳健原则,而权责发生制的概念则比较淡泊,法律中未强调应用重要性原则。财务报表一直比较统一。德国会计记录中有大量的准备,有些被处理为备抵,同时还能发现有的公司存在"秘密准备"。在德国,提供社会报告变得越来越普遍。通货膨胀会计一直不被实务界所重视,据称这是因为德国的通货膨胀率一直不是很高。

2. 会计的基本思想

在将欧共体的指令纳入有关的法律后,德国的会计也强调要按照统一会计原则"真实与公允"地反映企业的财务状况和经营成果。虽然财务会计和报告要做到"真实与公允"的思想也体现在《股份有限公司法》中,但远未被德国会计界所接受。因为德国的企业在会计处理上,尤其是在准备金(秘密准备)的提取和取消上,具有许多选择权。在这种情况下真实与公允的概念不可能实际应用。事实上由于德国的证券市场规模有限,更由于企业的资本大多数由银行提供,会计的外界服务对象主要被限制在银行和税务机构,而银行又可以通过其特殊的渠道获取所需的会计信息,这样长期以来德国企业的会计不是设法向公众提供真实与公允的信息,以利于筹措资本,而是设法满足银行和税务机构的需要,深受银行政策和税法的影响。

三、会计准则制定机构的建立及其发展

1998年3月德国开始组建会计准则委员会,同年9月该委员会与德国联邦司法部签署协议,司法部依据商法的规定承认会计准则委员会为合法的标准化机构,会计准则委员会则承诺建立一个独立的准则制定机构,负责会计准则的制定。

德国会计准则委员会在其章程中设定的目标是:开发用于合并财务报告方面的会计准则;与国际会计准则委员会及其他标准化委员会开展合作;在全国性和政府间有关的立法事项中(尤其是与会计有关的立法)发挥咨询作用;在国际性标准化委员会中以及在推进协调的各种组织中代表德国;促进这些领域中的研究。

会计准则委员会内部管理系统包括会员大会、行政委员会、管理委员会三个层次;准则制定系统包括会计准则制定委员会和咨询委员会。会计准则制定委员会负责会计准则的开发、制定和解释,其成员包括主席、副主席和五名委员,任期四年。会计准则制定委员会按照国际通行的准则制定程序制定会计准则,如征求各方意见、多数表决通过等,不过德国的会计准则必须由司法部批准和公布;咨询委员会就会计准则制定委员会的重大决策提供咨询意见。

德国会计准则实际上是权威性的建议,适用于合并财务报表,并不修改或限制商法的

要求,它更多的作用是与国际会计准则进行协调。会计准则制定委员会成立以后颁布过的会计准则包括:现金流量表、分部报告、合并财务报表中的购买法核算、金融机构的风险报告、中期财务报告、合并财务报表中联营企业投资的会计处理、合并财务报表中合营企业投资的会计处理、合并财务报表中的递延税、关联方的披露、非流动性无形资产、一致性原则和错误的更正、外币折算等。

2003 年德国会计准则委员会采取了新的战略,这是随着欧盟采纳国际财务报告准则的要求的实施,作为欧盟成员国的德国也必须采纳欧盟已接受的国际财务报告准则的背景下采取的,这个战略就是要使德国会计准则与国际会计准则趋同。

四、会计职业团体

德国早期的商法和公司法已要求公司财务报表要经审计,19 世纪后期德国出现了账簿审计师,1896 年成立了柏林账簿审计师协会。1898 年,全国性账簿审计师协会成立。1929 年世界经济危机过后,德国政府于 1931 年颁布了新的股份有限公司法。新法规定,大型股份有限公司的财务报表必须由注册会计师审定。随后,账簿审计师协会解体,注册会计师协会成立。

德国的会计职业界规模相对较小,20 世纪 80 年代末职业会计师大约有 6 000 人。德国的会计职业团体主要有两个:一是德国注册会计师协会;二是法定审计师公会。德国注册会计师协会是根据 1931 年公司法的有关条款于 1932 年成立的。加入协会是自愿的,大约有 90% 的注册会计师加入了该协会。协会主要关心财务会计中的技术问题和提高职业界的经济利益。

1961 年颁布了一项管理职业界的条例,这是统一的联邦法律,取代了当时存在的各州类似的法律。1961 年的条例要求法定审计师必须是法定审计师公会的成员。法定审计师公会是联邦经济部掌握的一个联邦法定的团体。1965 年公司法又规定,只有注册会计师和注册会计师组成的事务所或公司可以从事法定审计。1971 年管理会计职业界的一项法律又规定了法定审计师公会会员资格方面的法定要求。

1961 年的条例规定了有关注册会计师的详细资格要求。这个要求非常严格,所以西方国家一般都承认德国会计职业界人员的素质都比较高。在德国,任何人欲要取得注册会计师的称号都必须具有企业管理、经济或法律专业的大学学位,同时具有五年的会计工作经验,若参加职业考试的人没有大学学位,则必须有十年的实际工作经验。无论是五年工作经验还是十年工作经验,其中必须至少有四年是与一名注册会计师或注册会计师的合伙事务所一起工作的。严格的要求使德国的注册会计师人数较少、增长缓慢。

德国会计职业的一个饶有兴趣的现象是,一些大的会计公司的股权是由非注册会计师,如银行甚至联邦政府所拥有的。从注册会计师职业建立伊始,这种所有权结构始终是允许的,但迫于其他欧盟国家的压力,这一现象已开始改变。根据 1985 年生效的一项指令,只有注册会计师、注册会计师公司以及在注册会计师公司工作的律师和注册税务顾问,才能拥有新成立的注册会计师公司的股份,但以前成立的注册会计师公司,其股权结构仍维持原状。

会计职业团体在会计原则的制定方面没有太大的直接影响。职业团体有一个专门委员会发布有关计量与披露方面的公报。这些公报没有强制的约束力,但在一般的情况下,被认为代表了最佳实务,因而被法院解释为统一会计原则的构成部分。随着会计准则委员会的建立,会计职业团体在制定会计准则方面的直接影响通过该委员会逐渐发挥出来。

五、会计实务

由于德国的证券市场规模不大,公司的资本大多由银行提供,故公司会计没有将公众对财务信息的需求放在首位,而是设法满足银行和税务机构的需求;而银行和税务机构又可通过其有利的地位从特殊的渠道获取所需的财务信息,这使得德国公司的财务信息披露内容相对不足。这是德国会计和报告实务的基本特征。

（一）商法框定的基本会计实务

德国商法规定了每个企业都必须保持会计账簿和编制年度财务报表的法定责任。1985年12月19日的会计指令法在第三部分“会计记录”中对此进行了更新,分别制定了适用于所有企业的规定和只适用于公司的规定。适用于公司的规定,既影响到个别财务报表也影响到合并财务报表。

每个企业在每个会计年度的年底均要编制财务报表,包括资产负债表和损益表。非公司的企业组织形式可以不列财务报表附注。年度财务报表必须根据所要求的会计原则编制并且要明晰、清楚。如果有多种会计方法可供选择,则必须根据所要求的会计原则去决定哪种方法适用。

（二）公司应遵循的会计规定

1. 对年度财务报表的一般性规定

公司在编制财务报表时必须考虑会计指令法中的有关条款,而这些条款是否适用主要取决于公司规模的大小。通常根据资产总额、年度销售总额和雇员人数确定为大、中、小三类公司。大型公司年度财务报表包括资产负债表、损益表、报表附注及管理报告,中小型公司可省略报表附注和管理报告。公司的财务报表必须符合相关的会计原则并真实、公允地反映出公司的净值、财务状况及经营成果[①]。

2. 资产负债表项目的计价

（1）无形资产项目。无形资产可以资本化并根据使用年限摊销。对于商誉,税法规定可以对其资本化并采用直线法在15年的期限内摊销,因此,大多数公司均采用该方法。

---

① 更具体的要求可参见寇德广:“德国会计法规”,《会计研究》1998年第11期。

（2）固定资产项目。固定资产通常以购置成本或自制成本计价。当一项有形资产的价值低于规定的金额时,可在购置当期一次性摊销。

（3）金融资产项目。除有异常减值情况外,金融资产要以购置成本计价。

（4）存货项目。存货要以购置或自制成本计价。购置成本包括在购置过程中发生的所有费用。自制成本包括直接耗用材料、直接生产成本及生产中无法避免的特殊成本。发出存货的计价方法主要有平均成本法、先进先出法、后进先出法。税法允许将存货因过时或超储而降低到一合适价值,比如从原价中扣除20%。

（5）应收款项项目。应收款项通常以面值反映。呆账应包括在应收款项中,但坏账则应从中抵消。

（6）权益项目。权益项目包括已认购股本、资本公积金、留存盈余及该年的净留存收益。已认购股本代表股东对公司债务的责任,应以面值反映。对于已认购股本中的未付部分可以单独反映在资产一方,也可直接从权益中扣除。资本公积金主要是由资本溢价或股东的其他资产而来的。留存盈余是由以前年度的收益而来的。股份公开公司还要求有法定公积金,从每年的净收益中提取5%,直到法定公积金和资本公积金之和等于资本的10%或达到章程中规定的数额为止。

（7）应计项目。因不确定负债和未决事项中潜在损失的存在,商法规定必须建立应计项目。应计项目还适用于在会计年度的前三个月中即可实现的递延维修费及合同中未确定的保证金。同时,在相当长的一段时间内所需费用也应作为应计项目。应计项目要根据判断的金额加以列示。

（8）递延税项目。当本期及以前年度的应税收益低于税前商业收益时,以及当税务负担将有可能由以后年度相应的较高税务费用进行平衡时,按照权责发生制,应建立递延税项目。值得注意的是,预付税金可以但不必须列示于预付费用下,而递延负债必须要列示于资产负债表中。对上述项目的核算必须使用负债法。

（9）负债项目。如果负债项目的金额和到期日在资产负债表日是确定的,则必须予以揭示,并按应付金额列报。一般不允许将无息及低息负债按贴现值列报。

3. 有关损益项目的规定

损益项目必须按总成本法或销售成本法纵向列示。基本结构包括经营收益与费用、财务收益与费用、异常收益与费用。中小型公司可采用简略式方式列报。总成本法按费用性质进行分类(例如材料、工资、折旧等)。销售成本法则将费用分为制造费用、销售费用、一般管理费用及其他。与总成本法相反,销售成本法的费用是与销售数量相一致的。

4. 有关计价问题的特殊规定

（1）禁止基于商业判断的公司价值减值;

（2）资产的临时价值减值只适用于长期金融资产;

（3）如果税法中允许特殊的价值减值记录于资产负债表中,则公司必须在附注中加

以披露;

(4)如果资产异常减值的原因已不存在,如果存货以较低价值反映的原因已不存在,或如果资产根据税法规定而减值的原因已不存在,那么就要恢复资产的原值。但是在税务会计中允许保留资产的较低价值时,则可以不转回。

5.各种准备金的提取

准备金的经济内容和提取方法都相当复杂。从是否必须提取划分,可分为法定提取的准备金和自由提取的准备金;从来源划分,可分为资本准备金、利润准备金和费用准备金。

(三)财务报表附注

公司必须通过附注对其年度财务报表进行详细说明。但对于中小型公司来讲,编制及公布附注可相对简化。附注的编制应是明晰的,附注主要用于对记录、计价、交易方式及对资产负债表、损益表相关事项的说明。

附注是年度财务报表中不可缺少的一部分。德国的商法中规定的附注内容与英国实务中基本相同,但英国法律则要求在某些方面要有更详细的信息,例如审计师的报酬或对储备及应计项目变化的说明等。

(四)公司管理报告

公司在编制年度财务报表的同时要编制管理报告。在管理报告中必须对企业发展及公司形势进行说明,而且这种说明也应确保真实与公允的反映。管理报告还必须对资产负债表中特别重要的、涉及公司预期发展及研究开发活动的事项加以说明。这些要求是根据欧共体第4号指令规定的,所以与欧盟其他国家的要求是一致的。

(五)合并财务报表

德国为贯彻欧共体第7号指令,在1985年的会计指令法中对合并报表的编制作出了规定。在德国的商法中也规定一定规模的公司集团必须编制合并报表。合并报表包括合并资产负债表、合并损益表、这些报表的附注及合并管理报告。在德国法律中规定如果在该国的母公司同时又是欧共体成员国中另一国母公司的子公司,而另一国母公司已编制合并报表,则该公司可不再编制合并报表。同时法律中还规定如果国外子公司的经营行为与母公司的经营行为相去甚远以致编制合并报表会影响到真实性、公允性,则母公司在编制合并报表时应将该子公司排除在外。

德国跨国公司以前不合并国外子公司,对子公司外币报表的折算方法也没有明确的规定,很长一段时期内禁止使用权益法核算长期权益性投资。随着欧共体第7号指令的贯彻实施,这些情况都发生了变化。

商法中规定的合并方式主要有三种:全部合并法、比例合并法、权益合并法。采用全部合并法要将子公司的股权成本以购置日账面价值从集团的股权总额中扣除,如产生差异则作为商誉处理。在合并中,公司内部的余额和交易应相互抵消。比例合并法一般适用于投资双方各占 50％股份并实行统一管理的合资企业。权益合并法适用于集团对被投资企业的财务政策能产生重大影响的情况(持有另一企业 20％以上有投票权的股份被视为能产生重大影响)。

第四节　西欧其他国家的会计环境

一、比利时

比利时的财务报告形式和会计环境属于欧洲大陆模式,可以在其会计实务中看到法国及德国对它的影响。比利时大公司不多,有许多中小型的企业,这些企业主要通过家庭融资或者向银行贷款筹资,一般公司的所有者可以直接从公司的管理当局获得有用的信息,因为在公司的管理当局中往往有一名家庭成员。比利时商业规则发展较慢,证券市场也不够发达。在这样的情况下很少有投资者要求企业提供包含大量信息的财务报表。在20 世纪后期采用了欧盟的指令之后,比利时的会计环境仍然改观不大,比利时的财务信息的主要接收对象还是债权人而不是投资者,因此比利时的财务会计更强调谨慎的原则。

比利时在 1975 年之前不存在单独的会计法规,仅在商法典中有一些关于公司财务报告的简单要求。比利时商法典已有很长的历史,可追溯到 1873 年,那时的商法典有关于资产负债表和损益表内容的要求。1913 年商法典进行了修订,其中包括对资产负债表披露内容的修订。1975 年在当时欧共体第 4 号指令草案的影响下开始建立工商企业会计和财务报告的会计法规,当年 7 月完成会计法的制定,1976 年 10 月实施这项法律。该项法律涉及记账、年度报告的形式及内容、计量规则、披露要求等内容。后来根据欧盟指令的要求又进行过修改。比利时会计法在比利时财务报告历史上是具有里程碑性质的,从那之后,对财务报告的法律要求不再是公司法的一部分,而成为具有独立地位的单项法律。

根据会计法的规定,在比利时建立了会计准则委员会,由会计审计界代表、财务报告编制者的代表、财政部和中小企业部等有关部门的代表组成,该委员会就会计和财务报告问题进行讨论,并将其意见以公告的形式发布,这些公告是“权威性”的文件,但是并没有法律效力。

在 1975 年之前因为没有相关的会计法,公司一般根据税法的要求进行计量。1975 年之后会计法与税法之间开始出现差异,政府试图通过引进递延税概念加以解决,但是由于这个新概念在公司看来很烦琐,因此开始时并没有得到认可。

比利时的会计职业团体发展缓慢,由于上面提到的企业资金来源主要依靠家庭式的融资和外部债权人的借款,使主要的信息需求者可以直接获得需要的信息,故没有必要发展制定会计准则的民间团体,会计职业团体的作用有限。1953 年比利时成立了审计师协会,但它自己不制定规则,会员已经习惯于按现行的详细成文法规则开展工作。1985年2月在欧共体第8号指令实施的影响下建立了会计师协会。会计师协会和审计师协会由高级会计理事会负责管理和协调。

二、荷兰

在美国会计学会的世界会计模式划分中,将荷兰会计划入北欧会计模式中,所以荷兰会计与德国会计有着某些共同之处。然而,荷兰会计又有着与德国会计比较明显的不同之处,带有许多英美会计模式的特色,表现为公司法和会计职业界共同对荷兰的会计环境产生影响。

荷兰的公司法被并入了具有罗马法系特征的民法典,就法律环境方面来说,荷兰与其他欧洲大陆国家比较接近。1970年颁布实施的《企业年报条例》对公司的年度财务报告有直接的影响。该条例1975年并入民法典,并于1983年和1988年两度修订,引入了欧共体第4号和第7号指令的要求。荷兰会计环境中一个明显的法制特征是在阿姆斯特丹法院设有一个"企业庭",如果股东、雇员、工会和其他有利害关系的各方认为公司年度报告不符合法律要求,均可向该企业庭投诉。这样荷兰公司法的实施是有一系列解释性的案例法予以支持的。荷兰的这种状况可以反映出荷兰的会计环境是大陆传统与英美实务的折中。

荷兰有专门制定会计准则的机构,荷兰会计准则制定机构原称为"三方会计准则委员会",该名称表明了委员会的构成:雇主、使用者与雇员、注册会计师。该委员会1981年改名为"年度报告委员会",仍由"三方"构成,现在的三方是编报者、使用者和审计师。年度报告委员会是为贯彻实施《企业年报条例》而由政府提议建立的,并且为提高其权威性,将它置于了社会经济理事会之下。社会经济理事会是就社会和经济问题提供咨询意见的一个政府咨询机构。年度报告委员会制定和颁布荷兰会计和财务报告准则,但是这些准则都是建议性的,而非强制性的。这明显带有英美会计环境的特点而又不同于英美会计环境。

年度报告委员会于2005年更名为荷兰会计准则委员会,置于年度报告基金会之下,年度报告基金会由若干职业团体发起建立,基金会协调会计准则委员会的活动,并保证其所需要的经费。荷兰会计准则委员会的主要任务就是要不断提高各类组织财务报告的质量。

荷兰注册会计师协会在国际上一直享有较高的声誉。在历史上,荷兰会计在英国会计领先之前曾经有过一度辉煌。荷兰会计职业团体的历史可追溯到1883年,那时在荷兰已存在了若干会计职业团体,1895年有了全国性的荷兰会计师协会。1962年荷兰首次颁布了管理审计职业界的法律,之后于1967年成立了荷兰注册会计师协会。荷兰会计职业教育水平比较高,因而职业会计师的素质也比较高。荷兰注册会计师协会不直接发布会计准则或建议,而是通过其在会计准则委员会中的委员发挥应有的作用。

根据 2013 年 1 月 1 日生效的审计师职业法,荷兰会计师协会进行了一次合并重组,成立了全国统一的荷兰皇家会计师专业协会,它制定和维持会计师的行为准则,监控会计行业的质量,以促进该行业的发展。重组后该协会大约有 21 000 名职业人员。

三、意大利

意大利是法-西-意会计模式中的一个代表国家,像这一模式中的其他国家一样,意大利的公司法和税法对会计实务有着重要的影响。意大利直到 1991 年才实施欧共体第 4 号和第 7 号指令,是实施欧共体指令最晚的一个国家。不过一些大型上市公司和跨国公司由于受国际资本市场和其他发达国家的影响,早就按英美等国的报告规则自愿地披露有关的信息。

欧盟第 4 号和第 7 号指令的贯彻实施给意大利会计带来的主要影响是真实与公允概念的引入和编报合并报表要求的提出。意大利家族拥有的企业和国有企业比较发达,外部报表使用者的利益和保护股东的观念一直不受重视,因此,欧盟指令在意大利的采纳比较缓慢。

在法-西-意会计模式的国家中,证券市场相对不够发达,因此,证券交易管理机构在规范公司财务报告实务方面没有发挥太大的作用。意大利有一个证券交易管理委员会,成立于 1974 年。但是,意大利人到证券市场进行投资的不是很踊跃,所以意大利的证券交易管理委员会对财务报告实务影响相对来说不是很大。根据 1975 年 3 月颁布的一项总统令,所有上市公司都必须接受更全面的审计,这种审计必须由证券交易管理委员会批准的审计公司承担。

意大利有注册会计师协会和法定审计师协会。会计职业界建立了一个专门委员会研究制定会计和审计准则问题,对会计审计实务提供各种建议。委员会中包括有国际会计公司的代表,所提出的会计原则和建议与英美的实务比较接近,与国际会计准则委员会发布的国际会计准则相似。对于某些经济业务的处理在意大利有关会计规范中没有包括,因而没有可供依据的规则的情况下,意大利会计职业团体建议采用国际会计准则委员会的国际会计准则进行处理。证券交易管理委员会建议上市公司采纳会计职业界关于会计原则的各种公报。

2001 年成立的意大利会计组织(Organasation of Italian Accounting,OIC)注册为一个基金会,成为意大利会计准则制定者,就会计事务问题代表意大利发声。意大利会计组织的发起者很大程度上代表了会计事务的利益相关方,包括会计审计职业界、财务报告编制者、财务报告使用者以及意大利股票交易所。该组织得到了司法部、经济与财政部等政府部门的支持。

四、西班牙

西班牙会计实务在采纳欧盟指令之前和之后发生了较大的变化。西班牙传统中主要是通过商业法典来规范会计和财务报告，缺少职业会计准则。这样的规则体系造成了保守的倾向以及严格以税务为主的结果。1989年采纳欧盟会计指令后，西班牙的会计体系发生了很大的变化。

不过，西班牙的一些会计变革在20世纪70年代就已经开始了。1973年的会计方案和1979年职业团体的建立标志着对会计的态度方面的重要改变，1989年采纳欧盟会计指令使这种改变得到了巩固。在20世纪80年代税务机关开始允许在税务会计和财务会计上存在一定程度的差异。根据欧盟指令对会计进行全面的改革涉及新的法律、新的会计方案以及新的审计制度。然而无论如何，谨慎仍然是一项非常重要的原则。

西班牙的法律系统依赖于一些详细的规则，比如商法典，民法典等。西班牙会计学者将西班牙会计立法的历史追溯到1549年，1549—1552年颁布的法律中规定了交易的会计处理，同时要求使用借贷记账法。1737年要求制作资产负债表。1829年商法典确定了可以组建有限公司，但在1848年又遭到了禁止，1885年政府采取了比较自由的经济政策，废除了1848年的法律，又在法律中确定了三种形式的公司：一般合伙公司、有限合伙公司以及股份有限公司。1951年法律对损益表作了规定，开始只限于股份公司，后来在1973年扩大到所有的公司。1973年的有关法律中对报表中应该包括的内容以及一些计价的要求进行了规定。1953年的法律在1989年进行了修订。

1965年财政部开始制定会计方案，主要目的是弥补法律系统中会计规则的不足，提高会计信息的质量。为了会计方案的制定，建立了中央会计方案委员会，并于1971年进行重组。在民间组织的帮助下制定出了法国式的会计方案——会计总方案。1973年2月政府的530号法令批准了该方案。会计总方案本身没有强制性，只对可以用到的公司适用。但是在法律中有很多条款要求有关的企业必须遵守会计总方案，因此很多公司为了避免麻烦也就主动地采纳了会计总方案。1974—1988年之间又陆续颁布了20个部门方案，其中包括有关成本会计及合并报表等有关内容。这些方案后来的发展是由财政部在1976年建立的会计方案局进行的，这个机构在1988年由会计审计委员会代替。西班牙1989年第19号法令开始贯彻欧盟的会计指令，在1990年又对会计方案作了相应的调整。会计审计协会是权威的会计职业组织，它提出会计准则方面的建议，以使政府采纳并入有关法律；在法律中无明确规定的情况下，它提出的建议就成为了西班牙的会计准则。

五、瑞典

瑞典会计的发展受到法律和税务的强烈影响,这与法德的情况很相似,同时瑞典也有会计职业界介入会计准则制定过程的传统。证券交易所在规范大型上市公司的会计和披露实务方面也发挥着重要的作用,瑞典有许多大型跨国公司,与国际资本市场有着密切的联系并深受其影响。瑞典会计环境的一大特点是政府将会计信息用于宏观经济计划和政策制定。瑞典政府对企业有大量的补助和优惠,企业要获得这些补助和优惠就必须按政府的要求进行会计处理,这样,瑞典企业的应税收益基本上就是账面收益,税法和国家的经济政策完全支配着瑞典的财务会计和报告实务。

管理公司会计的法律包括 1975 年的公司法、1976 年的会计法以及 1981 年的特定公司年度报告法。虽然会计法要求遵循公认会计原则,但对公认会计原则并没有具体进行定义。所以法律规定的是框架而不是具体要求。这种灵活性使得瑞典会计职业界可以在会计事务的建议方面发挥重要的作用。瑞典注册会计师协会成立于 1923 年,长期以来一直在瑞典会计实务的发展中施加着重要的影响。1976 年政府建立了一个会计准则委员会,专门负责在公司法框架范围内就会计事务提供各种建议。

1991 年新成立的会计委员会取代了原来的会计准则委员会,负责准则制定事宜。会计委员会的代表组成更加广泛,包括企业界、政府机构和会计职业界,并且独立于会计职业界,相当于美国财务会计准则委员会的地位。会计准则委员会和会计委员会发布的建议并非强制性的,而是更好地执行公司法的咨询性意见。

证券交易所对新的会计委员会和原来的会计准则委员会都给予了支持,并且鼓励上市公司披露更多的信息,如公司的经营业绩、经营前景、财务目标、发展战略以及公司的经营环境等。瑞典的会计传统倾向于满足债权人、政府和税务当局的信息需求。但是这种情况随着瑞典公司的国际发展和在国际资本市场上筹资活动的增加而正在改变。

六、瑞士

瑞士的会计规则主要来自立法,同时也在通过职业团体发展会计准则。法律仅对会计和财务报告给出了一个框架性规定,因此瑞士会计准则制定机构正在加快制定会计准则,以便建立起非立法约束的公认会计原则。

1881 年颁布的责任法典包含有会计方面的责任条款。因为瑞士有很强的直接民主,所以瑞士制定法律的过程非常缓慢。但是因为只有法律规则存在,瑞士被看作是欧洲大陆通过法律途径制定会计规则的国家之一。不过,瑞士的会计规则体系与其邻国有许多不同。首先,它不受欧盟指令的制约,虽然在最近的立法中它允许考虑欧盟指令的影响,但是瑞士并非必须要严格遵守欧盟指令。其次,瑞士的法律规则仅在有限的范围内起作用,而不像它的邻国那样。在会计方面,法律仅仅规定了一个包含基本原则和披露要求的框架,而没有详细地对问题进行说明。

瑞士有自己的会计师、税务咨询师和信托代理人组织,对会计规则的建立有重要影响。该职业团体自1914年开始发展,几经合并,在1989年形成了现在的组织,主要目的是为其会员利益服务,保证公正以及提供有效的决策制定过程。

瑞士会计准则由会计和报告建议基金会制定。他们的观点受到英、美会计准则的影响,但是并不完全采纳英、美的概念,而是致力于制定瑞士的独立解决问题的方案。基金会由25名在各职业界具有较高声誉的兼职成员组成一个委员会,负责制定会计建议。会计建议的目的是提高公司财务报表的质量和增进其可比性,使瑞士公司的财务报告符合国际会计准则的要求。目前瑞士已经采用了欧盟指令和国际会计准则的思想,虽然这些推荐意见不具有法律效力,但是审计师会根据这些规则进行审计。瑞士公司可以在瑞士会计建议和国际会计准则之间进行选择,故很多大的公司选择了国际会计准则。

第五节　东欧国家经济转轨时期的会计

一、会计法律体系的变革

目前在东欧国家中政府仍然划定财政部管理会计事务,会计职业团体的力量仍然相对薄弱。不过,这些国家的财政部近年来通过建立咨询团体、获得咨询意见等措施而尽可能促使国家管理会计事务趋于科学合理,如俄罗斯、保加利亚、匈牙利和罗马尼亚等国。捷克的布拉格经济学院曾经建议捷克政府建立这样的组织,但财政部未采纳。总的来看财政部管理会计事务的模式短期内不会改变,新生的咨询组织是改革意见的主要来源。

东欧国家有关会计规则的法律框架大都有了变化,改变了旧的法律条文建立起了全新的法律构架,如图表3-2所示①。有的国家为了加入欧盟而采纳了欧盟的会计指令,如匈牙利;有的国家颁发了新的会计法规及相应的实施法令,如保加利亚制定了新的会计法规,很大程度上采纳了国际会计准则;有的国家则恢复了社会主义以前时期的法律,如波兰已经完全抛弃了原来社会主义时期的法律而恢复使用了1934年的商法典。俄罗斯是唯一还使用原来有关法规的国家,如一个重要的会计法规是在旧的权力机构的最后一年,即1991年颁布的。

---

① 资料来源:Walton, P., Haller, A. and Raffournier B. (1998) *International Accounting*, (International Thomson Business Press),table 15.1,略有修改。

(图表 3-2)

东欧部分国家新会计法规

保加利亚：
1991 年 2 月 20 日关于采用国家会计方案的第 27 号法令
1991 年 7 月 7 日的第 16 号会计法
1992 年 12 月 30 日关于批准国家会计准则的第 276 号法令

捷克共和国：
由 1994 年 117 号法所修改的 1991 年第 563 号会计法
1992 年 7 月 15 日关于企业会计方案和会计程序的 V/20 号法令

匈牙利：
1991 年 5 月 14 日第 18 号会计法(1994 年 12 月修订)

波兰：
1934 年 6 月 27 日的商法典
1994 年 9 月 29 日的会计法
财政部 1995 年 1 月 20 日的法令

罗马尼亚：
1991 年 12 月 27 日的第 265 号规定
1992 年 12 月 27 日的第 22 号会计法
1993 年 12 月 14 日的第 704 号法令

俄罗斯：
1991 年 11 月 1 日 56 号法令关于企业经济活动和财务活动的会计方案及其实施
1992 年 8 月 5 日第 552 号法令关于计算纳税损益的规则
1994 年 7 月 28 日第 100 号关于企业会计政策的法令
1994 年 12 月 26 日第 170 号关于俄罗斯联邦会计及年度财务报表的法令
1996 年 2 月 8 日第 10 号关于各类组织的会计报表的法令
1996 年 3 月 20 日的联邦会计法

　　东欧国家正逐步引入国际会计准则。保加利亚新的《会计法》于 1991 年生效,据此内阁批准了按照国际会计准则制定的"国家会计准则"和"国家会计账户表",并要求所有的公司予以执行。捷克共和国布拉格证券交易所要求拟上市公司招股说明书中经审计的财务报表必须符合国际会计准则。此外,发行人还必须提供经审计的按国际会计准则编制的年度财务报表。匈牙利布达佩斯证券交易所关于上市、交易和信息披露的规则要求大型跨国公司和从事跨国业务的匈牙利公司必须遵循国际会计准则,其他上市公司也允许执行国际会计准则。波兰华沙证券交易所要求拟上市公司提供三年经审计的按照波兰 1994 年会计法编制的财务报表。国内的公司应当执行波兰会计准则,但如果其股票同时在境外上市,它们还必须编报与国际会计准则或美国会计准则间的差异调节表。

　　从外国的影响来看,罗马尼亚和捷克倾向于采用法国会计模式;匈牙利的法律与德国的立法非常相似,匈牙利会计规则比较接近于德国模式;波兰会计实务中采用了英国的概念,强调财务报告的真实与公允反映;保加利亚和俄罗斯似乎是受西欧国家影响最小的国家,它们较少采用其他国家的概念,较多地保存了自己以前的规则。

俄罗斯的会计改革以国际会计准则为基础。在苏联,联合国跨国公司中心曾于1989年举办了一期西方合资企业会计业务以及管理方法讲习班,该讲习班建议为协助苏联财政部改进会计条例建立一个国家工作队。1990年工作队举行第一次会议,工作队成员来自苏联财政部、其他政府机构、合资企业、联合国国际会计和报告准则政府间专家工作组和国际会计公司。工作队审查国际公认的会计准则在何种程度上可用于苏联,并着手对会计科目表进行修改,首先从合资企业入手,同时也着眼于使新制度能适应其他公司。此外还设计示范财务报表。与此相适应,跨国公司中心和国际会计公司举行了各种大量的培训。

1998年3月,俄罗斯政府批准了基于国际会计准则的"俄罗斯会计改革计划",旨在形成国家会计准则体系,这项改革计划是美国商业部在俄罗斯的项目之一。美国国际发展机构提供了100多万美元的资金,在莫斯科成立了"会计改革国际中心",该中心将与政府在各省的会计审计改革委员会密切合作,以使会计审计规则与国际标准保持一致。不过,俄罗斯政府在会计改革中仍占据主导地位,俄罗斯联邦宪法第71条规定,国家的会计核算工作由联邦政府管理。依据俄联邦宪法,俄罗斯杜马于1996年12月21日通过了《会计核算法》,该法第5条规定,联邦政府拥有会计工作和核算方法的领导权。因此,俄罗斯的会计准则,需要由联邦政府总理批准、签发。这一方面说明了会计准则的重要性,另一方面也说明俄罗斯的会计管理确实是高度集权的。配合《会计核算法》的实施,俄联邦政府于2004年6月30日批准第329号决议,规定了"联邦财政部的地位",明确授权财政部负责制定会计核算规则和会计报表要求。因此,尽管会计准则最后由联邦总理签发,但前期的实质性工作是由财政部承担的,这也赋予财政部在该国会计工作,尤其是会计核算标准制定上的主导地位和重要作用。财政部的会计管理职责具体又由会计司承担,其主要任务是制定会计核算规则、批准颁发会计师事务所执业资格证书等。

二、会计规则的主要内容

(一)会计目标

东欧国家尚未对会计目标进行规范性的直接表述,但在不同的法规中对会计信息的基本目标有间接的规定,如保加利亚的法律提到会计信息应"作为财务结果真实性的基础";捷克的相关法律中提到会计单位要用能够"真实反映现实"的方法来编制报表;匈牙利会计法第17章中规定"年度报告应该根据企业财务状况、经营成果及其变化的情况做出真实的报告";波兰法律规定"企业应该正确使用会计准则,保证正确公正的披露财务状况以及收益情况";罗马尼亚法律提到"年度报告应该公正、清楚和完全地反映实体的净价值、财务状况和年度损益";俄罗斯 1994 年 12 月 170 号法令中提到"会计的主要任务就是对经济过程和财务结果提供全面公正的信息"。

（二）会计信息的使用者

关于会计信息的使用者,东欧国家的会计法规中一般不具体涉及,但在一些法规中也间接提到:在匈牙利有关法律中提到会计信息应该"能够使金融市场的参与者做出正确的财务决策",此外还提到报表附注应该为"所有者、潜在投资者和债权人"提供信息;在罗马尼亚的法律中指出会计为公司、股东、客户、供应商、银行、税务机关和其他法律或财政机关提供信息;在保加利亚 1992 年的第 276 号法令中指出使用者是那些需要被满足的合伙人、投资者、债权人、供应商、客户、雇员和政府机构;在俄罗斯 1994 年 12 月第 170 号法令中提到会计应该提供对于管理当局、供应商、客户、债权人以及税务财政部门有用的信息。总的来说,很少有国家专门建立概念框架详细分析信息使用者及他们所需要的信息。在罗马尼亚和俄罗斯的法律中都提到政府部门是信息的重要使用者,这一点明显继承了以前社会主义体系的特点。除了保加利亚在最后提到了雇员为信息的使用者之外,其他国家均未提到雇员,显然雇员在这些国家中仍未成为利用财务信息进行决策的重要信息需求群体。

（三）会计原则

东欧国家的法律框架中都有关于会计原则的表述。在保加利亚、匈牙利和罗马尼亚都正式使用了会计原则一词。然而在波兰和俄罗斯人们则更多地提到会计政策和规则。大多数国家都将会计原则放入了地位较高的法律当中。

东欧各国都采纳了谨慎性原则,但在该原则的定义及表述形式上有所区别。捷克的法律中规定财务报表应该包括所有的"风险、损失及与资产和负债相关的所有情况";保加利亚和罗马尼亚的法规都要求披露可能或可以被预见的负债和损失,匈牙利和波兰的法律则要求披露可能的损失。

（四）会计要素

东欧国家已经采用了国际上通行的会计要素基本概念。关于资本要素,现在这些国家都采用西方国家一直使用的私人所有者权益的说法,而不再是以前的国家投资,资产负债表中的政府拨款已经被资本所代替,而且也将由所有者提供的资本和由债权人提供的资本分开,即将所有者权益与负债分开。

关于利润要素,利润被定义为收入与生产要素付出之间的差额,其中不包括对所有者的报酬。这些生产要素包括付给供应商、雇员、债权人及政府的支出。目前俄罗斯仍未将税额看作是费用。在损益表和资产负债表中的损益余额是没有包括税务支出的。这项支出出现在另外一个称为利润运用的表中,这个表专门对利润的分配进行分析。

关于收入要素,在西方资本主义国家有两种主要的概念:一种是英美国家确认收入的概念;另一种是法德等国确认收入的概念。东欧国家在收入确认方面很不统一。关于费用要素,费用的概念与收入的概念是密切相关的。它随着不同的收入的概念而相应地有所变化。

关于资产要素,目前在东欧国家的资产负债表上也出现了房地产、商标、商誉等项目,资产的内容及其核算已经与西方国家非常接近。现以融资租赁和无形资产的处理为例说明。对于融资租赁,一种处理办法是将租赁的财产排除在资产负债表之外,因为它们不是公司所有者的财产;另一种处理办法是将长期租赁的财产算做公司资产的一部分,反映在资产负债表上。国际会计准则要求使用第二种办法。罗马尼亚和匈牙利偏好于第一种办法,罗马尼亚的法令上明确要求资产的租出方对资产进行折旧。匈牙利的法律虽然没有提到,但是与罗马尼亚相同,财务报表的目的是要反映所有者的财务情况。因此租来的资产不应该反映在匈牙利的资产负债表上。保加利亚和俄罗斯采用了第二种办法,即符合了国际会计准则的要求,在处理上与英、美基本一致。在保加利亚会计准则中包括了这一要求,而俄罗斯在关于会计政策的法令中提出租赁的资产要在固定资产中进行反映,对于租出者要将其从资产中减掉。波兰和捷克使用的办法与第二种相似,唯一的区别是这种办法只能有条件地被税务机关接受。

关于集团的概念,总体看来,这些国家的法律中对于集团的概念是非常宽泛的,它不仅包括母公司和子公司,还包括联营公司。但是在保加利亚的法律中却没有将联营公司视为集团的一部分。在如何确定子公司的标准方面,各国基本是相同的,即子公司是投资公司拥有其 50%以上股权的公司,而联营公司则是指拥有重大股权。在匈牙利拥有 25%以上的股权被称为拥有重大股权,而在捷克,波兰和俄罗斯这个标准是 20%。

(五)年度报表

东欧国家都要求公司编制资产负债表、损益表以及进行报表分析,此外还要附注关于会计政策的说明。除了罗马尼亚,其他国家都对合并报表作了要求。波兰和俄罗斯还对现金流量表作了要求。

资产负债表有两种格式:一种是横式的;另一种是纵式的。一般各公司都使用了横式格式。资产负债表的一边是分为长期和流动的资产,另一边体现的是公司的负债和所有者权益。罗马尼亚不对资产和负债进行长期和流动的分类。在资产负债表中,资产和负债按照它们是属于投资方面还是属于运营方面来进行分类,关于资产、负债流动性的分析可以在附注中找到。这种方法据说受到了法国的影响。在匈牙利、波兰和俄罗斯,法律规定资产负债表要区分长期和短期的要素,使人很容易看到在资产负债表两侧的几种重要的类别。在保加利亚和捷克,规则要求将长期和短期在资产负债表上进行分类,但是并不需要将其加总或者进行分析。

从东欧各国会计法规和实务的变革中可以看到以下几点:

首先,目前东欧国家还不能够完全抛弃原有国家会计方案的模式。在由旧到新的转变过程中,政府虽不直接控制会计组织,但是还要在监督和保证方面发挥作用。

其次,各国的会计方案是考虑到新的经济情况来重新制定的。考虑新情况的最明显的方面体现在成本会计的规定方面,现在在成本会计方面变得比较自由或者有了一定的灵活性。

再次,在成本会计上的自由度并不能说明关于收入确认得到了统一,在很多国家,出现了对收入确认原则的不同认识和确认方法的不同选择。

最后,有的国家会计变革程度大些,有的则小些。罗马尼亚完全采用了法国式的会计方案;捷克则有选择地使用法国式的会计,不过捷克即使在社会主义时期也是可以使用多样式的会计方案的;俄罗斯没有明显地表现出转变为某个西方会计模式,变革程度相对小些。

复习思考题

1. 从法律环境、基本会计制度、会计准则制定机构以及会计实务四个方面比较英国、法国和德国会计环境的异同点。

2. 分别指出下列外文的中文含义:ICAEW, CIMA, CIPFA, CCAB, ASB, FRS, CNC, AMF, OEC, CNCC。

3. 简述东欧国家会计改革动向和主要内容。

参 考 文 献

1. 财政部会计司赴俄罗斯考察团:俄罗斯会计改革与国际协调的有关情况,《会计研究》2006 年第 4 期。

2. 寇德广:德国会计法规,《会计研究》1998 年第 11 期。

3. 任永平:德国会计信息披露规范及其对我国的启示,《会计研究》2003 年第 10 期。

4. 夏冬林:法国会计简介,《会计研究》1995 年第 9 期。

5. 周红:法国会计制度改革的现状,《会计研究》1998 年第 3 期。

6. Choi, F. D. S. and Meek, G. K. (2011), *International Accounting*, 7th edition, Pearson Prentice Hall, chapters 3 and 4.

7. Nobes, C. W. and Parker, R. H. (2016), *Comparative International Accounting*, 13th edition, Pearson Education Limited, chapters 10, 13 and 14.

8. Parker, R. H. (1989), "Importing and exporting accounting: The British experience" in *International Pressures for Accounting Change*, edited by Hopwood, A. G., Prentice Hall.

9. Radebaugh, L. H., Gray, S. J. and Black, E. L. (2007), *International Accounting*

and Multinational Enterprises，6th edition, China Machine Press, chapters 3 and 4.

10. Standish, Peter（2001），*Developments in French Accounting and Auditing 2000*，Expert-Comptable Média.

11. Walton, P.，Haller, A. and Raffournier B.（1998），*International Accounting*，International Thomson Business Press, chapters 4，5，6，8，9，10，11，12，14 and 15.

上 网 查 询

从下列网址查询有关国家会计界的现状和动态：
1. 英国
　　http：//www. frc. org. uk
　　http：//www. icaew. com
　　http：//www. cimaglobal. com
　　http：//www. accaglobal. com/uk/en，html
　　http：//www. beis. gov. uk
　　http：//www. icasfoundation. org. uk
　　http：//www. ccab. org. uk
2. 法国
　　http：//www. experts-comptables. fr
　　http：//www. cncc. fr
　　http：//www. autoritcomptable. fr/
3. 德国
　　http：//www. idw. de/
　　http：//www. wpk. de/
　　http：//www. drsc. de/
4. 意大利
　　https：//www. fondazioneoic. eu/
5. 荷兰
　　https：//www. nba. nl/
　　https：//www. rjnet. nl/engelse-pagina/
6. 瑞典
　　http：//www. bfn. se/sv/english
　　http：//www. radetforfinansiellrapportering. se

第四章 亚洲及非洲的会计环境

大多数亚洲和非洲国家都有着悠久的历史和灿烂的文化,但在近代历史中,这些国家未能跟上产业革命发展的步伐,逐步地落后和衰退了,并成为欧美列强的殖民地或半殖民地。在欧美文明的冲击下,亚非国家开始了既与西方抗争又向西方学习的曲折历程。在学习西方的过程中,日本首先取得了成功,消化吸收了欧美文明,用欧美的先进技术武装了自己、发展了自己,并加入了发达资本主义的行列。

亚非国家在会计的起源和古代会计的发展中曾创造过辉煌。中国的结绳记事、伊拉克的原始算板、埃及王公墓中的刻石,这些古代会计萌芽阶段的代表形态都出现在亚非大地上①。但是不可否认的事实是,进入近代以后经济基础落后的亚非国家不可能再创造出世界领先的会计理论和方法。向西方学习成为亚非国家近代会计发展中的共同特征,即使是最有成就的日本也是早期跟随德国会计模式,第二次世界大战以后又转向美国模式;殖民关系使大多数亚非国家带有了不同会计模式的烙印,荷兰曾将北欧会计模式传播到印尼,非洲有大片土地受到过法国模式的影响,英国模式也同样波及亚非的英联邦国家。

第一节 中国的会计环境

20世纪是中国会计发展史上起伏变化最大的100年,从西式簿记的引进到向国际惯例趋同,中国会计伴随着政治、经济的变革,经历了一次又一次的冲击,在不断的调整和改革之中进入了21世纪。受20世纪中国政治、经济重大转折的影响,中国会计在上一世纪的种种经历中有两次大的转折:一是1949年中华人民共和国成立之后,改变了旧中国会计方法混杂、制度规则凌乱的状况,逐步建立起了适应计划经济体制的会计体系;二是1978年中国实行改革开放政策以后,进行了适应市场经济体制要求的会计改革,开始向国际上通行的会计惯例转变。

一、计划经济体制下会计规范体系的建立

1949年10月,中华人民共和国成立。当时政府的首要任务是恢复国民经济、建立

---

① 郭道扬:《中国会计史稿》(上册)第7～12页,中国财政经济出版社1982年版。

正常的经济秩序,其中包括建立健全全国统一的会计制度。政府利用不到三年的时间初步建立了全国统一的会计管理模式,即政府财政部门统管全国会计事务的模式。

新中国成立时公布的《中央人民政府组织法》规定,在中央人民政府政务院中设立的财政部主管全国财政经济事宜,接受政务院的领导和政务院财政经济委员会的指导。该年12月,财政部设置了会计制度处,作为全国最高会计管理机构,掌管全国各行业的会计工作。会计制度处在1950年9月财政部组织机构调整中改为会计制度司。由此确立的财政部统管全国会计工作的管理体制一直延续至今。

1950年3月,中央人民政府政务院颁布《关于统一国家财政经济工作的决定》,为贯彻该决定的精神,政务院财政经济委员会发布《关于草拟统一会计制度的训令》,要求中央各企业主管部门分别草拟所属企业及经济机构的统一会计制度草案和有关章则以及账簿、报表、单据的格式。为此,财政部会计制度司组织会计专家成立了"会计制度审议委员会",该委员会拟定了审查标准,负责审理各部门提出的会计制度草案。从1950—1951年上半年,中央政府各部门先后草拟了本系统统一的会计制度。中央各部统一会计制度的建立给各地方企业以效法,全国各地地方企业的会计制度也很快制定颁布了。由此初步形成了新中国会计制度体系的基本模式,其主要目的是服务于正在建立的计划经济。

新中国会计制度体系形成过程中,曾参照了原苏联的经验。当时,财政部聘请了苏联专家进行具体的帮助和指导,如《国营企业统一会计报表格式及说明草案》和《国营企业统一会计科目及说明草案》等文件,就是先由苏联专家草拟的。由此使中国会计很快进入了苏联会计模式的范围。中国参照苏联的做法,结合自己的情况,通过制定和颁行各种会计制度和法规,从中央到地方,从国营企业到私营企业,建立起了不同行业和不同所有制的会计制度体系,这反映了经济发展对会计工作提出的要求,使会计实务基本上适应了经济建设发展的需要。但是,这一时期的会计工作也存在着一定的问题,即从理论和实务上照抄照搬苏联模式,会计实践上出现了全盘苏化,对苏联经验全盘照搬的同时将其他西方资本主义国家会计理论与会计方法一概拒之门外,以致不能及时吸收和引进世界会计科学发展的先进成果,这种潜在的不利因素成为后来束缚中国会计发展的隐患。

在随后的二十年中,由于政治因素的直接影响,中国会计理论和实务始终没有得到稳定、深入的发展,不仅如此,在这期间还经历了两次大的倒退。

1958年中国进入了被称为"大跃进"的时期,全国大环境是经济上盲目冒进,当时的情况是:本应改革和消除不合理的规章制度,但是实际上却将合理的规章制度也废除了。"大跃进"时期对许多规章制度只破不立、多破少立。会计领域也是如此,致使会计工作者无章可循、无据可依,会计工作出现了混乱状况,这是新中国会计史上会计理论和会计实务的第一次倒退。

新中国会计理论和会计实务的第二次倒退出现在"文化大革命"期间。这期间,中国会计遭受了一次全面的破坏,其程度是相当严重的,损失也是无法估量的。突出的表现是将会计区分为社会主义会计和资本主义会计,借口批判、改造资本主义会计而将会计中的大量合理精华抛弃了,如"借贷记账法"就曾遭此厄运。在世界各国会计科学突飞猛进的时候,中国会计不但没有前进,反而出现了停滞甚至倒退,会计理论和会计实务遭受的大规模危害是前所未有的。

二、市场经济建设过程中的会计改革与发展

中共十一届三中全会于 1978 年 12 月 18～22 日在北京举行。会议的中心议题是,把全党工作的重心转移到社会主义现代化建设上来。因此,十一届三中全会成为新中国成立以来中国历史上具有划时代意义转折的标志。从此中国进入"改革开放"时期。

改革开放以后,随着各项政策措施的贯彻落实,国家的经济状况日趋好转,国民经济逐步走上了正常发展的道路。与此同时,国家对遭受严重破坏的会计工作也进行了整顿,使之渐入正轨,会计理论研究和会计实务工作得到了恢复和发展。1979 年 1 月,财政部恢复会计制度司,年底中国会计学会成立,次年召开全国会计工作会议。这些都是新中国会计出现第二次重大转折的重要事件。

在中国的会计环境中,会计制度占有重要的地位。建立、健全会计制度是会计工作正常进行的根本保证。从 1978 年开始,财政部着手恢复一部分原已废止的会计制度,1980年全面修订并发布了"文革"后的第一套《国营工业企业会计制度——会计科目和会计报表》;为贯彻"对外开放、对内搞活"的方针,适应经济体制改革和新时期经济建设的需要,财政部又制定颁布了一些新的会计制度和法规,为新时期的会计工作整顿和提高重新建立起了各种规范。

为适应对外开放的需要,1983 年 3 月,财政部颁发《中外合资经营企业会计制度(试行草案)》,并随后颁发了《中外合资经营企业会计科目和会计报表(试行草案)》。这两个草案是中国学习市场经济会计模式、借鉴国际会计惯例的初次尝试,对外商投资企业在中国的有序发展发挥了作用。此外,财政部或财政部与其他部委通过制定和颁发各种会计制度与会计法规,逐步地恢复和建立起了各行业各自的会计制度,由此逐渐完善了中国各行业全国性的统一会计制度。

1985 年 1 月 21 日,中华人民共和国六届人大常委会第九次会议通过了《中华人民共和国会计法》,并于 1985 年 5 月起施行。《会计法》是中国会计工作的基本规范,对会计工作的主要方面作了基本的规定,在中国会计法规体系中居于最高地位,是各项会计法规的母法,其他会计法规都必须遵循和符合《会计法》的要求。

经济体制改革的主要目的是使企业成为自主经营、自负盈亏、自我约束、自我发展的商品生产者。因此随着经济改革的进行,中国出现了很多在计划经济条件下未曾出现的新情况和新问题:经济运行以公有制为主体,出现了多种所有制并存竞争的局面,大量外

商投资企业不断涌现、股份制企业长足发展;企业经营范围向一业为主、多种经营全面扩展;经营方式多元化,出现了承包、联营、合资、合作、租赁和股份制多种经营形式并存的局面。这些新情况、新问题的出现,对会计工作提出了新的任务和要求,对传统的会计管理体制和会计核算模式提出了新挑战。

因此,在对"文革"期间遭受严重破坏的会计工作进行整顿和恢复的同时,根据改革开放中经济体制改革的需要,财政、税收、财务等方面也进行了相应的改革,先后对企业实行了企业基金制度、利润留成制度、"两步"利改税、承包经营责任制等一系列改革,并颁发了相应的各种会计规定。对改革中出现的一些新问题,诸如融资租赁、无形资产、外币业务等的核算都在原会计制度基础上作了重大的改革、调整和增加。

会计改革逐渐成为中国经济体制改革的重要内容。但是,这一时期的会计改革还是零散的、被动的,还不系统、不科学、不彻底,只是在原有行业会计制度的基础上进行的修修补补。尽管如此,这些改革在加强经济核算方面仍然起到了积极的作用,为会计改革的深入发展进行了积极而稳妥的探索,也为 20 世纪 90 年代大规模的会计改革进行了理论和实务的准备。

20 世纪 90 年代的会计改革改变了中国会计具有的苏联会计模式的特征。在计划经济体制下,会计的理论与方法是建立在满足国家作为整个社会和各个企业的管理者而要进行决策和控制的基础之上的,会计服务的对象主要是各级政府。这种苏联模式的会计制度越来越不适应经济体制改革后的中国现实。

随着改革的不断深入,政府不失时机地提出要建立社会主义市场经济体制。在市场经济体制下,必然引起投资主体的多元化,国家是投资者之一而不再是唯一的投资者,会计信息服务的对象也必然要从主要为政府服务转向为多元化的投资者和债权人服务,转向为社会大众服务。因此,财务报告不再是仅仅满足政府部门经济管理需要的工具,而是扩展到要满足社会各有关方面了解企业财务状况、经营成果、财务状况变动和资本保全状况等各种情况的需要,其目标是有助于这些信息使用者进行投资决策或其他经济决策。

20 世纪 80 年代初,会计理论界开始大量研究会计准则问题。1988 年财政部成立会计准则课题组,1990 年全国会计工作会议正式提出要制定中国的会计准则。1992 年年底,经国务院批准,财政部发布了《企业会计准则》和《企业财务通则》,并规定于 1993 年7 月 1 日起实施。《企业会计准则》的颁布被认为是一项重要的会计改革措施,在社会上引起了巨大反响。一般认为,这一改革步骤标志着中国企业会计制度由计划经济模式开始向市场经济模式转换,中国会计实务开始与国际惯例接轨,它为建立中国市场经济体系奠定了重要基础。

企业会计准则体系分为基本会计准则和具体会计准则。1992 年颁布的《企业会计准则》属于基本会计准则,具体会计准则将陆续制定颁布。中国《企业会计准则》颁布之后,需要尽快制定和颁布具体的操作规范。由于存在不同意见,也为了不打乱原有会计秩序、使会计变革循序渐进地进行,财政部并没有立即制定和颁布具体会计准则,而是对四十年中所形成的各种会计制度进行了改进,重新制定和颁布了新的会计制度。新会计制度体系分为企业会计制度和预算会计制度两大类。企业会计制度由原来的 40 多个合并为 13 个,主要按行业划分;此外还有仍然行之有效的外商投资企业会计制度、股份制试点企业会计制度等;财政部预算司不久又制定了预算会计制度,其中总预算会计制度适用于国家财政部门总预算的会计核算,行政事业单位预算会计制度适用于行政单位、科研机构等的会计核算。

中国会计改革以前的会计制度是按照各类组织的所有制成分、分不同部门或行业设计制定的。这种会计制度由于体现着不同所有制企业与国家之间的不同的利益分配关系,故会计制度的设计要反映国家对各种经济指标的需求和宏观经济管理需要。按照这种会计制度提供财务报表存在的问题是,对所有者权益反映的不明确,尤其与西方国家财务报告有较大的差异,缺乏国际可比性,所以传统会计制度已不能适应市场经济环境的需求。

新会计制度的改革不再强调运用会计制度的企业的所有制性质,同时加强了对所有者权益的核算和披露。新会计制度主要按行业性质制定,不论何种所有制性质的组织,也不论属于何部门管辖,各类组织要按照自己行业的性质,选择财政部颁布的 13 个行业会计制度之一作为适用的会计制度,外商投资企业、上市公司则要分别执行外商投资企业会计制度、股份有限公司会计制度等。

《企业会计准则》、行业会计制度是 1992 年年底发布的,1993 年年底和 1994 年中国又相继进行了工商税制、外汇管理体制的改革,这些改革必然影响会计处理方法和会计信息的披露,另外原会计制度没有涉及的部分也须作补充规定,为此财政部和有关部门又制定颁布了一系列的规定规则。

2006 年中国会计准则完成了又一次重大调整和修订,2 月 15 日,财政部在京举行会计审计准则体系发布会,发布了 39 项新的企业会计准则和 48 项注册会计师审计准则,这标志着适应中国市场经济发展要求、与国际惯例趋同的企业会计准则体系和注册会计师审计准则体系正式建立。企业会计准则体系由 1 项基本准则、38 项具体准则和相关应用指南构成。企业会计准则体系自 2007 年 1 月 1 日起在上市公司施行。

三、经济体制改革和企业经济类型的多样化发展

作为财务报告提供者的企业,只有在市场经济条件下才有可能对财务报告规则产生影响。目前世界各国基本抛弃了完全依靠市场力量规范财务报告实务的自由发展模式。但是市场的需求和自由发展模式条件下的最佳实务对于财务报告规则制定者在制定规则的过程中仍具有吸收借鉴的意义。

企业经济类型的多样化发展是由企业资金来源和投资主体的多样化发展引起的。企业资金来源和投资主体的不同决定了企业的经济性质。在中国，有关企业的政策、法律、法规等主要是依据企业的经济性质不同而分别制定的，企业的经济类型是企业经济性质的表现形式。因此，在中国，举办任何类型的企业，都要首先核准其经济性质，这是国家政策、法律、法规以及会计法规对企业准确适用的前提条件。

中国在 1949 年以后逐步确立了以生产资料公有制为基础的计划经济体制，与之相适应的企业经济类型只剩下国有企业和集体企业两种。1978 年以后企业经济类型开始出现多样化发展。在经济改革的过程中，企业改革首先开始在两个方向上进行：一是改进国有企业和集体企业，在企业内部转换经营机制，如扩大企业经营自主权，实行经济责任制，推行承包制、租赁制等；二是允许和鼓励非公有制经济的存在和发展，如积极引进外商直接投资，保护和发展个体经济和私营经济。两个方向上的进一步改革，产生了混合经济成分的企业组织，如股份制企业、股份合作制企业和各种联营企业。

（一）公有制经济改革的历程

属于公有制经济的国有企业和集体企业，在 20 世纪 80 年代初改革的起步阶段，首先进行的是在试点的基础上扩大企业的经营自主权。一些政策措施的实施扩大了企业在生产经营计划、产品销售、产品价格等方面的自主权。当时的基本理论是发展以公有制为基础的有计划的商品经济。

1986 年 12 月，国务院颁发《关于深化企业改革、增强企业活力的若干规定》，提出全民所有制小型企业可积极试行租赁、承包经营；全民所有制大中型企业要实行多种形式的经营责任制。各地可以选择少数有条件的全民所有制大中型企业进行股份制试点。此后，租赁制和承包制在许多国有和集体小型企业中推开，一些大中型企业被选中成为股份制试点企业。而对于大多数国有企业和集体企业来说，则在不断地探索和实验各种各样的改革措施。1992 年 6 月，国务院颁布《全民所有制工业企业转换经营机制条例》，企业改革的关键是转换企业经营机制，转换企业经营机制的重点是落实企业经营自主权。

1993 年 11 月，中共十四届三中全会通过了《中共中央关于建立社会主义市场经济体制若干问题的决定》，指出社会主义市场经济体制是同社会主义基本制度结合在一起的。建立社会主义市场经济体制，就是要使市场在国家宏观调控下对资源配置起基础性作用。要进一步转换国有企业经营机制，建立适应市场经济要求，产权清晰、权责明确、政企分开、管理科学的现代企业制度。此后，建立现代企业制度成为公有制企业，尤其是国有企业改革的方向。

（二）非公有制经济的发展

对外开放政策实施的直接结果是外国资本开始进入中国。《中华人民共和国中外合资经营企业法》于 1979 年 7 月 1 日由第五届全国人民代表大会第二次会议通过，允许外国公司、企业和其他经济组织或个人，按照平等互利的原则，经中国政府批准，在中华人民共和国境内，同中国的公司、企业或其他经济组织共同举办合营企业。在中外合资经营企业发展的同时，中外合作经营企业和外商独资企业也得到了发展，并称三资企业。对外贸易经济合作部于 1995 年 1 月颁布《关于设立外商投资股份有限公司若干问题的暂行规定》，允许外国公司、企业和其他经济组织或个人与中国的公司、企业或其他经济组织在中国境内，共同举办外商投资股份有限公司。这些企业组织形式共同构成了外商投资企业。

从 1979 年开始允许城乡个体经济存在和发展。其基本理由是：遵守国家的政策和法律、为社会主义建设服务、不剥削他人劳动的个体经济，是公有制经济的必要补充。1981 年 7 月和 1984 年 2 月，国务院分别发布《关于城镇非农业个体经济若干政策性规定》和《关于农村个体工商业的若干规定》，要求各地政府和财政、商业、轻工、农业、物资、供销、银行、工商管理等有关部门，认真扶持城乡个体经济的发展，在资金、货源、场地、税收、市场管理等问题上给予支持和方便。

个体经营规模扩大的直接结果，就是产生了当时称为"个体大户"的私营企业。私营企业的生产资料归公民私人所有，并且以雇佣劳动为基础。1988 年国务院颁布《私营企业条例》，1989 年工商局开始办理登记，当年登记注册的私营企业达 90 000 多户，1998 年达到 120 万户。

（三）乡镇企业异军突起

1984 年 3 月，中共中央和国务院在转发农牧渔业部的一份报告时，同意将社队企业改称为乡镇企业，认为乡镇企业是农业生产的重要支柱，发展乡镇企业是广大农民群众走向共同富裕的重要途径。此后，乡镇企业得到了迅猛的发展。

1996 年 10 月，第八届全国人大常委会第二十二次会议通过了《中华人民共和国乡镇企业法》。该法所称乡镇企业，是指农村集体经济组织或者农民投资为主，在乡镇（包括所辖村）举办的承担支援农业义务的各类企业。所谓投资为主，是指农村集体经济组织或者农民投资超过 50%，或者虽不足 50%，但能起到控股或者实际支配作用。农村集体经济组织投资设立的乡镇企业，其企业财产权属于设立该企业的全体农民集体所有。农村集体经济组织与其他企业、组织或者个人共同投资设立的乡镇企业，其企业财产权按照出资份额属于投资者所有。农民合伙或者单独投资设立的乡镇企业，其企业财产权属于投资者所有。

（四）发展经济联合产生了混合经济成分的企业组织形式

1980 年 7 月，国务院发布《关于推动经济联合的暂行规定》，鼓励发展各种形式的经济联合，地区、部门之间开始打破封锁，出现了不同形式的经济联合和企业联营。1986 年 3 月，国务院又发布《关于进一步推动横向经济联合若干问题的规定》，指出横向经济联合是经济体制改革的重要内容，是发展社会生产力的要求。这是对条块分割、地区封锁的有力冲击,有利于加快整个经济体制改革和社会主义现代化建设。通过企业之间的横向经济联合,逐步形成新型的经济联合组织,发展一批企业群体或企业集团。在经济联合的发展过程中,产生了国有企业与国有企业、国有企业与集体企业、国有企业与私营企业、集体企业与私营企业等各种不同类型的联营企业,并且在横向经济联合的基础上发展了企业集团。

进入 21 世纪,国家仍将对国有企业实施战略性改组,将以资本为纽带,通过市场形成具有较强竞争力的跨地区、跨行业、跨所有制和跨国经营的大企业集团。在此过程中,要推进各项配套改革,建立有效的国有资产管理、监督和营运机制,保证国有资产的保值增值。

（五）股份制企业成为发展方向

股份制在中国发展之初,由于在思想理论方面未得到认可,"股份制"企业是以一种非规范的形式出现的。20 世纪 80 年代初,一些农村出现的合股经营企业,成为中国改革开放以来股份制的雏形。1983 年,深圳宝安县仿照股份制的办法组建了宝安县联合投资公司,当时发行的是"股金证",而且章程规定"还本付息",直到 1990 年修改章程才改为真正的股票。1984 年 9 月,北京天桥商场改造为天桥百货股份公司,当时发行的是三年期"股票",具有债券性质。这期间比较规范的向社会发行股票的股份制企业是 1984 年 11 月上海电声总厂发起建立的上海飞乐音响股份有限公司。

此后,股份制试点企业逐步增多,1992 年以后进入了较快的发展时期。1992 年 5 月,国务院五部委发布《股份制企业试点办法》,同时国家体改委发布《股份有限公司规范意见》和《有限责任公司规范意见》。1993 年 12 月 29 日,第八届全国人大常委会第五次会议通过了《中华人民共和国公司法》,于 1994 年 7 月 1 日起施行。这样股份制企业在中国进入了正规的发展阶段。

20 世纪 90 年代初,中国在上海和深圳两地先后恢复开办了证券交易所,符合条件的股份制企业可以将其股票上市交易,1990 年 12 月 1 日,深圳证券交易所开始试运行;1990 年 11 月,上海证券交易所首先获准成立,并于 12 月 19 日正式开张营业;转年 7 月,深圳证券交易所正式营业。1949 年 6 月,新中国第一家证券交易所曾在已经解放的天津开业,比共和国的诞生早了四个月。同年末,远东著名的证券交易所上海证券交易所因充斥着投机被当时的上海军管会关闭。1952 年 7 月,工业生产步入正轨,一些游资开始转向生产领域,社会对证券交易中的投机现象多有批评,证券交易开始萎缩,天津证券交易所完成了其历史使命。1992 年 1 月,邓小平南巡,发表谈话指出证券市场"要坚决地试",由此沪、深股市开始酝酿行情。1992 年 5 月 21 日,上海股市股票价格全面放开。1992 年 10 月,国务院证券委员会及中国证券监督管理委员会成立。1999 年 7 月 1 日,《中华人民共和国证券法》正式实施。至 2016 年年底,沪、深两地上市公司已达 3 000 多家,参见图表 4-1① 所示:

---

① 中国证券监督管理委员会网站：http：//www.csrc.gov.cn。

（图表 4-1）

2010 年 12 月至 2016 年 12 月各年中国上市公司分类统计

日　期	境内上市公司数 （A、B 股）（家）	境内上市外资股 （B 股）（家）	境外上市公司数 （H 股）（家）	股票总发行股本 （亿股）
2010.12	2 063	108	165	33 184.35
2011.12	2 342	108	171	36 095.52
2012.12	2 494	107	179	38 395.00
2013.12	2 489	106	185	40 569.08
2014.12	2 613	104	205	43 610.13
2015.12	2 827	101	229	49 997.26
2016.12	3 052	100	241	55 820.50

现在的基本理论是：一切反映社会化生产规律的经营方式和组织形式都可以大胆利用。例如，公有制可以采用股份制的实现形式，股份制是现代企业的一种资本组织形式，有利于提高企业和资本的运作效率，资本主义可以用，社会主义也可以用。建立现代企业制度是国有企业改革的方向，要对国有大中型企业实行规范的公司制改革，使企业成为适应市场的法人实体和竞争主体。

公有制为主体、多种所有制经济共同发展，是中国社会主义初级阶段的一项基本经济制度。上述各种资金来源形成的不同经济成分、不同所有制性质的企业会在今后相当长的时间内并存。

四、会计制度与会计准则的现状和未来

会计制度在中国是一个应用十分广泛的术语，有广义和狭义之分。广义的会计制度，是进行会计工作所应遵循的规则、方法和程序的总称，主要包括：会计工作规则，会计人员职权规定，会计科目说明，成本核算规程，财务报告编报程序，会计电算化规范，财务信息分析利用办法，会计档案保管和销毁制度等。狭义的会计制度，则是指适用于某类企业或组织的一套会计核算原则、会计政策、基本规定、会计科目和会计报表设置使用说明等。

（一）现行会计制度

2000 年 12 月财政部公布了《企业会计制度》，新制度打破了所有制和行业界限，建立了国家统一的会计核算制度，从 2001 年 1 月 1 日起在股份有限公司范围内执行。《企业会计制度》与以前分行业的会计制度不同，它不再分行业，主要由会计核算一般规定、会计科目及其运用、财务会计报告的编制等内容组成，体现行业特点的具体会计核算办法，作为其重要组成部分，将在以后根据具体情况分别制定。《企业会计制度》按照会计要素的

定义,对会计要素的确认和计量作出要求,使之在会计报表上的反映符合其质量特征,满足会计信息可靠性和相关性的要求。

（二）现行企业会计准则体系

1. 基本会计准则

2006 年新颁布的企业会计准则体系中的基本准则共十一章五十条,基本内容如下:

（1）总则部分:主要明确会计准则的制定依据,规定会计准则的适用范围,明确企业编制财务会计报告的目标、会计核算基本前提和会计核算基础工作,包括持续经营、会计分期、货币计量、权责发生制等。

（2）会计信息质量要求:包括真实性、相关性、清晰性、可比性、实质重于形式、重要性、谨慎性、及时性等。

（3）会计要素,包括资产、负债、所有者权益、收入、费用、利润等,会计要素的确认与计量。

（4）财务会计报告:规定了会计报表至少应当包括资产负债表、利润表、现金流量表等报表以及报表附注。

2. 具体会计准则

基本会计准则颁布的同时,财政部颁布了 38 项具体会计准则。这 38 项具体会计准则,如图表 4-2 所示:

（图表 4-2）

具体会计准则

编　号	会计准则名称	编　号	会计准则名称
1	存货	13	或有事项
2	长期股权投资	14	收入
3	投资性房地产	15	建造合同
4	固定资产	16	政府补助
5	生物资产	17	借款费用
6	无形资产	18	所得税
7	非货币性资产交换	19	外币折算
8	资产减值	20	企业合并
9	职工薪酬	21	租赁
10	企业年金基金	22	金融工具确认和计量
11	股份支付	23	金融资产转移
12	债务重组	24	套期会计

（续表）

编　号	会计准则名称	编　号	会计准则名称
25	原保险合同	34	每股收益
26	再保险合同	35	分部报告
27	石油天然气开采	36	关联方披露
28	会计政策、会计估计变更和差错更正	37	金融工具列报
		38	首次执行企业会计准则
29	资产负债表日后事项	39	公允价值计量
30	财务报表列报	40	合营安排
31	现金流量表	41	在其他主体中权益的披露
32	中期财务报告	42	持有待售的非流动资产、处置组和终止经营
33	合并财务报表		

关于会计准则和会计制度的关系，财政部会计司的解释是："目前我们采用的模式是，在相当长的一段时期内，制度和准则将同时并存，企业处理的各项业务，若会计准则已作出相应的规定的，以准则为准；若会计准则没有作出相应规定的，则仍按统一的会计制度进行处理。在会计准则全面替代统一会计制度以前，不断协调会计准则和统一会计制度的内容，避免给会计人员带来混乱。俟会计准则形成一个较为完整的体系后，最终实现从统一会计制度到会计准则的平稳过渡。"[1]

（三）中国会计实务与国际会计准则的差距

经过十多年向市场经济体制目标转变的会计改革，中国会计实务已逐步向国际会计惯例靠拢，但仍有一定的差距，中国会计准则与国际惯例的差距有多大，以发行 B 股的上市公司作为研究对象，进行双重披露研究可以得出一定的结论。为了满足境内外投资者的需求，中国 B 股上市公司实行双重审计和双重披露制度，即既要提供按中国会计准则编制、经国内会计师审计的财务信息，又要提供按国际会计准则编制、经境外会计师审计的财务信息。这样，同一企业的财务状况和经营成果，要分别按中国会计准则和国际会计准则进行会计处理、编制财务报告，如果最终的结果是一致的，可以在一定程度上说明中国会计准则与国际会计准则是一致的，中国会计已经与国际惯例接轨；如果不一致，说明中国会计准则与国际惯例有差距。

B 股公司按两套会计准则计算的财务数据之间的差距一般以利润差异额进行说明，即计算和观察 B 股公司境内外报告税后的净利润差异额和差异率。然后再以每家 B 股公

---

[1]　冯淑萍："市场经济与会计准则"，《会计研究》1999 年第 1 期。

司税后净利润占全部样本公司税后净利润绝对值合计数的比率为权数，计算全部样本公司的加权平均差异率。有关计算公式如下：

$$\text{净利润差异率} = \frac{\text{按国际准则报告的净利润} - \text{按中国准则报告的净利润}}{\text{按中国准则报告的净利润绝对值}}$$

$$\text{全部样本公司净利润差异率} = \sum_{i=1}^{n} \text{第 } i \text{ 家样本公司净利润差异率} \times$$

$$\frac{\text{第 } i \text{ 家样本公司按中国准则报告净利润绝对值}}{n \text{ 家 B 股样本公司按中国准则报告的净利润绝对值合计}}$$

有 B 股的上市公司在年度报告中要对两个利润数字进行说明，将按中国会计准则计算的利润调整成为按国际会计准则计算的利润。但是这些调整项目名目繁多、极不统一，从同时发行有 A、B 股的公司年度报告中汇总出的两个利润数字的调整项目多达近百项。对这些差异进行粗略归类、涉及会计准则的大体可概括为：坏账准备；存货跌价准备；待摊费用、递延资产、无形资产摊销；投资减值准备；费用确认；收入确认；费用资本化；汇兑损益；合并报表差异；税项调整；固定资产折旧；职工福利、公益金、住房周转金调整；资产重估等。其他差异中有的是由于中国特有的法规制度造成的，如计提职工福利奖励基金、出售职工住房等；有的可能是境外审计师所依据的不仅仅是国际会计准则本身造成的，我们同意这样的判断：境外审计师"是以他们执行的审计和会计标准为代表的，是国际会计准则、国际会计惯例和香港会计规则的混合。"①此外还会有境内外会计师职业判断的不同形成的差异，当然也不排除有由于会计人员的素质或职业道德因素造成的差异。

我们选取某些会计项目说明在不同的年度对公司利润的不同影响②，其影响额构成按两套会计准则计算的利润差异额的一部分，将各部分加总可统计出各部分对总利润差异的影响。在计算过程中首先计算某一样本公司的会计项目差异率：

$$\text{某个会计项目}\atop\text{某年的差异率} = \frac{\text{该会计项目该年的国际准则报告额} - \text{该项目该年的国内准则报告额}}{\text{该会计项目该年的国内准则报告额}}$$

然后，计算全部样本公司某一年度加权后的各会计项目差异率：

$$\text{各会计项目差异率} = \sum_{i=1}^{n} \text{第 } i \text{ 家公司某个会计项目的差异率} \times$$

$$\frac{\text{第 } i \text{ 家公司按中国准则报告净利润绝对值}}{n \text{ 家 B 股公司按中国准则报告净利润绝对值合计}}$$

根据以上公式计算的 B 股公司会计项目差异率计算表，如图表 4 - 3 所示：

---

① 中国证券监督管理委员会首席会计师办公室：《B 股、H 股公司境内外报告净利润差异研究》(2000 年 10 月)。
② 参见桂璇、郝振平："中外会计准则对比研究 — B 股公司境内外利润差异分析"，《中国首届实证会计国际研讨会论文集》(2002 年 12 月)。

（图表 4 - 3）

B股公司会计项目差异率计算表

项目 ＼ 会计年度	1992	1993	1994	1995	1996	1997	1998	1999	2000	2001
坏账准备	0.00%	0.35%	-3.25%	-5.27%	-5.10%	-7.81%	0.77%	-5.09%	-1.43%	2.42%
存货跌价准备	0.00%	0.62%	-0.52%	-1.09%	-1.50%	-1.57%	0.30%	-1.66%	-0.86%	0.32%
投资减值准备	0.00%	0.13%	-0.90%	-1.23%	-0.26%	-0.14%	-0.61%	-0.97%	-0.42%	-0.38%
固定资产减值准备	0.00%	0.00%	0.56%	-0.61%	-0.31%	1.12%	0.35%	-1.75%	-1.11%	-7.21%
其他损失准备	0.00%	0.00%	0.12%	-0.21%	0.34%	-0.47%	0.05%	-0.30%	0.00%	0.76%
固定资产折旧	-1.08%	-0.22%	-0.57%	-0.57%	-0.52%	-0.55%	-0.17%	-1.26%	-0.96%	-0.26%
待摊递延.无形资产	0.00%	0.00%	-0.16%	-0.32%	-0.18%	-0.58%	0.02%	-0.39%	-0.44%	0.41%
权益法运用	0.00%	-0.35%	0.30%	-1.03%	-1.13%	-0.38%	-2.12%	-1.35%	-0.15%	-1.53%
收入确认	-0.42%	-0.31%	1.36%	0.07%	-0.10%	0.57%	-0.19%	-1.83%	0.10%	-0.14%
费用资本化	-19.49%	-0.63%	-1.55%	-0.18%	-2.79%	-0.52%	-1.21%	0.10%	-1.50%	0.39%
汇率并轨调整	0.00%	0.00%	-0.06%	-1.29%	-1.22%	-0.42%	-0.83%	-0.21%	0.00%	-0.03%
汇兑损益	23.67%	-0.65%	-6.59%	-4.91%	-1.47%	-0.64%	0.30%	-0.03%	0.01%	0.04%
薪金福利及公益金	0.00%	0.04%	-5.91%	-1.09%	1.17%	-0.29%	-0.05%	-0.49%	-0.81%	-0.79%
资产重估	0.00%	0.00%	0.00%	0.01%	0.11%	0.52%	0.19%	0.21%	-0.02%	0.07%
合并报表差异	134.01%	-0.24%	-1.12%	-0.01%	-0.13%	0.18%	0.33%	-1.13%	0.21%	0.10%
税项调整	0.00%	0.32%	0.05%	1.07%	0.51%	0.13%	0.02%	0.22%	0.24%	0.17%
其他差异	0.80%	-0.08%	0.29%	0.73%	-1.95%	1.72%	-0.17%	-2.25%	0.43%	-3.27%
合计	137.49%	-1.02%	-17.95%	-15.93%	-14.53%	-9.13%	-3.02%	-18.18%	-7.13%	-8.93%

根据图表4-3绘制的会计项目差异的总体趋势图,如图表4-4所示:

(图表4-4)

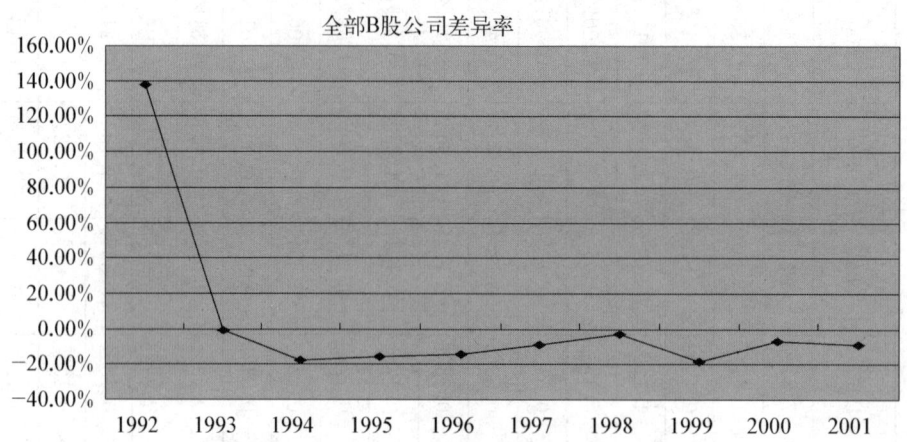

会计项目差异的总体趋势

全部B股公司差异率

如图表4-4可见,境内外报告的净利润存在差异在2001年并没有出现显著变化,显著变化只出现在1993年,即1992年的会计改革基本奠定了中国会计与国际会计惯例接轨的基础。统计结果显示,中外报告净利润的差异主要为负,说明按照境外会计准则报告的税后净利润在总体上要低于按照境内会计准则报告的净利润。

应当看到,国际会计准则不是一种静态指标,而是一套动态规则,准则都是在发展变动之中的,因此当我们说与国际会计惯例趋同时,应当是使中国会计准则的发展与国际合拍,使中国会计准则与国际会计准则的发展同步。单纯引进或套用国际会计准则的某些规定,而不顾国际会计准则变动的方向,则中国会计准则与国际会计准则的差异会永远存在,有时还会变大。

国际会计准则从形式上强调的是"公允反映""公允价值"等概念,实际上要求的是"具体的问题具体分析"。任何统一的、详尽的规定都很难概括日益变化的大千世界。国际会计准则不是一套详尽具体的规则,而是一系列概括性的基本原则或原理,它的执行和实施需要高水平的职业道德和职业判断能力,这一点正是中国会计准则短期内不能达到国际会计准则水准的根本原因所在。

五、注册会计师制度的发展沿革

(一)中国注册会计师制度的产生、发展和恢复

20世纪初在中国民族工商业的发展过程中,注册会计师职业应运而生,并得到了逐步的发展。1918年9月,当时北洋政府颁布了《会计师暂行章程》,同年谢霖先生领得第一号会计师执照,随后开办了谢霖会计师事务所,后改称为正则会计师事务所,与后来成

立的正明会计师事务所、立信会计师事务所和公信会计师事务所共同构成旧中国著名的四大会计师事务所。

旧中国会计师事务所发展较慢,1925 年 3 月上海会计师公会成立时只有会员 23 人。天津、武汉、广东、浙江、九江、南京、山东、重庆等地也在此前后相继成立会计师公会,到 1935 年 4 月底止,全国领到会计师执照的有 1 162 人。截至 1947 年,全国有 3 000 多人领到会计师执照。当时,对会计师事务所的管理主要由政府负责,直到 1946 年,才成立了全国会计师公会联合会。

新中国成立后,由于受到"左"的思潮影响,私营企业全面改造为公私合营企业,在社会上独立执业的会计师事务所不复存在。随着改革开放政策的实施,各种外商投资企业相继建立。为了创造良好的投资环境,按国际惯例处理外商投资企业的验资和查账等业务,中国政府决定逐步恢复注册会计师制度。经财政部批准,于 1981 年 1 月 1 日在上海成立了新中国第一家会计师事务所——上海会计师事务所(成立时原名为"上海会计顾问处")。

1986 年,国务院批准颁布《中华人民共和国注册会计师条例》。该条例的颁布以及改革开放带来的商品经济的发展和企业经营机制的转变,促进了注册会计师制度和会计师事务所的发展。1988 年 11 月 15 日,中国注册会计师协会成立,由财政部负责监督、指导。1991 年 11 月,举行了第一次全国统一的注册会计师考试。

(二)职业会计师队伍的扩大与联合

中华人民共和国成立后,没有设立独立的国家审计机关,而是将有关审计监督方面的工作分别交给财政、税务、银行等部门兼管。1982 年 12 月,第五届全国人民代表大会第五次会议通过的新宪法,规定在国务院和各级地方政府中设立审计机关,实行审计监督。1983 年 9 月中华人民共和国审计署成立,不久,各级地方政府也相应建立起了各级审计厅或审计局。由此建立并逐步完善了中国国家审计监督体系。

1983 年国家审计机关成立后,某些省市为适应承办一些部门、单位委托的审计、查证事项和对集体经济组织审计的需要,出现了审计事务所、审计公司等社会审计组织,由国家审计机关批准设立并进行管理指导。1988 年 11 月国务院颁布的《审计条例》规定了审计事务所组织形式的法定地位和业务范围。1992 年 9 月,中国注册审计师协会成立,由审计署负责监督、指导。

这样,20 世纪 80—90 年代中期,在中国内地,既有注册会计师,也有注册审计师;既有会计师事务所,也有审计事务所。90 年代中期,根据国务院的有关指示,经财政部和审计署研究决定,中国注册会计师协会与中国注册审计师协会实行统一联合。

1996 年 6 月中国注册会计师协会和中国注册审计师协会实现联合,组成统一的中国注册会计师协会,依法对社会审计进行管理,并依法接受财政部和审计署的监督、指导。注册审计师更名为注册会计师,其所在的工作机构,从其自愿,可仍称审计事务所,也可更名为会计师事务所。这样,中国的职业会计界在统一的行业组织指导、监督下,进入了一个新的发展时期。

中国注册会计师协会的主要职责包括:办理注册会计师注册、事务所设立有关事宜,监督、管理其执业情况;审批和管理协会会员;拟定注册会计师执业准则、规则,监督、检查实施情况;组织和推动注册会计师培训工作;组织实施注册会计师全国统一考试;依法办理审批及监督、管理境外会计师事务所和人员在境内开展业务的有关事宜;组织业务交流,开展理论研究;协调行业内、外关系,维护会员合法权益;开展国际交往活动;指导地方注册会计师协会工作;办理国家法律、行政法规规定和国家机关委托的其他有关工作。

中国注册会计师协会的最高权力机构为全国会员代表大会。会员代表采取选举、协商和特邀的办法产生;大会每三年举行一次。全国会员代表大会选举产生理事会,理事会全体会议再选举产生会长一人、副会长若干人、常务理事若干人,常务理事会于理事会闭会期间行使理事会职权。理事会下设咨询委员会和若干专门委员会。中国注册会计师协会的常设办事机构为秘书处,由秘书长主持日常工作。

财政部设立注册会计师全国考试委员会,负责制定与考试有关的方针、政策,全面领导和组织考试工作。全国考试委员会办公室设在中国注册会计师协会,承办日常工作。

各省、自治区、直辖市注册会计师协会为中国注册会计师协会的地方组织;外国和中国香港、澳门、台湾地区的中注协会员,经理事会批准,可以组织成立中国注册会计师协会地区会员联谊会和分会。

(三)《中华人民共和国注册会计师法》和注册会计师职业规范体系

八届人大常委会第四次会议于 1993 年 10 月 31 日审议通过了《中华人民共和国注册会计师法》,取代了 1986 年国务院颁布的《中华人民共和国注册会计师条例》。《中华人民共和国注册会计师法》的颁布和实施进一步明确了注册会计师的职业地位,表明国家认识到注册会计师在社会经济生活中具有不可替代的作用。

国家通过注册会计师法确认了注册会计师职业地位的同时,也明确了注册会计师的法律责任,要求注册会计师要根据职业准则和规则去执行各项业务。《中华人民共和国注册会计师法》进一步完善了《注册会计师条例》的规范体系,为注册会计师开展业务提供了行为准则和法律依据,对于保障注册会计师制度的健康发展具有十分重要的意义。

有关注册会计师的人员素质、专业资格、技术能力、职业责任、职业道德和工作制度等,都由《注册会计师法》作出明确规定和调整,注册会计师的考试、注册会计师业务范围和规则以及会计师事务所、注册会计师协会及其有关法律责任等,在《注册会计师法》中都作了具体规定。

《中华人民共和国注册会计师法》颁布和实施之后,中国注册会计师协会开始研究制定职业规章,并逐步建立起中国注册会计师职业规范体系。这个体系包括:独立审计准则、职业道德准则、质量控制准则和后续教育准则。

（四）职业会计师的管理原则

立法机关从国家或地区整体利益出发，为了维护基本的社会经济秩序和推动经济的发展，对会计师事务所的管理始终十分关注。新的《注册会计师法》重新明确规定了注册会计师的考试和注册、业务范围和规则，规定了会计师事务所设立的条件和审批的权限等。

此外，在中国对注册会计师以及会计师事务所的管理原则和权限分工可概括如下：① 注册会计师审计同国家审计、内部审计相互独立。② 通过《注册会计师法》等法律约束注册会计师的执业行为。③ 财政部门在业务监督、违纪处理、规定收费标准等方面进行管理。④ 工商管理部门负责会计师事务所的登记、注册和业务范围监督等。⑤ 税务部门在税务登记、征收税款和税收监督方面进行管理。⑥ 中国注册会计师协会的管理包括行政管理和自我管理。行政管理包括会计师事务所执业登记、注册会计师注册登记以及财政部门委托的其他事项。自我管理包括：制定职业道德准则、拟定注册会计师执业准则、规则、工作制度，检查会计师事务所业务质量，制定同行互查和内部检查办法，协调会计师事务所之间的业务关系，监督公平竞争。⑦ 中国证券监督管理委员会和中注协对从事证券业务的会计师事务所和注册会计师的执业资格进行审核确认，并对其从事证券相关业务进行监督。

六、对外开放与走向世界

（一）中国会计市场的对外开放

在加入世贸组织的谈判中，中国在会计市场对外开放方面作出的承诺包括：① 外国会计师事务所可以在中国设立代表处；② 大型外国会计师事务所可以在中国设立中外合作会计师事务所；③ 国际会计师事务所可以在中国发展成员所；④ 外国事务所可以和中国事务所共同发起成立国际会计师事务所；⑤ 外国会计师事务所可以来华从事临时审计业务；⑥ 外国人可以获得中国注册会计师资格；⑦ 在中国取得执业资格的外国人可以成为成员所的合伙人[①]。

现将一些主要承诺进一步说明如下。

1. 境外会计师事务所常驻代表机构

境外会计师事务所在中国境内设立常驻代表处须经中华人民共和国财政部批准。财政部授权中国注册会计师协会办理审查申请的有关事项，以及经批准后对代表处实行行业监督管理的有关事项。对于境外会计师事务所在北京以外的地区设立的常驻代表处，中注协委托省级注册会计师协会代行对北京以外地区常驻代表处的监督、管理有关事项。

---

① 　项怀诚主编：《新中国会计50年》，中国财政经济出版社1999年版，第661～662页。

2. 中外合作会计师事务所

依照《中华人民共和国注册会计师法》的规定，中外合作事务所设立的批准机关为财政部。但财政部授权中国注册会计师协会办理审查、批准以及监督、管理合作事务所的有关事务。中国注册会计师协会又授权合作所所在地的省级注册会计师协会对其日常活动进行监督、管理。

3. 国际会计师事务所中国成员所

国际会计师事务所在一定时期内、一定条件下，在中国境内可以发展多个成员所。国际会计师事务所中国成员所是经中华人民共和国财政部批准的、与国际会计师事务所达成协议成为其成员所的中国会计师事务所。中国成员所可以保留其中国会计师事务所原有的名称，同时，可以使用国际会计师事务所的名称。经财政部批准，中国成员所可以聘请本国际会计师事务所的外籍注册会计师或有关专家来所执行业务。

4. 关于临时执行审计业务

凡未在中国内地设立机构的外国会计师事务所和中国港、澳、台地区会计师事务所，接受事务所所在地区或中国境外委托人委托，需要在中国内地临时办理审计业务的，需向拟办理审计业务所在地的省级财政部门提出书面申请，经批准后方可执行临时审计业务。

目前 WTO 专业技术服务组已经就成员国有关会计服务的全球化作出了具体规定，其主要目的是消除 WTO 成员方之间自由贸易的障碍，承认成员方会计执业执照、资格及其技术标准。中国会计市场已经放开，按照中国 WTO 服务贸易谈判条件，开放程度将会进一步扩大，这对国内会计师事务所将形成很大的压力。

（二）积极参与国际会计事务

改革开放以后，中国会计界与国际会计界的交流与合作全面展开。除了引进国外先进的会计理论与方法、开放中国会计市场外，中国会计界也走出国门，考察学习，同时积极参与国际会计事务。

中国从一开始就坚决支持联合国国际会计和报告准则政府间专家工作组[①]的成立，并积极参与其活动。国际会计和报告准则政府间专家工作组最初由 34 个成员国组成，名额在各洲、各地区间按比例分配，各成员国代表资格每届任期为三年，连选连任，中国一直连任，该工作组 1995 年以后不再限制成员国数。中国代表在各次年会上不失时机地向国际社会介绍中国会计的情况，使中国会计越来越被国际社会所认识。

中国于 1997 年 5 月被国际会计师联合会接纳入会，此前由于台湾问题未能得到妥善解决，一直未能加入。中国入会以后于当年派代表团参加了在巴黎举行的第 15 届世界会计师大会，中国代表在会上介绍了中国会计改革、注册会计师行业，以及中国会计市场开放的最新进展，引起与会代表的极大关注。根据国际会计师联合会和国际会计准则委员

---

① 关于该组织的详细情况，请参见本书第五章。

会的规则,中国被通过加入国际会计师联合会后,自动地也加入了当时的国际会计准则委员会。中国一加入国际会计准则委员会,即被邀请作为理事会观察员,参加每一次理事会会议,这是没有先例的,体现了国际社会对中国的充分重视。

1996 年 10 月中国加入亚太会计师联合会。1997 年 4 月亚太会计师联合会第 48 次会议通过决议,增选中国为理事。此后,中国代表团分别参加了 1997 年 10 月在巴黎举行的第 49 次理事会和 1998 年 4 月在新加坡举行的第 50 次理事会,中注协于 1998 年 10 月在上海承办了第 51 次理事会。中国会计职业界在亚太会计师联合会的影响大增。

第二节　日本的会计环境

一、由"三法体制"和新公司法构成的会计环境

日本传统会计环境的典型特征是由"三法体制"所制约,"三法体制"是指在会计领域主要有三个法律约束着企业的会计行为,这三个法律即《商法》《证券交易法》和《法人税法》。围绕商法这一法律所实施的会计称为"商法会计";围绕证券交易法所实施的会计称为"证券交易法会计";围绕法人税法所实施的会计称为"税法会计"。2005 年日本首次制定了新的公司法,并于 2006 年开始实施,以此在日本会计环境中增加了由公司法规范公司会计和财务报告实务的新内容。

1868 年明治维新之前,日本闭关锁国、停滞不前长达 300 年,明治即位后,为避免日本像其他亚洲国家一样被西方国家统治和辟为殖民地,开始维新变法、学习西方。很快就以德国模式为基础,建立了新的经济法律制度。在企业会计方面也是如此,包含基本会计规则的日本商法于 1899 年颁布,该法是由一位德国学者起草的。第二次世界大战以后,在美国的占领下,美国的思想、文化、制度影响到日本的各个方面,仿照美国的证券法和证券交易法,日本于 1948 年制定颁布了证券交易法。法人税法即公司所得税法,涉及所得税的会计处理问题,如递延所得税、资产减值和各种减免等。日本的商法、证券交易法、法人税法三者之间相互联系,相互制约,共同构成一个有机的整体。它们从不同方面和角度对企业的经营行为进行着法的约束,同时三者又各有侧重。在日本的"三法体制"中,商法是"根本大法",居于核心地位,证券交易法和法人税法,在某种程度上可以说是对商法的展开和补充。受证券交易法管制的都是大型上市公司,大约有 3 500 家;受商法管制的是各类公司,有几十万个;所有法人都要受税法管制。

日本商法是以保护债权人利益为指导思想的,从事一切商事活动的组织都应遵循该法律。日本商法将公司分为无限公司、两合公司和股份公司等几种,并对各类公司的设立、结构、财务会计、解散和清算等行为作出了具体规定。

日本证券交易法是以保护投资者利益为指导思想的,是统驭日本证券市场形成、发育

等方面的法律,这里的证券市场是发行市场和流通市场的总称。日本的证券交易法对进入证券市场进行交易的有价证券作出了明确的规定,可交易的证券种类繁多。

公司所得税法要求若要获得某些税收优惠就必须在按商法规定设置和编制的账簿和报表中作出必要的记录。日本的一般惯例是,计提的各类减免和报表上减值的资产都不超过为纳税目的可列计的范围。

在 2005 年之前的几年内,日本对其商法和其他相关的法律法规进行了全面的重组,将商法中的某些部分和其他相关的法律法规整合为新的公司法,于 2005 年 7 月颁布。新公司法于 2006 年 5 月生效实施。修整商法和其他相关的法律法规、制定新的公司法的目的旨在更新法律条文和用语,以反映社会经济环境的变革。新公司法为日本公司在公司治理结构的安排方面提供了更大的灵活性,同时在此基础上规定了信息披露和审计方面的要求。

二、主要的企业组织形式及其治理结构

(一) 企业组织形式

日本企业的组织形式主要有四种,即股份公司、无限公司、两合公司和有限公司。这些公司组织形式以前在商法中做出了规定,现在由公司法进行规范。

1. 股份公司(株式会社)

在日本,股份公司属于以营利为目的的社团法人,股东大会是股份公司的最高决策机构,主要决议事项包括：决定公司的经营方针;选举或罢免董事、监事;通过会计决算文件;修改公司章程等。股份公司无论其资本多少、规模大小,均要选出 3 名以上的董事组成董事会,其中的执行董事代表称为"社长",即总经理。董事长在日本称为"株式会社会长"。实际掌管公司权力的一般是"社长",董事长往往是一种名誉职务。法律规定股份公司(特别是大公司)必须建立监事制度,以便对公司进行经常性的监督。监事会是专门从事对股份公司进行监督业务的机构,其任务是从经营业务和财务两方面对董事及公司的营运情况进行监督,股份公司监事的职责主要是：查明董事在业务执行中是否遵循有关法律;审查资产负债表、损益计算书、事业报告书、股利分配方案等;在认为有必要时或有益时召开股东大会。以前在商法中规定股份公司的最低资本出资额是 1 000 万日元,新的公司法将这一限制条件取消了。

2. 无限公司和两合公司(合名会社和合资会社)

无限公司和两合公司虽然在日本所占的比重不大,但这两种组织形式都是以前在商法中和现在在公司法中所规定的公司类别。无限公司是由几个人出资组成的,出资者便是公司职员,他们对公司债务负无限责任。两合公司是由在出资限度内负有限责任的公司成员、与其他负无限责任的公司成员联合组成的公司,其公司成员既是出资者也是经营者,资本的所有者与企业的经营者不分离。

3. 有限公司(有限会社)

有限公司同股份公司一样是一种以"物"为主的公司,即对公司债务只承担有限责任,是日本中小企业普遍采用的一种组织形式,大致有 100 万家。股东人数不超过 50 人,股权转让需要股东会同意。有限公司的组织结构也同股份公司很相似,公司的最高决策机构为股东会,董事也是选举产生,但由于公司章程允许从公司成员中选任董事,所以其资本与经营的分离是不彻底的。在日本的有限公司的有关法律中,对有限公司的股东会未作出明确规定,所以股东会和董事之间的权限划分是模糊不清的。另外,日本有限公司的监督检查机构的设置也可根据公司情况自行决定。

(二) 公司治理结构

日本的公司治理模式可概括为"员工主体模式"。其基本特征是:① 强调员工主体,员工实行终身雇佣制,制度安排使得员工群体的利益与企业的发展联系较为密切。不过这一制度近年来也在慢慢发生变化,年轻一代的工作流动性增大;② 外部股东的影响力较弱,主要由内部人控制,从一般员工中选拔出来的经营管理层控制着企业的经营活动;③ 主办银行进行有条件的监控。企业一般与一二家银行保持长期的交易关系,这被称为"主办银行制度"。主办银行是企业的主要资金提供者之一,对企业的财务状况进行监督。主办银行一般持有企业一定比例的股权(法律规定不得超过 5%),一旦企业出现财务上的问题,主办银行将帮助企业解决困难,此时要介入企业的经营管理。

日本一大批具有世界性竞争力的企业能够与欧美公司相抗衡,如丰田、本田、索尼等,说明日本的公司治理结构模式还是具有一定的效率。这种模式的效率主要来自外部市场压力,由于市场压力,企业成为管理层和一般员工的命运共同体,造就了企业内部的自我约束机制,员工相互协助又相互监督。日本传统文化中的集体主义因素较强,在企业中发展为善于团队工作的企业文化。团队的生产率高于每个员工单独的生产率的总和,离开企业,单个员工在外部劳动市场上的价值将低于他在原企业中的价值,由此形成了员工对企业的向心力。企业能够保持长期的发展,股价就会保持上升的趋势,因此从长期来看股东的利益就会得到满足。

尽管如此,日本的公司治理模式并不完善,泡沫经济崩溃之后,这种公司治理结构的弱点也表现出来了。终身雇用制的结果是导致企业管理层年龄结构老化,影响企业的决策、创新能力。各方监督不力,首先是出资主体(尤其是一般股东)对公司内部人行为的监督相当薄弱,其次是随着企业负债率的下降,银行对企业的监控能力随之弱化。作为日本企业集团一大特征的相互持股变成了企业财务的一大包袱。

近年来日本企业治理结构开始得到一些改革。一些企业开始采用年薪制,也有少数企业开始实行期股激励制。一些企业内部收入差距拉大,人员精简力度加大。公司董事会和监事会开始招聘和增加外部董事和外部监事。越来越多的企业开始出售关系企业的股票,降低相互持股(上市公司股本中相互持股比例从 1985 年的 56％降至 1996 年的 47％)。

三、基本会计制度和会计准则

（一）基本会计制度体系

日本由"三法体制"形成的会计环境基本属于大陆法系条件下会计模式的类型,因此具有法、德会计模式的某些基本点并又发展了自己显著的特点:① 会计原则(含会计准则)长期以来不是由民间团体,而是由国家制定的,不过这种情况正在发生变化;② 基本会计制度从结构上来考察,由基本会计原则和以法律为基础的会计规则等几部分构成;③ 日本的会计模式为国家主导型,强调为国民经济宏观服务。

1. 日本的公认会计原则

日本现行的公认会计原则被认为包括三个部分:企业会计审议会发布的企业会计原则、日本会计准则委员会发布的会计准则以及日本注册会计师协会发布的实务指南。日本会计准则的制定机构长期以来一直是大藏省企业会计审议会,企业会计审议会发布过企业会计原则和一系列会计准则。2001 年日本成立了制定会计准则的民间机构——财务会计准则基金会,在其之下设立日本会计准则委员会,负责制定会计准则。日本注册会计师协会就会计准则在实务中的应用发布实务指南。这些方面的会计规则从不同角度规范了企业的会计行为,共同构成了日本目前的公认会计原则。

2. 商法/公司法之下的财务报告

无论是商法还是公司法对股份公司的要求都最为全面,以下基本以股份公司为对象说明商法或公司法方面的信息披露要求。股份公司每年必须在财务年度结束后的三个月内召开股东大会,向股东提交法定报告,内容主要包括:资产负债表及其附表、损益计算书及其附表、营业报告书、利润和亏损处理方案及附属明细表。

公司董事和监事应在规定期间制作完成和审查完毕法定报告,公司股东和债权人在营业期内可随时请求查阅有关会计文件,并可在交付公司规定费用后,请求公司交付上述会计文件的副本或抄本。持有已发行相当于股份总数 1/10 以上股份的股东,可以请示查阅和誊定会计账簿和凭证,在进行这种查阅时应提出书面查阅理由。

公司的创立费和为准备开业所支出的筹备费以及公司以研究新产品或新技术、采用新技术或新经营组织、开发资源、开拓市场为目的而特别支出的金额,均可以计入资产负债表的资产部分,并在公司成立以后五年内,每一决算期按平均相等数额摊销。

为应付特定支出或损失而准备的专用基金,可以在相当于该营业年度费用或损失的范围内计入资产负债表的负债部分。公司的盈余公积金未达到其资本总额的 1/4 时,在每一决算期,按分配盈余数额的 10％计提盈余公积金。

公司的审计要求与公司的规模有关,新的公司法仍然延续了商法的规定,如总股本

5 亿日元以上或总负债 200 亿日元以上的大型公司,其法定报告必须既经监查役监查,又经独立的公认会计士作为审计师进行审计,独立审计师由监查役推荐、股东大会任命。中、小型公司的法定报告不必经独立审计师审计,但需经监查役进行监查。对于公司业务、财产状况有值得怀疑之处,以及在业务执行中有不正当行为或违反法令或章程的重大事实时,持有已发行股份总数 1/10 以上股份的股东,可以请求法院选任检查人调查公司的业务和财产状况。

3. 证券交易法之下的财务报告

证券交易法规定的披露要求旨在保护一般投资者,上市公司和某些非上市公司必须遵循这些增加的披露规定。在日本证券交易法的本法中,由于其性质所决定,对会计方面的直接规定并不是很多,也不像商法或公司法那样具体。企业发行有价证券或有价证券上市流通时,必须分别提出有价证券申请书和有价证券报告书,申请书和报告书必须附有公司财务报表,并且报表须经注册会计师出具审计报告。对于募资规模不同的公司,政府有不同的注册登记要求,并根据证券交易法的要求和精神,规定了标准的财务报表格式,制定了相应的编制财务报表规则、合并财务报表规则等。

对于在日本上市的外国公司有专门的一套申报表格(即表 7),其内容与国内公司所不同的是第二部分中的第 5 项"财务状况"和第 6 项"集团状况"。外国公司可以按本国准则和惯例编制和提交财务报告,但需符合以下两点:① 日本政府认可其准则和惯例可以保护一般投资者的利益;② 附有解释公司所运用公认会计原则与日本公认会计原则之差异的说明书。已在日本上市的外国公司每年要提交年度报告(即表 8) 和半年度报告(即表 10)。

4. 税法方面的会计制度

法人税法规定:"国内法人在各事业年度末的第二日起两个月内,对税务署长,根据确定的决算必须提出申请书。"纳税申请书应包括资产减价出售、无法收回借款抵押金等企业已处理的项目,纳税申请书应根据股东大会的认可决议制作。在日本税法中涉及很多会计方面的规定,它们虽然不直接规范会计核算工作,但大多数企业在进行会计工作时都会与税法协调一致。不过税法会计基本上是以商法会计为基础的。

日本法人税是对企业法人就其所得额征收的,因此涉及不少关于企业会计核算方面的规定,有些规定对资本所有者、金融机构和企业集团非常有利,从而促使这些利益集团积极自觉地按税法的规定核算,以便能够享受税法规定的优惠。在日本法人税法中,"确定决算准则"是其税法会计的最大特征,即由股东大会、合伙人大会所承认的决算,也即其法人课税所得的标准,是以每一事业年度企业会计上的利润额为基础,在此基础上按照税法的有关规定再进行调整而计算出来的。按照税法所进行的调整称为税务调整,具体有两种情况:一是法人申告而进行的申告调整;二是没有进行申告调整或不正确的时候由税务部门进行的调整。

（二）日本的会计准则制定机构

1. 日本企业会计审议会

第二次世界大战后，日本政府为了建立、健全会计制度，于 1948 年在日本经济安定本部（现在的经济企划厅）设立了企业会计制度对策调查会，而后该调查会改由大藏省来领导，名称改为"企业会计标准审议会"，不久又更名为"企业会计审议会"。日本的企业会计原则是于 1949 年 7 月由经济安定本部企业会计制度对策调查会制定的，后来大藏省又进行过四次修订。

日本大藏省企业会计审议会发布的会计准则未像英、美准则一样连续编号，所发布的准则只有题目、没有编号，已发布的会计准则及意见书主要内容有：① 企业会计原则及企业会计原则注释；② 合并财务报表原则及合并财务报表原则注释；③ 外币交易会计处理标准及外币交易会计处理标准注释；④ 分部信息披露准则；⑤ 租赁会计准则；⑥ 研究开发费会计准则；⑦ 退休金会计准则；⑧ 纳税影响会计准则；⑨ 成本计算标准；⑩ 中期财务报表编制及审计标准；⑪ 期货交易会计准则；⑫ 金融商品会计准则；⑬ 关于商法与企业会计原则协调意见书；⑭ 关于税法与企业会计原则协调意见书。

上述第一项的企业会计原则有一个完整的体系，其结构由三部分构成：① 一般原则；② 损益计算书原则；③ 资产负债表原则。另外，日本大藏省为了更好地实施企业会计原则，还于 1954 年专门制定了企业会计原则注释，对企业会计原则进行了明确的解释和说明，增强了其可操作性。企业会计原则注释共包括 25 条。

2. 日本会计准则委员会

近年来，由于具有官方背景的日本企业会计审议会在国际会计界的活动中很难融入其中，再加上它很难针对复杂的会计项目及时制定相应准则，故日本的许多机构和组织为了适应迅速变化的经济环境以及会计准则的国际化趋势，联合要求改变现行会计准则制定体制，成立民间性质的组织负责制定会计准则。

2000 年 3 月 22 日，日本注册会计师协会在其一份建议书中表示，日本当前迫切需要建立新的民间主体来制定会计准则。该建议书就权力如何从企业会计审议会转移至新主体、如何借鉴国际会计准则、新组织建立怎样的架构和如何筹集新组织运转所需资金等，提出了一些建议。协会认为新组织的架构可包括监管委员会、准则委员会、程序委员会、执行组织和相关的解释委员会等。

2000 年 6 月 29 日，由专家学者组成的"会计准则制定主体"研讨会经过多次会议讨论后提出，由大藏省下设的企业会计审议会主导的会计准则制定体制，应当被一种以民间组织为基础的新体制所取代，新组织应当独立，成员经公平挑选，决策过程透明，使之具备专业化、技术化、专职化、反应迅速、融入国际化进程等特点。

2001 年 2 月 28 日，包括日经联、日本注册会计师协会、日本交易所组织和日本证券商协会在内的十家机构发表联合声明，宣称将发起成立名为"财务会计准则基金会"及相应的"会计准则委员会"的民间组织,负责制定企业会计准则。此举的目的在于通过建立新的民间组织,使日本会计界能够适应经济环境的快速变化和国际会计准则的最新发展,在政府的支持下,制定出反映企业变化和实务特点的会计准则,与国际会计准则委员会建立良好关系,使日本能够更好地融入国际化进程。

2001年7月26日,日本成立了制定会计准则的民间机构:财务会计准则基金会,标志着日本彻底放弃了传统的由政府制定会计准则的机制,完成了向国际惯例的转变。

财务会计准则基金会的目标是,通过制定公认会计准则,推进日本资本市场上公司财务信息的披露,夯实市场基础。同时,财务会计准则基金会还将致力于制定高质量的、在国际范围内接受的会计准则。

财务会计准则基金会由其董事会和受托人委员会(Trustees)负责管理。董事会负责筹资、人事及日常运作。受托人委员会负责选任董事和监事,并就财务会计准则基金会的一些重大事项如商业计划、预算等提出建议。财务会计准则基金会下设会计准则委员会和项目顾问委员会,会计准则委员会被赋予独立制定会计准则及相关指南的权力,项目顾问委员会负责考虑和选择应列入会计准则委员会议程的项目。每一准则项目都由一个工作组负责。

考虑到资金问题,从保证独立性和稳定性角度,财务会计准则基金会采用会员制,鼓励各利益团体广泛参与。财务会计准则基金会希望其会费收入能满足开支需要。

财务会计准则基金会正式成立后即开始工作,以便会计准则委员会尽快发挥日本新会计准则制定机构的功能。会计准则是日本经济不可或缺的基础建设内容,会计准则委员会将全权负责制定。会计准则委员会制定的会计准则将充分反映日本公司的经营环境。此外,会计准则委员会还将负责与国外有关机构的联络,特别是与国际会计准则委员会的联络,以致力于发展全球化的会计准则。

四、会计职业界

(一)会计职业界的沿革

日本商法的制定和实施是日本会计职业产生的最直接起源。据说日本历史上第一批职业会计师出现在1907年左右,但有据可查的职业会计师始于1927年。1909年农商部曾派人考察欧美的会计师制度,考察人员在其提交的报告中建议日本也建立注册会计师制度。但有关的法律被多次否决,直至1927年日本议会才通过了《计理士法》(《注册会计师法》的前身),使职业会计人员所开展的审计业务有了法的规定。

第二次世界大战结束后,随着日本政治、经济形势的变化,日本政府废除了《计理士法》,并于1948年7月公布实施了《注册会计师法》。注册会计师在日语中叫做"公认会计士"。注册会计师法对职业会计人员及其所从事的审计业务均作出了明确的规定。与此同时在日本出现了与注册会计师相当的税务师,叫做"税理士",因此一般说日本的会计职业界包括注册会计师和税理士两个群体。日本的税务代理人在 19 世纪末随着所得税的征收而出现,也有着悠久的历史,1942 年日本政府曾颁发过税务代理人法。战后又于1951 年颁发《税理士法》,对职业税务师及其所从事的税务业务等作出了明确的规定。

注册会计师法的制定和实施旨在使日本职业会计师达到英、美会计师的水平,并且在国内要取得与日本律师一样的地位。随着注册会计师法、证券交易法的实施,日本大藏省企业会计审议会从 1950 年起陆续制定了审计标准、审计实施准则、审计报告准则以及财务报表审计证明规则等法规。随着日本跨国公司的发展,日本一些会计师事务所加入国际会计师事务所,日本也出现了国际性会计师事务所。税务师除了提供税务服务外,也提供记账、编制财务报表、企业咨询、电算化等方面的服务。大约有一半的注册会计师也注册成为税理士。

根据 1966 年修订的注册会计师法,在日本出现了监查法人,按英文翻译为审计公司。注册会计师法要求日本注册会计师协会要促进监查法人的建立和发展。在日本不允许组建"合伙制"会计师事务所。日本力促监查法人的发展的理由是,可以使事务所的规模扩大,有利于达到国际水准,有利于保持注册会计师的独立性和正直性,有利于提高职业界的社会可信度。

(二) 注册会计师及其职业组织

1. 日本注册会计师的业务范围

日本 2005 年 7 月颁布了新修订的《注册会计师法》,其基本内容共包括 10 章:① 总则;② 注册会计师考试;③ 登记;④ 注册会计师的义务;⑤ 注册会计师的责任;⑥ 监查法人;⑦ 注册会计师和审计监管委员会;⑧ 日本注册会计师协会;⑨ 其他规则;⑩ 惩罚规则。此法有效地规范了注册会计师的业务活动。

依据《日本注册会计师法》规定,注册会计师是应他人请求,从事财务报表审计并出具证明,以获取报酬的一种职业人员。除此以外,注册会计师还可以其名义接受委托,从事财务报表的调整、财务调查以及财务咨询业务。

2. 日本注册会计师的考试制度

日本注册会计师考试制度是由注册会计师法规定的。考试由注册会计师和审计监管委员会负责组织实施,每年一次,只有日语。考生首先参加多项选择测试,多项选择测试通过以后可参加答题考试。

多项选择测试的内容包括财务会计与报告、管理会计、审计和商法;答题考试的内容包括财务会计与管理会计、审计、商法、税法和下列四科之一:工商管理、经济学、民法或统计学。根据注册会计师法的规定,符合免试条件的考生可以免试某些科目。考生还需要在会计师事务所或其他被认可的组织中从事实际审计业务两年以上,这种实务经历既可以在参加注册会计师考试之前取得,也可以考完试之后再从事。注册会计师考试合格的考生还需要参加一个三年期的职业会计教育项目,该项目是由日本注册会计师协会组织的,它参考了国际会计师联合会的国际会计教育准则委员会的相关要求。完成三年期职业会计教育项目的考生可以进入最后的考核程序,每年由日本注册会计师协会组织,考核内容包括：会计、审计、税务、工商管理(包括信息技术理论)以及与注册会计师服务相关的规则、规定和职业道德规范。考核合格的考生按照注册会计师法的规定必须向日本注册会计师协会进行注册登记。

　　3. 注册会计师协会、注册会计师和审计监管委员会

　　日本注册会计师协会是日本唯一的注册会计师职业团体。该协会依据日本《注册会计师法》的规定,作为特殊法人成立。日本注册会计师协会从注册会计师的使命和职责出发,为保持注册会计师的应有水平,改进审计业务和其他相关业务,负责对会员进行领导、联系和监督,并办理注册会计师和准注册会计师的登记事宜。

　　1949年10月,日本注册会计师协会创立于东京,当时只是一个注册会计师自愿参加的组织,1953年4月改组为社团法人,但仍没有注册会计师必须是其成员的法定要求。按照1966年修订的《注册会计师法》的要求,日本注册会计师协会于该年12月再次改组为特殊法人,每个注册会计师都必须加入该协会(准注册会计师可自愿参加),这项要求的目的是加强对注册会计师的管理,督促他们提高业务能力。

　　日本注册会计师协会的最高决策机构为总会(分为定期召开的全体大会和临时召开的全体大会),总会下设理事会,负责执行总会的决议,或接受总会委托的事项和其他重要事项,理事会下设常务理事会,负责处理日常事务。此外,为了进行调查研究或帮助执行有关事项,总会还组织了许多委员会,并在全国各大地区设立分会,以加强对注册会计师的领导和监督。

　　根据《注册会计师法》的规定,在政府的金融服务局(Financial Services Agency)下设注册会计师和审计监管委员会,负责调查与注册会计师和审计制度运行情况有关的事宜,调查与注册会计师、准注册会计师、外国注册会计师违规方面有关的事宜,以及调查监查法人处分方面的事宜。注册会计师和审计监管委员会委员在十人以内,为非专职职位,其中一人可以设为专职职位。注册会计师和审计监管委员会可以向金融服务局局长提出采取惩戒行动或其他措施的建议。

　　(三)日本的企业审计制度

　　日本由注册会计师或审计公司实施的企业审计可以分为法定审计和自愿审计两部分。法定审计主要是根据证券交易法和公司法的要求进行的。上市公司的年度财务报表必须经过注册会计师或审计公司进行审计;非上市公司则由各公司自行决定是否聘请注册会计师或审计公司进行审计。公司法对各公司的公司治理结构设计给了各公司较大的自主选择权,各公司需要根据自己选择的公司治理结构确定相应的审计制度。公司法定审计师除实施财务审计外还可以实施经营审计。

　　证券交易法审计是依据日本证券交易法的有关规定对有关公司所进行的审计。按照

规定,下列公司必须接受证券交易法审计:① 欲申报募集或者出售 5 亿日元以上有价证券的公司;② 在证券交易所上市的公司;③ 有价证券申报生效的公司;④ 店头买卖有价证券的发行公司。

图表 4－5① 提供了有关日本会计职业界的一些数据,从中可对日本会计职业界有更进一步的了解。

(图表 4－5)

日本会计职业界若干指标统计

年　份 项　目	1960	1970	1980	1990	1997	2000	2005
日本注册会计师的人数	1 508	4 162	6 036	8 799	11 736	13 220	16 245
在日本的外国注册会计师人数	13	37	32	18	11	6	4
日本监查法人(审计公司)人数※	NA	24	63	110	133	149	162

※监查法人始于 1967 年。

第三节　其他亚洲国家的会计环境

亚洲国家有着与欧美国家完全不同的社会文化背景,并且各个国家处于参差不齐的经济发展阶段。亚洲许多国家都曾经是欧美列强的殖民地或半殖民地,如印度尼西亚曾是荷兰的殖民地,印度、巴基斯坦、新加坡和马来西亚等是英国的殖民地,菲律宾先是西班牙后成为美国的殖民地。这些国家的会计往往发展水平不高,主要移植前宗主国的会计制度。亚洲国家在争取民族解放、国家独立的过程中,以及在维护国家安全和促进本国经济发展中,政府都发挥着十分重要的作用。因此政府在本国会计事务中都居于支配地位,许多亚洲国家的政府责成财政部负责管理本国会计事务。各国都仿照英美发展了本国的会计职业团体,但没有哪个国家的会计职业团体发展到英美那样的独立自治水平。

第二次世界大战之后,菲律宾会计环境深受美国影响,菲律宾会计实务被认为已属于美国模式。但是菲律宾的经济尚不发达,整个社会文化环境与美国相去甚远,由此决定了菲律宾的会计发展水平不是很高。菲律宾有一些上市公司,但大部分是不上市的中小企业,菲律宾公司企业中的"家族"色彩浓厚,企业管理很大程度上依赖于"个人忠诚"。

菲律宾政府和会计职业界在会计事务中都发挥作用。菲律宾公司法要求缴入资本在50 000 比索以上的公司必须向股东大会和证券交易委员会提交经审计的年度财务报表。国家税收法典也要求公司在向税务部门提交纳税申报单时要附加经审计的财务报表。这

---

① 　根据日本注册会计师协会提供的资料整理。

样,证券交易委员会和税务部门在执行证券交易法和税法的过程中,对会计和财务报告施加影响。

菲律宾政府有一个叫做"职业规则委员会"的专门机构,负责向会计师发放证书、审批会计准则和审计准则等,其下设"会计委员会",负责确定注册会计师考试要求、与菲律宾注册会计师协会一起管理职业界、调查违反会计法的事件并依法作出必要的处罚。

菲律宾 1981 年组建会计准则理事会,成员来自菲律宾注册会计师协会(4 席)、证券交易委员会(1 席)、中央银行(1 席)、会计委员会(1 席)、菲律宾财务经理人协会(1 席)。这是一个政府和民间混合组建的组织,负责制定菲律宾会计准则。政府的职业规则委员会已经逐步将制定会计准则的权力移交会计准则理事会。为实施 2004 年菲律宾会计法的规则和条例,政府组建了会计委员会行使制定会计准则的权力,同时组建菲律宾财务报告准则理事会协助会计委员会建立菲律宾公认会计原则。会计委员会还在菲律宾职业规则委员会的指导下监督和管理菲律宾会计事务。

菲律宾全国性的职业会计团体是菲律宾注册会计师协会,1996 年年底共有会员 94 000 多人,其中只有 17 000 多会员按时交费,保持了会员的选举、被选举等基本权利。会员中只有 1 900 多人(约占 11%)从事公共会计师业务,其余在工商界、政府部门和教育机构等工作。家族势力的影响也反映在会计界,如菲律宾最大的会计师事务所培训过的学生占据许多要害部门的职位,该事务所通过这些学生可以施加它在会计界的影响。

马来西亚有两个会计团体:一个是 1958 年作为民间团体成立的马来西亚注册会计师公会;另一个是 1967 年由国家组建的作为管理会计职业界的团体马来西亚会计师协会。两个团体未得到很好的协调,存在着较大的矛盾。马来西亚注册会计师公会得到了英国和澳大利亚的特许会计师的支持。在 1967 年以前,马来西亚没有规范会计职业界的法律,许多会计师通过各种途径取得了其他国家的会计师资格。1967 年马来西亚颁布会计法,规定了会计师的注册登记事宜,并规定建立马来西亚会计师协会。但是马来西亚注册会计师公会凭借其较长的历史,在马来西亚会计界仍具有主导影响。1973 年曾有过两个会计团体合并的企图,国家积极支持合并计划,但是合并未获成功。

马来西亚注册会计师公会曾积极地开发和发布会计准则。两个团体并存后也合作开发过会计准则。20 世纪 70 年代马来西亚实施新经济政策,政策之一是在各类公司中增加马来西亚的权益比例,为此马来西亚政府组建了不同的政府控股公司去收购外国公司的股份,由此产生了合并和商誉等会计问题。1986 年马来西亚注册会计师公会和马来西亚会计师协会共同组建了一个工作委员会,探讨两个团体的可能的合作,促成了 1989 年共同工作技术委员会的建立。借此两个团体共同发布了一些会计准则,包括当时急需的有关合并方面的会计准则。但是在商誉问题上两个团体出现了分歧,并于 1992 年导致了共同工作技术委员会的解体和两个团体合作的终止。此后,两个团体各自寻求发展会计准则的途径。

1997年马来西亚通过了《财务报告条例》并成立马来西亚会计准则委员会,负责制定会计准则。由此会计准则制定权不再专属于会计职业界。随后修订公司法,要求各公司遵守会计准则委员会批准的会计准则。马来西亚新的准则制定机构的框架类似于英美等国,首先建立一个财务报告基金会,成员来自所有有关各方,包括财务报告的编制者、使用者、政府官员和会计职业界。财务报告基金会负责监督会计准则委员会的工作,负责资金筹集事宜和对新准则提供意见。马来西亚会计准则委员会力图使马来西亚的会计准则在所有重要方面与国际会计准则保持一致,尽可能地利用国际会计准则委员会的工作成果,但它也根据本国特定的经济、法律环境等进行具体的分析,根据本国国情作相应的调整或制定新的准则。

吉隆坡证券交易所规定在交易所上市的外国公司可以执行国际会计准则,也可以执行马来西亚会计准则。在某些特定的情况下,外国公司也可以执行本国的会计准则,但必须提供关于利润和股东权益方面与马来西亚会计准则的差异调节表。

印度于1857年首次颁布公司法,1866年的公司法对会计和审计提出了要求。1927年出现审计师公会,随后审计师被允许在全印度执业。1949年通过特许会计师法,根据该法成立了印度特许会计师协会,负责管理印度的特许会计师职业。协会的最高管理机构为理事会,理事会中有24人由会员选举产生,6人由中央政府任命。协会会员大约90 000多人,其中70%在事务所从业。

印度特许会计师协会于1977年4月组建了会计准则委员会,旨在协调印度各种不同的会计政策和会计实务。委员会的主要职责是制定会计准则。在制定会计准则的过程中,委员会充分考虑国际会计准则委员会的国际会计准则,尽可能根据印度的法律、惯例和经营环境将国际会计准则并入印度会计准则。会计准则委员会还发布关于会计准则的指南,澄清准则运用过程中的某些问题。会计准则委员会制定会计准则要遵循一定的程序,最终的会计准则要经印度特许会计师协会理事会批准后才能发布。

会计准则委员会已发布的会计准则有30多项,包括:会计政策的披露,存货的估价,现金流量表,或有事项和资产负债表日后事项,当期净损益、前期项目和会计政策的变动,折旧会计,建造合同会计,研究与开发会计,收入的确认,固定资产会计,汇率变动影响会计,政府捐赠会计,投资会计,合并会计,雇员福利,借款成本,分部报告,关联方披露,租赁,每股收益,合并财务报表,所得税会计,合并财务报表中联营企业投资的会计处理,终止经营,中期财务报告,无形资产,合营企业权益的财务报告,资产减值,准备、或有负债和或有资产,金融工具等。

新加坡会计实务属英国模式,像英国的公司法一样,新加坡的公司法也有各种附表,是公司编报财务报表的重要依据,如第9表规定了详细的财务报告要求。公司企业登记局负责公司法的实施,对财政部负责。上市公司和非上市公司都要向公司企业登记局报送财务报表。法律赋予了新加坡注册会计师协会很大的权力,由它负责发布新加坡会计准则。新加坡会计准则与国际会计准则非常接近,实际上新加坡是"吸纳"国际会计准则,并不自己"制定"会计准则。2007 年新加坡议会通过了会计准则条例,根据该条例组建了会计准则理事会,负责制定新加坡会计准则。

新加坡 1963 年颁布会计师法,并据此成立了新加坡会计师公会,该组织根据 1987 年新的会计师法于 1989 年重组后更名为新加坡注册会计师协会。协会的最高管理机构为理事会,成员包括 8 名职业会员、8 名非职业会员和 3 名由政府提名财政部部长任命的委员。日常工作由秘书处负责,秘书处由 6 个部门组成。

第四节　非洲国家的会计环境

由于历史的原因,非洲许多国家经济不发达、政治不稳定,由此导致会计发展水平极为落后。联合国 1991 年公布了一项研究结果①,将非洲的会计问题从以下几个方面进行了分析:泛非(包括所有国家)、盎格鲁影响区(前英国殖民地)、法兰西影响区(前法国殖民地)和葡萄牙影响区(前葡萄牙殖民地)。

泛非的主要会计问题是:① 缺乏本土化的合格会计师(调查时有 18 个国家的合格会计师不足 50 人);② 公共部门的会计水平极低;③ 教育在各个层次上都是缺乏的;④ 会计人员素质较低;⑤ 会计准则及其实施问题得不到重视;⑥ 过分依赖英法的会计制度和会计准则。

法兰西影响区的国家更多地依赖税法而不是会计准则,而且它们往往使用旧版的《会计总方案》,未能及时更新。盎格鲁影响区的国家也常常使用过时的英国法律。一些小国无力支撑本国会计职业的发展。一些非洲国家的证券市场要求上市公司执行国际会计准则,如埃及开罗证券交易所要求上市公司遵循国际会计准则。埃及的会计准则基本上和国际会计准则相一致,实质上是国际会计准则的阿拉伯文版本。埃及会计准则的序言阐明:"埃及会计准则系按照国际会计准则委员会的国际会计准则制定,在某些方面考虑本国的经济环境作了微小的调整。"

在非洲国家中,南非是经济较为发达的国家,因而有一个对会计需求较高、有利于会计发展的会计环境。南非特许会计师协会有着素质较高的会计师,它在努力使自己成为具有国际水准的职业组织,积极参与国际会计准则制定等国际会计事务。至 2000 年年初,南非特许会计师协会会员的构成是:特许会计师 18 406 名,准普通会计师 1 681 名,准会计技术员 375 名。为适应国家改革的需要,南非特许会计师协会进行了重组,以便吸引更多的人加入协会。为此协会进一步加强了培训教育措施,在原有特许会计师学院的

---

　　① United Nations Center on Transnational Corporations, *Accountancy Development in Africa*, New York, 1991.

基础上,又新设了两所学院:普通会计师学院和会计技术员学院。至 2007 年 10 月,南非特许会计师有 24 800 名,其中 3 000 多名会员为可以从事审计工作的特许会计师,其他均为从事会计及相关服务(除审计服务)的会计师。南非注册会计师行业的资格管理有着较为复杂的体系,管理层次较多。管理主体包括南非资格管理局(SAQA)、南非审计师独立监督理事会(IRBA),还有南非特许会计师协会(SAICA)、南非职业会计师协会(SAIPA),市场准入程序相对复杂。

南非约翰内斯堡证券交易所上市规则规定上市公司应当遵循公认会计准则,但未明确说明何为公认会计准则。证券交易所要求上市公司要么执行南非会计准则,要么执行国际会计准则。1993 年南非特许会计师协会理事会和负责颁布会计准则的会计准则委员会决定公认会计准则应当以国际会计准则为基础。2011 年根据修订后的公司法组建了财务报告准则理事会,负责就财务报告准则问题向政府的贸易与工业部提供咨询意见。

其他非洲国家的经济相对不够发达,使其会计水平相对不高。不过一般都先后建立了负责会计准则事务的专门部门。在埃及,政府的投资与国际合作部有权发布会计准则,该部以埃及会计准则委员会的会计准则为基础确定埃及的会计准则。赞比亚注册会计师协会是根据会计师条例建立的会计师职业组织,主要任务是规范和提升会计职业界,规范会计实务,提供职业教育。该协会也是赞比亚正式的准则制定机构。在津巴布韦,根据公共会计师和审计师条例组建了公共会计师和审计师协会,该协会是规范和监督会计职业界的法定组织。津巴布韦会计实务委员会是协会下属的技术委员会,是正式的全国性准则制定机构。这些基本反映了非洲大多数国家会计准则制定机构的一般状况。

复 习 思 考 题

1. 从中国现代会计史的发展中说明会计与社会政治经济的关系。

2. 简述中国会计制度与会计准则的现状和发展趋势。

3. 20 世纪 90 年代中国发生的会计改革所产生的变化表现在哪些方面?

4. 目前中国会计实务与国际会计准则是否还存在一定差距?能否在短期内实现会计准则的国际趋同?

5. 简述日本会计环境的特征和日本会计准则制定机构的变迁。

6. 非洲国家的主要会计问题有哪些?

参 考 文 献

1. 郭道扬:《中国会计史稿》,中国财政经济出版社 1982 年版。

2. 项怀诚主编:《新中国会计 50 年》,中国财政经济出版社 1999 年版。

3. 新井清光和白鸟庄之助：日本会计之法律与概念结构，JICPA 提供，1991 年。

4. 中华人民共和国财政部：《企业会计准则》，2006 年。

5. 《会计法规集》，[日]，中央经济社第 13 版。

6. [日]通商产业省："企业组织关联制度等的现状概略"，2000 年。

7. Choi，F. D. S. and Meek，G. K.（2011），*International Accounting*，7th edition，Pearson Prentice Hall，chapter 4.

8. Dyball，M. C. and Valcarcel，L. J.（1999），The "rational" and "traditional"：the regulation of accounting in the Philippines，*Accounting，Auditing & Accountability Journal*，pp. 303 – 327.

9. Etsuo Sawa（1998），Accounting in Japan，in *International Accounting*，edited by Walton，P.，Haller，A. and Raffournier，B.，International Thomson Business Press，pp. 150 – 165.

10. JICPA（2006），*Corporate Disclosure in Japan: Overview*.

11. JICPA（1999），*Corporate Disclosure in Japan: Accounting*.

12. JICPA（2002），*Corporate Disclosure in Japan: Reporting*.

13. JICPA（2005），*Corporate Disclosure in Japan: Auditing*.

14. JICPA（2003），*CPA Profession in Japan*.

15. Radebaugh，L. H.，Gray，S. J. and Black，E. L.（2007），*International Accounting and Multinational Enterprises*，6th edition，China Machine Press，chapters 3 and 4.

16. Sakagami，M.，Yoshimi，H. and Okano，H.（1999），Japanese accounting profession in transition，*Accounting，Auditing & Accountability Journal*，pp. 328 – 357.

17. Susela，S. D.（1999），"Interests" and accounting standard setting in Malaysia，*Accounting，Auditing & Accountability Journal*，pp. 358 – 387.

上 网 查 询

1. 中国注册会计师协会最新动态

   http：//www. cicpa. org. cn

2. 日本注册会计师协会概况

   http：//www. hp. jicpa. or. jp

   日本会计准则委员会概况

   http：//www. asb. or. jp

3. 马来西亚的会计准则概况

http：//www. masb. org. my

4. 印度特许会计师协会概况

http：//www. icai. org. in

5. 新加坡会计准则理事会概况

http：//www. asc. gov. sg/

6. 菲律宾会计委员会概况

https：.//www. prc. gov. ph/accountancy

7. 南非特许会计师协会概况

http：//www. saica. org. za

第五章　会计准则的国际趋同

从前面各章的叙述可以看到，由于各国会计环境的不同，各个国家的会计和财务报告实务存在着或大或小的差异。这使得国际性财务报表的编制、合并、审计、分析和解释说明十分复杂，给财务报表的编制者和使用者都带来了诸多不便，公司财务信息的国际比较有不少障碍，这不利于资本的合理流动和资源的有效配置，最终会对国际投资的扩大和各国经济的发展带来消极影响。为了解决这些问题，世界上有许多不同的组织机构进行了各种努力来协调各国的会计观念和会计准则，以期缩小各国会计和财务报告实务的差异，最终促进各国经济和国际经济的发展和繁荣。

第一节　国际会计准则趋同的必要性

一、协调化、标准化与国际趋同的含义

在国际会计领域内谈到缩小各国会计和财务报告实务的差异时，曾经经常使用协调化和标准化（Harmonization and Standardization）两个概念进行描述。协调化和标准化泛指一定的组织在国际范围内为缩小各国会计和财务报告实务差异、增进财务信息的可比性而采取措施、进行调整和促进统一的过程。关于协调化和标准化的含义，有两种不同的理解：一种观点认为它们是同义词，表达相同的概念；另一种观点认为它们只是近义词，表达的概念不完全相同。

将协调化和标准化视为相同概念的观点认为，协调化和标准化可以互换使用，不同的人有不同的偏好；在欧洲联盟范围内，一般喜欢使用"协调化"一词来表述欧盟国家在会计和财务报告方面制定统一规则、缩小实务差异的妥协、调整和统一的过程；而涉及国际会计准则委员会的活动时，往往使用"标准化"一词来概括制定国际会计准则的目的和缩小会计实务差异的统一化过程。

将协调化和标准化视为不同概念的观点认为，协调化是脱离差异、走出差异的过程，而标准化是消灭差异、走向统一的过程，两者在缩小差异的程度上有明显区别；在缩小差异的过程中，首先通过协调化使各国会计界达到某种共识，明确差异所在、努力避免差异的继续扩大并采取措施减少差异，然后通过标准化制定统一的规则并共同遵守，实现会计

实务的统一性，两者在顺序上有先后之分；在协调化过程中，目的是通过一定的调整使现有各国的会计实务差异得以和谐共存，而在标准化的过程中，目的是通过统一会计程序和会计方法使各国会计实务差异逐渐消失，两者在缩小差异的态度上有宽严之别；协调化的结果是使各种会计实务处于一种"协调"的状态，而标准化的结果则使会计实务达到一种"统一"的状态。

进入 21 世纪以后，国际会计界开始使用"趋同"（Convergence）一词描述各国会计准则向统一会计准则靠拢的过程。所以目前我们用"趋同"的概念来指各国有一定代表性的组织机构在国际范围内，经过协商讨论和共同努力，尤其是通过国际会计准则委员会这样一个平台，确立能为各方普遍接受的最佳会计实务，从而形成国际公认的会计准则，以期缩小差异，使会计和财务报告实务趋于一致的各种活动。

二、会计准则国际趋同的必要性

随着国际贸易、国际投资和跨国公司的发展，要求增进国际性财务信息可比性的压力日益增强。一般认为如果在世界范围内有统一的会计术语和会计程序、有一套世界上大多数国家公认的会计准则、有各公司间可相互比较的财务信息，将会有利于国际经营活动中各方面参与者的经营决策；有利于提高公司的经营效率和经济效益；可以在编制和分析财务报告中有效地利用人力、财力和时间；国际金融市场也会有透明度更高和更准确的财务信息。

在国际资本市场上，资金的提供者要求进行会计的国际协调，以便能根据可比的财务信息做出最佳投资决策或贷款决策。一个公司的财务报表能被潜在的投资者和财务分析专家所理解并公正地反映公司财务状况，那么，这个公司就能比较容易地从资金提供者那里取得资金。在大多数情况下，公司财务报表只有符合了某种统一的、严格的内容与格式要求，才能在国际资本市场上出售股票、发行债券。这种国际资本流动的增长客观上日益要求会计准则能达到国际趋同。

会计准则的国际趋同对各国在国际资本市场上进行筹资活动的企业也将十分有利，可以节约这些企业的筹资费用。因为目前一个企业在不同国家的资本市场上筹资都要根据当地的会计准则编制一套财务报表，在几个国家筹资就要编制几套财务报表，这将使这样的企业增加一大笔开支，使用不同会计准则编制的财务报表也会增加审计费用，而且这样的财务报表会增加投资者的疑虑，导致证券的发行价格大打折扣。所以，从一个公司来说，如果能够按照同一套会计准则在世界各地发行证券，便可极大地降低筹资成本。

跨国公司一般是支持会计准则的国际趋同的，而且跨国公司也将从中受益。如果会计准则达到一定程度的协调统一，跨国公司将会减少调整各国子公司会计制度的难度，会计人员在编制合并报表的过程中将会有更为统一的基础。财务信息可比性的增强也会有助于评价各国子公司的经营成果和经营业绩，有助于进行国际投资分析和作出各种国际经营决策,还会有利于为收买国外子公司而进行的评价和分析。

国际会计公司或国际会计师事务所在进行跨国审计或从事其他国际性会计业务中也十分希望各国会计实务的差异能逐步缩小,以便能提高审计依据的统一性,提高审计质量和其他业务工作水平。

会计准则的国际趋同将会有利于各国税务当局的税收征管工作。在涉及国外所得的税收征管工作中,各国税务当局常因不同国家利润计量中的差异而遇到麻烦,如果各国利润计量实务能够比较一致,也许会更有利于它们的工作。然而,应该承认的是,各国税务当局在许多情况下是差异的制造者,各国税法中对会计处理的不同规定使各国会计实务出现了许多差异。

促进国际趋同,建立国际会计准则,有利于发展中国家建立自己的会计准则,有助于促进这些国家的经济发展。发展中国家的会计一般比较落后,短期内不可能形成自己的比较完善的会计惯例和会计准则,经过协调建立起来的国际会计准则可以作为发展中国家建立本国会计准则的基础。这些国家可以根据本国的情况,为使国际会计准则适应本国的需要而作相应的修改。这样,就可以加快这些国家会计事业的发展,以适应经济发展的需求。

许多国家的政府认为会计准则的国际趋同和信息披露的规范化将有助于消除跨国公司和东道国国内公司之间的不平等竞争,增加跨国公司信息披露的透明度,改进东道国政府与跨国公司进行讨价还价的地位以及对跨国公司进行管理的能力与水平。

三、会计准则趋同中的主要障碍

会计准则趋同中的主要障碍是各国间会计环境的不同而造成的会计实务存在着很大的差异。各国的会计准则和财务报告规则首先是要满足本国的需求。如前所述,会计是环境的产物,政治、法律、经济、文化等环境因素塑造了各国不同的会计实务状况。这些影响各国会计实务的各种因素不可能相同,因此会计准则的国际趋同就不可能没有障碍。

在会计准则的国际趋同中,种种不同的观念阻碍着趋同的发展。有些国家总是要"以我为中心",总是认为本国的会计是最好的。英国喜欢按照自己的会计模式去设计全球性会计制度;美国则要把美国的模式传播到其他国家中去;法国、德国等国家则认为其他国家应效仿它们的会计模式。许多国家都认为它们的制度是最完善的,而不愿意采纳其他的会计制度。有的国家比较强调国家主权和民族独立,不愿意引进国外的会计理论和方法。这些观念都极大地阻碍着会计准则和财务信息披露方面的国际趋同。

会计职业界在各国间发展不平衡也影响了国际趋同。以各国职业会计团体为基础组建的世界性组织需要各成员团体实施经过协调而制定出的会计准则,但有的国家的会计团体并不能够决定本国执行什么样的会计准则,也不能控制本国会计实务的发展,所以由民间会计团体进行的国际协调在短期内很难取得应有的效果。再者,并不是所有的国家都有会计职业团体参加国际性会计职业组织,因此,目前的国际性准则制定机构(如国际会计准则委员会)的影响是有限的,并没有影响到世界上的每一个国家。

国际经济的发展是不平衡的,有的国家在国际贸易、国际投资和国际经营活动方面都涉足不多,对于这样的国家来说感觉不到会计趋同的必要性,因此不会参与和支持会计准则的国际趋同活动。

不过,我们也很难想象在短期内会出现一个为所有的国家的所有公司都能接受的世界统一的会计制度。所以,趋同的主要目标是加强交流、缩小差异。趋同的发展过程也许会是首先在某个地区或某种政治经济集团内取得一定进展,达到一定程度的统一,然后再是国际性的某种程度的统一。

第二节　政府间组织的协调活动

一、联合国的会计论坛

联合国在国际会计协调方面的主要活动是进行讨论和交流,以增进各国间的相互理解。国际性会计和财务报告问题提到联合国的讲台上进行讨论引起了各国政府对这一问题的高度重视,同时也反映了这一问题在国际性事务中的重要地位。联合国的努力对会计的国际趋同产生了积极的促进作用,对各国会计实务产生了一定的间接影响。

1973 年,联合国秘书长在对联合国经济和社会理事会的一项决议作出的答复中,指定了一个小组去研究跨国公司经营活动对国际关系的影响。该小组 1974 年提交了一份报告指出,有关跨国公司的活动严重地缺乏有效的财务和非财务两方面的信息,公司报告的可比性也极为有限。报告建议,在跨国公司委员会(经社理事会下属的一个政府间组织)的赞助下召开专家小组会议,考虑制定标准化的会计和报告国际准则问题,协调跨国公司的会计和报告实务,以增进财务信息的国际比较。跨国公司委员会和经社理事会都赞同这项建议。于是,联合国秘书长在 1976 年年初任命成立了会计和报告国际准则专家小组,由 14 名来自不同地区的具有各种背景的成员组成。

专家小组的研究表明跨国公司提供的信息主要问题不是缺乏国际的可比性,而是信息本身提供的严重不足,既缺乏财务信息,也缺乏非财务信息。于是专家小组致力于研究确定跨国公司应披露的最低的财务信息和非财务信息。1977 年,专家小组向秘书长提交了一份包括四部分内容的题为"跨国公司会计与报告的国际准则"的报告。随后,这份报告连同秘书长的建议一并提交给了 1978 年 5 月举行的跨国公司委员会第四次会议。但由于专家小组的成员并不是各个国家的政府代表,报告最终未被采纳。

1979 年 5 月经社理事会根据跨国公司委员会的建议,通过 44 号决议批准成立了国际会计与报告准则特设政府间专家工作组,其成员按各地区分配,来自 34 个国家,每一当选国家任命一名在会计和报告方面有经验的专家担任,其中 22 个国家是来自亚、非、拉的发展中国家。

特设工作组的目的是审定会计和报告准则,以保证有关方面易于取得所需的跨国公司经营活动的财务的和非财务的资料,并使其更富有可比性。跨国公司委员会建议其工作集中在与联合国同时在讨论和研究的有关跨国公司行为准则相联系的会计和报告准则上。从 1980 年 2 月至 1982 年 4 月特设工作组共举行了六次会议,中国政府曾派代表参加了其中的两次会议。特设工作组按规定举行了六次会议以后于 1982 年提出了一份报告,对历次讨论进行了总结。这份报告中最重要的部分列举了会计报告一般至少应包括的内容,称为"通用性报告的最低限度项目"。报告共有 307 段文字,在记述了历次讨论中协商一致的见解以及各国代表的不同意见后,又明确说明由于各方面分歧意见很大,特设工作组未能完成其原定的任务。

下一步怎么办,主要有两种不同的意见:美国、日本等少数发达国家抱消极的态度,认为联合国关于国际会计准则的讨论,原则上应当就此结束,未能协调的会计准则问题,可以结合正在制定的跨国公司"行为准则"一并研究;而以 77 国集团为代表的大多数国家,为了监督跨国公司的经营活动,认为有必要在联合国范围内协调会计准则,要求成立正式的工作组,以继续上述特设工作组未了的工作。联合国经社理事会采纳了多数国家的意见,于 1982 年以 67 号决议建立了联合国"国际会计和报告准则政府间专家工作组"。工作组隶属于跨国公司委员会,其工作由原跨国公司和管理司负责①。专家工作组的宗旨是促进会计准则的国际协调,以便为企业会计报表的使用者提供可比和透明的会计资料。

联合国国际会计和报告准则政府间专家工作组每年召开一次会议,就当前世界经济发展中的会计热点问题进行讨论。从 1983—2011 年已召开过 28 届会议,中国每次均派代表参加会议,从未间断。各次会议的具体情况如图表 5-1 所示:

(图表 5-1)

国际会计和报告准则政府间专家工作组历次会议概况

届数	召开时间	会　议　内　容
1	1983 年 2 月	工作组的任务和工作方案,几个具体的会计和报告方面的问题。
2	1984 年 3 月	四个专题:资本项目的变动、转移价格的制定、政府补贴及增值额问题。
3	1985 年 3 月	若干专业问题,包括立法支持会计准则,关于审慎原则问题,准备金的核算,外币折算,研究和开发费用的核算,会计人员的教育与培训等。

①　由于联合国机构改革,跨国公司和管理司从设在纽约的跨国公司委员会转到设在日内瓦的贸发会议,并更名为"跨国公司和投资司",现又更名为"投资、技术和金融委员会"。

(续表)

届数	召开时间	会　议　内　容
4	1986 年 3 月	投资的核算,关联方交易所应公布的资料,技术转让收入与费用的核算,固定资产的核算,折旧会计,审计师与非财务性资料的责任联系等。
5	1987 年 3 月	跨国公司应否公布和怎样公布会计资料的问题,企业合并的会计和报告、收入的确认、营业外损益的核算、存货估价等。
6	1988 年 3 月	在跨国公司会计和报告方面的重要发展、会计和报告的基本目标与基本概念、合并财务报表的程序、分部信息等。
7	1989 年 3 月	在跨国公司会计和报告方面的重要发展、财务报表的基本目标与基本概念,此外还讨论了通货膨胀、物价变动以及资产负债的市价和历史价值的会计核算,退休金费用的核算,董事会年度报告等。
8	1990 年 3 月	在跨国公司会计和报告方面的重要发展、此外讨论了关于环境措施资料的公布,退休金费用的核算,合营企业会计,无形资产的核算。
9	1991 年 3 月	在跨国公司会计和报告方面的重要发展、合营企业投资人的会计核算、环境保护会计、国有企业私有化期间及以后的会计核算、会计职业组织及审计师的作用和资格。
10	1992 年 3 月	在跨国公司会计和报告方面的重要发展、当前全球一级的环保问题、私有化期间产生的会计问题、1993 年关于发展中国家和处于过渡时期国家的会计教育和培训问题的准备工作。
11	1993 年 3 月	主题是会计教育和培训问题,主要包括对非洲、亚洲、欧洲、拉丁美洲和北美洲培训会计师的课程以及考试大纲进行比较和研究;审议若干培训方案及培训状况等。
12	1994 年 3 月	主题是:① 审查当前跨国公司会计和报告在全球一级的重要发展;② 审查会计和报告在国家一级的重要发展;③ 新金融工具;④ 租赁会计;⑤ 政府补助会计;⑥ 环境资料的披露。
13	1995 年 3 月	主要议题是环境会计,讨论了会议秘书处提供的文件,包括各国环境会计法律法规情况的调查、有利和有碍于跨国公司采取可持续发展战略的因素、跨国公司环境绩效指标以及年度报告中对环境事项的披露。
14	1996 年 7 月	正式议题:商业银行的会计和报告方法;政府特许会计。非正式议题包括各国会计准则不一致的国别调查、转移定价方法、全球会计发展动态以及全球会计师资格标准和证书颁发制度。
15	1998 年 2 月	环境会计和报告问题;专家工作组当前的工作。
16	1999 年 2 月	职业会计师资格的国际标准;亚洲金融危机会计审计背景研究报告。

（续表）

届数	召开时间	会 议 内 容
17	2000 年 7 月	中小企业会计问题；财务与环境业绩指标的融合；公司治理圆桌会议。
18	2001 年 9 月	中小企业会计问题；公司治理的现状报告。
19	2002 年 9 月	公司治理中的透明度和披露要求；中小企业会计问题。
20	2003 年 9 月	公司治理中的透明和披露：研讨实际案例。
21	2004 年 10 月	公司责任报告；公司治理披露；修订后的专家工作组范例教程。
22	2005 年 11 月	国际财务报告准则的实际应用；公司责任报告；公司治理披露。
23	2006 年 10 月	国际财务报告准则的应用（案例研究）；公司责任报告；公司治理披露。
24	2007 年 11 月	国际财务报告准则的应用（案例研究）；公司责任报告；公司治理披露。
25	2008 年 11 月	中小企业会计问题；金融稳定性和会计与报告的国际准则等。
26	2009 年 10 月	中小企业会计和财务报告需求；会计和报告中的能力建设等。
27	2010 年 10 月	高质量公司报告的能力建设框架；与气候变化有关的公司报告等。
28	2011 年 10 月	高质量公司报告的能力建设框架；整合报告与气候变化有关的披露等。
29	2012 年 10 月	高质量公司报告的规范基础和制度基础。
30	2013 年 11 月	国际公司报告准则的发展及其对人类能力建设的影响。
31	2014 年 10 月	公司与审计事务所合规运行及恰当履行承诺的监督机制。
32	2015 年 11 月	高质量报告的关键基础；提升公司报告在实现可持续发展目标中的作用。
33	2016 年 10 月	高质量报告的关键基础；将实现可持续发展目标情况并入责任报告。
34	2017 年 11 月	在实现 2030 年可持续发展目标中公司报告能够做出怎样的贡献。
35	2018 年 10 月	企业财务与非财务报告的主要发展，包括可持续发展报告情况。
36	2019 年 10 月	实现可持续发展目标的报告实务；会计和报告国际准则的最新发展。
37	2020 年 11 月	实现可持续发展目标的报告实务；与气候相关的财务披露。

　　联合国在协调国际会计实务和准则方面已做出了不少努力。不过，国际会计和报告准则政府间专家工作组的会议只是一个国际性的会计论坛，各国代表在会上就共同关心的会计问题展开讨论，进行交流，其作用是有助于各国会计界的相互沟通与了解，有利于各国会计准则的协调。但是会议所形成的决议对各国并不具有法律效力，所以其作用是有限的，只对各国制定本国的会计准则起到一个指导和参考作用。虽然联合国的努力对国际会计准则的发展并未显示出直接的影响，但它却发挥着一种有效的监督作用和发展国际会计准则的促进作用。

二、欧洲联盟的区域性协调

（一）从欧共体到欧盟

以西欧国家为主，从欧共体到欧盟，一个超国家的政治、经济联盟已经在欧洲形成。1993 年 11 月 1 日随着《马斯特里赫特条约》(简称《马约》，即欧盟条约)的生效，原欧洲共同体(European Communities，EC)改成为现在的欧洲联盟(European Union，EU)。原欧洲共同体是欧洲经济共同体、欧洲煤钢共同体和欧洲原子能共同体的总称。法国、原西德、意大利、荷兰、比利时和卢森堡于 1952 年建立欧洲煤钢共同体，1958 年又建立欧洲经济共同体和欧洲原子能共同体。1965 年六个成员国为统一上述三个组织的部长理事会和委员会而签订了条约，1967 年条约开始实施，形成欧洲共同体，1973 年英国、爱尔兰和丹麦加入，1981 年希腊加入，1986 年西班牙、葡萄牙加入。《马约》生效之后，1995 年奥地利、芬兰和瑞典加入，使欧盟成员国达到 15 个。2004 年 5 月 1 日欧盟实现东扩，波兰、匈牙利、斯洛伐克、立陶宛、拉脱维亚、爱沙尼亚、捷克、斯洛文尼亚、塞浦路斯和马耳他 10 国成为欧盟正式成员国，2007 年保加利亚和罗马尼亚加入欧盟，2013 年克罗地亚加入欧盟，使欧盟成员国扩大到 28 个。2020 年英国脱离欧盟，使欧盟成员国减少到 27 个。

1957 年签订的组建欧洲经济共同体的罗马条约的主要目标是在共同体范围内实现人员、商品和劳务以及资本的自由流动。为此要采取消除关税、建立协调经济政策的程序等措施。1970 年欧共体的"共同工业政策"要求创建统一的经营环境，包括协调成员国的公司法和税法，创建共同的资本市场。这些目标和要求的提出是为了增进欧共体国家各公司间的公平竞争，促进各国经济的发展。为此需要在欧共体范围内实现各公司可靠财务信息的统一性和可比性。公平竞争需要在相同的公司法和税法的条件下进行。

1991 年 12 月欧洲共同体首脑第 46 届会议在荷兰的马斯特里赫特举行，会议通过了《马斯特里赫特条约》，要求分阶段实现经济货币联盟和政治联盟，统一欧洲经济、外交、安全、司法和国内事务等各项政策，最终目标是建立一个超国家的管理机构，使各成员国共同组成一个庞大的政治经济实体。欧盟有五大管理机构：① 欧盟理事会，由各成员国的部长组成，它和欧洲议会共同分担立法和财政责任，协调成员国的经济政策，代表欧盟处理国际事务；② 欧盟委员会，它是最高执行机构，对欧盟的各项政策具有执行的权力；③ 欧洲议会，由欧盟诸国直接选举产生，具有立法权、财政权和监督权；④ 欧洲法院，为最高仲裁机构，确保欧盟的各项法律得到正确的解释和贯彻执行；⑤ 欧洲审计院，负责对欧盟的预算及其执行情况进行审计。

欧盟各国从 20 世纪 60 年代以来就一直在为建立经济和货币联盟而努力，试图通过建立货币联盟带来货币的稳定，从而促进欧洲联盟的进一步发展壮大。《马约》的签订为欧洲统一货币进程确定了具体的时间表，1999 年 1 月 1 日正式实行货币联盟，使用单一货币：欧元，固定欧元同各成员国货币之间不可更改的兑换率，欧洲中央银行承担制定货币及其兑换率政策的责任。1998年5月,欧盟理事会决定经济达到加入欧元标准的11个国家(比利时、德国、西班牙、法国、爱尔兰、意大利、卢森堡、荷兰、奥地利、葡萄牙和芬兰)于1999年1月1日采用欧元,计划经过三个阶段至2002年6月30日完成整个货币转换任务。欧元纸币和硬币在2002年1月1日零时正式启用,经过两个月的"双币流通期",至3月1日零时,所有欧元国的旧币不再具有交换价值,正式退出流通领域。从此欧元成为3亿多民众的共同货币,并成为第二大国际货币,对美元的霸主地位构成挑战。欧元的成功引入无疑会给欧盟的会计带来影响,欧盟国家之间货币计量尺度得到了统一,因此,在这些国家之间由于货币计量尺度不同而产生的会计问题将随之消失。

(二) 欧盟的会计准则趋同

1. 趋同的途径

原欧共体通过两个途径来实现其会计规则趋同的目标:一是制定"指令"(Directives),这些指令必须并入成员国的法律,使其成为成员国的法律后予以贯彻执行;二是制定"条例"(Regulations),这些条例可以不经过成员国立法程序的通过就可以成为欧共体范围内的法律。欧盟继承了欧共体的指令和条例。

制定指令的程序一般是:首先,欧盟委员会确定一个项目并指定一名专家起草一份报告。如第4号指令就是以1967年的埃尔门多夫报告(Elmendorff Report)为基础的。接着,起草一份讨论文件,交由一个研究组进行评价。如对第4号指令讨论文件进行评价的会计师研究组是原欧洲经济共同体委员会从各成员国召集的会计师组成的一个非正式组织。最后,起草的指令草案交由欧洲议会等机构加以审查。修改后的建议指令呈交部长理事会的一个工作组。然后由部长理事会投票决定是否采纳一项指令或条例。一项指令被批准通过后,各成员国就要在规定的期限内将指令并入本国的法律。

欧盟指令在各成员国的实施并不是整齐划一的,各成员国接受指令的程度依赖于本国立法机构通过的有关法律采纳指令要求的程度。在第4号指令中有大量的这种表述:"成员国可以要求或允许各公司……"这种灵活性使欧盟各国的会计和报告实务仍有相当大的差异。

欧盟指令适用的范围包括所有成员国的股份公开公司和非股份公开公司。第4号指令的规定包括计价规则、财务报表的格式和披露要求。第4号指令的草稿第1稿发布于英国、爱尔兰和丹麦加入欧共体之前的1971年,深受德国公司法的影响,因此计价规则比较保守、报表格式规定得非常详细、报表附注披露的内容较少。

英国和爱尔兰加入欧共体之后对第4号指令的修改产生了影响,引入了"真实与公允反映"的概念①,同时增加了财务报表编报的灵活性。在最后批准的第4号指令中,"真实

---

① 这一概念的引入过程曾引起过许多争论,参见吴俊洁等:"'真实与公允'观念在欧洲协调的障碍及启示",《会计研究》1995年第6期。

与公允反映"的要求成为财务报表编报中的主导原则。此外,还增加了报表附注的要求、增加了披露税务影响的要求、增加了允许公司披露通货膨胀会计信息的更为详细的要求。

第4号指令的目的并不是要实现统一,而是要对现存的法律规定进行协调。因此,在欧盟范围内无论是资产计价、报表格式,还是披露要求都未因实施第4号指令而达到标准化,实施第4号指令只是在欧盟国家范围内在趋同的方向上迈进了一步。第4号指令中的许多规定和要求是妥协的结果。比如,关于披露通货膨胀会计信息的要求,荷兰是积极的支持者,而德国则极力反对。结果是在指令中虽然要求要披露历史成本和调整物价变动影响的数额之间的差异,但是并没有调整内容、调整方法方面的详细规定,也没有关于调整后信息是作为主要报表还是作为辅助报表或作为附注披露的规定。

2. 与会计、审计有关的指令

(1) 第4号指令。欧共体指令第4号适用于除银行和其他金融机构或保险公司以外的所有股份有限公司和有限责任公司,其主要内容是:

前言　说明指令的适用范围和目的

第一节　总则

规定公司年度报告包括的报表种类和附注的内容,要求公司报告应按"真实与公允反映"的概念编制。

第二节　关于资产负债表和损益表的一般规定

规定资产负债表和损益表的项目排列顺序及可供采用的报表格式。允许根据需要在报表中增加新项目和明细项目。

第三节　资产负债表项目的排列

资产负债表项目排列有水平式和垂直式两种结构形式,成员国可规定选用一种,或规定由公司自行选用一种。

第四节　关于某些资产负债表项目的特别规定

关于划分固定资产和流动资产的规定;固定资产发生变动时的会计处理规定;股利分配列报方面的规定;以及应付、应计和递延项目方面的规定。

第五节　损益表项目的排列

损益表项目排列有水平式和垂直式共四种结构形式,成员国可规定选用一种,或规定由公司自行选用一种。

第六节　关于某些损益表项目的特别规定

规定了营业净利的计算和营业外收支的列报。

第七节　估价规则

规定成员国应保证公司年报符合持续经营、一致性、谨慎和权责发生制等假设和原则。年报各项目应按历史成本列报,但也允许采用重置成本或市价,如果采用则需加以说明。

第八节　报表附注的内容

报表附注的基本内容包括：所采用的会计政策和计价方法、投资者的出资情况、发行股票的种类和面值、分部财务信息、年度平均雇佣人数等。

第九节　年度报告的内容

年度报告应包括对公司经营情况及发展前景的说明，说明年度内发生的重大事件、公司在研究和开发方面的活动以及未来的发展计划等。

第十节　年度报告的公布

公司应按法定的形式公布正式批准的年度财务报告及其相应的审计报告。

第十一节　审计

规定公司审计师的资格条件和公司年度报表必须经过审计。

第十二节　结束条款

(2) 第 7 号指令。第 7 号指令是关于编制合并财务报表方面的规定，主要内容如下：

① 关于编报合并报表的条件。

正常情况下，编报合并报表的条件是：企业之间存在"母子"关系；母公司或至少有一个子公司是股份有限公司(不论股票是否公开上市)或者是股份有限合伙企业。母子公司关系存在的条件有 6 条，详细内容可参见本书第八章。

在某一成员国注册的母公司本身又是在另一成员国注册的母公司的子公司，如果该被另一国母公司全部拥有所有权或至少拥有 90％的所有权并且征得其他股东的同意，符合一定的条件，即可免予执行编报合并报表的规定。

② 关于合并报表的编制。

合并报表包括合并资产负债表和合并损益表及其报表附注。合并报表必须对集团的财务状况和经营成果给予真实与公允的反映；执行指令的规定不足以给予真实与公允的反映时，则必须提供另外的信息予以补充。合并报表应执行第 4 号指令中规定的资产负债表和损益表的格式与内容以及估价规则。被合并企业的资产、负债、收益和费用必须予以全部合并，所用会计政策正常情况下必须是母公司的会计政策。

仅仅为纳税的目的而进行的价值调整在编制合并报表时应予以抵销。集团内企业间经济业务、母公司在子公司中的投资、子公司的资本和储备以及子公司之间的相互投资等均应予以抵销。当子公司不被完全拥有时，必须计算少数股权并在表上以单独的项目予以列示。

关于企业联合，指令详述了购买法下取得成本的计算，同时也允许成员国规定使用股权集中法，并需在注释中予以揭示。取得企业中产生的商誉正常情况下必须按第 4 号指令中的规定进行处理。

如果集团能对联营企业的经营政策和财务政策施加重大影响，那么在联营企业中的投资应按权益法进行处理。当集团掌握该企业 20％以上的表决权时就被认为存在这种影响。对于联营企业,允许成员国规定本国集团使用比例合并法处理在这种企业中的投资。当一个子公司经营活动的性质与其母公司经营活动的性质不同而被排除在合并报表之外时,被排除的子公司必须作为一个联营企业进行反映。

年度报表应在与母公司的年终相同日期编制,但是成员国可以规定在大多数集团企业的年终或集团中最大企业的年终编制报表,需要注释中给予全面披露。

除了已提到的项目外,下列各项必须在注释中予以披露:合并报表中所用的估价方法和所列的计算方法;以外币表示的原始金额的折算基础;企业的名称和注册的处所,对子公司的持股比例,不合并某些子公司的原因,合营企业中构成共同管理基础的因素;五年以上到期的债务,被担保债务的总额及其担保品的详细情况;合并资产负债表中未包括的财务承诺付款总额;按经营活动和地理分布计算的合并营业收入净额;按类别分析计算的年度雇员平均人数,如果合并损益表中未单独列示则还应包括年度人工成本;为获得纳税减免而进行估价造成报告利润被歪曲的金额及其详细情况;本期和以前财务年度的应付税金与计入合并损益表的税金之间重大差异的金额;管理人员的报酬和以前的管理人员的养老金承付款;集团中任何成员向管理人员提供预付款或贷款的金额以及利率、条件、年度中贷款或预付款的变动情况和未来任何承付款的详细情况。

③ 关于合并报表的审计和公布。

合并报表必须由公司注册的成员国批准的专门人员予以审计。根据公司注册成员国的法律必须公布已经批准的合并报表和审计报告。但是,成员国也可以规定不公布年度报告,而是保存在母公司的注册地以便检查或根据要求进行复制。

其他有关合并报表规定的概括性介绍可参见本书第八章。

(3) 其他与会计审计有关的指令和规则。

第 1 号指令已涉及会计问题,要求各公司披露认购和核定的资本总额并提供资产负债表和损益表。第 2 号指令提出了应用于审计的规则。第 5 号指令一直未被正式采纳,其草案涉及公开发行证券的公司的组织与管理问题,其中包括公司报表的年度审计、审计人员的选定、报酬和独立性等方面的规定。第 8 号指令是关于欧盟成员国范围内审计人员的资格条件和工作要求的,包括审计人员应达到的最低教育水平的要求标准,其目的是鼓励欧盟成员国的职业审计人员的自由流动。

在欧盟范围内与会计协调同时进行的还有股票交易所规则的协调和证券法的协调。为了在欧盟范围内形成活跃的和发达的股票交易所,促进欧洲资本市场的发展,需要保证现在和潜在的投资者得到充分的相关信息。为此欧共体还颁布了一些未编号的指令,如1979 年关于上市挂牌最低条件的指令、1980 年关于股份进入股票交易所正式挂牌的信息披露的指令、1982 年关于上市公司公布中期报告的指令、1989 年关于处理内部交易的指令以及 1990 年关于接管招标问题的指令草案等。

3. 趋同的新进展

为顺利有序地在公司会计中引入欧元,欧盟委员会在成员国和会计职业团体的协助下制定颁发了一项指南:"引入欧元后的会计问题",为欧盟各国的准则制定机构和财务报告编制者提供指导,不过,该指南指出,引入欧元并不需要增加欧盟的会计立法或修改现有的会计指令。

指南提出,引入欧元之后可以有两种编报和使用财务报表的方式:一是总结和解释运用欧元后引起的法律方面的问题,这些问题对编报财务报表是极其重要的;二是概述由于引入欧元而产生的会计问题及其解决办法。引入欧元对未加入欧元区的成员国的影响是有限的,但是这些国家的公司会遇到以欧元标价的经济业务,在欧元区国家的子公司会使用欧元,因而欧元的引入对这些国家的公司会有一些间接的影响。

欧洲联盟在会计准则的趋同方面已经作了许多努力,并已取得了一定的成效。第4号指令的颁布实施是趋同过程的开端,在提高欧盟国家财务信息披露水平和增进财务信息的透明度方面发挥了一定的作用。但是也应该看到,各项指令中的大部分条款重形式而轻内容;许多规定是要求各成员国"允许"它们的公司遵守指令而不是"命令"这些公司去遵守;在计量和估价原则方面给予了过多的自由选择的灵活性;在外币折算、租赁和现金流量表方面缺乏应有的全面规定。欧盟指令没有取得人们想象的那种效果的一个基本原因是在欧洲联盟的范围内存在着两种对立的会计思想。第一种是法德的会计思想,注重法律和严格详细的规定;第二种是英荷会计思想,强调真实与公允的反映。两种会计思想的协调不是一朝一夕的事情。从另一方面来看,欧洲联盟各国各有各的具体国情,各国的会计准则、会计实务、审计标准和准则等方面都有一定的差别,会计的协调不可能一蹴而就。

2000 年 6 月欧盟委员会发布了一份名为《欧盟财务报告战略:未来发展》的建议书,并将其呈送给欧洲议会和欧盟部长理事会,建议在欧盟范围内消除证券交易中的障碍,其中之一就是要建立一套会计准则,以增强公司财务报告的透明度和可比性,创造一个统一的金融市场;建议要求欧盟的 7 000 多家上市公司(包括银行和保险公司)2000 年年底以前都应按国际会计准则编制合并财务报表,2005 年以后这项要求应成为强制性的,成员国也可以将该项要求扩大到非上市公司。同时提议欧盟建立认可国际财务报告准则的双层机制。2001 年 6 月,作为采纳国际会计准则双层认可机制的组成部分欧盟成立了欧洲财务报告咨询组。欧盟委员会的建议旨在为投资者和其他利益相关者进行决策提供相关和可靠的信息。欧洲的投资者在决定将有限的财务资源投向哪家公司之前应该有高质量的财务信息作为分析和决策的依据。另外,欧洲的公司在全球的资本市场上争取资源的过程中应和其他国家的公司具有同等的竞争力。

欧盟委员会认为高质量的会计准则本身并不能保证高度透明的财务报告,还必须有严格的实施和惩罚机制,为此,高质量的法定审计是必不可少的,同时欧洲各国证券管理机构也需加强合作,共同促进欧盟范围内高水平财务报告的编报。欧盟委员会的建议还包括更新现有的指令,为欧洲证券发行者引入单一的进入市场通道,也促进其他国家的投资者进入欧盟市场。

欧盟委员会还提议,在欧盟会计规则中引入“公允价值”会计方法。因此应修改欧盟的会计指令,使欧洲公司编制国际资本市场能够接受的报告而较易在全球范围内筹集资金。这样成员国应允许其公司对金融资产和负债采用公允价值计量,当然可以限定某些公司,如上市公司。

2002 年 3 月 12 日,欧洲议会以 492 票赞成、5 票反对、29 票弃权通过了欧盟委员会的采纳国际会计准则的议案,要求欧盟的上市公司(包括银行和保险公司)最迟于 2005 年 1 月 1 日开始根据国际会计准则编制合并财务报表。

4. 欧盟决定采纳国际会计准则

(1) 欧盟采纳国际会计准则的主要步骤。

2000 年 6 月,欧盟委员会建议从 2005 年开始采用国际财务报告准则编制合并财务报表,并同时提议欧盟建立认可国际财务报告准则的双层机制。由此拉开了欧盟全面接受国际会计准则的序幕。按照双层认可机制,欧盟认可国际会计准则的机制分为两个层次:第一层次为技术层次,由欧洲财务报告咨询组负责,其主要职能包括:① 为维护欧盟的利益,通过技术专家小组的方式积极参与国际会计准则的制定过程,确保国际会计准则委员会在制定准则时充分了解和关注欧盟所提出的重大会计问题;② 对国际会计准则委员会发布的准则及其解释进行专业评估,就是否对其予以认可和采纳向第二层次提出建议。第二层次为立法层次,由欧盟委员会及其各成员国代表组成“会计监管委员会”(ARC),负责审批欧洲财务报告咨询组提交的采纳国际会计准则的建议及具体时间表。

2002 年 5 月,作为对前述议案的补充,欧盟委员会又提出了一项草案,全面修改欧盟的会计指令,以有助于促进欧盟建立统一的金融市场。这项提议旨在消除欧盟会计指令与国际会计准则之间的差异。该规章草案于 2002 年 6 月 7 日由欧盟部长理事会正式批准,当年 9 月 11 日开始生效。根据这一规章,欧盟建立了“会计监管委员会”,并于 2002 年 12 月 31 日之前决定是否认可现存的国际会计准则。

2003 年 1 月,欧洲议会批准了经过修订的欧盟会计指令(第 4 号和第 7 号公司法指令),当年 5 月部长理事会又通过了修订的会计指令,将它们以法律的形式确定下来。修订后的指令补充了于 2002 年通过的国际会计准则规章,它要求所有欧盟上市公司自 2005 年起使用国际会计准则以及允许成员国扩展此种要求到所有公司。以下是具体的变动:旧指令和国际财务报告准则矛盾之处都已经被取消;限制了公司出于特殊目的在资产负债表上隐藏负债的手段;要求公司必须在年报中披露风险和不确定性因素;审计报告在欧盟范围内要变得更加一致。

2003年7月16日,除了"IAS32—金融工具:披露和列报""IAS39—金融工具:确认和计量"及其相关的解释第5号、第16号和第17号以外,会计监管委员会通过投票的方式一致认可了其余所有的国际会计准则(但不包括IFRS1)及其解释公告(SICs),并建议欧盟委员会对其加以认可。2003年9月,欧盟委员会通过了一项法规,正式表示认可并采纳。

法国一家咨询公司Ineum Consulting应欧盟的要求,对欧盟公司采纳国际会计准则的效果进行了评估,于2008年向欧盟提交了评估报告。该咨询公司选取了2006年270份财务报告进行分析,同时进行了大量的走访调研,分析调研的结果表明,欧盟公司采纳国际会计准则的比率由2005年的87%提高到了2006年的99%。

(2)欧盟采纳国际会计准则的原因分析。

第一,顺应全球会计准则趋同的新形势。在国际资本市场上,国际会计准则成为国际公认的编报财务报表的标准,国际会计准则委员会成为被认可的全球会计准则制定者。在这样的背景下,欧盟决定从2005年开始采纳国际会计准则顺应了国际社会越来越认可国际会计准则这一潮流和趋势。

第二,实现欧洲内部资本市场一体化。欧盟通过多项调查研究显示,欧盟指令与国际财务报告准则之间的差距并不大;国际财务报告准则是原则导向的会计准则,较易与欧盟各国的会计传统相协调;如果欧盟证券市场要求采用国际会计准则来编制财务报告,则在国际上欧盟的资本市场将更具有吸引力,更容易被接受和认同;长期以来,欧盟一直积极参与国际会计准则的制定及其他各项活动,所以国际会计准则实际上在很大程度上已充分考虑了欧盟的要求和利益。

一体化的泛欧金融和资本市场将对欧盟产生巨大的经济利益,并为欧盟的投资者提供更多的投资选择。投资的增加也意味着创造更多的就业机会和实现国内生产总值的增长。一个更加宽广的、开放的、流动的资本市场对于发展欧洲的商业贸易和培育有活力的企业将是十分有利的,这将为欧盟创造出一个公平、清晰的资本市场。

第三,提高欧盟公司信息披露质量和透明度。国际会计准则的应用对欧盟金融市场和资本市场的统一意义重大。它将大大增加公司的透明度。许多企业发现国际会计准则的应用对于投资者之间的关系也有非常大的影响。透明度的增加将使企业向市场披露更多的信息,所以企业也必须重新考虑衡量业绩及将其向市场投资者传递信息的方法。

企业管理者考虑到国际会计准则可能对企业商业模式的影响,既是一种挑战,也是一种机遇。管理者要保证商业策略和市场预测的一致性,他们有机会对自己的内部报告作出重新检查和设置,以确保财务报告符合新的会计制度模式,在此基础上建立执行新会计准则的机制与架构,使公司以新的形象面对投资者。

三、经济合作与发展组织的协调活动

主要资本主义国家的政府于 1961 年成立了经济合作与发展组织。1976 年 6 月,经济合作与发展组织发布了"关于国际投资和跨国公司的宣言",这一宣言的附件"跨国公司指南"中有"信息披露"一节,其中包括财务信息披露方面的要求,这些要求虽然是非强制性的,但对大型跨国公司有一定的影响。所以,经济合作与发展组织也进行了一些会计准则方面的协调活动。

经济合作与发展组织于 1979 年对"指南"进行了修订,但信息披露方面的建议基本未动。2011 年又进行了第五次修订,修订后的指南涉及的内容包括概念和原则、一般政策、披露、人权、就业和行业关系、环境、反贿赂、消费者权益、科技、竞争和税务。成员国政府同意向跨国公司推荐这些指南,这对跨国公司虽有一定的影响,但在实务中只有很少的跨国公司真正重视这些指南。跨国公司指南中有关信息披露部分的主要内容,如图表5-2 所示:

（图表 5-2）

经济合作与发展组织跨国公司指南：披露

各企业应保证公布有关本企业经营活动、组织结构、财务状况、经营成果、股东权益和公司治理等所有重大方面及时和准确的信息。这些信息既应有就企业作为一个整体、也应有各地域分部或行业分部的信息。企业信息的披露应充分考虑它们所处经济环境中的性质和相对规模、适当考虑商业秘密方面的要求、考虑成本耗费和竞争状况。各企业应在披露、会计和审计中运用高质量的准则。企业应披露的基本信息应包括:

① 公司的财务和经营成果;② 公司的目标;③ 主要的股份所有权和投票权;④ 董事会成员和主要管理人员的薪酬政策;⑤ 关联方交易;⑥ 可预见的风险因素;⑦ 与雇员和其他利益相关者有关的重大事项;⑧ 公司治理结构和政策。

1999 年 6 月,经合发展组织与美国国际开发协会(USAID)一起协助组建了一个地区性的会计团体:欧亚会计师审计师联合会,其成员包括亚美尼亚会计师审计师协会、阿塞拜疆审计师协会、白俄罗斯会计师审计师协会、格鲁吉亚会计师审计师协会、哈萨克审计师协会、俄罗斯会计师审计师协会和俄罗斯职业会计师协会。欧亚联合会的主要目标是发展和加强各成员协会所代表的会计审计职业界,发展与国际会计界的联系,发展该地区稳定的自治组织。欧亚联合会下设 5 个常设委员会:会计准则委员会,审计准则委员会,职业教育、培训和注册委员会,法律改革委员会和会员与职业道德委员会。欧亚联合会目前正在翻译、出版和散发国际会计师联合会的国际审计准则和道德规范、国际会计准则委员会的国际会计准则。

从经合发展组织的上述活动可以看到,该组织虽然自己不制定准则,但是它却在积极

地推广国际会计准则和国际审计准则,从向跨国公司提出建议,到参与组建地区性职业组织,它试图在会计的国际协调中发挥作用。

四、非洲大陆在努力追赶

非洲国家的会计相对来说较为落后,为改变落后状况,非洲各国也在寻求联合起来的途径,以图共同发展非洲大陆的会计。如 1979 年 6 月来自 27 个非洲国家的代表在阿尔及尔开会,成立了非洲会计理事会。凡是非洲统一组织的成员国都可以是非洲会计理事会的成员。非洲会计理事会有关会计和财务报告方面的目标包括:① 在非洲国家中促进会计的标准化;② 鼓励会计业务的教育和培训;③ 举办和进行会计事务和有关学科的研究;④ 促进非洲会计教材的编写和会计著作的出版;⑤ 鼓励交流;⑥ 与国际组织建立联系;⑦ 促进使用标准化的管理会计方法。非洲会计理事会全体会议原定每三年召开一次。其主席、两位副主席、执行委员会和秘书长负责经常性工作。非洲会计理事会总部设在刚果民主共和国首都金沙莎,由于刚果近年来内战不断,阻碍了非洲会计理事会发挥作用,其活动大受影响、处于停顿状态。

第三节　非政府间组织的协调活动

一、国际性工会组织对会计协调形成压力

国际性的工会组织主要有:世界劳工联合会、国际自由工会联合会、欧洲工会联合会等。1977 年这些国际性工会组织公布了它们自己的一套文件,提出了会计和信息披露方面的要求,这个文件主要是针对跨国公司的,阐述了国际协调的必要性,对更加统一的会计程序以及全面而详细的财务与非财务信息的披露问题提出了建议。工会组织的目的主要不是为了增进公司间财务信息的可比性,而是为了在制定有关对跨国公司的政策时能有比较可靠的依据,因为工会组织在制定政策时常常感到不仅是各公司披露信息的方式不统一,而且缺乏能反映公司全貌的必要的信息。

工会和职工要求得到公司经营业绩的信息和公司未来发展前景的信息,尤其关心有关工作条件、状况、规模、安全甚至地点方面的信息,关心跨国公司内部有关转移价格制定方面的信息。跨国公司各国子公司之间的相互关系直接影响着跨国公司某一国家子公司所报告的财务状况和经营业绩的真实性和可靠性。其他的信息使用者(如,税务当局)可以不完全依赖公司提交的报告,它们可以进入公司进行调查或要求公司提供有关的信息。而像工会这样的组织则主要(甚至完全)依靠公司提供的报告进行决策。因此公司内部交易方面的信息对工会组织来说是十分重要的。工会组织的要求对会计的协调产生了一定的影响。

二、投资者及其相关组织要求可比的财务信息

投资者要依赖财务信息进行投资决策。投资者的差异很大,有的是财务专家、有的则对会计一窍不通。一般投资者都希望财务报表易懂、可靠和可比,使他们能据以作出明智的决策。财务分析专家在为投资者服务方面发挥着重要作用。国际性财务分析家组织在获取更多的公司财务信息方面代表着投资者的利益。证券委员会国际组织(The International Organization of Securities Commissions,IOSCO)涉及规范证券市场的活动,其中包括努力为投资者提供投资决策中所需要的各种信息。国际投资者和财务分析家需要跨国公司未来发展前景的信息,这种信息包括有关盈利能力和资产价值方面的情况,但是他们常常感到所得到的信息缺乏可比性,影响了他们的投资决策。对于投资者来说增加公司财务报告的国际可比性是国际社会应尽快努力解决的一个问题。因此,证券委员会国际组织已经促使国际会计准则委员会根据其提出的一套核心会计准则修订了国际会计准则,这样国际会计准则的运用范围会进一步扩大,公司财务报告的可比性有望提高一步。

投资者侧重于不同公司之间各种信息的可比性,因为他们对各种备选方案的选择就是对不同公司的选择,对不同公司的选择是在对各公司有关信息的比较的基础上作出的选择。为了便于分析和比较不同公司的财务报告,也为了增进对其他国家财务信息的理解,投资者和财务分析家一般都积极支持会计准则的国际趋同努力。如财务分析家协会国际合作委员会就是国际会计协调的积极支持者,原国际会计准则委员会理事会中有该组织的代表,表明该组织参与了国际会计准则的制定工作。

三、债权人及其相关组织对会计协调的影响

与投资者一样,银行、贷款人和其他债权人也表现为对公司有关财务状况、经营业绩和未来发展前景的信息十分关心。但是,债权人的不同之处是更加关心贷出去的款项的安全性。有些国家,如法国、德国和日本,银行等债权人是公司的主要资金供应者,可以直接从公司取得所需要的信息,对公司信息的公开披露问题表现得不十分积极。但是涉及国际性融资业务时,各国的银行家和其他债权人都对会计的国际协调表现出支持的态度,因为他们需要有关的财务信息作为决策的基础。

一般来说,国际银行组织是支持国际会计协调活动的,支持为增进财务信息的可比性而作出的各种努力。比较积极、比较重要的是各种国际开发银行,如亚洲开发银行、欧洲投资银行、欧洲复兴开发银行、国际复兴开发银行等。国际银行经常要求专门的报告,世界银行所属的国际金融公司甚至发行详细的关于会计和报告准则的指导书,对许多发展中国家产生了一定的影响。在国际金融市场上,获取资金方面的竞争对跨国公司形成了压力,一些跨国公司自愿增加披露信息的数量。这对会计准则的国际趋同也是一个有利因素。

第四节　民间会计职业团体的趋同成果

一、国际会计准则委员会及其国际会计准则

（一）国际会计准则委员会的建立和改组

国际会计准则委员会是一个以制定国际会计准则为其基本活动内容的国际性民间会计职业组织，主要通过制定和公布国际会计准则来使财务报告得到改进和协调，并促使这些准则被接受和遵守，它在民间会计职业团体的国际会计协调活动中是一个最为重要的组织。

国际会计准则委员会于 1973 年由来自澳大利亚、加拿大、法国、联邦德国、爱尔兰、日本、墨西哥、荷兰、英国和美国的会计职业团体发起组建。在随后的 20 多年中，国际会计准则委员会一直致力于国际会计准则的制定，并取得了一定的成绩。2001 年 4 月 1 日，国际会计准则委员会完成了一次改组，改组后的国际会计准则委员会从这一天起开始行使制定国际会计准则的职责，由此完成了国际会计准则制定机构的一次新旧交替。

国际会计准则委员会的改组过程可追溯到 1996 年 9 月。在经过了近 24 年的运作之后，国际会计准则委员会感到，要进一步发挥国际会计准则的作用，必须使各国会计准则"发散"的状况得到"收敛"，必须提高国际会计准则的质量、透明度和可比性。为此国际会计准则委员会于 1997 年批准设立了"策略规划工作组"（Strategy Working Party，SWP），负责考察在完成与证券委员会国际组织达成协议的"核心准则项目"之后国际会计准则委员会应该具有的结构以及策略。

1998 年 12 月，策略规划工作组发表了一个报告草稿，提出了国际会计准则委员会的未来改组设想，提请各方进行评论。1999 年 4～10 月，策略规划工作组召集了各种会议对他们在报告草稿中提出的建议进行讨论，在此基础上形成了最终报告，题为《关于国际会计准则委员会未来规划的建议》。国际会计准则委员会于 1999 年 12 月通过决议采纳策略规划工作组的建议，同时根据策略规划工作组的建议，任命了一个提名委员会来推选首批受托人。2000 年 3 月，国际会计准则委员会执行委员会批准了新的国际会计准则委员会章程，5 月，国际会计准则委员会全体团体会员又一致通过了国际会计准则委员会的改组方案和新的章程，同时提名委员会宣布了首批受托人名单。

新章程中反映和采纳了策略规划工作组的改组建议。新章程包括 ABC 三个部分。A 部分阐述国际会计准则委员会的名称、目标、成员以及基金会的设置。B 部分规定了国际会计准则委员会的内部结构以及行政部门的具体安排和工作职能。C 部分是从 1992 年 10 月的章程中选取的，其中的条款在 B 部分实施后将停止发挥作用。同时在章程中也规定了对国际会计准则制定委员会委员资格的要求，包括：在财务会计及报告方面具有权威的知识和技术；具有分析能力；具备沟通技巧；具有判断能力和决策能力；了解

财务报告环境;具有合作精神;诚实、客观以及遵守规则;对国际会计准则的使命以及公众的利益承担义务。

2000年6月,受托人基金会推举英国会计准则委员会前主席大卫·特威迪(David Tweedie)为新的国际会计准则委员会主席。2000年7~12月,受托人基金会为新的国际会计准则委员会委员的确定而广邀提名,最后将被提名者缩小到45人。受托人基金会在伦敦、纽约和东京对被提名者进行面试考核后最终确定了14名首届国际会计准则委员会委员。新的会计准则委员会于2001年4月1日走马上任,标志着国际会计准则发展过程中一个新时代的开始。

国际会计准则委员会的改组有其一定的客观必然性,改组的道路和模式与英美等国曾经历过的准则制定机构改组的情况极为相似。改组带来了一些新的变化,如准则制定机构与会计职业界"脱钩"、国际会计师联合会的团体会员不再自动成为国际会计准则委员会的会员;国际会计准则委员会已注册成为一个独立的法律实体;制定国际会计准则的国际会计准则委员会委员的选取以专业技术和知识水平为首要条件、以技术能力和财会知识等方面的8项条件为标准,国家的代表性因素不再重要;新国际会计准则委员会决定将其制定的准则更名为"国际财务报告准则"(International Financial Reporting Standards,IFRS),等等。

(二)改组后国际会计准则委员会的结构

国际会计准则委员会新章程规定了改组后国际会计准则委员会的结构。改组后的国际会计准则委员会包括国际会计准则委员会基金会、国际会计准则制定委员会、国际会计准则咨询理事会、国际财务报告解释委员会,如图表5-3所示:

(图表5-3)

国际会计准则委员会的结构

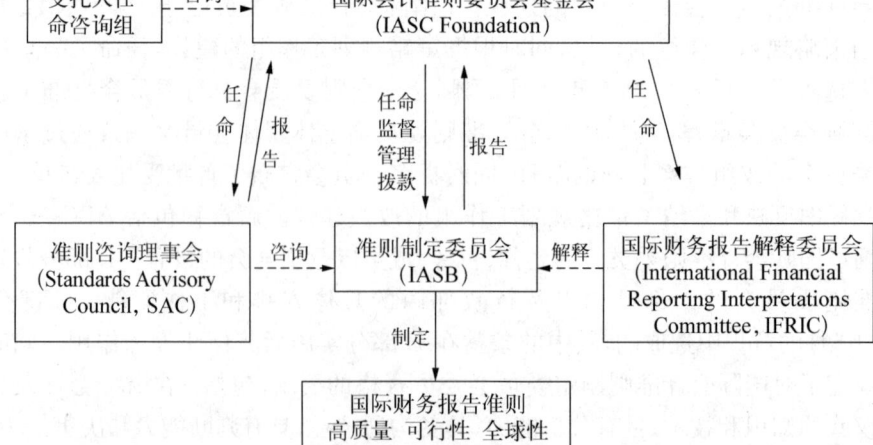

2000 年 12 月,原国际会计准则委员会执行委员会在确定新的组织结构时,将原来负责准则制定的国际会计准则委员会执行委员会(Board)改组为国际会计准则(制定)委员会(International Accounting Standards Board, IASB)。目前在汉语中使用"国际会计准则委员会"一词时有大概念和小概念之分,大概念的委员会英文用 committee,包括基金会、解释委员会、咨询理事会以及 IASB,小概念的委员会英文用 board,只包括 IASB。国际会计准则委员会基金会作为非营利的独立法律实体成立,负责任命准则(制定)委员会、解释委员会和咨询理事会的成员、监督它们的工作、并为其筹集资金。解释委员会是从原结构中继承过来的,咨询理事会是为一些重要准则制定项目提供建议而由有关一些国家专家组成的专门委员会。咨询理事会主要向准则制定委员会提供各种咨询意见。

2001 年 4 月,国际会计准则(制定)委员会召开第一次会议。会议决定接收已有的国际会计准则和解释书,若不发布正式文件修改或终止,这些准则和解释书仍将有效,会议还商讨了国际会计准则委员会的工作议程和一些其他问题。2001 年 5 月,国际会计准则委员会会见了那些与国际会计准则委员会有正式联系的国家的准则制定机构的主席,这些国家包括澳大利亚、新西兰、加拿大、法国、德国、日本、英国以及美国。国际会计准则委员会试图与这些国家的准则制定机构建立合作关系并确定统一的发展目标。

(三) 国际会计准则委员会改组的原因和特点

1. 国际资本市场的发展成为重要推动力

国际资本市场的发展是促使国际会计准则委员会改组的一个重要原因。在过去的三十年中,随着经济发达国家资本输出的扩大,金融市场呈现出了全球一体化的发展趋势,即全世界的金融市场统一成为一个国际金融市场,国际资本市场得到了巨大的发展。许多国家的企业对资本的需求由原来主要由国内资本市场得到满足转向了主要依靠国际资本市场的融资。

国际资本市场中主要是长期证券市场的发展对国际会计准则不断提出新的要求。在国际资本市场上,上市证券的企业分属不同的国家,遵循各种不同的会计准则,因而提供的财务报告各不相同。为此,国际会计职业界力图经过努力来协调各国的会计准则,以期有利于国际资本的流动和增强投资者的信心。

国际上协调财务报告要求的活动较早出现在美国资本市场上,美国有世界上最大和最重要的金融中心,首先吸引了世界上许多国家的公司进入美国资本市场进行投资和融资。到美国上市的公司都有这样的经历,即必须按美国的会计准则重新编制它们的财务报表。这样的公司不断增加,美国会计准则的影响也日益扩大。到其他国家证券市场筹资的公司也同样遇到按该国监管机构要求重新编报财务报表的问题。重新编报需要耗费大量的人力、财力和时间,所以国际金融证券市场感到了国际公认会计准则的重要性，由此而将注意力转到了国际会计准则委员会及其制定的国际会计准则。为了能使国际会计准则得到国际金融证券界的认可和采用，它的制定机构的改组不可避免地提上了日程。

2. 国际支持达到新阶段

国际会计准则委员会是由一些国家的职业会计团体建立的，成立时除了得到这些会计团体的支持外，并不被国际社会所重视。但经过20年的努力，国际会计准则委员会逐步赢得了越来越多的国家和一些重要的国际性组织的认可，它所制定的国际会计准则也渐渐获得了"国际公认"会计准则的地位。

在20世纪90年代，国际会计准则委员会与证券委员会国际组织达成协议，同意根据证券委员会国际组织的要求对国际会计准则进行修订，并于1998年基本完成了根据证券委员会国际组织提出的要求修订和建立核心准则的工作。核心准则为会计工作提供了一个全面的基础，包含了一般经营活动的所有重要领域。核心准则的实施将提高财务报告的透明度和可比性。

1998年，七国集团的财政部部长和中央银行行长要求证券委员会国际组织对国际会计核心准则及时进行评审。七国集团的财政部部长和中央银行行长承诺，他们将尽力保证在他们各自国家的各类民间机构中要遵循国际公认的最佳实务原则、准则和规范。他们呼吁参与全球资本市场的所有国家都应同样承诺遵循这些国际公认的规范和准则。

如前所述，欧盟委员会认为应采纳国际会计准则，要求2000年年底以前所有欧盟上市公司都应按国际会计准则编制合并财务报表。2005年以后这项要求应成为强制性的。成员国也可以将该项要求扩大到非上市公司。

综上所述可见，国际会计准则得到的支持逐步增强，在20世纪末达到了一个新阶段。在这样的背景下，国际会计准则委员会必须进行改组，以回应国际社会的要求和期望。

3. 提高准则质量的压力驱动

国际会计准则委员会在其发展的前20年中，主要致力于让世界认可或承认它所制定的国际会计准则，为此它的准则在规定计量和披露要求时，往往给出多种选择，包罗各种不同的会计实务，以使其适应面宽广一些，能得到更大范围的应用和支持。这种发展策略带有普及推广和争取支持的成分，因此在这种背景下制定的国际会计准则被以美国为代表的经济发达国家认为不是质量最高的会计准则。

既然国际会计准则委员会制定的不是最高质量的会计准则，那么就有可能出现一个国际组织来制定最高质量的会计准则，满足国际社会对最高质量会计准则的需求。这对当时的国际会计准则委员会是一个威胁。策略规划工作组在其报告《关于国际会计准则委员会未来规划的建议》中指出了这一点："国际会计准则委员会现在应该进行结构调整，以使其能够满足对一套高质量全球性会计准则的需求。如果国际会计准则委员会不能进行这种调整，那么为回应市场的要求和压力，其他地区性或国际性组织就会应运而生来填补这一空缺,成为全球性或地区性准则制定者。"可见,建立高质量会计准则的要求驱使国际会计准则委员会不得不进行改组。

4. 财务信息提供者的促进作用

公司在决定其证券在国外市场上市时,必须考虑市场对信息的要求。当有证券发行时,投资者不会投资于那些他们无法确定其质量的证券。各公司对国际金融市场上的稀缺财务资源进行竞争,只有满足了投资者及分析者的信息期望的公司才能够实现其筹资的目标。

在财务报告领域,各国间的要求是十分不同的。各国资本市场对这种不同有以下几种处理方法:

(1) 对财务报告的相互认可。在相互认可的情况下,两个国家的证券交易所相互认可对方国家公司的财务报告。这是对公司最为方便的方法,欧洲证券交易所之间采用这样的方法。

(2) 附加信息。上市公司使用其所在国的报表,但是在附注中提供附加信息。

(3) 使用可以选择的处理方法。上市公司在本国会计规则中选择与国外证券市场要求一致的规则来编报财务报表。

(4) 采用不同的准则。如果以本国会计准则为基础编制的年度报告不能够通过上述的几种方法获得上市国的认可,那么就必须按照上市国的会计准则重新编制财务报表。

在上面讨论的各种方法中,完全不用改变的情况只有在采用了被国际上公认的准则时才能实现。如前所述,许多进入国际资本市场的公司都有编制两套财务报告的经历。从财务信息提供者的角度看,希望能有一套高质量的会计准则来改变它们编制两套财务报告的状况。

(四) 财务报告的概念框架和已发布的准则

原国际会计准则委员会发布过一份"关于编报财务报表的框架结构"的文件,该框架结构的目的是:① 有助于发展未来的国际会计准则和复查现存的国际会计准则;② 通过减少国际会计准则中所允许的可供选择的会计处理方法来提供一种基础,以有助于理事会推进与财务报表编报有关的规定、会计准则和程序的协调。该框架结构经过修改于2018 年发布了新版文件,文件名改为"财务报告的概念框架"。

2018 版的概念框架的主要内容包括:

一般目的财务报告的目标;有用财务信息的质量特征;报告实体及其边界的界定;资产、负债、权益、收益和费用的定义以及支持这些定义的指南;在财务报表中列入资产负债的标准(确认)以及终止确认的指南;计量基础及其指南;列报和披露指南;与资本及资本保全有关的概念。

原国际会计准则委员会颁布的目前仍然有效的国际会计准则,如图表 5-4 所示:

(图表 5-4)

目前仍然有效的国际会计准则

IAS 1	财务报表的列报	IAS 27	单独财务报表
IAS 2	存货	IAS 28	联营和合营企业中的投资
IAS 7	现金流量表	IAS 29	恶性通货膨胀经济中的财务报告
IAS 8	会计政策、会计估计的变更和差错	IAS 32	金融工具：列报
IAS 10	资产负债表日后事项	IAS 33	每股收益
IAS 12	所得税	IAS 34	中期财务报告
IAS 16	不动产、厂场和设备	IAS 36	资产减值
IAS 19	雇员福利	IAS 37	准备、或有负债和或有资产
IAS 20	政府补助会计和对政府援助的披露	IAS 38	无形资产
IAS 21	汇率变动的影响	IAS 39	金融工具：确认和计量
IAS 23	借款费用	IAS 40	投资财产
IAS 24	关联方披露	IAS 41	农业
IAS 26	退休福利计划的会计和报告		

新国际会计准则委员会已公布的国际财务报告准则,如图表 5-5 所示:

(图表 5-5)

已公布的国际财务报告准则

IFRS 1	首次采用国际财务报告准则	IFRS 10	合并财务报表
IFRS 2	以股份为基础的支付	IFRS 11	合营安排
IFRS 3	企业联合	IFRS 12	披露在其他实体中的权益
IFRS 5	持有待售的非流动资产和终止经营	IFRS 13	公允价值计量
IFRS 6	矿产资源的开采和估价	IFRS 14	监管递延账户
IFRS 7	金融工具：披露	IFRS 15	源于客户合同的收入
IFRS 8	经营分部	IFRS 16	租赁
IFRS 9	金融工具	IFRS 17	保险合同

（五）国际会计准则的认可和实施

原国际会计准则委员会颁布的目前仍然有效的国际会计准则有 25 个,新会计准则委员会已颁布的国际财务报告准则有 16 个。这些国际准则虽不具有强制性,但通过近 50 年的努力在国际上已产生了很大的影响,在国际会计协调方面发挥了积极的作用。国际会计准则的实施有三种情况:一是通过各国会计准则制定机构将国际会计准则纳入或编入本国会计准则的方法,使国际会计准则在本国得以实施;二是某些国家在本国没有会计准则的情况下直接将国际会计准则作为本国的会计准则实施;三是某些国家本国没有权威性的会计准则制定机构,在这样的国家中国际会计准则的影响和实施需要经过一定的时间。

国际会计准则在世界范围内对改进和协调财务报告已发挥了很大的作用,在许多国家已被用作国家会计规则的基础,有些国家在制定本国会计准则时将国际会计准则作为一种国际基准,许多证券交易所和证券监管机构要求上市证券的公司按国际会计准则提交财务报表。有的国家直接引入了国际会计准则,没有任何修改,有的则略有增删。许多大公司解释,它们是按国际会计准则编制财务报告的,也有其他组织宣称它们遵循了国际会计准则。国际会计准则委员会正努力赢得世界范围内的最大支持,是目前国际会计协调中的一个重要组织。

1993 年,证券委员会国际组织提出为跨境融资和证券上市的企业规定一套合理完整的会计准则是十分必要的,国际会计准则委员会若能修订其国际会计准则,减少准则中可供选择的方法,增强财务信息的可比性,确定一套核心准则①,证券委员会国际组织将在全球证券市场上企业跨境筹资和上市中认可和推荐国际会计准则。1995 年 7 月,证券委员会国际组织公开宣布了它的这一政策,同时与国际会计准则委员会就建立核心准则问题达成协议。该组织还宣布它已认可了第 7 号国际会计准则"现金流量表",并认为当时已有的国际会计准则中有 14 个准则不需要进行修改即可被接受。

证券委员会国际组织要求的核心准则与国际会计准则的对应关系,如图表 5 - 6 所示:

(图表 5 - 6)

核心准则与国际会计准则的对应关系

IOSCO 要求的核心准则	国际会计准则
一　般　准　则	
1. 会计政策的披露	IAS 1 (1997)
2. 会计政策的变更	IAS 8 (1993)
3. 财务报表中披露的信息	IAS 1 (1997)
损　益　表　准　则	
4. 收入的确认	IAS 18 (1993)
5. 建筑合同	IAS 11 (1993)
6. 生产和采购成本	IAS 2 (1993)

---

① 这套核心准则共 40 个,参见 International Accounting Standards Committee: 1993 Annual Review, p. 6。

（续表）

IOSCO 要求的核心准则	国际会计准则
7. 折旧	IAS 4 (1974) /IAS 16 (1998)
8. 资产减值	IAS 36 (1998)
9. 税金	IAS 12 (1996)
10. 非常项目	IAS 8 (1993)
11. 政府补贴	IAS 20 (1982)
12. 退休福利	IAS 19 (1998)
13. 其他雇员福利	IAS 19 (1998)
14. 研究与开发	IAS 38 (1998)
15. 利息	IAS 23 (1993)
16. 套期	IAS 39 (1998)
资 产 负 债 表 准 则	
17. 不动产、厂场和设备	IAS 16 (1998)
18. 租赁	IAS 17 (1997)
19. 存货	IAS 2 (1993)
20. 递延税项	IAS 12 (1996)
21. 外币	IAS 21 (1993)
22. 投资	IAS 39 (1998) /IAS 40 (2000)
23. 金融工具/表外项目	IAS 32 (1998) /IAS 39 (1998)
24. 合营企业	IAS 31 (1990)
25. 或有事项	IAS 37 (1998)
26. 资产负债表日后事项	IAS 10 (1999)
27. 流动资产和流动负债	IAS 1 (1997)
28. 企业联合(包括商誉)	IAS 22 (1998)
29. 无形资产	IAS 38 (1998)
现 金 流 量 表 准 则	
30. 现金流量表	IAS 7 (1992)

（续表）

IOSCO 要求的核心准则	国际会计准则
其　他　准　则	
31. 合并财务报表	IAS 27（1988）
32. 恶性通货膨胀经济中的子公司	IAS 21（1993）/IAS 29（1989）
33. 联营公司和权益法会计	IAS 28（1988）
34. 分部报告	IAS 14（1997）
35. 中期报告	IAS 34（1998）
36. 每股收益	IAS 33（1997）
37. 关联方的披露	IAS 24´（1984）
38. 终止经营	IAS 35（1998）
39. 基本错误	IAS 8（1993）
40. 估计的变更	IAS 8（1993）

二、国际会计师联合会的影响

　　1977 年 10 月由来自 49 个国家的 63 个会计职业团体在德国慕尼黑签署协议成立了国际会计师联合会。它比国际会计准则委员会的建立稍晚一些,现在与国际会计准则委员会保持着密切的关系,它承认并支持国际会计准则委员会在制定会计准则方面所做的工作,在促进协调各国会计实务方面发挥了积极的作用。

　　国际会计师联合会的领导机构包括:代表大会和理事会。代表大会由各成员团体指定一名代表组成,在代表大会的职责中包括选举理事会成员,批准各成员团体的财务交款,决定大会召开的时间和地点等。理事会由来自 15 个国家的成员团体的 15 名代表组成,理事会成员任期 3 年。国际会计师联合会建立了以下常设机构:国际审计与鉴证准则委员会(原国际审计实务委员会),国际会计教育准则委员会(原教育委员会),国际会计师道德准则委员会(原职业道德委员会),职业企业会计师委员会(原财务会计和管理会计委员会),国际公共机构会计准则委员会(原公共机构委员会),跨国审计师委员会,遵纪咨询委员会,发展中国家委员会以及中小事务所委员会。

　　国际会计师联合会新修订的章程规定的基本目标是,为了公众的利益,在世界范围内努力发展职业界、协调其准则,以提供一贯高质量的服务。因此国际会计师联合会要努力发展和提高相互合作的世界会计职业界,发展和提高相互协调的各种准则。该组织在国际会计协调中的作用主要表现在:积极支持国际会计准则委员会在制定国际会计准则方面的各项努力及其颁布的国际会计准则；通过国际审计与鉴证准则委员会制定国际审计准则来协调审计实务，进而促进各国缩小会计实务差异、增进财务信息可比性；通过发展会计教育、建立职业道德规范、颁布管理会计指南等活动在广泛的意义上对会计进行协调，为财务会计和报告的协调创造必要的环境条件。

三、其他地区性会计职业团体的作用

其他地区性会计职业团体包括亚太会计师联合会（成立于 1957 年）、欧洲会计师联合会（成立于 1987 年）、泛美会计师联合会（成立于 1949 年）、北欧会计师联合会、西非会计团体联合会、东盟国家会计师联合会以及前述的新成立的欧亚会计师审计师联合会等，这些地区性的会计职业团体通过召开研讨会、进行会计后续教育、颁发会计实务方面的指导性文件等活动，在增进各国的相互理解、相互交流，从而在缩小各国间会计实务差异、协调财务会计和报告准则方面发挥了一定的作用。

亚太会计师联合会是亚洲太平洋地区各国会计职业团体的地区性组织。目前有来自 24 个国家和地区的 34 个会员团体组成。该联合会的宗旨是发展亚太地区的会计师职业，通过推动采纳国际会计师联合会和国际会计准则委员会的准则来促进会计协调，提高各国准则水平。

复 习 思 考 题

1. 协调化、标准化和趋同的含义是否相同？如果不同，简述其区别。
2. 为什么要促使会计准则的国际趋同？
3. 阻碍会计准则国际趋同的因素有哪些？
4. 联合国在会计的国际协调中发挥了怎样的作用？
5. 欧盟促进会计准则趋同方面有哪些途径？
6. 国际会计准则委员会改组的原因是什么？
7. 国际会计准则如何在国际范围内得到认可和实施？

参 考 文 献

1. 董必荣：欧盟与 IASC、IASB 的合作历程及其动机剖析，《财务与会计》2004 年第 2 期。

2. 冯巧根：欧盟扩张与会计发展的国际协调战略，《财经理论与实践》2004 年第 11 期。

3. 冯淑萍和沈小南：关于环境会计问题的讨论，《会计研究》1995 年第 6 期。

4. 娄尔行：协调会计准则的一场国际争论,《会计研究》1983 年第 5 期。

5. 沈小南：联合国国际会计和报告标准政府间专家工作组第十届会议情况简介,《会计研究》1992 年第 4 期。

6. 亚瑟·怀特、大卫·凯尔恩斯、约瑟夫·叶斯比：国际会计准则委员会与国际会计准则,《会计研究》1992 年第 3 期。

7. 杨纪琬、潘晓江：关于会计报告问题的国际讨论,《会计研究》1988 年第 4 期。

8. 杨纪琬、沈小南：当前国际重大会计问题的讨论,《会计研究》1991 年第 6 期。

9. 张为国、李东平：围绕国际会计准则前景的较量与对策,《会计研究》1999 年第 8 期。

10. Choi，F. D. S. and Meek，G. K. （2011），*International Accounting*，7th edition，Pearson Prentice Hall，chapter 8.

11. Nobes，C. W. and Parker，R. H. （2016），*Comparative International Accounting*，13th edition，Pearson Education Limited，chapter 4.

12. Radebaugh，L. H. , Gray，S. J. and Black，E. L. （2007），*International Accounting and Multinational Enterprises*，6th edition，China Machine Press，chapter 7.

上 网 查 询

1. 国际会计准则委员会最新动态
   https：//www. ifrs. org
2. 联合国"国际会计和报告准则政府间专家工作组"相关活动
   https：//www. unctad. org
3. 欧盟的会计协调
   http：//europa. eu/legislation _ summaries/internal _ market/single _ market _ services/financial_services_general_frame work/l26040_en. htm
4. 经济合作与发展组织的跨国公司指南
   MNEGuidelines-Chinese.pdf(oecd.org)
5. 亚太会计师联合会的宗旨和活动
   http：//www. capa. com. my/

第六章 国际资本市场和跨国公司

国际资本市场的全球一体化和跨国公司从事国际性经营活动,产生了许多新的会计和财务报告问题,这些问题主要包括会计主体的确定、记账本位币的选择、外币财务报表的折算、国外通货膨胀的调整、跨国财务报表的合并、国际转移价格的制定、国际税务的处理、国际管理会计的运用以及国际审计的开展等。在阐述这些具体的会计和财务报告问题之前,本章先讨论国际资本市场和跨国公司的有关问题。

第一节 世界资本市场的一体化

一、金融市场及其主要经济功能

(一) 金融市场的主要经济功能

金融市场是企业筹资投资(资金交换)的场所。在一般意义的金融市场上,既包括货币资本的融通也包括实物资本的融通,市场中的交易对象可以包括货币借贷、票据贴现、有价证券买卖、黄金和外汇买卖、国内外保险业务和生产资料的产权交换等。本书所讲的是一种狭义金融市场,一般指有价证券市场,即股票和债券的发行和买卖市场,资本市场是指其中的长期证券市场。

金融市场为企业提供几种经济功能:首先,金融市场作为投资和筹资的场所,决定着经济资源的配置,资本买卖双方的相互作用决定了交易资产的价格和资产的收益率,从而决定了资金在金融资产之间的分配水平;其次,投资者能够通过金融市场实现长短期资金的互相转化,金融市场具有的流动性能够吸引投资者被迫或主动买卖金融资产,实现企业内部资源的合理配置;最后,金融市场能够为企业进行财务管理提供有意义的信息,有利于减少企业的交易成本和信息成本。

企业对外报表的最重要的功能是提供一个组织的经济和财务状况的信息。证券市场上的投资者及分析专家需要对证券上市的公司进行分析比较来进行投资决策。上市公司需要提供给市场足够数量和质量的信息来满足他们的需要。为此,各国在相关的法规中都有强制所有上市公司必须执行的会计规则,但是这些规则在国与国之间是不同的。这种情况在各公司的业务都在本国范围内进行时不会产生问题,然而当国际经济和金融市场一体化日益发展后,便出现了国际性财务报告问题,即一个国家的财务报告使其他国家的人看来非常难以理解。跨越国境的公司间的比较会因计量或披露要求的不同而无法进行。国际经济和金融的一体化使跨国公司更加依赖国际金融市场。国际上协调财务报告要求的活动较早出现在美国资本市场上,美国有世界上最大和最重要的金融中心,首先吸引了世界上各国公司进入美国资本市场进行投资和融资。

（二）金融市场的全球一体化

金融市场的全球一体化是指将各国的金融市场统一成为一个国际市场,全球性竞争迫使各国政府对其金融市场放松管制,增强交易的自由度,这使得世界主要金融市场上的参与者能够更有效地参加投融资活动。在全球化竞争加剧的环境下,以美国为首的金融市场中机构投资者参加数量与日俱增,开始占到主要地位。与散户不同,机构投资者更乐于进行跨国资金转移,以减少其投资组合的风险或提高回报率。

金融市场的全球一体化的趋势要求监管市场的手段、执行操作的方式和分析金融机会的技术必须跟上市场发展的形势。电子通信系统和电子计算机技术的飞速发展使得金融市场中的信息能够及时传递给位于世界各地的市场参与者,同时这些市场参与者能够迅速处理获得的信息并进行投资组合的风险和报酬率评估,然后再将交易指令信息快速及时的传递到世界各地。通信手段的现代化和信息技术的迅猛发展,使金融市场的全球一体化成为可能并正在成为现实。

（三）金融市场的分类

金融市场的类型有多种划分方法,按照交易期限可以分为短期资金市场和长期资金市场;按照交割时间可以分为现货市场和期货市场;按照交易性质又可以划分为发行市场和流通市场;按照交易的直接对象又可以具体细分为国债市场、股票市场、金融期货市场和同业拆借市场等。

在金融市场向着全球一体化方向迈进的环境下,按照交易对象中发行者和买卖者的国别可以将全球金融市场分为内部市场和外部市场。内部市场即国内市场,其中在二级市场上参与金融资产买卖的都是本国人,根据金融资产提供者的国别又细分为本国市场和外国市场,本国市场中交易的金融资产由居住于本国的发行人提供,外国市场则是发行人不居住于本国、但是其金融资产面对本国人发行和交易,所以必须遵守本国的法规法令;外部市场亦即国外市场,也称国际市场,该市场中有来自不同国家的金融资产提供者同时向许多国家的投资者发行,之后金融资产在不同国别的投资者之间进行交易。

（四）国际资本市场对企业筹资的影响

在资本市场上,具有类似风险的金融资产应该具有相近的预期报酬率,或者说风险程度能够反映预期报酬率的大小。如果一国的投资者不允许投资于另一国企业或组织发行的金融资产,那么在世界不同的资本市场中买卖具有类似风险的证券时,经过税收和汇率调整后的预期收益率也不同。这种情况称为完全分割市场,这时企业有可能在国外资本市场中筹集到低于本国筹资成本的资金;另一种极端情况是投资者不受任何限制,可以在世界各地的任何资本市场中买卖证券,这时的市场具有完全一体化的性质。在这种情况下,在世界不同的资本市场中买卖具有类似风险的证券时,经过税收和汇率调整后的预期收益率都是相同的,无论投资者在哪里进行投融资活动,其资本成本都一样。

虽然目前债券市场和股票市场的一体化程度不同,但都介于完全分割和完全一体化两者之间。在这种适度分割(也可以称为适度一体化)的市场中买卖具有类似风险的证券时,经过税收和汇率调整后的预期收益率有可能不同,所以国内投融资者有可能在国外获得低成本的融资机会或是高收益的投资机会。

(五) 在国外资本市场筹资的动机

公司在国外资本市场中寻求筹资机会通常出于以下五个原因:

1. 本国市场的局限性

进入国际证券交易市场有可能是因为在本国市场所遇到的局限所导致的。当公司发现本国的资本市场不可能以一个很好的价格来吸收它所需要的资金时,就要考虑进入国外的市场。许多跨国公司对资金的需求量可能非常大,一旦公司所处的国内市场发育的不十分完善,无法完全满足这些跨国公司的资金需要时,它们就只能在国际市场或是外部市场中进行筹资活动。

2. 降低筹资成本

公司在国外市场中进行融资活动有可能付出相对较低的筹资成本,这种相对较低的筹资成本可从两个方面分析:一是降低筹资活动中发行股票或债券代表的风险,从而降低与风险相关的使用成本(从另一方面说也降低了投资者所关心的预期收益率),如前所述,由于目前国际金融市场一体化程度还不够深,存在市场摩擦的国际资本市场能够提供这种低成本融资的机会;二是为了防止大额融资活动冲击国内市场而对公司本身产生不利影响,在国外市场中筹资可以降低这类冲击成本。

3. 优化公司资本构成

通过在国外市场中筹资,公司的资金来源构成不再单一,能够减少对国内投资者的依赖,投资者种类的多样化能够降低某一类投资者对公司治理的影响程度。另外,在金融市场上将投资者看作顾客,在国外上市给了公司在最合适的市场上提供其金融产品的机会。

4. 增强应付突发风险的能力

在国外市场中筹资使得跨国公司总体外币管理中增添了一项有力的长期手段,在进行外汇风险暴露管理尤其是突发风险时能够做到及时有效。

5. 战略考虑

进入某一个国家的资本市场可能与公司看好那个国家的产品市场有关。顾客对一个公司的产品感兴趣程度会因为公司在本国上市而提高,其原因在于这意味着公司与这个市场将长期联系在一起,而不仅仅是短暂的销售行为。产品市场上的顾客同时可以得到参与该公司财务活动的机会。当然,从公司的角度考虑,最终起决定作用的还是当地证券市场的吸引力,公司不仅考虑扩大它的融资渠道,而且想要得到比本国资本市场更优惠的上市条件。

积极参与到国外的资本市场中会大大增加一个公司的知名度。公司上市会增加各种金融团体对它在股票交易中披露的信息的兴趣。金融媒介会对上市公司格外关注,这种关注并不仅仅局限于股票价格方面,而且还包括对高级管理层的安排及其各项决策方面。

二、世界主要资本市场及其上市要求

(一)世界主要资本市场

跨国公司决定是否要进入某一个国外的金融市场一般要结合公司全球战略及公司产品战略进行考虑。即使公司的全部业务都集中在某一个国家也未必会在该国上市。一般公司愿意在国际上最好的几个资本市场之一上市,因为这样可以通过大规模融资获得充足的运营资金并且获得很好的公众印象和声誉。而且在这些发达的证券市场上,证券交易过程受到了严格监督,可以避免内部交易等不利因素的影响,这样的市场往往有较好的经济基础、相对较低的通货膨胀率、很少或者没有资本流动的限制等。

世界上最大也是最重要的证券交易所在美国,首推纽约证券交易所。其次是欧洲的证券市场,伦敦证券交易所是国际化程度最高的交易所之一,也是欧洲最大的证券交易所。欧洲另外比较重要的交易中心是法兰克福证券交易所和巴黎证券交易所。第三个重要的交易中心在亚洲,最为发达的是东京证券交易所,为世界第二大证券交易所。除了东京之外还有一些其他的证券交易所,比如香港和新加坡证券交易所正在获得越来越多的关注。图表 6-1,6-2 是 2018 年世界主要证券交易所上市股票的国内外公司数量和 2018 年主要交易所上市债券的国内外发行商数量的统计表,从中既可以反映出国际上主要证券交易所的概况和规模,也在一定程度上概括了世界资本市场的状况。

(图表 6-1)

主要证券交易所股票上市的国内外公司数量①

美　洲			
交易所	公司总数	国内公司	国外公司
巴西证券期货交易所	339	334	5
哥伦比亚证券交易所	68	66	2
利玛证券交易所	223	209	14

---

① Source: Statistics, Web Site of the Federation Internationale des Bourses de Valeurs (FIBV, The International Federation of Stock Exchanges) - http://www.world-exchanges.org/.

（续表）

美 洲			
交易所	公司总数	国内公司	国外公司
墨西哥证券交易所	145	140	5
纳斯达克	3 058	2 622	436
纽约证券交易所	2 285	1 755	510
圣地亚哥证券交易所	285	205	80
多伦多证券交易所集团	3 383	3 330	53

亚洲、太平洋地区			
交易所	公司总数	国内公司	国外公司
澳大利亚证券交易所	2 146	2 004	142
吉大港证券交易所	282	282	0
布尔萨马来西亚	912	902	10
科伦坡证券交易所	297	297	0
中国香港交易所	2 315	2 161	154
印度尼西亚证券交易所	619	619	0
韩国交易所	2 207	2 186	21
印度国家证券交易所	1 923	1 922	1
新西兰证券交易所	137	131	6
菲律宾证券交易所	267	264	3
上海证券交易所	1 450	1 450	0
深圳证券交易所	2 134	2 134	0
新加坡交易所	741	482	259
中国台湾证券交易所	945	855	90
泰国证券交易所	704	704	0
日本交易所集团	3 657	3 652	5

（续表）

欧洲、非洲和中东

交易所	公司总数	国内公司	国外公司
雅典交易所	187	183	4
BME 西班牙交易所	3 007	2 980	27
布达佩斯证券交易所	42	42	0
埃及交易所	250	249	1
塞浦路斯证券交易所	102	91	11
德意志交易所	510	462	48
爱尔兰证券交易所	54	43	11
伊斯坦布尔证券交易所	378	377	1
约翰内斯堡证券交易所	360	289	71
卢布尔雅那证券交易所	31	31	0
伦敦证券交易所集团	2 479	2 061	418
卢森堡证券交易所	162	27	135
马耳他证券交易所	25	25	0
毛里求斯证券交易所	103	99	4
纳斯达克北欧和波罗的海交易所	1 019	974	45
奥斯陆交易所	237	237	0
瑞士交易所	270	236	34
德黑兰证券交易所	323	323	0
特拉维夫证券交易所	449	421	28
华沙证券交易所	852	823	29

(图表 6-2)

2018 年主要交易所上市债券的国内外发行商数量(部分)①

交　易　所	发行商总数	国内私营部门发行商	国内公众公司发行商	国外发行商
巴西证券期货交易所	89	84	5	
墨西哥证券交易所	213	NA	NA	NA
多伦多证券交易所集团	914	0	90	1
哥伦比亚证券交易所	129	107	20	2
爱尔兰证券交易所	3 412	1 593	1	1 818
德意志交易所	4 133	308	46	3 779
卢森堡证券交易所	1 819	189	1	1 629
瑞士交易所	466	201	10	255
中国香港交易所	457	136	302	19
上海证券交易所	3 057	3 017	40	0
日本交易所集团	44	18	4	22
印度国家证券交易所	109	57	52	0
韩国交易所	608	538	69	1
泰国证券交易所	18	5	13	0
德黑兰证券交易所	15	9	6	0
特拉维夫证券交易所	271	224	1	46
华沙证券交易所	148	126	21	1

（二）证券交易所的上市要求

当选择一家证券交易所作为证券上市的场所时,它的规模和是否与公司的战略目标相协调构成了决策的一部分,证券上市公司更加重视市场规则的制定者及其所提出的上市要求。在大多数情况下可以区分出两种不同的市场管理者:一种是管理证券交易的政府部门;另一种是证券交易所本身。政府部门和证券交易所之间的利益往往是冲突的。各国的证券交易所都在尽全力为争取到越来越多的重要公司上市而竞争,对上市候选人往往会给予相应的让步。而政府监管部门为了维护市场秩序、保护投资者的利益,常常与交易所站在不同的立场上。

证券交易管理者一般制定一些关于企业上市所必须符合的条件以及必须披露的信息

① Source: Statistics, Web Site of the Federation Internationale des Bourses de Valeurs (FIBV, The International Federation of Stock Exchanges), http://www.world-exchanges.org/.

等方面的规则,其中包括反映企业规模、经营状况和发展潜力等方面的数据,比如账面价值或市场价值,所有者权益的集中程度,资产周转率,在当地的上市时间以及最近的发展。通常这些指标必须在上市前三到四年达到,当然这对于一些全球性大公司而言并不困难。

除了这些在国际证券交易所上普遍采用的规则外,一些证券交易所还要求有进一步披露的内容,涉及要附加更多的文件。这种情况在美国最为明显,在美国,每一家外国公司上市都要编报附加的报告(表 20 - F),每年提交证券交易委员会。该报告分为两大部分,第 1~16 条是对公司的基本介绍,如公司战略、产品构成、生产程序、研究开发、市场份额、竞争状况、环境保护、法律责任以及涉及投资者的有关税务要求。其中第 9 条十分重要,它是关于管理当局对运营及财务状况结果的分析讨论,还包括对于近三年来经营结果的详细解释。公司要提供的是那些从财务报表中不能一目了然,但是对投资者来说具有重要意义的信息。表 20 - F 的第二部分是第 17~18 条,是关于财务报表的部分。

美国证券交易委员会还要求上市公司提供中期报告,即编报表 6 - K 提交证券交易委员会,报告中包括中期财务报表。美国会计准则并不要求公司必须编报中期财务报告,但是鼓励各公司按照证券交易委员会的格式向国内外投资者提供中期报告。季度报告对于国外公司并非是必须的。

提供给证券交易委员会的报告中的信息是综合性的,对公司的经济状况和经营成果进行总括的说明。美国的投资者比较强调信息的可靠性,当他们发现信息有误时便会控告公司或审计师。公司提供的信息必须受到律师和审计师的检查,他们也因此而承担一定的风险。同时,证券交易委员会也要严格地审查这些文件,并且要求公司在说明书中做一些进一步的解释或者提供一些附加的信息。对股价具有敏感的信息要在发生时直接提供给市场,而无须正式的报告格式。

除了美国证券交易委员会和纽约证券交易所的要求外,其他国际证券交易所也有他们自己的规定。如图表 6 - 3 所示:

(图表 6 - 3)

国际证券交易所有关公司上市的规定①

证券交易所和监管机构的要求	纽　约	东　京	伦　敦	法兰克福	巴　黎	新加坡
申请	向证券交易所和证交会提出首次上市申请	在财政部登记后向证券交易所申请	向证券交易所申请	向证券交易所申请	向证券交易所和证券交易管理者申请	向证券交易所申请

① Walton, P., Haller, A. and Raffournier B. (1998) *International Accounting*, International Thomson Business Press, p. 342.

（续表）

证券交易所和监管机构的要求	纽　约	东　京	伦　敦	法兰克福	巴　黎	新加坡
重要文件	表 20-F，表 F-1 或表 F-3	证券报告	股票交易说明书(上市说明书)	股票交易说明书	股票交易说明书	股票交易说明书(信息备忘录)
关键上市步骤	内部审计信息（表 20-F）承销商的审慎检查。揭示并非现在发生的重要商业合同	在提交了文件之后，要回答证券交易所的一份或者多份的问卷	在黄皮说明书中的要求要上交接受有关律师的进一步检查。揭示上两年的一些重要商业合同	审计上市的条件，印刷说明书，根据证券交易所的要求提交上市资料	没有严格的审计程序	以表 20-F 为基础的说明书，尤其作为证券交易委员会决策基础的问卷
每年的文件	文件表 20-F(全年)和表 6-K(半年，与中期报告一起，不需要调整)。送长期年度报告给所有的 ADS* 拥有者	用日语提供全年及半年的证券报告，在短期年度报告和中期报告基础上的全年报告是必须的	没有特别的要求	年度报告可以在票据交换所中得到，中期报告要在期间结束两个月内交出	用法语制作短式年度报告，中期报告用英语就可以	没有特别的要求

* ADS,American Depositing Share. 美国存单股份。

准备在国外股票交易所上市的公司，一般要依靠其他的中介机构来达到上市的目的。比如要在纽约证券交易所上市就必须要经过注册会计师对公司财务报表进行审计，以后还要根据证券交易委员会的有关规定在年度报告中提供注册会计师出具的审计意见。根据证券交易委员会的规定，重要文件还需要有律师的认可。图表 6-4 说明国外上市所涉及的有关方面及其责任。

（三）国外市场的一般要求

越来越多的公司积极地参与到世界最重要的资本市场中，形式包括拥有国外的证券或在国外发行股票和债券。进入国外资本市场、扩大在国外资本市场的影响，可以使公司具有一种全球资本运作者的地位。

日益国际化的资本市场不仅为公司带来了好处，对于获得了更多选择机会的投资者来讲也是如此。新科技及通信信息渠道使大量的资金几乎可以在任何时间，在几秒钟之内得到转移。通过在线系统可以实时监控重要股票的交易发展，这可以使投资者建立的

（图表 6 - 4）

国外上市所涉及的有关方面及其责任①

证券交易所	推　荐　人	律　　师	审　计　师
纽约	投资银行作为新上市公司的咨询者和组织者。	与证券交易委员会和纽约证券交易所联系，合同谈判。	根据美国公认会计原则审计财务报告，对财务报告提建议。
东京	证券交易所和公司之间的中间人。	解释制作证券的有关报告。	对财务报告提建议。
伦敦	证券交易所和公司之间的中间人，制作上市说明书。	鉴证过程，包括上市说明书的校对。	对财务报告和资产负债表的分类提出建议。
法兰克福	银行作为证券交易所和公司之间的中间人，制作说明书。	当需要时，对公司提供支持。	没有必须的任务。
巴黎	证券交易所和公司之间的中间人，制作说明书。	没有必须的任务。	对财务报告提出建议，并且与会计准则相核对。
新加坡	证券交易所和公司之间的中间人，制作说明书。	鉴证的过程，与受托人一起起草合同。	鉴证说明书中的信息。

投资组合的风险与期望十分接近。从美国可以看到一个日益发展的趋势，即越来越多的投资者将他们资金的一部分投资于国外的证券。参与到国际资本市场中，投资者必须要掌握足够且可比的信息，以便于对投资的回报及风险做详细的分析。

公司在决定其证券在国外市场上市时，必须考虑市场对信息的要求。当证券的发行增加时，投资者不会投资于那些他们无法确定其质量的证券。各公司对国际金融市场上的稀缺财务资源进行竞争，只有满足了投资者及分析者的信息期望的公司才能够实现其筹资的目标。

然而那些希望在外国资本市场上上市的公司必须知道他们会遇到不同的信息文化，这将导致关于信息披露的一系列变化。这种情况与有形产品市场是可以类比的。当公司想要在国外市场出售某种商品，必须知道当地的需求规律，例如一些关于安全及技术的要求。

投资者和分析师习惯于使用他们自己国家的标准。对于公司来说要想既长期致力于某一个国外资本市场，又想获得与该国标准不同而与本国标准相同的特殊条件是非常困难的。一个外国公司与本国极其不同的信息披露会妨碍投资者的全面评价和比较。资本

---

① Source：*Ibid*. p. 343.

市场中新的进入者如果被看作是特殊的,那么就有可能达不到它最初的筹资目标。

在财务报告领域,各国间的要求和准则各不相同。各国资本市场对这种差异有以下几种处理方法:

1. 对财务报告的相互认可

在相互认可的情况下,两个国家的证券交易所相互认可对方国家公司的财务报告。这是对公司最为方便的方法,欧洲证券交易所之间采用这样的方法。

2. 附加信息

另外一种方法是上市公司使用其所在国的报表,但是在附注中提供附加信息。这种方法适用于那些只涉及有很少差异的信息,并且不需要对已经发表的数字进行重新估价的情况。

3. 使用可以选择的处理方法

上市公司在本国会计规则中选择与国外证券市场要求一致的规则来编报财务报表。这种方法仅仅局限于国内的会计规则有可以选择的余地,使得公司可以选择与其他国家或者国际相近的会计处理方法。

4. 采用不同的准则

如果以本国会计准则为基础编制的年度报告不能够通过上述的几种方法获得上市国的认可,那么就必须按照上市国的会计准则重新编制财务报表。

在上面讨论的各种方法中,完全不用改变的情况只有在采用了被国际上所接受的制度和准则时才能实现。目前来看国际上被认可范围比较广泛的是国际会计准则委员会所制定的国际会计准则和美国的公认会计准则。国际会计准则及国际财务报告准则已被许多国家认可,美国会计准则对于要在美国上市的公司是必须遵循的,依据美国会计准则编制的报表还被世界上其他一些国家所认可。

(四)成本效益分析

在国外证券交易所上市的要求与当地证券交易所和监管部门的要求是直接相关的,要求不同对上市公司的筹资成本产生了直接的影响。例如,在纽约证券交易所上市,其披露要求的复杂性以及必须与美国会计准则相协调,涉及使用律师、注册会计师和其他的咨询者,这样就使上市公司要产生较高的费用支出。而在其他的证券交易所,因为没有如此苛刻的上市要求,所以这些咨询成本也就相应地降低了。

还有一些费用每年都要发生,虽然不是法规强制的,但是是根据商业惯例所不可缺少的,如在公共关系和宣传方面产生的费用,有时还需要面对面地向投资者介绍公司的近况,在美国,成功的公司无可避免地要安排高层管理人员会见重要的投资者,向他们介绍公司的战略并且公开地回答问题。公司在何种程度上满足市场对信息的要求,还取决于数据是否可以准确而且以较低的成本得到。这种问题在国外市场与本国市场的要求相反时尤其突出。

总之,在国外证券交易所上市的公司需要几百万美元的上市开支,这使得进行成本效益分析变得很重要。做这样的分析有时很难,因为虽然成本费用可以准确计量,但是效益却很难确定,实际上这种分析或许不可能包括所有可能的情况。

在成本效益分析中还应该包括关于信息披露增加所带来的负面影响。因为在某些国家大量的披露要求,使得在这些国家上市的公司必须要提供绝对不会提供给国内投资者、也绝对不会被国内竞争者所知道的信息。这可能会导致在国外上市公司的竞争劣势。不过一般认为竞争劣势是很小的,一方面在本国就必须充分披露的公司不会因此陷入竞争劣势;另一方面国内市场的投资者会对这种发展采取积极快速的反应,因为这种信息披露的增加会增加投资者的分析决策的基础。唯一不好的情况是会被同一个市场中的其他公司得到过多的信息。

第二节　跨国经营的原因及其组织

一、跨国经营与直接投资

公司开展国际业务的原因多种多样,通常最主要、也是最根本的原因是扩大销售。当国内市场已经达到饱和程度时,公司为了更有效地利用其生产能力必然要去开拓海外市场。除此以外,以较低价格获得原材料和人工从而降低产品的生产成本、获得先进技术、接近知识中心以便将产品和生产技术保持在世界领先水平也是公司在全球市场上获得竞争优势所必需的重要手段。

根据跨国经营活动的发展演变历程可以将国际经营粗略分为两个阶段:第一个阶段是公司最初开始尝试国际经营时,通常仅仅进口或出口产品;然后逐步开始对外特许授权经营、同时开展劳务进出口、海外租赁业务和托管业务等。第二个阶段是随着公司业务规模的扩张,进行海外投资开始成为国际经营的重要组成部分。购买外国企业的股份、参与其经营管理决策是一种直接投资。另一种直接投资是公司在海外直接投资建厂,依据投资当地的具体环境选择独资或是合资企业的形式。如果公司无意进行海外管理,那么可以选择拥有外国公司较低的股份,这种投资称为证券投资,是一种间接投资,其目的是为了获得股利或利息等收益。

跨国公司是指在两个或两个以上的国家中拥有和控制价值增值活动的企业,或者简单地说是指从事国外直接投资的企业。跨国公司的特点是母公司拥有的子公司处于不同的国家、处于不同的法律制度和不同的经济环境之中。第二次世界大战以后,特别是20世纪50年代末、60年代初,跨国公司有了迅速的发展,主要表现在:首先是主要资本主义国家的对外投资规模迅速扩大,跨国公司及其国外子公司的数目大大增加。其次是跨国公司的投资规模和经济实力不断扩大。跨国公司投资的部门,除了传统的采掘业外日益向新兴技术发展快的制造业扩展;除了向亚非拉发展中国家投资外,发达资本主义国家之间的相互投资也大大增加,国际资本的流向发生了明显的变化,重点流向了西欧和美国。另外,西方各国把对外投资的重点放在制造业的同时,对第三产业特别是金融信贷业的投资也迅速增加。

海外直接投资在 20 世纪 70 年代达到高潮,成为国际经营的重要组成部分,进入 80 年代开始回落,80 年代中后期又逐步回升。到 1988 年和 1989 年时,海外直接投资每年的资本流量以超过 20% 的速度递增,几乎是同时期产品出口水平增长率的三倍。

80 年代中后期引起海外直接投资回升热潮的原因主要有下面几个因素:在此之前出现的经济衰退开始复苏,使得发达国家和发展中国家的经济均以高增长率发展;部分发展中国家实施的经济改革措施开始发挥作用;除英美等国外,其他发达国家都已成为海外投资的主要力量;以信息产业为主的新技术经济成为投资热点;跨国公司之间实施的巨额并购项目数量迅速增长等。

无论是资本流出国还是流入国,发达国家在海外直接投资中都占有支配地位。法国、德国、日本、英国和美国这五个国家差不多占有资本流出量的 70%,并且自 1985 年以来每年以 38% 的速度递增。同时,约有 65% 的海外投资流入了欧洲、日本和美国。流入发展中国家的海外资本的 75% 集中于新加坡、巴西、墨西哥、中国、中国香港、马来西亚、埃及、阿根廷、泰国和哥伦比亚等 10 个国家和地区。不过进入 21 世纪以后,全球海外直接投资速度有所减缓,例如流入经济合作与发展组织成员国的海外直接投资从 2001 年的 6 140亿美元下降到了 2002 年的 4 900 亿美元,下降了 20%[①];但到 2005 年又回升到了原来的水平,达到了 6 220 亿美元,比 2004 年增长了 27%[②]。图表 6-5 是近几年一些国家海外直接投资(Foreign Direct Investment,FDI)流入量的统计数字[③],从中可以反映国际直接投资的发展规模,也可以看到各国吸收海外直接投资的基本趋势。

(图表 6-5)

海外直接投资(FDI)流入总额　　　　　　　　单位:百万美元

流入国或地区	2016 年	2017 年	2018 年	2019 年	2020 年
美国	480 016	314 977	243 424	282 053	177 093
中国	174 750	166 084	235 365	187 170	212 476
英国	258 570	96 401	65 285	45 445	19 733
法国	23 055	24 780	38 162	33 964	17 947

---

① OECD: Trends and Recent Developments in Foreign Direct Investment. June 2003. p. 1.
② OECD: Trends and Recent Developments in Foreign Direct Investment. 2006 ed. p. 1.
③ 选自 OECD 公布的数据,参见其网站的 data 部分。

（续表）

流入国或地区	2016 年	2017 年	2018 年	2019 年	2020 年
比利时	59 185	−706	30 801	2 886	8 418
卢森堡	81 387	−23 157	−76 414	14 791	6 200
西班牙	31 538	41 877	53 462	8 514	8 908
荷兰	65 276	40 990	120 238	42 238	−11 205
墨西哥	31 069	34 200	33 730	34 097	29 079
加拿大	36 062	22 764	38 232	47 829	23 822
印度尼西亚	3 921	20 579	20 563	23 883	18 581
澳大利亚	48 291	45 300	68 033	36 151	23 098
瑞典	19 153	15 903	4 218	10 115	26 111
捷克	9 814	9 518	11 010	10 109	6 292
意大利	28 441	23 996	37 659	18 145	−386
阿根廷	3 260	11 517	11 837	6 663	4 123
巴西	53 700	66 585	59 802	65 386	24 778
德国	15 618	48 538	62 034	54 061	35 570
匈牙利	−5 439	3 514	6 410	3 885	4 169
丹麦	235	3 771	1 199	3 587	1 151
新西兰	2 844	2 429	2 397	4 278	4 219
瑞士	150 512	110 722	−68 312	−79 075	−47 164
俄国	37 176	25 954	13 228	32 086	9 676
南非	2 235	2 007	5 447	5 125	3 106
以色列	11 988	16 893	21 515	19 047	24 759
日本	19 357	9 354	9 255	14 548	10 255
韩国	7 415	12 699	13 299	9 634	9 224
印度	44 459	39 966	42 117	50 610	64 351

二、全球化组织及其战略

(一)跨国公司的全球化发展

跨国公司在国际经营中扮演着重要角色,跨国公司的核心思想体现于公司的生产计划、材料采购、产品销售、投融资决策等所有重大问题都从全球视角出发进行思考,而不仅仅是在海外派驻员工开展业务、拥有巨额资产或销售额。跨国公司越来越向全球化的方向发展,与跨国公司在不同国家和地区独立开展业务不同的是,全球化组织在世界各地的业务是相关的、一体化的、统一协调管理的。

在各国跨国公司中,日本跨国公司的发展最为迅猛,它们在二次大战之后很快在新技术和服务方面处于了领先地位,在销售、市场占有率和资本输出方面都发展得十分迅速;西欧国家的跨国公司除了牢牢控制欧洲市场外,也开始进军北美和世界其他地区的市场;美国跨国公司一直保持着稳定的全球扩张水平。此外,原计划经济体制下的许多国家通过实施改革政策,也在发展跨国经营业务,为本国跨国公司的扩张创造了良好的环境。

(二)跨国公司全球化战略

企业战略是用界定企业经营范围和企业组织模式的方法所表述出来的重要目的、意图或目标,以及为实现这些目标而采取的关系全局的基本政策和计划。其核心内容是实现企业的经营目标、内部结构与外部环境的动态平衡和统一,包括确定企业的理念与使命,制定旨在实现企业目标、用于指导企业资源运用的策略计划。

亚当·斯密在《国富论》一书中曾经提出,一国的财富来源于它能够提供给国民的产品和服务。而当该国生产这些产品和服务具有别国不可比拟的效率优势时,该国便可进行国际产品交易。效率优势分为两种:一是自然优势,由该国所处自然环境提供,主要是产品的原材料供应优势;二是后天优势,比如技术和管理,是具体公司在生产其产品和服务过程中独有的竞争优势。而事实上即使该国不具有效率优势,只要拥有某些因素的相对优势(比如低廉的成本)就可以生产该种产品或服务,进行国际交易。

跨国公司在制定整体战略时通常遇到的问题有:

1. 贸易壁垒

假设不存在贸易壁垒,各国都会利用它们拥有的效率优势来生产产品,那么进出口就是组成国际市场的唯一支持手段。但事实上各国都设置了不同程度的贸易壁垒,贸易壁垒导致的市场失效分为结构性和交易性两种,结构性失效是政府行为,通常是出于保护国内工业和劳动力市场、调整国内外汇支出结构、与国家间政治关系保持一致等原因。政府设置贸易壁垒的手段一般是关税调节、产品补助津贴、汇率调整和产品配额等,所以第二次世界大战以后建立的关税贸易总协定和欧盟组织都是致力于消除各国间的贸易限制。自然市场不完善则是产生交易性失效的根本原因,而且这种失效是自发产生而不是反应性的,比如公司拥有的技术和能力,如果在当地市场生产和销售产品比到其他地方出卖它的技术或向其他地方出口它的产品更能得到提高和挖掘，那么就会自发地形成一种贸易障碍。

2. 全球化决策

有效的全球化决策取决于公司外部环境和内部实力的交互作用。

（1）从外部环境来看。外部环境在很大程度上制约着公司管理过程的各个要素，从而限制了公司管理的有效性。主要影响因素包括：教育环境、社会文化环境、政治法律环境和经济环境等。教育环境因素包括如普及教育的水平、专业和高等教育的水平、社会公众对教育的态度以及教育与经济的配合程度等；社会文化环境包括人们对管理和权威的态度、组织间协调沟通手段、人们对成就和工作的态度、社会各阶层的结构和个人的动力、社会大众对财富、风险的态度等；政治法律环境中最主要的因素是与经济有关的各项法律法规、政治稳定性和政治结构，而经济环境中的财政和货币政策、经济结构、经济稳定性、资本市场和市场规模等是非常重要的因素。

外部环境因素有时构成结构性市场失效，如国际社会文化环境中的国家思想体系、民族主义特征，政治法律环境中有关外来业务的法律规范、对海外投资和利润返还的限制等。环境限制通常不容易克服，跨国公司所能做的只是在这些限制范围内尽量寻找更加有利的投资机会。当然，海外投资所在国也会拥有自己独特的优势，这些优势能够弥补国家间壁垒导致的高成本，从而获得投资收益。

（2）从公司特有优势来看。公司特有优势也称所有者优势，主要是指公司拥有的商标、专利权等无形资产，是本公司拥有、其他公司一般不具备的特有能力和技术。开展国际经营的跨国公司通常处于行业的垄断地位，但是中小型公司也拥有自己特有的市场份额或生产技术。通过开拓海外市场可以将技术优势发挥到最优水平，跨国公司有两种选择：一是自己从事生产，将技术内部化；二是将技术卖给外国公司。跨国公司一般采用技术内部化的策略，技术内部化的考虑主要出于防止技术流失，领先的技术内部化可以作为壁垒防止竞争者进入该生产领域。内部化实际上是发挥公司特有优势的最优途径，但是在某种情况下内部化无法实现，比如资本缺乏就迫使公司在海外市场寻找合作者，或是采取出售特许经营权的方法实现市场的扩大。

（3）从生产方法的选择来看。从事海外经营的跨国公司为了将其特有优势内部化，往往在以下几种方法中选择生产途径：一是在单一工厂组织生产，将其产品供应所有市场；二是从规模经济、贸易壁垒和运输成本等因素考虑，将不同产品或产品的不同生产阶段分别在几个工厂中生产。跨国公司在制定战略时须根据企业经营活动的特点全面思考，首先要打入海外市场，然后要获得稳定的市场份额。出口和海外直接投资这两个手段必须结合使用才能完全满足跨国公司的国际经营需要。

3. 多国家政策与全球化政策

在决定开展海外直接投资和特有优势内部化这两种战略后，跨国公司面临着一项新的决策：选择多国家政策还是全球化政策。多国家政策允许跨国公司的子公司独立经营各自的业务，这样跨国公司的市场是各个国家市场的简单集合。采取这一政策的根本原因是国家间多样性的存在使得各子公司独立开展业务更为简单、直接和有效；但是如果竞争者的市场是全球化的，那么采取多国家政策的跨国公司很难在各国市场上形成合力更有效地与对手展开竞争。全球化政策的基础是认为全球化市场的效益要大于各个国内市场效益的简单加总。全球化政策不再区分母公司和子公司，而是将遍布世界各地的企业联合起来进行战略部署。全球化政策并不意味着公司的产品也是全球化的，因为不同的市场有其自己的消费者偏好，需要适合不同消费者的产品。采取全球化政策的跨国公司通常也会采取公司特有优势资本化和内在化及相应的进取型财务融资战略，通过公司特有优势内在化和有效的融资手段迅速占领市场为竞争者设置进入壁垒、稳固其市场占有位置。

第三节　跨国公司组织结构的设置原则和基本类型

一、跨国公司组织结构的设置原则

企业的组织结构是为实现企业总体目标而选择和确定的内部单位和部门安排，包括企业内部单位和部门的设置、各单位和部门及相应的员工岗位职责和权力的划分、相互之间控制和协调机制的建立等方面。跨国公司在全球经营活动中需要以某种组织结构的形式将各子公司、各分支机构以及公司的全体员工紧密联系在一起，使他们在集中统一领导之下，按照明确的权力和责任范围，各行其是、各负其责，同时形成合力，以实现公司的总体目标。

跨国公司之间的组织形式有着相当大的差别，有的跨国公司在国外设立的子公司具有较大的独立性和自主权，与母公司只保持着松散的联系，母公司对子公司采取间接控制的体制；有的跨国公司在国外设立的子公司属于母公司在国外的派出机构的性质，母公司对子公司有着直接的控制权；还有的跨国公司组成了全球性的组织结构，即按职能、产品和地区建立起全球性的组织结构网络，其中建立了比较严密的内部控制制度，并实施内部审计。

为适应外部经营环境的不断变化，跨国公司组织结构的设置需要具有灵活性，可以随企业目标和计划的调整而相应顺利作出调整。从纵向的角度来看，良好的组织结构必须能够明确每个管理层次及其负责人员的权力和责任范围，使其各司其职，对于企业中出现的任何问题都有相应的人员负责，不能出现管理上的"空白区域"，任何新情况和新问题都能及时反映到相应的管理层，不失时机地采取应对措施。从横向的角度来看，良好的组织机构必须是各部门及有关人员之间划分的权力与责任不重不漏，并且建立控制各部门、各级工作人员的有效机制,保证权责的正确履行,同时也必须建立协调内部和外部各种关系的系统,以使对任何偏离企业总体目标的行为或倾向可以及时进行纠正。权责的划分是相对的、不是一成不变的,要在企业的运行中不断进行调整和改进。

良好的组织结构是跨国公司实施全球战略目标的保证,关系到公司经营的成败。跨国公司伴随着经营环境日趋复杂化,经常进行组织结构方面的重新设置,跨国公司在组织结构设置中所考虑的基本原则有以下几个方面:

(一)集中管理和分权经营的有机结合

随着跨国公司海外分支机构数量的增加,业务范围的扩展,不可避免地会出现组织结构中集权和分权的矛盾。如果集中控制过度,不利于发挥分支机构的积极性,如果放权太多,则有可能出现海外分支机构失控的情况。因此,需要处理好集权和分权的关系,达到集中管理和分权经营的有机结合。

(二)分工与协调一体化

通过分工将企业活动分解为不同的作业任务,在此基础上要进行适时的协调,分工和协调是公司组织活动涉及的两个最基本的问题。它们既对立又统一,在跨国公司中表现尤其明显。如果过分强调分工将会有碍整体效率,过度强调协调则又有可能妨碍局部发挥其积极性。跨国公司无论部门和分支机构如何众多,也无论经营活动的范围如何广泛,它始终是一个整体,必须以集团公司整体来面对全球市场竞争的威胁。为实现公司的总体目标,各部门、各分支机构需要相互协调。

(三)信息交流的及时与有效

在跨国公司内部,每级权力和责任的配置要求集团内部建立起交流信息的顺畅通道,通过这些通道自上向下传达集团整体的经营决策,自下向上汇报各分支机构的经营实绩。通过这些通道协调各部门、各分支机构的活动,使集团公司全球性经营顺利展开。在信息系统的设置上,既要保证信息交流及时到位,同时又要保证信息交流的可靠有效,使各级管理层都能依据准确、真实、可靠的信息作出经营决策。

(四)正规结构设计中对非正规结构的考虑

跨国公司组织结构中包括正规结构与非正规结构两个方面。正规结构是明文规定的组织内成员和单位间的正式关系,而非正规结构则是指由工作群体内的非正式关系所产生的员工之间的关系。跨国公司内部正规结构与非正规结构混合在一起,通常难以区分。在设置组织结构过程中只能对正规结构进行设计,即做到:统一指挥——每个部属只有一名监督人;等级链——组织内从上到下只存在一条直接指挥路线;控制范围——限定对一个监督人进行有效报告的从属人员的数量,设计的目的是保证有效的控制。同时非正规结构的存在对正规结构必然产生影响,故在正规结构设计中需对非正规结构给予考虑。

(五)成本和效益的均衡

跨国公司在组织结构的设置上,既要科学合理,充分保证企业经营管理任务的完成,又要经济、高效。机构设置需要尽可能简洁,不仅使组织管理效率达到最高,而且使组织管理费用降到最低。实现成本和效益的均衡。也就是精干高效,精干是要求在保证满足企业完成经营管理任务需要的前提下,是企业管理层次机构以及管理人员数目降到最低限度;高效则是指根据本企业特点,选择管理效率最高经济效益最大的组织管理形式。

二、基本类型

跨国公司企业组织结构主要涉及三个方面:一是每个管理者的权力责任范围;二是管理者之间信息传递路线和种类;三是传递和处理这些信息的程序。跨国公司在其成长和发展的不同阶段,国内外业务比重和内容都在发展变化,因而公司的组织结构也发生相应的调整和改变。从最初在职能部门或分部结构中设置进出口业务部门,到成立小规模海外子公司,再发展到区域业务部结构,形成了多种多样组织结构类型的跨国公司。纵观全球跨国公司组织结构的现状,可以概括为以下几种类型:

（一）设立国际业务部的组织结构

国际业务部是适应跨国公司发展初期的一种组织结构,是在原先母公司国内结构中增设的一个部门,一般设置成为与总部各部门基本对口的职能部门。国际业务部与其他职能部门是并行的,一般由国际经营管理专家和其他专职员工组成,一位公司副总经理领导,代表总部管理、协调本企业所有的国际业务,直接向总经理负责,可以实现对国际业务的统一管理。在国际业务部下,根据不同业务种类和规模再设若干分支机构,分别负责某类或某地区的国际业务。

国际业务部的优点主要有:① 在企业内部建立了正规的管理和沟通国际业务的机制,通过本部所设的职能结构进行深层次的沟通和联系工作,使国际业务管理尽快走上正轨,能够加强对国际业务的直接专门管理;② 及时了解国际业务活动的各种新情况,协调各分支机构的活动,对国际市场的变化作出快速的反应;③ 有利于进行资源的综合调配,使企业的资源根据国内和国际业务的需要合理安排,能够比较容易地在各分支机构之间进行资源(尤其是资金筹措)的调度和使用;④ 有利于培养国际经营管理方面的人才,部门业务比较全面,使管理人员能够熟悉国际业务的全过程。

由于国际业务部结构代表企业集权管理的倾向,因而管理标准化和环境多样化之间的差异也使得该种管理结构存在一些缺点,主要有:① 国际业务部协调和支持国外经营活动的范围和能力有限。在国内公司加国际业务部结构中,国内各部门仍然是企业活动的主体,国际业务部通常无法支配大量的生产要素和资源;② 容易形成国际业务部和国内业务部门的冲突。这种按照地域分割的方法使得国内与国际部门自成系统,其目标和利害关系容易出现不一致;③ 容易造成机构重叠。国际业务部在业务范围发展之际,为了摆脱国内职能机构部门的限制,往往增设机构、扩充队伍,使得整个公司机构重叠;④ 国际业务部的设置有时会限制管理人员协调多个差异较大国家业务的能力。所以,国际业务部这种组织结构比较适合于中小型跨国公司,发展初期的跨国公司或产品标准化程度较高、技术稳定、地区分布不广的跨国公司。

（二）设置职能分部的组织结构

这种组织结构是以管理活动的不同职能分工为基础建立的,一般设立生产、销售、财务等职能部门,有的还另设运输、研发、计算机信息处理中心等。各部门经理对全公司所有国内外业务的相应职能活动负责。比如,生产副总经理负责公司国内外的产品开发、产品生产、质量控制和标准化等;销售副总经理负责公司全球的销售活动,直接控制各地区的销售机构和分销商;财务副总经理负责公司在全球范围内的资金筹集和调拨、财务报表的编制和报送、外汇风险的管理等。

职能分部组织结构的优点主要有:① 有利于按照职能进行控制,提高职能部门工作的专门化水平;② 可以减少管理层次,避免机构和人员的重叠;③ 有利于加强公司的统一管理和业绩评价,比如进行统一的成本核算和利润考核。

职能分部组织结构的缺点则主要有:① 各部门之间缺乏联系,不利于进行地域协调或产品协调;② 权力的集中管理限制了基层单位处理问题的灵活性和各子公司对所在环境的应变能力;③ 限制了部门之间资源的共享;④ 各职能部门管理人员由于知识背景不同,往往从本单位利益出发,不利于跨国公司整体战略的实施。这种组织结构比较适合于公司规模较小、产品品种不多、顾客需求单一的中小型跨国公司。

（三）设置产品分部的组织结构

这种组织结构是按产品的大类及相关服务或生产线为基础建立的,在全球范围内设立若干产品部,作为该产品在全球产销活动的基本单位,每个产品部都是一个利润中心,拥有一套完整的职能组织机构和员工,负责各产品的副总经理对该部产品的开发、计划、生产、销售以及管理和控制负责,并直接向总经理报告。在总公司一级,则设立地区专职人员协调相应地区内各种产品的业务。

产品分部组织结构的优点主要有:① 有利于全球范围内产品生产、销售各环节的统一规划;② 有利于新产品的研制与开发和现有产品的改进,从而有利于产生较大的组合效益;③ 有利于发挥产品生产的技术优势,能够对公司生产的各种产品的生命周期每一阶段进行控制,从而通过营销组合管理来规划产品及其生命周期。同时也比较容易获得与产品直接相关的技术与营销技能;④ 有利于全面提高产品的国际竞争能力;⑤ 由于产品分部这种结构的分权程度较高,因而各产品分部管理人员的主观能动性可以得到较大程度的发挥,有利于提高管理人员的能力;这种组织结构比较适合于具有全球经营经验、有若干个有特色产品、并大量从事研究开发及产品制造的跨国公司。

但是产品分部这种组织结构也存在着某些缺点,主要有:① 产品分部的负责人必须既懂生产又懂国际营销业务,而这种人才的发掘培养需要一定时间,如果负责人达不到这种水平,产品分部的管理效率将会降低;② 各产品分部容易以自己利益为中心,忽视公司整体利益,而协调又比较困难;③ 各产品分部都拥有各自的职能部门,容易造成机构重叠;④ 产品分部往往看重开发和占领其产品能够在近期增长前景良好的地区市场,而忽视对远期市场的开发,使得地区性协调比较困难。

（四）设置地域分部的组织结构

这种组织结构是按全球生产经营活动的地域分布为基础建立的,在全球范围内设立若干区域分部,作为该区域经营活动的中心管理部门,负责协调本区域各种产品的生产经营活动和各种职能部门的管理活动,各区域部门副总经理直接受总经理领导。在划分区域时一般主要考虑企业各工厂的位置、顾客分布以及原材料来源等因素。

地域分部组织结构的优点主要有:① 有利于减轻公司总部协调和管理全球生产经营活动的工作量;② 有利于加强区域内各职能部门之间的联系;③ 有利于区域内有关企业将相关地区知识经验汇集起来,适应区域市场的具体情况,从而根据各区域内经营环境的变化及时调整产品结构和销售方式;④ 有利于充分利用区域内各国的各种资源和各项优惠条件。

区域结构组织也具有某些缺点,主要有:① 由于各地具体环境不同,公司总部考察地区业绩时采用的评定标准往往不能做到完全公平;② 不同地区都设有类似职能机构,容易造成机构臃肿;③ 区域间往往缺乏信息沟通和经营协调,使得公司的整体战略得不到贯彻实施。这种组织结构比较适合于产品生产和销售地域分布较广但是在若干个区域内的分支机构产品生产、制造方法、技术基础和销售市场较为接近的跨国公司。采用这种结构的跨国公司,其产品的生产技术应能被普遍掌握,这样才能在全球各地都能够招募到技术员工进行生产,而适应当地具体环境的营销手段则是经营活动的重点。

（五）设置混合式组织结构

一些跨国公司既有重要的产品系列,又有相对集中的客户群体,往往采取按产品和按地域相结合的方式设立混合分部的组织结构。这种组织结构能够扬长避短,在兼顾不同职能、不同地理区域和不同产品类别之间的相互依存关系的基础上,将以上几种组织结构结合起来设置分部,使得公司中既有地域性的控制机制,又有产品别的管理体制,每个副总经理分管一个方面,并直接向总经理报告。

混合式组织结构的优点主要有:① 有利于公司总部协调和管理全球生产经营活动,根据需要选择或采用不同的组织结构;② 灵活性强,可以根据外部环境和业务活动的变化及时进行调整。但是这种组织结构管理难度较大,需要有较好的责任分工、信息传递和组织协调。这种组织结构比较适合于产品系列多、客户地域分布较广、具有一定特征的客户相对集中的跨国公司,或正处于合并调整阶段的跨国公司。

在混合式组织结构的基础上,将某些地域分部和产品分部予以合并,然后重新按地域和产品的结合安排公司的组织结构,称为"矩阵式组织结构"。这种组织结构对跨国公司的业务实行交叉控制和协调的管理方式。比如,可设国内甲产品、国内乙产品、欧洲甲产品、欧洲乙产品等等多个分部系列，各有一名经理或副总经理负责，并向总经理报告。矩阵式组织结构能够促进各层次、各部门之间的合作与协调，有利于将产品的生产和销售与各地区的经营环境结合起来，具有较强的应变能力。混合式和矩阵式组织结构通常是大中型跨国公司选择和采用的组织方式。

三、跨国公司组织结构的发展趋势

跨国公司组织结构是以母公司战略为基础并服务于公司总体目标的。跨国公司的组织结构是跨国公司为实现其目标而确定的公司内部的权利、责任、控制与协调关系的形式，它决定于公司所选择的战略，又支撑着跨国公司战略的实施。一旦建立了与公司发展战略相匹配的组织结构，就会使公司内外各个部门之间协调配合，有效沟通，将会有力促进公司整体战略的实现。跨国公司组织结构经历着不断演变的过程。跨国公司在其成长和发展的不同阶段，国外业务的比重和内容都在发生变化，因而组织结构也需要做出相应的调整和变化。

随着企业的不断发展，企业规模不断壮大，企业的组织结构形式必须适应企业的不同阶段的发展需要，而不断扩大的企业规模又促进了企业组织结构的不断调整，当企业逐渐成长为实施国际化经营的大型跨国公司时，其组织结构形式相应地经历了一系列的变化，跨国公司的组织结构演变是企业组织结构变化的重要组成部分，从最初的组织结构中增加海外市场部，其职能主要是向海外销售产品或者服务；到后来逐步过渡到总部集权下的海外子公司，负责子公司所在国家或者区域的生产和销售工作；再到目前伴随经济全球化的程度越来越高，信息技术不断发展，全球性的组织机构成为适应新的经济环境和全球化战略的跨国公司组织结构形式。

跨国公司组织结构的发展趋势可以概括为以下两个方面①：

（一）跨国公司组织结构呈现扁平化、简单化趋势

随着信息高速公路的快速发展，互联网的广泛使用，人们真正领悟到了"天涯若比邻"的含义。跨国公司的组织结构变化呈现"扁"和"瘦"的特点。

所谓"扁"，指中间管理层被大幅削减，使原来一项指令由金字塔顶部传到生产线上的工人所必须经过的漫长过程得以大大缩短，信息流得以更加快捷、准确、畅通地传输。所谓"瘦"，指组织部门的横向压缩。例如美国的通用电器公司，在 20 世纪 80 年代的改革中，把管理组织的层级从 9 层减少到 4 层，公司总部从 2 100 人减少到 1 000 人，高级经理从 700 人减少到 400 人，为其在 20 世纪 90 年代的变革奠定了良好的基础，保持了持久的活力和世界领先地位。在管理层次最多的汽车制造业公司中，美国通用汽车从 28 层减少到 19 层，日本丰田也从 20 多层减少到 11 层。

组织结构的这种变化要求人员素质的全面提高，要求员工具有技能的多样性和更强

---

① 参见康荣平：《大型跨国公司战略新趋势》，经济科学出版社 2001 年版，第 37～40 页。

的组织、协调和沟通能力。

（二）网络结构逐渐代替金字塔形结构

如果说金字塔形结构是制造业时代企业的代表性组织结构,那么网络结构则是信息时代的代表性结构。

金字塔式的组织结构使决策权高度集中在公司管理层的顶部,严重制约了组织的进一步发展。而网络型组织能够更有效地实现信息的交流和员工才能的发挥,体现了"分散经营,集中控制"的管理原则。网络型组织注重以知识型专家为主的信息型组织,通过搭建高效率的信息管理系统来传达指令,以较多的横向协调关系来取代较多的纵向命令,提高了公司管理的民主化程度和组织的灵活性。这样的组织结构,在对下属公司有效管理和控制的同时,又最大限度地发挥了下属公司的主观性和创造性。

网络组织由两个部分组成:一是核心层,主要包括战略管理、人力资源管理和财务管理,由总公司进行统一管理和控制;二是组织的立体网络,根据产品、地区、研究和经营业务的管理需要而形成,这一立体网络是柔性的组织,随着市场、客户、项目的需要不断进行调整,契约关系是机构之间的连接纽带。

跨国公司的产品复杂多样,市场遍及全球,员工有迥然不同的社会文化背景,同时面临世界范围内激烈的竞争。采取网络型组织形式,跨国公司总部能够抛开具体、繁杂的日常管理控制事务,集中精力研究公司的整体战略,对公司的人、财、物进行更合理的优化配置。同时,各下属公司能够充分发挥各自的特点,适应当地的环境,随机应变,抓住机会,避开威胁,快速反应。

第四节　跨国公司的内部控制与风险管理

一、内部控制的性质和作用

内部控制是企业董事会、经理层以及其他员工共同实施的活动,旨在保证企业内部从下到上各层次生成准确可靠的财务信息进而确保经营目标的实现和相关法律法规的遵循,这些活动包括在企业内部对生产经营和财务管理各环节设计并执行必要的核对、检查、牵制和纠偏等程序,也可以说内部控制是在这些程序的基础上进行支配、调节、考核等所建立和实施的一系列政策、措施、方法和步骤的总和。企业如果建立健全了内部控制制度并且行之有效,那么内部控制就能够发挥非常重要的作用:

（一）提供可靠的信息

企业在生产经营决策和管理过程中需要大量的信息,而信息的可靠性是决定决策成败的首要因素,因为依据不真实、不可靠信息作出的决策不可能是有效的。而健全的内部控制可以较好地对企业内部各方面提供信息的渠道进行控制,使收集、处理和传递信息的过程不存在任何的偏差,以保证管理部门所获得信息的可靠性,并确保最终的财务信息的真实可靠。

（二）保护企业资产和记录的安全和正确

保护企业的资产和记录的安全对于企业各项生产经营活动的顺利进行至关重要,只有健全的内部控制才能较好地保护企业资产和记录的安全,才能避免由于管理不善造成资产流失、损坏和记录不完全、被篡改而给企业带来的损失。

（三）提高经营效率,防止资源浪费

企业要想在激烈的市场竞争中立足,就必须具备运用有限资源获取最大利润的能力,而健全的内部控制可有效地防止企业各种资源的损失浪费,提高生产、管理和经营的效率,从而降低费用、增加收益。

（四）保证贯彻企业的方针政策和规章制度,遵守政府的法律法规

健全的内部控制可以较好的保证贯彻企业的即定方针政策和规章制度,保证企业遵守政府的法律法规,从而保证顺利实现企业的经营目标。

二、跨国公司内部控制中面临的特殊问题

跨国公司建立和运行内部控制制度面临着由于全球性生产经营而带来的各种特殊问题。主要表现在以下几个方面:

（一）集权与分权的矛盾

如果跨国公司不能很好地处理集权与分权的矛盾,就会直接影响其内部控制制度的建立和实施。跨国公司的内部控制需要既能保证为集团最高管理部门提供必需的信息,使其有效地协调全球的经营活动,并确保各部门、各分支机构的经营活动符合集团整体目标的要求;又能为各部门和各分支机构留有一定的灵活余地,使其能够根据经营环境和所在地市场的变化调整经营活动。

（二）信息交流的困难

跨国公司由于各子公司、各分支机构与母公司或总部在距离上相距遥远,往往跨越不同的国家,而且管理层次增多,这样给信息在集团内部交流造成很大的困难。比如,由于距离遥远,信息的传递需要增加时间和成本;在传递的过程中被"干扰"的可能性增大,影响信息传递的质量;由于各国文字的差异,会增加文字处理的时间和成本,甚至还会产生误解;由于受教育水平和工作经历的不同,不同国籍和不同文化背景的管理人员之间存在着沟通方面的障碍,给信息的直接交流带来困难。因此,跨国公司在设置内部控制时,一般需要考虑有关人员之间的沟通,保证信息交流渠道畅通,需要采取保证信息交流质量的一系列措施。

（三）不同会计核算制度的干扰

跨国公司由于母公司和各子公司所在国的财务和会计制度的不同,使得会计核算方

法不尽相同,影响了财务报表的统一性和财务信息的可比性。如果不同会计核算方法的干扰不能消除,不但影响对外财务报告,而且内部控制的有效性也难以发挥。有些跨国公司采用折中的办法,即编制两套财务报表,一套用于公司的内部控制,一套用于子公司所在国的纳税申报。

(四)提高控制效率和减轻报送负担的矛盾

跨国公司高层管理部门为了实施控制往往要求下属机构和各子公司上报大量的各种各样的文件和报表,使得下级部门的报送工作量过大,甚至影响下级管理部门的正常工作和日常经营管理活动,最终会导致内部控制系统效率的降低。因此,跨国公司内部控制系统需要恰当确定下级单位应当报送的信息量,在保证实施控制所需信息的前提下,尽可能减少下属部门编报文件和报表的工作量,使下属部门管理人员更多地投入到实际经营管理活动中,实现提高效率和减轻报送负担的均衡。

三、跨国公司内部控制和风险管理的基本要素

在世界各国出现的公司财务报表舞弊事件中,许多是因为公司内部控制失效造成的,如美国五个职业团体①出资建立的特里得魏委员会(Treadway Commission)调查发现被调查的编报虚假财务报告的案件中大约 50% 与内部控制失效有关②。于是美国率先开始研究改进公司内部控制,为公司内部控制的建立和实施提供指导。特里得魏委员会专门成立"科索(COSO)"委员会,试图通过加强公司治理、道德规范和内部控制来改进财务报告的质量。"科索"委员会在 20 世纪 90 年代初制定完成了《内部控制-整体框架》的文件,提出了内部控制五要素的新概念。

"科索"委员会内部控制五要素是:① 控制环境,主要是一个组织内的员工(尤其是高层管理者)的个人品质的状况,包括个人诚信度、道德价值观和自身能力,它们造就了一个组织的特质,反映在这个组织的行动、政策和工作程序之中;② 风险评估,对一个组织从事的各项活动中涉及的风险进行确认、分析和管理的各种机制;③ 控制活动,管理层为有助于确保组织目标实现而制定的各种政策和工作程序的实施过程;④ 信息和交流,能使组织内的员工掌握和交换信息的系统,这些信息是他们从事经营活动、管理和控制这些经营活动所必需的;⑤ 监督,涉及管理层对内部控制实施效果进行经常的或定期的评价的各项活动,以此确定各项控制是否行之有效、是否需要根据具体情况的变动进行修订。"科索"委员会内部控制五要素新概念的影响是世界性的,各国跨国公司内部控制建设过程中都考虑了它的指导性意见。

2001 年年底以来,美国爆发了以安然、世通等公司财务舞弊案为代表的会计丑闻,给

---

① 这五个团体包括内部审计师协会、美国注册会计师协会、美国会计学会、管理会计师协会和财务经理人协会。
② Root, Steven J., *Beyond COSO -Internal Control to Enhance Corporate Governance*, John Wiley & Sons, 1998, p. 75.

美国经济及资本市场造成了极大的伤害,另外这些事件也暴露出了美国公司在内部控制上存在的问题,美国国会于2002年颁布的萨班思-奥克斯雷法案明确了公司最高管理者及财务主管对公司内部控制负直接责任,提高了对会计舞弊的处罚力度,强化了内部审计、外部审计及审计监管。由此促成了美国资本市场制度的一次大的进步,也使人们对内部控制的重要性有了更深刻的认识。

美国证券交易委员会规定企业管理层评价其内部控制的标准必须符合以下条件:制定过程严谨适当,经过广泛散发和公众评议;非盈利而无偏见;能一致性地定性或定量分析内部控制;全面包括所有影响内部控制的因素;与企业财务报告中的内部控制相关等。最终,证交会认为"科索"委员会的《内部控制-整体框架》报告是符合上述规定的,同时指出未来符合上述要求的相关文件也都可以认可。

"科索"委员会认为,内部控制是风险管理的一部分。因此,该委员会在《内部控制-整体框架》的基础上,又于2003年出台了最新报告——《企业风险管理框架》。《企业风险管理框架》继承并包含了《内部控制-整体框架》的主体内容,同时扩展了三个要素,即增加了目标设定、事件识别和风险对策三个要素,这样风险管理有八个组成要素:控制环境、目标设定、事件识别、风险评估、风险对策、控制活动、信息与沟通、监督;另外《企业风险管理框架》增加了一个目标,更新了一些观念,旨在为各国的企业风险管理提供一个统一术语与概念体系的全面的应用指南。

企业风险管理是一个过程,是由企业的董事会、管理层以及其他人员共同实施的,应用于战略制定及企业各个层次的活动,其目的是指导企业识别可能影响企业的各种潜在事件,并按照企业的风险偏好管理风险,为企业目标的实现提供合理的保证。

《企业风险管理框架》提出了风险组合与整体管理的观念,要求从企业层面上总体把握分散于企业各层次及各部门的风险暴露,以统筹考虑风险对策,防止分部门分散考虑与应对风险,如将风险割裂在技术、财务、信息科技、环境、安全、质量、审计等部门,并考虑到风险事件之间的交互影响,防止两种倾向:一是部门的风险处于风险偏好可承受能力之内,但总体效果可能超出企业的承受限度,因为个别风险的影响并不总是相加的,有可能是相乘的;二是个别部门的风险暴露超过其限度,但总体风险水平还没超出企业的承受范围,因为事件的影响有时有抵消的效果。此时,还有进一步承受风险、争取更高回报与成长的空间。按照风险组合与整体管理的观点,需要统一考虑风险事件之间以及风险对策之间的交互影响,统筹制定风险管理方案。《企业风险管理框架》已成为许多跨国公司的指导性文件,它的观念和要求正影响着越来越多的跨国公司实务。

复习思考题

1. 各国资本市场对各国间不同的财务报告要求有哪些处理方法?

2. 简述跨国公司的特点以及公司跨国经营的原因。

3. 跨国公司在组织结构设置中需要考虑的基本原则有哪些?

4. 目前全球范围内存在有哪些类型的跨国公司? 它们各自的特点及优缺点是什么?

5. 内部控制和风险管理的基本要素有哪些?

6. 跨国公司内部控制中面临的特殊问题表现在哪几方面?

参 考 文 献

1. 康荣平:《大型跨国公司战略新趋势》,经济科学出版社 2001 年版。

2. 孔欣著:《跨国公司理论与实务》,中国人民大学出版社 2015 年版。

3. 滕维藻著:《跨国公司战略管理》,上海人民出版社 1996 年版。

4. 秦辉主编:《跨国经营与跨国公司》,浙江人民出版社 2005 年版。

5. 朱荣恩、贺欣:内部控制框架的新发展-企业风险管理框架,《审计研究》2003 年第 6 期。

6. Belkaoui, A. R. (1994), *International and Multinational Accounting*, The Dryden Press, chapter 5.

7. Committee of Sponsoring Organizations of the Treadway Commission (COSO)(1992), *Internal Control — Integrated Framework*.

8. Committee of Sponsoring Organizations of the Treadway Commission (COSO)(2003), *Enterprise Risk Management Framework*.

9. Radebaugh, L. H., Gray, S. J. and Black, E. L. (2007), *International Accounting and Multinational Enterprises*, 6th edition, China Machine Press, chapters 12.

10. Root, Steven J. (1998), *Beyond COSO-Internal Control to Enhance Corporate Governance*, John Wiley & Sons.

11. Walton, P., Haller, A. and Raffournier B. (1998), *International Accounting*, International Thomson Business Press, chapter 17.

上 网 查 询

1. 主要股票交易所上市国内外公司情况

　　http://www.world-exchanges.org/WFE/home.Asp

2. 国际资本流动和各国国外直接投资情况

　　http://www.oecd.org/

第七章　国际财务报告

在国际经营活动中，"财务报告"一词的使用频率越来越高，不但在有些场合与"会计"相提并论，而且有时取而代之，成为所讨论问题中的中心概念。一般来说，并列使用中的"会计"是指财务会计。若将财务会计分为确认、计量和披露等过程，那么"会计"就是指确认和计量的过程，而"报告"则包含着披露的含义。这种并列使用改变了"财务报告"的地位，实际上，国际会计协调的核心是财务报告的国际协调。

第一节　国际财务报告的类型及其编报中面临的问题

一、财务报告是重要的决策信息载体

会计本身具有传递财务信息的含义。但是，"财务报告"从会计中"独立"出来被提到重要地位、具有了市场经济的色彩是在股份公司产生之后。股份公司产生之前，会计的重心在于将经济业务记录清楚，侧重于对内报告；而股份公司产生之后，如何向目前的和潜在的股东"报告"公司的财务状况和经营成果逐渐地在会计系统中占据了越来越重要的地位。可以说，财务报告日益重要的地位是导致财务会计与管理会计最终分道扬镳的一个重要因素。在西方国家中，有一个无须引证的公认说法：财务会计就是对外报告会计。

（一）财务报告是联系报告关系各方的纽带

对外报告会计已经不仅仅是公司内部自己的事务了，然而实行自由资本主义制度的英美等国，直到 1929 年以后才从经济大崩溃的惨痛教训中认识到这一点。股份公司发展以后，在财务信息披露领域里逐渐形成了一个新的"市场"，在这个市场上，公司是财务信息的提供者，股东等有利害关系各方是财务信息的接受者，财务报告是这个市场上的"产品"，信息使用者对这一产品的基本要求是要有可比性和可靠性，因此，"公认会计原则"和审计制度应运而生。财务报告成为了连接财务信息提供者、接受者、规则制定者和审计人相互关系的纽带。财务报告是这个市场上有关各方关注的"焦点"。美国政府开始干涉公司会计事务是从规范上市公司的财务信息披露开始的，1933 年和 1934 年的《证券法》和《证券交易法》责成证券交易委员会具体负责"财务报告市场"的运作。

(二) 财务报告是会计准则规范的核心

西方财务会计准则的制定是围绕着财务报告进行的,这可以说是抓住了"笼头","执了牛耳"。美国1973年成立的财务会计准则委员会将财务报告的中心地位上升到理论高度,目标、要素、质量特征、确认和计量等会计的基本概念实际上都是为财务报告服务的。为此财务会计准则委员会颁发了《财务会计概念公告》,旨在为制定财务会计准则提供一种统一的基础和指南,第一号公告是"企业财务报告的目标",用大量的篇幅直接论述了财务报告的目标,如其中的第34段、第37段和第40段,而不是泛泛地讲会计的目标,这样也就明确了财务会计准则的目标,并将财务会计准则限定在规范财务报告以及与此相联系的确认和计量方面。英国1990年新组建的会计准则委员会将其准则定名为"财务报告准则",使用了一个非常准确的术语,反映了英国人制定会计准则从"推荐最佳会计实务"到"规范公司财务报告"的转变。2001年改组后的国际会计准则委员会决定将其制定的准则更名为"国际财务报告准则",反映了国际会计界对准则规范的核心和对象是财务报告这一问题达成的共识。

(三) 财务报告成为公司法规规范的对象

各国管理公司的公司法或公司条例一般都对财务报告作出了规定,如中国、英国等国的公司法。这样的规定是调整财务信息提供者和财务信息接受者之间法律关系的规范。财务报告提供者和接受者之间不断出现的法律纠纷,促使财务报告法规日臻完善,在荷兰甚至促成了专门解决这种争端的法庭的建立。

荷兰1971年开始生效的《年报条例》(The Act on Annual Accounts)对荷兰企业的财务报告制定了基本的法律要求,该条例适用于荷兰的所有企业,包括上市公司和非上市公司。条例主要包括三部分内容:一般要求、披露要求和关于"企业庭"(The Enterprise Chamber)的规则。"企业庭"是阿姆斯特丹法院特设的一个法庭,专门负责解决公司和与其财务报告有利害关系的各方出现的争端。根据《年报条例》,与一个公司财务报告有直接利害关系的个人和组织,在该公司财务报告公布日或批准日之后两个月内可以对该公司财务报告的虚假和失误等问题向企业庭提出控告。通过"企业庭"解决财务报告争端构成了荷兰会计环境的一大特色。据说美国也有人提出过建立"会计法庭"的建议①。

(四) 财务报告是证券市场正常运转的基本条件

财务报告在证券市场的正常运转中居于重要地位,这已被正反两方面的许多事例所证实,缺乏财务报告提供的财务信息给投资者带来损失和给证券流通带来障碍的经历在许多国家证券市场的发展过程中都有过。当然,财务报告在决策者的决策过程中究竟发挥了多大的作用,仍是许多研究者的研究课题。

---

① Klaassen, Jan (1980) "An Accounting Court: The Impact of the Enterprise Chamber on Financial Reporting in the Netherlands", *The Accounting Review*, April.

随着信息技术的发展,财务报告必将进一步成为证券市场正常运转的一个必不可少的基本条件。例如,各报告公司均与如互联网之类的计算机网络联网,通过网络向信息使用者提供明细的以及综合的财务信息,这将可能在定期报告的基础上实现实时报告。实时报告系统的实现将大大提高财务报告在财务信息使用者的经济决策中的地位和作用,计算机技术的发展已经为实时报告系统的建立提供了物质基础,从而使财务报告真正成为证券市场正常运转的基本条件。

财务会计就是对外报告会计,重心是财务报告,在市场经济条件下,尤其是随着证券市场的发展,财务报告日益成为各方关注的焦点。国际直接投资和间接投资的发展产生了国际会计协调问题,会计的国际协调实际上是财务报告的国际协调。

二、国际财务报告的类型和内容

本书所讲的国际财务报告,是指为满足两个以上国家信息使用者的需求而编报的公司财务报告。国际财务报告的提供者主要是跨国公司,需求者主要是跨国公司目前的和潜在的投资者、债权人、政府部门、税务当局以及国际财务报告分析专家等。国际财务报告是与国际融资和国际投资的发展扩大紧密相连的。跨国公司在不同国家进行直接投资、在国外证券交易所上市证券、从国际金融市场筹集资金等进行的各项活动中,需要在项目申报书,募资说明书等文件中向国外有关各方提供本公司的财务报告,以完成投资、筹资、融资和国际经营活动等各项任务;为保持其证券的正常流通和满足投资者和贷款者的信息需求,跨国公司还要向有关各方提供年度财务报告。因此,国际财务报告是跨越一个国家国境、为多个国家信息使用者使用的一种公司报告。

国际财务报告的类型主要有两种:一是跨国公司编制的合并财务报告;二是为特定需求者提供的专门财务报告。跨国公司可以通过编制合并财务报告满足世界不同国家的使用者对这种合并信息的需求。这种财务报告往往采用一个国家的会计原则或准则编报,要求报告的使用者要了解编报财务报告所遵循的该国的会计原则或准则。当按某国会计原则或准则编报的财务报告不能满足特定需求者的需求时,就需要有关的公司提供专门的财务报告。如提供采用报告使用者所在国的会计原则或准则调整后的财务报告,翻译为报告使用者所用语言和折算为报告使用者所用货币的财务报告等。

跨国公司提供国际财务报告的做法有:向国外使用者提供与向国内使用者提供的一样的财务报告;向国外使用者提供按某国会计准则或国际会计准则重新编制的财务报告;向国外使用者提供翻译为某种语言和折算为某种货币的财务报告;在公司财务报表的附注部分进行披露,提供适合国外使用者需要的补充信息;同时提供两套财务报告,即在正常的财务报告的基础上,再提供一套适合特定需求者需要的财务报告。

由于各国的法律要求不同,各国公司财务报告披露的内容也不尽相同。但随着国际经济交往的不断加深,各国公司财务报告披露的内容也在向着统一化的方向发展。经济合作与发展组织和联合国的跨国公司委员会等组织通过发布各种指导性文件在规范跨国公司财务报告披露内容方面发挥了一定的作用。从目前大多数跨国公司公布的年度财务报告来看,国际财务报告的披露内容主要包括:① 公司最高管理层的说明或报告,如董事会报告,由董事会董事长或主席对公司主要经营活动所作的回顾和对未来展望所作的说明;② 公司经营业绩概况,公司主要经济业务、产品和劳务等方面已达到的水平、占领的市场和未来的发展前景;③ 公司财务报表,包括合并资产负债表、合并损益表和合并现金流量表;④ 财务报表附注,包括会计政策的说明、会计方法的选择、财务报表中某些项目的详细说明、物价变动对公司财务报表产生的影响、分部报告等;⑤ 公司管理人员对财务报表所负责任的说明书;⑥ 审计报告。有的公司还提供下列非财务信息:⑦ 社会责任报告,包括雇员情况、工资及相关成本的水平、健康和安全条件、其他工作条件、职工培训以及行业关系等;⑧ 公司组织结构和主要股东的持股情况;⑨ 环境报告,包括环境保护和控制污染的措施等。

三、国际财务报告编报中面临的问题

(一)合并信息与分部报告

国际财务报告的编报者往往是大型企业集团,尤其是跨国公司。它们必须提供合并财务报告,合并报表中所面临的问题直接影响着国际财务报告的编报,如合并范围问题,如果一个公司只合并国内的子公司显然不能满足国际财务信息使用者的需要;再如合并方法的选择,各国选择不同的合并方法直接影响着合并报表所披露信息的可比性。

合并报表是从总体上反映一个集团的财务状况和经营成果总括情况的,因此它不能揭示集团内部各成员之间的差异,合并信息有助于人们理解企业集团或跨国公司的全貌,但是却不能使人了解集团的地域分布和行业发展等细节,合并报表提供的信息过分概括,这是它的一个缺陷。这一不足需要通过分部报告的方式加以弥补。按行业分部和地域分部提供的企业集团或跨国公司的分部财务信息,可以使合并报表得到补充和完善,使国际财务报告趋于合理。

(二)执行何种会计准则

跨国公司母公司和各子公司分别处于不同的国家从事生产经营活动,面临着选用母公司所在国会计准则还是子公司所在国会计准则进行会计处理和提供财务报告的问题,整个跨国公司可能涉及多个国家的会计准则和报告要求,由此决定了跨国公司要对不同会计准则进行调整,或者要求按不同的报告规则编制多套财务报告。

(三)报告语言与报告货币

语言的选择和货币的选择是国际财务报告编制中明显区别于国内财务报告的一个方面。国际财务报告的读者分属不同的国家、使用着不同的语言、熟悉不同的货币,为满足读者的需要,就要考虑使用何种语言和货币编报财务报告。

（四）披露的深度

财务报告披露内容的多少与深浅受两个方面的因素制约：一是考虑决策有用性的目标；二是考虑使用者的接受水平。为了能够使使用者作出正确的决策，必须向他们提供全面、准确、详细的各种信息，这将导致公司财务报告内容增多、披露趋向于复杂。而考虑读者的接受水平，要使广大的使用者能理解，必须提高财务信息的明了性和可比性，但是这将导致公司财务报告内容减少、披露趋于简化。

（五）使用者的理解

哪些使用者群体有权得到信息和得到什么信息影响着公司财务报告的内容、影响着公司信息披露的范围。而对各种使用者群体信息的具体接受者的分析决定着公司信息披露的深度。现在已经有人研究公司信息接受者理解和运用公司财务报告的能力。许多研究结果都表明，这些使用者中的相当一部分人既不阅读也不理解他们得到的公司财务报告。

在报表接受者中有一部分是财务分析专家，大多数投资者和债权人需要依赖这些财务分析专家的分析结果。为了作出正确的决策，他们或者"购买"专家的咨询意见，或者求助于报纸杂志的分析文章。而工会则有自己的财务分析专家或研究部门，可以自己进行信息分析。

（六）审计

国际财务报表的审计涉及两个方面的问题：一是合并报表的审计问题，即是由一个国际会计公司对跨国公司进行审计还是由多个会计师事务所对其进行审计，在后一种情况下存在着各事务所之间如何进行协调的问题，无论哪种情况都有利用其他会计师和专家的工作的情况；二是各国审计准则存在差异，国际财务报表的审计中应执行何种审计准则，各国审计准则应如何进行协调。

第二节　回应国际需求的措施

一、跨国公司信息披露的压力和阻力

（一）压力

证券市场的发达是形成这种压力的主要来源。对跨国公司日益增长的信息披露要求来源于规则制定机构或准则制定机构，既来自政府也来自职业界。证券市场的国际化发展使财务报告也向国际化方向发展。国际财务报告的使用者首先是各国的投资者和债权人，他们对跨国公司信息披露的统一性和可比性有着强烈的要求，因为他们要将国际财务报告所披露的信息内容作为投资决策、贷款决策和其他经济决策的重要依据。

在竞争性经济中，公司获得投资者的投资需要通过竞争的途径实现，在国际经济环境中这种竞争更加明显，国际财务报告是披露公司管理人员履行其会计责任的一种手段。竞争促进信息的披露；可靠信息的披露，有利于投资者的正确决策，最终将会促使有限的社会资源得到最有效的配置。

政府和工会也是重要的信息需求者，各国政府对跨国公司信息披露方面的要求反映在联合国、经合发展组织和欧盟等国际性政府组织发布的各种文件和制定的各种规则之中。许多国家的政府在第二次世界大战之后抛弃了"管的最少的政府是最好的政府"和"不加限制地追求个人利益将使社会福利最大化"等传统观念，开始干涉企业的经济行为和社会经济事务，为此加大了对公司信息披露要求制定严格规则的力度。跨国公司各子公司所在国有许多是发展中国家，这些发展中国家作为东道国政府为了加强对跨国公司的监管，要求跨国公司披露更多信息的压力也在不断增加。工会组织通过各种方式"参与管理"，通过扩大谈判和依靠自己的力量，给跨国公司造成了一定的压力，从跨国公司得到了为其特定目的服务的经过"剪裁"的财务信息和其他信息。

如果跨国公司管理人员认识到信息需求者对信息的需求，而且认识到满足这种需求对跨国公司的投资和筹资活动都极为有利，那么他们就会自愿地披露使用者所需要的信息。公司有关财务状况、经营业绩和前景趋势的信息的公布有助于使用者消除分析中的不确定性，从而对公司的股票市价和资本成本都会产生影响。经营业绩好的公司自愿地披露反映这种业绩的信息，对公司股票的市价就会产生有利的影响；从而这些自愿披露信息的公司对信息披露不够的公司产生披露更多信息的压力，因为投资者会认为不公布详细财务信息的公司，其财务状况和经营成果可能存在问题。这样，经营业绩好的公司自愿披露信息的做法产生了"拉动"效应，"拉动"了跨国公司管理人员的披露动机，并增进了公司信息披露的内容。

20世纪50、60年代是跨国公司自由发展的黄金时期，70年代以后，各国政府逐渐加强了对跨国公司的监督管理，其中包括加强了对跨国公司信息披露方面的越来越多的强制要求。各国政府的要求对跨国公司的信息披露产生了另一种压力，使一些跨国公司对政府的介入和控制产生了疑虑，也造成了一些跨国公司和某些国家政府之间的矛盾。联合国和经合发展组织在这方面进行了协调并努力，对跨国公司信息披露的内容和范围提出了建议和指南。

（二）阻力

信息的产生和公布是需要成本的。从这一角度分析，如果公布信息和增加公布内容的成本大于所可能带来的益处，那么跨国公司就会减少这方面的工作，从而减少公布的信息。信息产生和公布的成本包括收集和处理信息过程中所耗资源的价值以及信息审计和交流中的各种支出。成本过高会成为跨国公司信息披露中的一种阻力。

信息的披露不是一种市场交易，使用者不需要为使用信息支付款项，这种情况助长了对信息披露要求和内容的无限扩大。许多跨国公司经常抱怨,大多数财务报表使用者低估信息的生产成本甚至忽视这种成本的存在,所以产生了使用者的过分需求。这成为跨国公司减少信息披露的一个理由。

虽然一般认为信息披露的成本不应大于所可能带来的效益,但是这种说明只是一种抽象的理论分析,实际当中很难进行计量。相对来说,信息的生产成本尽管计量困难但是仍有可能予以计量,而信息披露所可能带来的益处却几乎无法计量,人们很难确定由于哪些信息的披露改变了哪些信息使用者的行为,从而使这些信息使用者作出了有利于本公司的决策。这样成本效益评价并无真实的实证证据予以支持。

另一种使跨国公司减少其信息披露的理由是,信息披露过多会使公司处于"竞争劣势",即竞争者会利用所披露的信息取得较有力的竞争地位,从而损害披露信息公司的利益。"竞争劣势"的理由在有关信息披露的争论中常有人提出,但却没有相应的实例予以证实,所以,有人认为这只是跨国公司减少其信息披露的一种借口,实际上并不存在这种情况。

总之,国际资本市场和各国政府对跨国公司的信息披露产生了压力,面对这种压力跨国公司需要进行权衡,要考虑信息编制和披露的成本和所谓的"竞争劣势",也要考虑信息披露给公司带来的益处和不披露必要信息可能给公司带来的不利处境。

二、跨国公司对国际需求的回应措施

中国报表读者拿到一家法国公司的财务报表时,可能遇到的第一个问题是读不懂法文,其次也许是对欧元的币值和汇率不甚了解,再加之缺乏法国会计准则和会计实务方面的知识,这样,中国的信息使用者就无法很好地利用法国公司的财务报告。同样,美国人拿到西班牙语的财务报告、德国人拿到日文的财务报告,也会面临这样的问题。

面对各国不同的信息使用者,跨国公司有无满足不同需求的措施呢? 概括起来跨国公司对待国外财务报告读者的需求可分为五种做法①:

（一）不作为

跨国公司向国外报表使用者提供的报表与向国内使用者提供的报表完全一样,使用本国语言和货币、运用本国的会计准则。这种做法将弄懂财务报告的责任完全推给了国外报表读者。这种做法一般不是选择的结果,往往是一种原始状态,当公司主要在国内筹资时,不会为国外极少数读者增加财务报表编报开支。有些公司虽然能从国际上筹集大量资金,但是筹资渠道是私募,如直接向养老基金出售其证券,这样的公司也不会有编报国际财务报告的动机。也有一些公司是因为其所用语言和货币在国际上比较流行,能为国际上大多数读者所理解,所以这些公司只提供一套财务报告,如英美等国的公司就因此

---

① 参见米勒、热农和米克:《国际会计学》(英文版),机械工业出版社 1998 年版,第 60～66 页。

而受益不少。

（二）提供简易的翻译信息

有些公司将财务报表翻译为国际上读者群体中使用某种语言人数最多的那种语言版本，但仍然使用本国货币和运用本国的会计准则。常见的有将本国财务报表翻译为英语、法语、德语或西班牙语的。这使熟悉这些语言的读者能够阅读财务报表，但是要真正理解表中所披露的财务信息，还需要读者了解公司所在国的会计准则和会计实务。在国际上通过私募渠道筹集资金的公司，在不能不作为时，往往采用这种方式。

（三）提供简易报表

这比提供简易的翻译信息又进了一步，不仅对某些财务信息进行翻译，而且提供读者群体中使用某种货币人数最多的那种货币的报表，但对会计准则不进行调整，仍然使用公司所在国的会计准则，编报这种报表要涉及外币折算问题。因此，报表读者既要意识到报表采用的会计准则与本国不同，又要对外币折算业务有一定的了解，否则，有可能误解报表中的某些信息。

（四）在有限的基础上重新编报

所谓重新编报是指按另一套会计准则对某些报表项目进行调整，提供按报表读者所熟悉的会计准则披露的数据。它不是对整个财务报表进行重新编制，只是在财务报表附注中提供某些项目的补充信息，所以是在有限的基础上重新编报。调整的项目主要是净利润及总资产和净资产等。这种信息所用的语言是翻译的，但货币不进行转换，以便排除汇率变动的影响，集中反映会计准则不同引起的差异。

（五）提供两套财务报表

公司在用本国语言、本国货币和本国会计准则编制适于本国读者的财务报表的同时，编制另一套用另一种语言、货币和会计准则反映的财务报表，以适应国外报表读者的需求。在编制这种适应国外读者需求的财务报表时，多数跨国公司采用美国会计准则或国际会计准则。提供两套财务报表，跨国公司不但要进行外币折算，而且要进行大量的会计调整，是工作量最大的一种方式，尽管如此，为了能在国际资本市场上筹资和融资，跨国公司认为付出的这种代价是值得的。

三、编报财务报告的概念框架

国际会计准则委员会于 1989 年批准颁布了一个概念性文件"编报财务报表的框架结构"，它对协调会计准则、进而增进财务报告的趋同性和可比性具有重要作用。

世界上许多企业都编制并且向外部使用者呈报财务报表。尽管不同国家的财务报表看上去可能相似，但实际上却存在着差别。这种差别可能是由于各种社会、经济和法律环境的不同所引起的，同时也可能是由于不同的国家在制定国家级标准时考虑到财务报表不同使用者的需要所引起的。

这些不同的环境,导致了财务报表要素亦即资产、负债、权益、收益和费用等不同定义的使用,同时还导致了使用不同的标准确认财务报表中的项目以及对不同计量基础的取舍。财务报表的范围和财务报表中的列报内容,也在某种程度上受到影响。

(一)框架的目的和主要内容

国际会计准则委员会颁布"编报财务报表的框架结构"的目的是:① 有助于制定和复审国际会计准则;② 减少备选会计处理方法,促进协调;③ 有助于各国准则制定机构发展国家级准则;④ 有助于报表编制者应用国际会计准则;⑤ 有助于审计师形成意见;⑥ 有助于使用者理解财务报表中所包含的信息;⑦ 提供关于制定国际会计准则的方法的信息。

该框架内容包括:① 财务报表的目标;② 决定财务报表信息有用性的质量特征;③ 构成财务报表要素的定义、确认和计量;④ 资本和资本保全概念。

该框架概括的报表使用者及其信息需求包括:① 投资者,要了解投资的内在风险和投资报酬;② 雇员,要了解雇主的稳定性和获利能力;③ 贷款人,要了解贷款和贷款利息能否得到支付;④ 供应商和其他商业债权人,要了解欠款能否收回;⑤ 顾客,要了解企业的延续性;⑥ 政府及其机构,要了解资源的分配及企业的活动;⑦ 公众,要了解企业兴衰趋势、近期发展和活动范围。

该框架结构颁布实施后起到了很好的作用,但进入 21 世纪以后国际会计界逐步认识到需要对它进行改进,它的内容有些已经过时,如指导资产负债等要素的确认标准;有些不是很清晰,如计量不确定性的作用等。2004 年国际会计准则委员会与美国财务会计准则委员会开始合作修订该框架结构,2011 年修订工作告一段落。2012 年国际会计准则委员会独自重启该框架结构的修订工作。2018 年修订后的文件重命名为"财务报告的概念框架"予以发布。

修订后的框架内容包括:① 一般目的财务报告的目标;② 有用财务信息的质量特征;③ 财务报表和报告实体;④ 财务报表要素;⑤ 确认和终止确认;⑥ 计量;⑦ 列报与披露;⑧ 资本和资本保全概念。

(二)一般目的财务报告的目标

原"编报财务报表的框架结构"表述的财务报告的目标是,提供关于企业财务状况、经营业绩和财务状况变动方面的信息,这种信息有助于大量使用者进行经济决策。但是财务报表并不能提供使用者进行经济决策时需要的所有信息。同时财务报表还反映企业管理层对交托给它的资源的经管责任或受托责任的实施成果。

修订后的"财务报告的概念框架"表述的财务报告的目标是,一般目的财务报告的目标是提供报告主体的财务信息,这些信息对现存的和潜在的投资者、债权人及其他信贷人进行有关向该实体提供资源的决策中是有用的,这些决策包括:① 购买、出售或持有权益工具和债务工具;② 提供或清算借款及其他形式的信贷;③ 对管理层的行动行使投票权或施加其他影响来左右该实体经济资源的利用。可以看到修订后的目标表述更加具体。

（三）有用财务信息的质量特征

质量特征是指使财务报表提供的信息对使用者有用的那些属性。原"编报财务报表的框架结构"认定的财务报表的质量特征包括可理解性、相关性、可靠性、可比性等。

可理解性是说，假定使用者对商业和经济活动以及会计具有一定的知识，并且愿意相当努力地去研究信息，财务报表应能使这样的使用者阅读和理解。然而，有些关于复杂事项的信息由于它们与使用者作经济决策的需要相关而应包括在财务报表之中，不能仅仅因为这些信息对于某些使用者来说过于难以理解而将它们排除在财务报表之外。

信息的有用性在于其与使用者的决策相关，相关的信息应具有预测作用和确证作用。当信息通过帮助使用者评价过去、现在和未来事项或确认、更改他们过去的评价从而影响到他们的经济决策时，信息就具有相关性。相关的信息具有重要性特征，在某些情况下，单凭信息的性质就足以确定其相关性。如果信息的遗漏或错报会影响使用者根据财务报表所作的经济决策，信息就具有重要性。

有用的信息还必须是可靠的。当信息没有重要错误或偏见并且能够忠实反映其所拟反映或理当反映的情况以供使用者作依据时，信息就具备了可靠性。可靠的信息要具备这样一些特性：真实反映、实质重于形式、中立性、审慎性和完整性。

可比性的要求是，不同时期、不同企业的财务报表可比；同类交易和其他事项的处理方法要保持一致；将编制财务报表所采用的会计政策、这些政策的变更以及变更的影响告诉使用者；允许引进经过改进的会计准则；财务报表反映以前各期的相应信息是重要的。

修订后的"财务报告的概念框架"将有用财务信息的质量特征概括为两个层次：第一个层次是基本质量特征，包括相关性和如实反映，相关的信息应当具有预测价值和证实价值。财务信息还必须如实反映其旨在反映的经济现实，这一基本特征包括全面性、中立性和无差错。第二个层次是增进质量特征，是在基本质量特征的基础上增进信息有用性的质量特征，包括可比性、可验证性、及时性和可理解性。

财务报表的要素包括财务状况要素，资产、负债和权益；经营业绩要素，收益和费用。财务报表要素如果满足了以下标准，就应当加以确认：① 与该项目有关的任何未来经济利益很可能会流入或流出企业；② 对该项目的成本或价值能够可靠地加以计量。财务报表要素的计量是指为了在资产负债表和损益表中确认和计列有关要素而确定其货币金额的过程。计量基础有：历史成本、现行成本、可变现（结算）价值、现值，历史成本通常与其他计量基础结合起来使用。

第三节 国际财务报表分析的特殊要求

国际财务报表分析是利用国际财务报告的具体形式之一,对于财务报告提供的财务信息,有的可以直接满足报表读者的需求,有的则需要报表使用者进行进一步的分析才能得出相关的结论。财务报表分析在很大程度上依赖于娴熟地运用各种财务比率,这些比率反映财务报表中不同项目间的重大关系,通过对这些比率的分析将有助于信息使用者对报表所反映的公司的经营成果、财务状况和发展前景作出判断和评价。

进行国际财务报表分析与国内报表分析的基本方法是一样的,往往运用对比分析的方式:如,① 与公司所确立的预算或标准进行对比,分析实际与预算或标准之间的差异及其产生差异的原因;② 与公司历史数据进行对比,进行时间序列分析,掌握各年数据所反映的经济活动的发展变动趋势和规律;③ 与同行业最高水平、平均水平以及其他相关数据进行对比,了解被分析者所处的地位、达到的水平、存在的差距和发展的潜力等。

此外,在进行国际财务报表分析时,还要了解与国内报表分析的不同之处,这样才能对国际财务报表提供的信息有更好的理解和运用。

一、了解报表提供者所在国的会计环境

如前所述,会计是环境的产物,要对一个公司的财务报表有很好地理解,必须要对该公司所在国的会计环境有深刻的了解。国际财务报表分析人员首先应了解一个国家的政治法律制度、社会文化习俗、经济发展水平等基本环境条件,其次应弄清企业经营环境,如基本经济制度和体制、企业资金的主要来源、币值和汇率的稳定状况、企业的一般规模和治理结构的完善程度、政府对企业的监管措施及相应的监管部门以及一般的商业惯例等等。

二、了解国际财务报告披露实务

国际性财务报表分析的国际性表现在,跨国公司的财务报表是概括了来源于不同国家、使用了不同货币的多个报表的结果。因此在进行国际财务报表分析中进行国际间的比较时应考虑数据的可比性。国际财务报表的读者分布于不同的国家,地理范围比较广泛,认识到这一点,许多跨国公司在满足国际报表使用者方面都采取了一定的措施,例如:① 为国外使用者单独编制注释和词汇表。这需要了解国外使用者所在国的会计原则和会计实务,并据此编制使用者能理解的注释和词汇表。② 按国际上认可的会计原则重新表述报表数据,提供重新表述的财务信息。③ 将本国货币表示的报表折算成国外报表使用者熟悉的货币表示的报表。④ 将年度报告翻译成几种不同语言的版本。不过,需要注

意的是,翻译后的财务报告往往与原文不能完全一致,或失去原文中的某些含义,或增加了原文中没有的意思。因此,有的国家的审计报告明确指明审计报告只对原文财务报表负责。⑤ 披露各种财务比率,为报表使用者的分析提供了便利。然而,各公司披露哪些比率却存在着相当大的差异,而且某些比率的计算方法也不完全一致。所以有人提出财务报告中应披露标准的财务比率。

三、理解各国经营环境中的差异

各国经营环境的差异造就了国际财务报告的差异。要了解各国财务报告方面的差异,首先应了解造成这种差异的环境因素,这种环境差异与第一章所述的会计环境差异是一致的。除这些基本的环境差异外,使各国财务报告产生明显差异的因素还有许多,以下例举几个方面。

（一）社会保险制度

社会保险制度涉及有关职工保险支出的会计处理,从而影响财务报告的结果。有的国家规定公司提取的职工养老金必须交由一个金融机构负责管理和运作,对于这样的公司来说,这笔资金必须流出本公司;而有的国家则规定公司提取的职工养老金可以留在本公司,由公司负责管理和运作,这样该公司就会增加本期营运资本。这种差异不是公司筹资手段和能力的差异,而是某种社会制度不同的差异。

（二）筹资惯例

筹资惯例影响公司的资本构成和流动性等方面。有的国家公司资本的主要来源是股东的投资,通过银行和发行债券等方式筹集的资金占公司资金总额的比例较低,各公司一般保持较高的流动比率;而另一些国家的公司资本主要来源于银行等债权人,各公司的负债比率较高,而且保持较低的流动比率。图表 7-1 列示了美国、日本和韩国的一些公司的流动比率和负债比率等指标,可从中进行一些对比①。

（图表 7-1）

美国、日本和韩国的一些公司几项财务指标对比

财务指标	美国（976 家公司）	日本（354 家公司）	韩国（902 家公司）
流动比率	1.94	1.15	1.13
负债比率	0.47	0.84	0.78
利息倍数	6.50	1.60	1.80

---

① Choi, F. D. S., Hino, H., Sang, K. M., Sang, O. N., Ujiie, J. and Stonehill, A. I. (1983) "Analyzing foreign financial statements: the use and misuse of international ratio analysis", Journal of International Business Studies, Spring/Summer, p. 115.

从图表7-1中可以看到,美国公司平均的流动比率接近2,而日本和韩国公司的流动比率刚刚超过1;美国公司平均的负债比率不到50%,而日本和韩国公司的负债比率在80%上下;美国公司平均的利息倍数达6.50,而日本和韩国公司的利息倍数却分别只有1.60和1.80。因而在进行这些国家的报表分析时,不能从简单的对比中得出结论认为,日本和韩国公司的流动性差、负债比率高、利息倍数低,因而风险比美国公司大。所以,在进行财务分析时需要考虑各国的筹资惯例和经营环境。

（三）国家的特殊规定

各个国家在金融、投资、税收等方面都有自己的一些特殊规定,对公司的财务报告产生了直接的影响。在进行国际财务报告分析时需要了解这些规定,有时要排除和调整这些不同规定的影响之后,才能进行对比分析,才有可能得出客观、正确的结论。

例如,在瑞典,政府规定各公司要将税前利润的25%分配到一个特种投资储备账户中,这种投资储备经政府批准后可用于固定资产投资。特种储备在英美等国是不多见的,所以瑞典公司的财务报表与英美公司的财务报表进行比较时就需要进行一定的调整。从英美的观点来看,未纳税储备实际上是股东权益和递延税的混合,递延税部分相当于政府给予的无息贷款。这种储备的存在使得政府也成为公司资金的供应者,而且对公司负债比率的计算也有很大的影响。此外由于不同的规定,在其他一些会计项目的处理上也存在差异,这样瑞典公司按本国规则计算的利润与按英美国家的准则计算的利润往往会产生较大的差异。例如,瑞典沃尔沃公司1997—1999年按本国规定计算的利润和按美国公认会计原则调整后的利润有相等大的差异,如图表7-2所示:

（图表7-2）

瑞典沃尔沃公司利润调整表

项　目　　　　　　年　份	1997	1998	1999
按瑞典会计原则计算的利润(百万克朗)	10 481	8 437	32 222
增(减)项目:			
外币折算	(4 994)	535	576
企业合并	(529)	(530)	(91)
参加股	—	90	12
利息成本	28	20	21
租赁	46	(118)	39
证券投资	123	116	253
影响可比性的项目	—	1 178	(1 325)

（续表）

项　目　　　　年　份	1997	1998	1999
退休金及其他职工福利	65	313	40
软件开发	—	—	370
其他	—	—	(22)
上述调整对税金的影响	1 336	(609)	(405)
利润净增加(减少)	(3 925)	995	(532)
按美国公认会计原则计算的利润	6 556	9 432	31 690

第四节　关于双重报告问题的讨论

在纽约证券交易所等国际性筹资市场上市的公司要受到各种苛刻要求的限制,如要根据美国会计准则要求对账务进行调整,提供符合美国会计准则要求的财务报表。这就使得这些公司必须编制两套财务报表,出现了前述的编报两套财务报表的情况。对于必须应用国际会计准则的公司,情况也是如此。一个公司根据两套会计准则编报财务报表,会产生两个完全不同的收益值。

这种情况产生了一个问题,即当两种收益值有很大的不同时,究竟哪一个更准确,投资者应以哪个数据为依据。从理论的角度来看,这两个数据都不能被看作是完全正确的。对收益的估计是带有主观预计的,任何会计估计都是一种近似值。不同的会计规则会导致不同的估计结果。例如,英国可以将固定资产重新估价超过历史成本,但是在美国、德国等国这是不允许的。两种方法都有其有道理的一面。

德国的奔驰公司在纽约证券交易所上市之时及之后,就曾提供过两个不同的收益值,但是公司必须就两个值之间的差额做出解释。这种解释甚至在两个结果非常接近的情况卜也必须作出。在两套会计准则中使用完全相反的会计方法是很难对市场做出解释的。

为了进行合并,母公司还要根据第二套报表的要求对子公司提供的数据进行调整。在这种情况下,编制第二套报表所需要的信息可以从各个子公司的期间数据文件中得到。在将子公司的第二套报表整合进入母公司的报表时,还必须要保证明确知道其他国家的会计规则并且做出相应的更新。这就要对相关国家会计准则的改变做出连续的观察,及时地收集必要的信息。

这种重新编制的过程还会有会计技术方面的考虑,许多由最高的管理当局做出的决策会对外部报告产生影响，并且会体现在外部的报告中。于是如何将决策体现在给投资者提供的核心信息中也就成为管理当局的一项重要决策，因为在会计规则中会有一定的机会可以使公司的情况看来更好一些。但是当同时考虑到两种不同的会计系统时，相同的情况可能会产生不同的处理方法，这样最优的处理方法就无法达到。

在考虑到股利的问题时，集团报表被认为处于首要位置，因为集团报表信息被认为是投资者做出投资决策的基础。对于国际投资者而言，股利应该在集团报表的基础上计算出来。

为了说明有两种收益衡量的方法，下面以德国奔驰公司在纽约证券交易所上市时的经历为例，介绍如下：

当奔驰公司在 1993 年 10 月决定在纽约证券交易所上市时，公司开始将其德国报表与美国会计准则进行协调。对数据的重新报告要追溯到 1990 年，公司需要决定如何与美国的会计要求进行协调。当按表 20 - F 进行调整时，外国公司可以从第 17 或 18 条中选择一个，而第 18 条又有两种选择。第 17 条相对简单一些，因为它只要求一套根据本国准则制定的报表，其中只有所有者权益和收益需要根据美国的会计准则调整，并提供现金流量表和所有者权益变动情况。第 18 条的第一种的选择要求所有美国会计准则要求的附加信息都要有附注加以说明。比如包括业务的分类、关于养老金的细节、税务以及由财务机构和投资者所拥有的证券的市值等。第二种选择要求完全按照美国会计准则进行报告，比如价值确定、报表的格式以及附注均要遵循美国的规则。在这种情况下不需要调整所有者权益以及收益。

以上每一种选择都有其有利的一面和不利的一面。第 17 条对外国公司的报表提出了相对较低的要求，但是对公司筹集新资金有许多限制。因此公司都要按照第 18 条来编制报表。其中第一种选择的有利方面在于可以充分体现本国和美国会计准则的最主要区别。第二种选择可以使美国的投资者及公司更方便地评价该公司，特别是与美国本土的公司作比较。第二种选择的另外一个好处是公司可以在全球范围内使用一个收益值，当然前提是本国允许使用美国会计准则。

奔驰公司决定采用 18 条的第一种选择，因为使用第 17 条会影响将来在美国的股票发行。完全采用美国的会计准则在当时并不是首选，当时无论美国还是德国的投资者都对两种计量方法的区别不是非常的熟悉。1996 年奔驰公司转为使用第二种选择，从那时开始所有的报表都是以美国的会计准则来编制的。

在根据第 18 条的第一种选择在做调整的时候，按德国商业规则计算的资本和留存收益都要与按美国会计准则计算的股东权益和净收益进行调整，所有财务报告要素都要根据美国的会计准则进行重新确定，而且还要将由规则的不同所带来的后果做出说明。图表 7 - 3、7 - 4 列示了奔驰公司对 1992—1994 年股东权益和净收益的调整。

(图表 7 - 3)

股东权益调整　　　　　　　　　　　　单位：百万马克

年　份 项　目	1994	1993	1992
根据德国商业规则计算的股东权益	20 251	18 145	19 719
少数股东权益	(151)	(561)	(1 228)
留存收益	6 205	5 770	9 931
长期合同	262	207	131
商誉	1 978	2 284	1 871
合并中的差额	(652)	—	—
养老金和退休福利	(2 250)	(1 821)	(1 212)
外币兑换	63	85	(342)
货币风险规避差异	1 013	381	580
证券投资	27	—	—
其他估值的差异	(185)	(698)	(1 708)
递延税款	2 874	2 489	(138)
根据美国会计准则得到的股东权益	29 435	26 281	27 604

(图表 7 - 4)

净 收 益 调 整　　　　　　　　　　　　单位：百万马克

年　份 项　目	1994	1993	1992
根据德国商业规则计算的净收益	895	615	1 451
少数股东权益	159	(13)	(33)
留存收益的变化	409	(4 262)	774
长期合同	53	78	(57)
商誉	(350)	(287)	(76)
合并中的差额	(652)	—	337
养老金和退休福利	(432)	(624)	96
外币兑换	(22)	(40)	(94)
货币风险规避差异	633	(225)	(438)

（续表）

年　份 项　目	1994	1993	1992
证券投资	(388)	—	—
其他估值的差异	73	292	88
递延税款	496	2 627	(646)
退休福利	—	—	(52)
证券估值	178	—	—
根据美国会计准则的净收益	1 052	(1 839)	1 350

奔驰公司股东权益按两种会计准则计算显示出了很大的差异。股东权益从1992—1994年根据德国会计规则是从180亿～200亿马克,与按美国会计准则计算的260亿～295亿马克相比几乎差了50%。从净收益来看,1992年和1994年的两种计算结果十分相近,但是在1993年根据美国会计准则得出的结果却是一个负值。如此大的差异被认为是会计系统间存在巨大差异的例证。

复习思考题

1. 简述国际财务报告的概念、类型及内容。
2. 国际财务报告编报中可能面临的问题有哪些? 并简述其解决办法。
3. 简述跨国公司信息披露面临的压力和阻力。
4. 简述进行国际财务报表分析时的方法以及应当注意的问题。
5. 什么是双重报告? 存在什么问题? 你认为应如何解决?

参 考 文 献

1. [美] 米勒、热农和米克:《国际会计学》(英文版)第四章、第七章,机械工业出版社1998年版。

2. [英] 尼克西亚国际审计事务所编,叶陈刚主译:《国际财务报告》,东北财经大学出版社2000年版。

3. Belkaoui, A. R. (1994), *International and Multinaional Accounting*, The Dryden Press, chapter 6.

4. Nobes, C. W. and Parker, R. H. (2016), *Comparative International Accounting*, 13th edition, Pearson Education Limited, chapters 6 & 12.

5. Radebaugh, L. H., Gray, S. J. and Black, E. L. (2007), *International Accounting and Multinational Enterprises*, 6th edition, China Machine Press, chapters 5 & 6.

6. Zeff, Stephen A. (2015), The Trueblood Study Group on the Objectives of Financial Statements (1971—1973): A historical study, *J. Account. Public Policy*.

上 网 查 询

阅读下列公司的财务报表,了解国际财务报表的特征:

1. 瑞士:

https://global. abb/group/en/investments/results-and-reports

2. 美国:

https://www.microsoft. com/en-us/Investor/annual-reports.aspx

3. 日本:

https://www. mitsui. com/jp/en

4. 法国:

https://totalenergies. com/system/files/documents/2021-03/2020-total-form-20-f.pdf

5. 意大利:

https://corporate. pirelli. com/corporate/en-ww/investors/annual-report-download-2020

6. 英国:

https://www. bt. com/about/investors/financial-reporting-and-news/annual-reports

7. 瑞典:

https://www. volvogroup. com/en/investors/reports-and-presentations. html

8. 中国:

http://www. jrj. com. cn/(从"股票"栏目中选择公司和年报项目进行查询)

第八章　合并报表与分部报告

合并财务报表是将集团中各个成员公司所提供的各自财务报表通过一定的合并程序和技术用一套财务报表反映作为一个经济实体的企业集团的整体财务状况、经营成果及其现金流量的报表。合并报表是从总体上反映一个集团的经营成果、财务状况及其变动情况的,为了能够在通过合并信息反映集团全貌的同时,也能揭示集团行业和地域的财务信息,需要分部报告来对合并报表予以补充。

第一节　编报合并财务报表的动因和目的

一、反映企业集团的经济实质

经济和科技的发展、生产与资本的集中不仅使企业规模不断扩大,而且使企业组织结构日益复杂。由于企业规模扩大而产生了如下一些企业组织结构方面和法律方面的安排和设置:① 以分支机构为基础。整个企业组建为一个法律实体,包括若干分公司、分厂、分店或分部,这样的企业多表现为一个大中型企业,甚至是一个特大型企业;② 以子公司为基础。控制子公司的母公司或持股公司及其子公司都是独立的法律实体,它们共同组成一个企业集团,即多个法律实体组建成一个经济实体;③ 上述两者的结合。母公司及其子公司都注册为独立法人的同时,又各自有自己的若干分支机构。无论采用哪种组织方式,它们都作为一个整体存在于经济社会之中,构成经济运行中相对独立的一种经济实体。

然而,各国有关公司财务报告的法规中往往以法律实体作为报告主体,以法律实体作为财务报告规范的对象,作出有关报告要求的各种规定。这样,以分支机构为基础构造的企业需要提供一套反映整个企业财务状况和经营成果的财务报告;而以子公司为基础构造的一个集团,则要由集团的各个成员提供反映各自财务状况和经营成果的多套财务报告,集团的全貌得不到反映。要对一个集团像对一个大型企业一样反映其总体财务状况和经营成果,就必须利用合并财务报表的方式进行。

对于在全球范围内从事经营活动的跨国公司来说,其财务信息应当是全球性的,对这种信息的需求是显而易见的,合并财务报表是提供这种信息的被普遍接受的方式。跨国公司合并财务报表不仅可以满足外部信息需求者的需求,而且对内部管理者也是十分有用的。目前各国的跨国公司大多数都编制和公布合并财务报表,但在具体编报实务方面存在相当大的差异。

第二次世界大战以后,企业集团和跨国公司越来越向规模大型化和经营多样化的方向发展。财务报告的接受者关心一个企业集团或一个跨国公司作为一个整体的财务状况和经营成果,但这并不意味着只有合并信息能满足他们的需求。一个公司未来盈利能力的大小和现金流量的规模及其不确定状况是由多种因素影响的,对于跨国公司来说,所处的国家和所属的行业是重要的影响因素。不同的国家不同的行业有着不同的盈利潜力、不同的风险程度和不同的发展机遇,一个跨国公司内部处于不同地区和不同行业的各子公司的投资报酬率是各不相同的,这些信息在合并财务报表中是得不到的,必须将合并信息进行适当的分解才能满足使用者的需求,满足这种需求的主要方式是编报分部报告,即通过编制分部报告来揭示企业集团和跨国公司地域与行业的信息。

二、促使合并财务报表产生和发展的因素

合并财务报表实务的发源地是美国。19 世纪末 20 世纪初,美国出现了第一次企业联合的高潮,合并财务报表实务在此背景下获得了较大的发展。兼并了 169 家企业而成为世界上第一个资产超过 10 亿美元的企业——美国钢铁公司从 1901 年组建时起就开始编制合并财务报表,并由此建立了一种模式,公司创始人约翰·P·摩根为他能坚持编制合并报表而颇感自豪[①]。

虽然英国、荷兰在 20 世纪 20、30 年代就有了合并报表实务,但欧洲大陆其他国家的合并报表实务发展得却比较迟缓。德国到 60 年代、法国到 80 年代才开始制定合并报表的法定规范。其他一些欧盟国家在第 7 号指令颁布之前对合并报表实务感到陌生,合并报表实务在西班牙、葡萄牙和希腊等国很少见到。日本合并报表实务发展得也相对较晚,1975 年企业会计审议会首次发布"合并财务报表原则"及"合并财务报表原则注释"的会计准则,在此之前,一些公司按照美国的惯例编制合并财务报表,1997 年修订后的"合并财务报表原则"将合并报表规定为企业集团必须编报的主要报表。中国于 20 世纪 80 年代中期开始发展企业集团,1995 年财政部发布了《合并会计报表暂行规定》,对中国企业集团编报合并报表实务作出了规定。

从世界各国合并报表实务发展的情况来看,促使合并财务报表产生和发展的因素主要可归纳为这样几个方面:

(一) 企业集团是合并报表产生的"物质"基础

兼并和合并使企业规模迅速扩大,最具意义的是通过掌握股权而控制其他公司的母

---

① 米勒、热农和米克:《国际会计学》第 103 页,机械工业出版社 1998 年版(英文版)。

公司及其子公司的发展,这使得大量的经济活动都通过集团的形式和组织来进行。经济上成为一体的公司集团要求会计上将其视为一个独立的实体进行反映。

（二）法律将成为许多国家发展合并财务报表实务的"推动力"

合并财务报表首先产生于普通法系的国家中,即法律对财务报表没有严格规定的环境之中;而在大陆法系国家中,法律曾是发展合并报表实务的障碍之一。但是,对于除英美等国以外的大多数国家来说,走"自发"发展的道路已经是不可能。法律曾限制了合并财务报表的发展,而要发展合并财务报表又必须依赖法律的强制性。德国、法国、日本等国就是通过法律或相当于法律的规范促使合并报表实务在本国发展的。欧共体第7号指令也是通过将其有关合并财务报表的要求并入成员国法律的形式来推进欧盟国家合并财务报表实务的发展的。

（三）会计职业界总结和发展了合并报表的理论与方法

富有创新精神的会计职业界是合并报表技术得以提高的一个重要因素。在合并财务报表的发展与完善过程中,职业界同样起着重要的作用,公共会计师在提供会计服务、执行审计职能的过程中,通过对照会计理论、会计原则和法定要求检查具体实务,促使合并报表实务规范化;同时提出审计过程中发现的问题进行讨论、加以研究,通过解决具体问题,提出新技术、新方法,保持不断创新的趋势。这样促使合并财务报表不断完善和发展。

（四）企业所有者的需要是合并财务报表得以产生和发展的主要原因

在企业财务信息的众多需求者中,企业的所有者或股东,或者说目前的和潜在的投资者最需要合并财务报表提供的信息。因为集团已经作为一个经济实体存在和运行,反映这个实体全貌的财务信息对于企业所有者进行经济分析和经济决策是十分有用和重要的。其他财务信息的需求者——债权人、银行家、税务当局、政府机构、工会组织等——一般来说也被认为需要合并财务报表提供的信息,因为这些信息对于评价它们与之打交道的公司集团的真实的综合经济实力来说是十分必要的。但在合并报表实务的发展历程中,企业的所有者曾是主要的促进者。

三、编报合并财务报表的目的

编制合并财务报表的目的是为了反映和报告在共同控制之下的一个企业集团的财务状况、经营成果和现金流量的总括情况,以便满足报表读者对于由多个法律实体组成的一个经济实体的财务信息的需求。关于合并财务报表的目的,美国会计程序委员会1959年发布的第51号《会计研究公报——合并财务报表》中有一段精确的说明,现引述如下:

"合并报表的目的主要是为母公司的股东和债权人的利益而编制的,它基本上是将一个集团视为一个拥有一个或多个分支机构或分部的单一公司来反映该集团母公司及其子公司的经营成果和财务状况的。一个基本的假设是,合并报表比单独的报表更有意义,当集团中的一个公司直接或间接拥有其他公司的控制性财务股权时,为了公正反映通常需要合并报表"①。

国际会计准则委员会在1989年4月公布的第27号国际会计准则中提出的目的是："母公司财务报表使用者常常关心并且需要了解企业集团在整体上的财务状况、经营成果和财务状况的变动。这一需要可由合并财务报表予以满足,合并财务报表提供的是一个集团被视作一个单独企业的财务信息,而不考虑集团中各个法律实体的法律界线如何。"②

这两种表述的观点基本上是一致的,可以概括为:母公司财务报表的使用者对于企业集团作为一个整体的财务信息的需要可以通过合并财务报表来满足。合并财务报表比单个公司的财务报表能提供更有意义的信息。

第二节　合并财务报表的合并范围与非控股股权

一、合并财务报表的合并范围

对企业联合或合并有两种常见的概括分类习惯:一是用"企业联合"概括,包括兼并、合并和组成集团;二是用"企业合并"概括,包括吸收合并和创立合并。

以美国为代表的西方国家常用 Business Combination 一词概括通过资本集中而扩大规模的企业行为,在此将其译作企业联合。企业联合是两个或两个以上企业的所有者经过一定的谈判和交易之后使该两个或两个以上企业置于统一控制之下的经济事项,包括企业兼并、企业合并和组成集团。企业依法兼并(Statutory Merger),又称吸收合并,是根据一国适用的法律,一个企业购买另一个企业的经济活动,该另一个企业被购买后即被购买者企业兼并,不再作为一个独立的法人存在。企业依法合并(Statutory Consolidation),指创立合并,是参加联合的各企业都丧失原来独立的法人地位,解散清算后合并成为一个新的法人实体。组成集团(Group)是一个企业通过取得另外企业普通股股权(Acquisition of Common Stock)或通过相关企业之间签订协议等方式,组成一个相互关联的经济实体的企业联合方式,参加联合的各企业仍保持各自的独立法人地位。

中国实务界一般常用企业并购一词概括企业间的联合行为,包括吸收合并和创立合并。在吸收合并中,一个企业取得了另一个企业的绝对控制权,若该另一个企业不再作为一个独立的法人存在、完全并入取得控制权的企业,则这种经济活动为完全兼并行为;若该另一个企业仍然作为一个独立的法人存在、不并入取得控制权的企业,则这种经济活动

---

① AICPA:*APB Accounting Principles · Original Pronouncements*,Commerce Clearing House,Inc.,1971,p. 6091.

② IASC:IAS 27 (1989),para. 7.

为兼并式控股合并。在创立合并中,达成协议的企业以各自的资产出资共同组建一个新企业,若各出资企业出资后即行解散,不再作为独立的法人存在,此为新设合并;若各出资企业出资后没有解散,仍然作为独立的法人存在,此为新设式控股合并。由此可见,这种常见的概括与西方国家的概括并不矛盾,兼并式和新设式的控股合并即是组成集团。

编制合并财务报表是对集团这种经济实体进行的会计反映。对于集团的概念,从编制合并报表的角度讲,世界各国比较公认的定义是:"集团是指母公司及其全体子公司"①。因此,就全部合并的合并财务报表来说,确定应予合并的集团的范围,实质上是确定母公司与子公司的关系,母公司及其全体子公司的范围确定了,编制全部合并的合并财务报表的范围也就确定了。所以,定义集团,主要是定义子公司。

在多数持股比较普遍的情况下,需要有一定的标准确认哪些被投资公司可以作为子公司在合并报表中予以全部合并。美国曾经有过这样一些限制性规定:只合并全部拥有的子公司;只合并拥有某种程度股份的子公司(如持股 2/3、75% 或 80%);只合并国内的子公司;只合并北美的子公司等②。1959 年会计程序委员会发布的第 51 号《会计研究公报》规定了合并财务报表的通常条件是,一个公司直接或间接拥有其他公司的控制性财务股权,这种控制性财务股权是指拥有多数有表决权的股权。一般的规则是一个公司直接或间接地拥有另一个公司发行在外的有表决权的股票的 50% 以上,这时表明了存在着合并的条件。此后,50% 以上就成了大多数情况下确认一个应在合并财务报表中予以合并的子公司时所必须掌握的有表决权股份的最低数量标准。

虽然 50% 以上的最低数量标准已成为大多数国家的要求,但是,在实际确定子公司时,各国都必须考虑许多具体的条件和其他的问题。比如债券持有者权力的扩大、法律的规定以及协议或合同的效力等因素。如果说可转换的债券只是对公司的潜在控制权的话,那么规定有权任命公司董事的债券,就构成了对公司现实的控制。有时一个公司对另一个公司的控制是基于合同或协议而不是基于股份掌握的多寡。凡此种种都说明,在不同的国家中,确认子公司不一定存在一个单一的统一数量标准。

欧洲国家母公司/子公司关系的存在情况要复杂一些,因此,欧共体第 7 号指令中规定母子公司存在的条件时涉及的情况就多一些。欧共体第 7 号指令规定,存在下列条件之一时成员国应要求本国母公司编报合并年度报告③:① 母公司掌握子公司的多数表决权;② 母公司作为子公司的一个股东有权任命或撤换子公司董事会或管理委员会的多数成员;③ 母公司根据协议赋予的权力可以对子公司施加支配性影响;④ 母公司作为子公司的一个股东通过投票而取得了子公司董事会的多数席位或者根据与该子公司其他股东达成的协议而控制了该子公司多数表决权。

---

① IASC：IAS 27,para. 6.
② FASB：SFAS94 "Consolidation of All Majotity-Owned Subsidiaries", para. 8.
③ EU：*Seventh Council Directive*, Article 1.

　　成员国根据本国的具体情况也可规定上述第①条的数量标准是母公司掌握了子公司20％以上的表决权；即使不存在上述的编报条件，但是，母公司掌握了其他法律规定的参与性权益，并且母公司对子公司实际施加了支配性影响或母公司和一个或多个其他公司是置于统一的管理之下，成员国也可要求这样的母公司编报合并报表。

　　综上所述，集团的概念有一定的模糊性。只有在一定的时间和条件下，为了一定的目的，才能使其清晰起来。为了编制合并财务报表，定义一个集团实际上是确定全部合并的范围，主要是确定母公司及其全体子公司的范围。母子公司关系存在的条件关键要看是否存在控制与被控制的关系，通行的一个数量标准是母公司掌握子公司半数以上有表决权的股份。

二、非控股股权及其对集团概念的影响

　　取得对一个子公司的控制权，母公司不一定要掌握 100％ 的有表决权的股份，能以较少的资本取得对子公司的控制权，就可以腾出一定的资本去控制其他企业，实现以较少的资本控制较大的资本的目的。因此，许多子公司都有两类股东：集团中的母公司是取得子公司控制股权的控股股东；其他掌握子公司少数股权的是非控股股东。

　　随着非控股股权在许多国家成为普遍存在的现象以后，由非控股股权在集团合并财务报表中应如何处理、其包含的价值的成分是否应与控股股权相同等问题，引起了人们对合并财务报表所合并的范围及集团的概念的不同理解。由于不同的理解，逐渐产生了三种不同的概念。

　　(一)"母公司"概念

　　认为合并财务报表是母公司财务报表的延伸。合并的重心放在取得控制地位的母公司的份额上，子公司的总资产在全部合并的合并报表中逐项予以合并，其中属于母公司的部分以母公司在子公司中的投资与子公司权益中的相应份额进行相互抵销；属于非控股股东的部分合并成一个"非控股股权"项目在合并报表中单独列示，有人将其称为集团的"准负债"。取得子公司时产生的商誉，是母公司付出的代价，只归属于母公司，非控股股权的份额不受商誉影响。

　　(二)"实体"概念

　　认为合并财务报表反映的是整个集团的财务状况和经营成果，母公司股东和非控股股东处于同等重要的地位，是同一个实体的共同所有者。非控股股权不但作为一个单独的项目在合并财务报表中列示，而且它还要既包括子公司已有资产中的份额，也要包括取得子公司时所产生的商誉中相当于少数股东持股比例的份额。

　　(三)"所有人"概念

　　认为合并财务报表中只应合并所有者在被投资公司资产、负债、收入和费用等各项目中与其出资比例相适应的份额，不属于所有者的部分在合并报表中不应予以反映。按照

这种概念,合并报表只反映所有人的财产,非控股股权不予列报。这时合并财务报表上的集团范围最为狭窄,被合并的公司的财产已不是该实体完整的财产。这种概念现主要运用于通过协议共同控制被投资公司的特定情况。

实务中母公司概念被普遍接受,因为合并财务报表主要是为满足母公司所有者的需要而编制的,这种财务报表要揭示母公司控制之下的集团的全部资产、负债、收入和费用等信息,特别要区分母公司股东的份额和非控股股东的份额,母公司股东或所有者最关心属于自己份额的净资产,要据此评价自己的所有权价值,并作出有关的各种决策。非控股股东的需要可通过各公司单独的财务报表来满足。

第三节 编报合并财务报表所涉及的 方法问题

一、企业联合日合并财务报表的编制问题

如前所述,企业联合包括企业兼并、企业合并和组成集团,通过企业联合企业数量减少、联合后的企业规模扩大,这是企业兼并和合并的结果;一个企业通过取得另外企业有表决权的普通股股权或通过相关企业之间签订协议等方式,组成一个相互关联的经济实体,参加联合的各企业仍保持各自独立的法人地位,由此形成企业集团。对于企业联合在会计上要作出相应的反映,现在先讨论企业联合日的会计处理问题。

企业联合日的会计处理方法主要有:

(一)购买法

它将企业联合视为一个公司取得另一个公司的净资产的交易,这种交易属于购买性质,控制了被购买企业的企业为购买方。被购买企业的资产负债表项目要进行重新估价,并按估价后的公平市价反映在购买企业的账户中或合并报表上,由于购买方所付价款与被购买企业评估后净资产公平市价往往会有一个差额,该差额一般反映为商誉,故购买法所反映的交易通常都有商誉项目。

(二)股权集中法

它将企业联合视为参加联合的各企业的所有者股权的合并,这些所有者共同拥有合并后的企业,并且分担合并企业的风险和利益。在企业联合日就视同这些企业以前已经联合在一起了,因此,参加联合的企业各自的财务报表项目均保持原来的账面价值,如果需要合并报表,只需相应项目相加即可。采用股权集中法所反映的企业联合一般不会有商誉产生。

(三)新实体法

该种方法所反映的是参加联合的各企业各自的资产负债项目均调整为现行市场价

值,然后再合并相应的账户或编制合并财务报表。对于通过组成集团实现企业联合的经济实体,其最初的会计处理方法不同对以后各期的合并报表有着不同的影响。

【例1】　设甲、乙、丙三个公司于某年12月31日实现企业联合,该日资产负债表如图表8-1所示:

(图表8-1)

参加联合的公司的资产负债表　　　　　　　　　单位:元

	甲　公　司		乙　公　司		丙　公　司	
	账面金额	公平市价	账面金额	公平市价	账面金额	公平市价
流动资产	150 000	160 000	54 000	70 000	80 000	76 000
固定资产	160 000	180 000	66 000	80 000	80 000	70 000
资产合计	310 000		120 000		160 000	
负债	140 000	156 000	80 000	72 000	50 000	60 000
普通股本	140 000	—	24 000	—	50 000	—
未分配利润	30 000		16 000		60 000	
负债及权益合计	310 000		120 000		160 000	

再设下列情况:

(1) 甲公司通过按公平市价承担乙公司和丙公司的全部现有债务并另外发行200 000元的普通股换取乙、丙两公司原有股东的全部股份,取得对乙、丙公司的控制权。按购买法处理有关的业务。

(2) 甲、乙、丙三个公司联合组成一个集团,具体操作采取甲公司集中乙公司和丙公司股权的办法,由甲公司按乙、丙两公司普通股的面值向乙、丙两公司先前的股东发行74 000元甲公司的普通股,换乙、丙公司的股票,成为乙、丙公司的股东。按股权集中法处理有关的业务。

(3) 情况同2。按新实体法处理有关的业务。

根据以上情况,编制合并资产负债表,如图表8-2所示:

(图表8-2)

合并资产负债表　　　　　　　　　单位:元

项　目	处　理　方　法		
	购　买　法	股权集中法	新实体法
流动资产	296 000	284 000	306 000
固定资产	310 000	306 000	330 000

（续表）

项　　目	处　理　方　法		
	购　买　法	股权集中法	新实体法
商誉	36 000	—	—
资产合计	642 000	590 000	636 000
负债	272 000	270 000	288 000
普通股本	340 000	214 000	214 000
超面值股本		—	134 000
未分配利润	30 000	106 000	0
负债及权益合计	642 000	590 000	636 000

从上例中可以看到,在购买法下,购买企业取得被购买企业,虽然是作为一个整体一次买下被购买企业的全部资产,但在会计上仍像从市场上一件一件购入资产一样,按资产的公平市价计价,相应的负债也要按公平市价承担,所付价款或其等价物与购入净资产公平市价之间的差额作为商誉处理。如果没有商誉,那么整体购入一个企业与一件一件购入全部资产之间就没有什么明显的区别了。在股权集中法下,被集中的企业的资产负债表项目不需要重新估价,参加联合的企业的所有资产负债表项目仍保持原账面金额,不受联合过程的影响,上例中甲、乙、丙三个公司均按各自资产负债表项目账面金额进行合并。在新实体法下,参加联合的企业视为建立了一个全新的实体,各个企业的有关账户均调整为当时的市场公平价值,一切重新开始。新实体中不可能有未分配利润,因此以前各企业的未分配利润以及全部净资产超过普通股本的部分应作为资本公积(超面值股本)反映,这与股权集中法明显不同,在股权集中时可以将各企业以前的未分配利润集中在一起,似乎企业的联合以前就已产生了。

二、期末合并财务报表的编制方法

企业集团需编制合并财务报表,合并财务报表与一般财务报表一样在每一会计期间结束后编制一次,集团中的母公司将集团成员的期末财务报表经过一定的合并程序合并后编制集团期末合并财务报表。如果不考虑企业之间的具体关系和具体条件,仅从合并的技术方法角度考虑,那么可以区分出三种不同的合并方法。

（一）全部合并（Full Consolidation）

在合并财务报表中,将被合并各企业的资产、负债、收入和费用等予以全部合并,其中不属于母公司的份额通过在所有者权益中进行调整予以反映。合并财务报表的编制中,首先进行被合并报表上有关项目之间的抵销调整,然后报表上相应的项目逐行进行相加,即可得到全部合并的合并财务报表。

（二）比例合并（Proportional, or Proportionate, Consolidation）

在合并财务报表中，只将被合并各企业的资产、负债、收入和费用等项目中属于母公司的份额予以合并，不属于母公司的份额在合并报表中不作任何反映。合并财务报表的编制方法是，首先将被合并报表上的所有项目按母公司拥有的比例进行划分，并进行抵销，然后将调整后的金额逐行进行相加，结果即是按比例合并法编制的合并财务报表。

（三）一行合并（One-Line Consolidation）

在合并财务报表中，只将被合并各企业的损益中属于母公司的份额并入母公司报表，在母公司报表上并不具体反映被合并企业的资产、负债、收入和费用各项目的金额。并入母公司报表的损益在资产负债表和损益表中各有一行分别调整投资和利润，故称一行合并。这种合并方法实际上就是投资核算中通常所说的权益法（Equity Method）。

【例2】 20×1年1月1日甲公司以4 000万元的投资取得乙公司50%的股份。该日甲、乙两公司均无未分配利润。20×1年中甲公司和乙公司取得的销售收入分别为15 000万元和8 000万元，乙公司的产品全部由甲公司收购，甲公司已将收购的乙公司的产品全部售出。甲、乙公司的销售成本分别为12 000万元和6 000万元。20×1年12月31日甲、乙两公司有关账户的期末余额，如图表8-3所示：

（图表8-3）

甲、乙两公司有关账户的期末余额

	甲公司（万元）	乙公司（万元）
流动资产	4 000	6 000
长期投资	4 000	—
固定资产	9 000	8 000
负债	6 000	4 800
普通股本	8 000	7 200

假设甲、乙两公司取得的利润均未进行分配。根据以上资料编制三种合并方法进行比较的合并财务报表，如图表8-4所示。

图表8-4中按全部合并法编制的合并财务报表是以甲、乙公司组成一个经济实体为前提条件的。乙公司向甲公司销售产品视为产品在这个实体中的不同部门之间的转移而不视为销售。因此乙公司销售收入和甲公司销售成本应各抵销8 000万元。甲公司投资项目与乙公司股本项目相抵后的差数为合并差异，列作商誉反映。在乙公司利润总额中

（图表 8-4）

合并财务报表比较对照表　　　　单位：万元

项　目	甲公司	乙公司	全部合并 抵销	全部合并 合并	乙公司的50%	比例合并 抵销	比例合并 合并	一行合并 调整分录	一行合并 合并
损益表									
销售收入	15 000	8 000	① 8 000	15 000	4 000	① 4 000	15 000		15 000
销售成本	12 000	6 000	① 8 000	10 000	3 000	① 4 000	11 000		12 000
销售利润	3 000	2 000		5 000	1 000		4 000		3 000
投资收益	—	—					—	1 000	1 000
利润总额	3 000	2 000		5 000	1 000		4 000		4 000
资产负债表									
流动资产	4 000	6 000		10 000	3 000		7 000		4 000
长期投资	4 000	—	② 4 000	—		② 4 000	—	1 000	5 000
固定资产	9 000	8 000		17 000	4 000		13 000		9 000
商誉	—	—	② 400	400		② 400	400		400
合　计	17 000	14 000		27 400	7 000		20 400		18 000
负债	6 000	4 800		10 800	2 400		8 400		6 000
普通股本	8 000	7 200	② 3 600 ③ 3 600	8 000	3 600	② 3 600	8 000		8 000
非控股股权	—	—	③ 3 600 ④ 1 000	4600	—		—		—
未分配利润	3 000	2 000	④ 1 000	4 000	1 000		4 000		4 000
合　计	17 000	14 000		27 400	7 000		20 400		18 000

有 50％属非控股股东所有，因此有 1 000 万元的乙公司利润转作非控股股权。全部合并法主要适用于存在"母子"关系的母公司与子公司的财务报表的合并。本例中甲公司虽未掌握乙公司绝对多数股份，但是如果乙公司的其他股东很分散或甲公司与乙公司的其他股东达成协议，均可取得对乙公司的控制权，形成母子公司关系。一般所讲的合并财务报表总是指按全部合并法编制的合并财务报表，因此在大多数情况下，涉及合并财务报表编制问题时所讲的"合并"，如无特别说明，皆是指全部合并法。

在图表 8-4 中，"乙公司的 50％"一栏是指甲公司在乙公司财务报表各项目中的份额。甲公司掌握乙公司 50％的股份，因此，该栏各项目均为乙公司财务报表各项目的一半。采用比例合并法，投资公司只按自己的控股比例合并被投资公司财务报表各项目中属于自己的份额,本例中按比例合并法合并,其抵销的内容与全部合并法下的抵销内容基本相同,主要不同点是采用比例合并法不反映"非控股股权"。

一行合并与比例合并所得到的合并利润总额是一致的,以利润总额计算的销售利润率也是一样的。因此,这两种方法反映的企业联合的经营业绩和经营成果是相同的。两种方法的不同点是对被投资企业财务状况反映的详略有所不同。一行合并法只用"投资"一个项目概括反映在被投资企业中的投资情况,比例合并法则将"投资"反映的内容扩展,使其具体化,较详细地反映在被投资企业中的投资情况。这在图表 8-4 的对比中可以表现出来。

方法的选择总是与一定的目的和条件相联系的。各种合并方法都是适用于一定的条件并服务于一定的目的的。"控制"的概念在方法的选择中起重要的作用。对于被控制的子公司只有用全部合并法才能反映集团的全貌,对于有相当投资但不能对其完全控制的其他企业采用比例合并法或一行合并法能够提供有关这些投资真实状况的较为全面的信息。

第四节　合并报表实务的国际发展及其协调

一、各国合并报表实务发展概况

合并报表实务在各国的发展是不平衡的。英国和美国是合并报表实务比较发达的国家。随着欧共体第 7 号指令的贯彻实施,欧洲大陆国家的合并报表实务也比较普遍起来了。日本和中国等亚洲国家于 20 世纪后期先后颁布了编报合并财务报表的规定。然而,广大发展中国家在合并报表实务方面相对落后,一般没有这方面的规定,需要合并报表的集团往往按一些发达国家的做法去编报。

各种方法的产生发展和运用情况在各国间也有一定的差异。股权集中法源于美国,在 20 世纪 50、60 年代被广为采用,甚至有的是被滥用。其原因是,相对于购买法来说,采用股权集中法资产不需增值、不产生商誉,核算相对简化,以后各年的成本费用较低、利润较高,容易反映出管理人员较高的业绩,资产不需进行重估,可避免涉及所得税问题。由于股权集中法被滥用的情况屡有发生,美国会计原则委员会发布了第 16 号意见书对股权集中法的应用规定了 12 个条件。之后,股权集中法的应用大大减少。美国注册会计师协会的调查表明,到了 90 年代,在企业联合的过程中,大约有 10% 左右的联合是采用股权集中法处理的,如该协会《会计趋势与技术》1997 年版所列数据[1],如图表 8-5 所示:

---

[1]　AICPA, *Accounting Trends & Techniques*, 1997, p.52.

(图表 8 - 5)

合并报表实务发展概况

年 份 项 目	1996	1995	1994	1993
股权集中法	32	32	19	21
购买法	256	244	215	200
被调查的企业联合案总数	288	276	234	221

比例合并法是以"所有人"概念为基础的。这种方法源于法国,以前在英美等国很少见到,因此,当主要反映英美会计观点的国际会计准则委员会在 1990 年发布的第 31 号国际会计准则"合营中权益的财务报告"中要求采用比例合并法时,英美的会计师们感到相当吃惊。比例合并法主要适用于合营企业。在这种企业中,不存在绝对的控制股权,企业由投资各方共同管理。所以投资公司按比例合并属于自己"控制"范围内的资产、负债、收入和费用等的份额,能够真实地反映这种投资的实际状况。从 20 世纪 80 年代开始,这种方法在英美等国已有所运用。由于第 31 号国际会计准则的颁布,比例合并法影响到越来越多的国家。

一行合并通常是作为处理投资的会计方法称作权益法而与成本法相对的。按这种方法合并的,是被投资企业净资产中属于投资企业的份额。被投资企业取得利润,净资产增加,其中属于投资企业的份额就增加,反映为在被投资企业中投资的增加。相反,被投资企业发生亏损,净资产减少,其中投资企业的份额也就减少,反映为在被投资企业中投资的减少。投资企业从被投资企业以股利等形式取得任何资产,都意味着投资企业在被投资企业净资产中的份额减少,因此投资企业要在自己的账户中记录为投资的减少,投资账户的余额反映在被投资企业剩余净资产中属于投资企业的份额。

一行合并即权益法产生于美国,并得到广泛的应用,与母公司概念下的全部合并法一起构成了美国合并财务报表编制中主要采用的方法。权益法在英国也是标准的实务。原西德不区分子公司和联营公司,因此也排除了与所有人概念一致的权益法和比例合并法的应用。欧共体第 7 号指令的实施使权益法在现欧盟国家中得到推广应用。国际会计准则第 28 号"对联营企业投资会计"规定对联营企业的投资应按权益法反映。可以看到,一行合并法将会作为反映某类企业投资状况的有效方法而成为大多数国家都采纳的国际惯例。

二、中国的企业集团和合并报表实务

中国的企业集团是在 20 世纪 80 年代随着经济改革的进行而发展起来的。1980 年国务院颁布《关于推动经济联合的暂行规定》,提出了促进企业之间经济联合的原则和措施,促成了中国最早企业集团雏形的形成和发展。1986 年国务院又颁布《关于进一步推动横向经济联合若干问题的规定》。在这个规定中提出了"通过企业之间的横向经济联合,逐步形成新型的经济联合组织,发展一批企业群体或企业集团。"的发展目标。之后不久国家计委作出了对大型工业联合企业在国家计划中实行单列的暂行规定,使企业集团在计划经济仍占主导地位的情况下找到了生存和发展的通道,使一批初具规模的企业集团脱颖而出。

1987 年 12 月,国家体改委、原国家经委提出《关于组建和发展企业集团的几点意见》。这个文件在总结企业集团发展的经验的基础上明确了发展企业集团应遵循的几项原则,对企业集团的含义、组建、调节、内部管理作了规定。

1991 年,国务院批转国家计委、国家体改委、国务院生产办公室《关于选择一批大型企业集团进行试点请示的通知》,开始由中央政府有计划地推进企业集团的试点工作,第一批被选中进行试点的有 57 家大型企业集团。1992 年中国共产党第十四次全国代表大会确立了建立社会主义市场经济体制的目标,随后的十四届三中全会又明确了国有企业改革的方向是建立现代企业制度,这些也为企业集团的发展确立了目标和方向。1994 年《公司法》实施以后,企业集团开始向较为规范的母子公司体制转变,一些企业集团通过资本市场调整结构,一批工、科、贸相结合的和一批非国有经济的新兴企业集团开始崛起。企业集团已逐步成为中国经济改革和发展的骨干力量,成为与社会主义市场经济体制相适应的新型产业组织。

1997 年 4 月,国务院批转国家计委、国家经贸委、国家体改委《关于深化大型企业集团试点工作意见的通知》,指出:"要按照建立现代企业制度和搞好整个国有经济的要求,重点抓好一批大型企业集团,连接和带动一批企业的改组和发展,促进结构调整,形成规模经济,提高国有资产的营运效率和效益。积极发挥大型企业集团在国有经济中的骨干作用。"该文件在集团的联结纽带方面强调了产权关系,强调了母子公司的公司制改革,把集团的组建和发展纳入建立现代企业制度的轨道,突出市场导向运用市场规则,尊重市场经济规律。文件附列了经申请批准的第二批试点企业集团 63 家。这样前后两批共有120 家企业集团列入了试点范围。未列入试点范围的企业集团也有相当大的发展,截至1998 年 6 月 30 日,已经在国家工商局登记注册的企业集团和以企业集团名称注册的达1 500 多家。

由上所述可见,中国企业集团的组建带有浓厚的体制转轨时期的特点。其形成方式主要有四种形态:一是通过优势企业的投资并购和分立:二是在投资、并购和分立的同时,还通过行政划转方式。这两种方式都是先有核心企业,然后才有子企业;三是通过行政组合,即先有子企业,然后建立母企业;四是通过行政主管部门改组,原行政部门成为母企业,原隶属企业成为子企业。实践表明,最有生命力的是一批通过市场建立产权关系的企业集团。

随着企业集团的产生和发展,中国合并报表实务首先在一些企业集团中出现。1995 年财政部发布《合并会计报表暂行规定》,成为中国第一个编制合并报表的法定要求。《合并会计报表暂行规定》要求凡设立于中国境内、拥有一个或一个以上子公司的母公司都要编制合并会计报表,以综合反映母公司和子公司所形成的企业集团的经营成果、财务状况及其变动情况。由此使中国企业集团合并报表实务有了具体的编报要求和明确规定。

2006 年新颁布的企业会计准则第 33 号《合并财务报表》中规定的合并报表应予合并的子公司的范围是:

"母公司直接或通过子公司间接拥有被投资单位半数以上的表决权,表明母公司能够控制被投资单位,应当将该被投资单位认定为子公司,纳入合并财务报表的合并范围。但是,有证据表明母公司不能控制被投资单位的除外。

母公司拥有被投资单位半数或以下的表决权,满足下列条件之一的,视为母公司能够控制被投资单位,应当将该被投资单位认定为子公司,纳入合并财务报表的合并范围。但是,有证据表明母公司不能控制被投资单位的除外:

① 通过与被投资单位其他投资者之间的协议,拥有被投资单位半数以上的表决权;② 根据公司章程或协议,有权决定被投资单位的财务和经营政策;③ 有权任免被投资单位的董事会或类似机构的多数成员;④ 在被投资单位的董事会或类似机构占多数表决权。"

三、合并报表实务的国际协调

目前世界各国的合并报表实务仍在发展之中。合并报表实务中涉及许多会计难题,比如,为进行报表合并而进行的外币报表折算问题、国外报表的通货膨胀调整问题、执行不同国家会计准则的协调问题,等等。许多国家的会计理论工作者和实务工作者都在研究这些问题,提出了各种解决方案,推动着合并报表实务向前发展。另外,以前没有合并报表实务的国家,现在也在发展合并报表实务;同时,发展了合并报表实务的国家还在不断地进行完善。

合并财务报表是当今会计领域中最复杂的问题之一。它既涉及会计领域本身各个分支、各种技术方法问题,也涉及与会计相关的政治、经济、法律以及企业管理等诸方面的问题,这就决定了合并报表实务很难实行一个统一的模式,许多事项都需要进行选择和判断。在合并报表方面由各种不同的选择构成的组合可以产生无数种操作实务。例如,旨在协调成员国合并报表实务的欧共体第 7 号指令中可供选择的内容,据欧洲会计专家联盟所作的一次调查表明,有 51 项之多。如果假设它们都是是/否型选择,那么就意味着有 2^{51} 种实施第 7 号指令的方式,即大约是 2×10^{15} 种操作方法[①]。足见合并会计报表实务的多样性与复杂性。

(一) 欧盟范围内的协调

欧盟关于合并报表的第 7 号指令是于 1983 年被采纳的,通过该指令的实施,欧盟成

---

① Christopher Nobes: "EC Group Accounting: Two Zillion to Do It", *Accountancy*, December 1990, p. 85.

员国的合并报表实务将达到一定程度的统一和提高,这是地区一级较有成效的国际协调。欧盟协调其成员国合并报表实务的第 7 号指令的主要内容,如图表 8－6 所示:

(图表 8－6)

欧共体第 7 号指令的主要内容

1. 主要依据法律上的控制标准定义子公司(第 1 款)
2. 所有的国外子公司都必须予以合并(即,世界范围的合并)(第 3 款)
3. 不论子公司的法律形式如何都要求予以合并(第 4 款)
4. 各种类型的公司都要求予以合并(第 4 款)
5. 一个母公司同时又是被另一公司全部拥有的子公司时可免予编报集团报表(第 7 款)
6. 经营活动的性质极不相同的子公司有损于"真实与公允反映"的话,则必须予以排除(第 14 款)
7. 要求真实与公允地反映,这是头等重要的(第 16 款)
8. 要求使用统一的格式(第 17 款)
9. 商誉必须进行一次性计算(第 19 款)
10. 商誉必须以"公允价值"为基础进行计算(第 19 款)
11. 允许将商誉进行分期摊销或冲销留利(第 30 款)
12. 要求对联营公司采用权益法(第 33 款)

欧共体第 7 号指令是妥协和协调的结果。英国定义集团时比较强调通过股份所有权形成的法律上的控制权力,而德国则强调实际上有效的管理控制的存在。第 7 号指令则规定两种标准都可采用,后者可以是一种补充标准。欧洲大陆国家同意引入英国的"真实与公允反映"的观念作为压倒一切的最高要求,而英国则同意接受统一报表格式的要求。

(二) 国际会计准则委员会的四个准则

国际会计准则委员会在协调合并财务报表实务方面的努力是通过颁布国际会计准则来进行的。早在 1976 年 6 月国际会计准则委员会就颁布了第 3 号国际会计准则"合并财务报表",就合并财务报表问题提出了该委员会的意见。第 3 号准则于 1990 年被第 27 号和第 28 号准则所取代。目前与合并财务报表问题有关的国际会计准则有第 27 号、第 28 号和国际财务报告准则第 3 号、第 10 号。

第 27 号准则的题目是"单独财务报表",规定了集团合并财务报表之外某个实体根据当地的规则需要单独提交的财务报表的编制和列报规则,单独财务报表即可以是一个母公司单独的财务报表也可以是某个子公司的单独财务报表,其中报告实体在其子公司、合营公司或联营公司中的投资可以采用成本法列报或采用权益法列报。第 28 号准则"联营企业和合营企业中的投资",说明了权益法在联营企业和合营企业中的运用条件,投资者能对被投资者施加重大影响,则该被投资者就是投资者的联营企业,投资者有权参与被投资者财务和经营决策过程(但不能控制该决策结果)的即被认为可以施加重大影响。在合营企业中根据合营安排,投资各方对合营项目有共同控制权,也要求选择权益法进行反映。

国际财务报告准则第 3 号的题目是"企业联合",取代了原国际会计准则第 22 号,该准则旨在规范企业合并中的会计处理方法。近年来,首先是美国提出了取消股权集中法的设想,美国财务会计准则委员会就取消股权集中法的建议发布了征求意见稿,从收到的反馈意见来看,既有支持取消股权集中法的,也有反对的。加拿大紧随美国之后也发布了是否取消股权集中法的征求意见稿,反馈回来的意见同样不一致。国际会计准则制定委员会也成立了专门小组对这一问题进行研究,并于 2002 年 12 月发布了旨在取代原第 22 号国际会计准则的国际财务报告准则征求意见稿。正式颁布的第 3 号国际财务报告准则规定,企业联合符合该准则定义的企业并购业务都采用购买法进行会计处理,采用购买法中产生的商誉在以后年度用减值测试的办法进行摊销,若出现负商誉则在当期损益中确认;同时不再允许采用股权集中法进行处理。

国际财务报告准则第 10 号的题目是"合并财务报表",确定的规则主要包括,一个实体(母公司)如果控制了一个以上的其他实体(子公司)就应编报合并财务报表;对控制原则进行了界定;控制原则的应用规则;合并财务报表编制中的会计处理要求;对合并特定子公司的例外情况进行了界定;等等。

这四个准则基本概括了与合并财务报表问题有关的各种会计问题,通过国际会计准则的影响,其原则和要求渗透到越来越多的国家,在合并报表实务的国际协调中发挥着越来越大的作用。

第五节　分　部　报　告

一、分部报告是合并报表的必要补充

企业集团越来越向多样化、跨地区的方向发展,跨国公司更是如此。合并报表在从总体上反映一个集团的经营成果、财务状况及其变动情况的同时,却将集团内部各成员之间的差异掩盖了;合并信息虽然能够反映全貌,但是却不能揭示细节,过分概括的信息有时并不能完全满足决策的需要。因此需要分部报告来对合并报表予以补充。

分部信息将有利于进行对比分析,因为分部报告通过分解和归类提高了信息的可比性。这样,信息使用者对处于同一行业或同一地域的不同公司进行对比分析,再结合对一个行业或地域情况的了解,就可以更准确地评价整个集团中各个行业或各个地域的经营活动的实际状况和未来的发展趋势。

有时某些财务信息的接受者不是与整个集团有直接的联系,而是与其中的某一部分有关系,所以,分部报告对他们来说可能更相关。这些使用者包括雇员、债权人和政府等。他们不但需要了解集团整体的财务状况和经营成果,而且更加关心对他们有直接影响的集团中某一部分的财务状况和经营成果。

二、分部报告规则

英美是提出分部报告要求最早的国家。1965 年英国的股票交易所首先对上市公司提出了编报分部报告的要求,当时要求上市公司揭示分行业的营业额和利润额以及分地域的营业额。1969 年美国证券交易委员会也开始要求在证交会注册的公司揭示行业信息,一年后这种要求包括在了上市公司每年提交的表式 10 - K 中。

在英国,1967 年公司法首次提出了公司应揭示分部信息的法定要求,1981 年的公司法继续对分部报告作出了规定,要求按地域揭示营业额和按行业揭示营业额及利润额。1981 年公司法的新要求是分部信息必须包括在报表附注之中,因而首次要求分部信息必须经过审计。不过,英国的公司法对分部报告中的分部确认问题一直未作明确的规定。1990 年英国原会计准则委员会在其被取代前发布了最后一个标准会计实务说明书"分部报告",综合了当时的法定要求和股票交易所的要求。

美国财务会计准则委员会 1976 年发布了第 14 号财务会计准则"对企业分部的财务报告",要求既要披露行业分部信息,也要披露地域分部信息。第 14 号准则对分部的确认问题进行了说明。1997 年财务会计准则委员会发布了第 131 号财务会计准则"关于企业分部和相关信息的披露",取代第 14 号准则。对从事国际经营活动的公司来说,一个国家或几个国家即可确定为一个分部,需要考虑的因素有距离的临近、经济方面的类同、经营环境的相似以及相关公司的性质与规模、相互之间依赖程度等。至于行业分部并无普遍适用于所有情况和所有企业的统一确认标准,因此一个集团内行业分部的确认很大程度上依赖于管理人员的判断。对于可报告分部的构成有一个 10% 的数量指标作指导,如一个地域分部,如果其销售额占集团总销售额的 10% 以上,或其可辨认资产占集团可辨认资产总额的 10% 以上,那么就可将该地域分部确认为一个可报告的分部;行业分部也可按此规则确认。

其他许多国家也都有分部信息披露的要求。加拿大和澳大利亚有类似于美国的关于分部报告的会计准则。欧共体第 4 号指令中有关于分部报告的规定,所以欧盟国家也有类似于英国公司法中关于分部报告要求的规定。

国际会计准则委员会于 1981 年发布了第 14 号国际会计准则"按分部报告财务信息",1997 年进行了修订,题目改为:"分部报告"。国际会计准则委员会发布的最新的关于分部报告的准则是第 8 号国际财务报告准则"经营分部",该准则要求企业所披露的财务信息应能使报表使用者评价企业所从事的经营活动以及经营活动所处经济环境的性质和财务影响。经济合作与发展组织在其"跨国公司指南"中对分部信息披露提出了建议;联合国国际会计和报告准则政府间专家工作组也对分部信息的披露给予支持,在 1988 年召开的年会上专门讨论了分部信息的披露问题,进行了广泛的交流。不过,这些要求和建议主要是数量方面的披露规定,一般都没有说明和分析方面的内容。

三、分部报告实务

实务中大多数跨国公司除提供分部的数量信息外,还提供分析性说明信息,包括各分部的发展战略、经营成果、市场状况、投资情况、研究开发以及前景分析等。

许多公司的分部报告一般是分别按行业和地域编报的,如图表 8-7、8-8 所示。但是有的公司将行业和地域结合在一起编制矩阵式分部报告,即用行反映地域、用列反映行业,或者相反,如图表 8-9 所示。这样将行业信息和地域信息反映在一张表上,可以使读者作出更准确的评价。

（图表 8-7）

_____公司行业经营信息

20××年 12 月 31 日　　　　　　　　　　　　　　　单位：美元

	行业 A	行业 B	行业 C	其他行业	调整和抵销	合　并
对外销售	1 000	2 000	1 500	200		4 700
分部间销售	200		500		(700)	
总收入	1 200	2 000	2 000	200	(700)	4 700
经营利润	200	290	600	50	(40)	1 100
Z 公司净收益中的权益						100
一般公司管理费						(100)
利息费用						(200)
税前收益						900
可确认资产 31/12/20××	2 000	4 050	6 000	1 000	(50)	13 000
Z 公司净资产中的投资						400
公司资产						1 600
总资产 31/12/20××						15 000

（图表 8-8）

_____公司地域经营信息

20××年 12 月 31 日　　　　　　　　　　　　　　　单位：美元

	中　国	地域 A	地域 B	其他地域	调整和抵销	合　并
对外销售	3 000	1 000	700			4 700
地域间销售	1 000				(1 000)	
总收入	4 000	1 000	700		(1 000)	4 700

（续表）

	中 国	地域 A	地域 B	其他地域	调整和抵销	合 并
经营利润	800	400	100	——	(200)	1 100
Z 公司净收益中的权益						100
一般公司管理费						(100)
利息费用						(200)
税前收益						900
可确认资产 31/12/20××	7 300	3 400	2 450	——	(150)	13 000
Z 公司净资产中的投资						400
公司资产						1 600
总资产 31/12/20××						15 000

（图表 8-9）

公司分部信息
20××年 12 月 31 日　　　　　　　单位：美元

	中 国	地域 A	地域 B	其他地域	调整和抵销	合 并
对外销售						
行业 A	500	500				1 000
行业 B	1 200	100	700			2 000
行业 C	1 100	400				1 500
其他行业	200	——				200
合并	3 000	1 000	700			4 700
经营利润						
行业 A	100	100				200
行业 B	190	100	100		(100)	290
行业 C	500	200			(100)	600
其他行业	50					50
调整和抵销	(40)					(40)
合并	800	400	100		(200)	1 100
可确认资产 31/12/20××						
行业 A	1 000	1 000				2 000
行业 B	2 700	1 000	450		(100)	4 050
行业 C	2 650	1 400	2 000		(50)	6 000
其他行业	1 000					1 000
调整和抵销	(50)					(50)
合并	7 300	3 400	2 450		(150)	13 000

实务中分部报告也存在着一些问题,主要问题之一是分部的确认。美国在这方面比其他国家都规定得多些,如前所述,但是,实际上分部的确认在很大程度上仍然是各公司自己决定的。其他国家在分部的确认方面基本上没有统一规定,往往是由各公司自行确定。分部确认的不统一直接影响到分部信息的可比性;也可以使公司任意操纵披露的内容,以便尽可能反映其经营活动中好的一面,而掩盖其经营业绩差的部分。再者,分部信息的审计也面临着一些问题,因为缺乏统一的标准和尺度,对分部信息的可证实性和公正性难以作出判断。

复习思考题

1. 哪些因素促使了合并财务报表的产生和发展?

2. 简述非控股股权对合并财务报表所合并的范围及集团概念的影响。

3. 简述企业联合日会计处理的三种方法,并完成下列习题:

设 A,B,C 三家公司于 20×0 年 12 月 31 日实现企业联合,该日资产负债表如图表 8-10 所示:

(图表 8-10)

A、B、C 三家公司联合日资产负债表　　　　　　单位:人民币元

项　　目	A		B		C	
	账面金额	公平市价	账面金额	公平市价	账面金额	公平市价
流动资产	100 000	120 000	45 000	56 000	80 000	76 000
固定资产	80 000	100 000	75 000	80 000	80 000	70 000
资产合计	180 000		120 000		160 000	
负债	75 000	80 000	60 000	57 000	40 000	50 000
普通股本	75 000		47 000		70 000	
未分配利润	30 000		13 000		50 000	
负债及权益合计	180 000		120 000		160 000	

(1) 假设 A 公司通过按公平市价承担 B 公司和 C 公司的全部现有债务并另外发行 100 000 元的普通股换取 B、C 两公司原有股东的全部股份并取得控制权。按购买法处理有关业务。

(2) A、B、C 三公司联合组成一个集团,具体操作采取 A 公司集中 B 公司和 C 公司股权的办法,由 A 公司按 B 公司和 C 公司普通股的面值向两公司先前的股东发行 117 000

元 A 公司的普通股以换取股票,成为 B、C 两公司的股东。按股权集中法处理有关业务。

(3) 情况同(2),按新实体法处理有关业务。

4. 简述期末合并财务报表的编制方法,并完成下列习题:

20×1 年 1 月 1 日甲公司以 6 000 万元的投资取得乙公司 60%的股份。该日甲、乙两公司均无未分配利润。20×1 年中甲公司和乙公司取得的销售收入分别为 22 500 万元和 12 000 万元,乙公司的产品全部由甲公司收购,甲公司已将收购的乙公司的产品全部售出。甲、乙公司的销售成本分别为 18 000 万元和 9 000 万元。20×1 年 12 月 31 日甲、乙两公司有关账户的期末余额,如图表 8-11 所示:

(图表 8-11)

甲、乙两公司有关账户期末余额表　　　　　　单位：万元

项　目　＼　年　份	甲　公　司	乙　公　司
流动资产	6 000	9 000
长期投资	6 000	—
固定资产	13 500	12 000
负债	9 000	7 200
普通股本	12 000	10 800

假设甲、乙两公司取得的利润均未进行分配。根据以上资料编制按全部合并法、比例合并法和一行合并法三种合并方法进行比较的合并财务报表对照表。

5. 为什么说分部报告是合并报表的必要补充? 并简述其意义。

参 考 文 献

1. 常勋:《财务会计三大难题》第一章、第二章,立信会计出版社 1999 年版。

2. Gray, S. J., Coenenberg, A. G. And Gordon, P. D. (1993), *International Group Accounting*, Routledge.

3. Nobes, C. W. and Parker, R. H. (2016), *Comparative International Accounting*, 13th edition, Pearson Education Limited, chapters 16 & 18.

4. Parker, R. P. (1983), "Concepts of Consolidation in the EEC" in *International Accounting and Transnational Decisions*, edited by Gray, S. J., Butterworth & Co. Ltd.

5. Radebaugh, L. H., Gray, S. J. and Black, E. L. (2007), *International Accounting and Multinational Enterprises*, 6th edition, China Machine Press, chapters 8 & 9.

6. Swinson，C. (1993)，*Group Accounting*，Butterworths.

7. Taylor，P. A. (1987)，*Consolidated Financial Statements —— Concepts，Issues and Techniques*，Harper & Row Publishers.

上 网 查 询

阅读下列公司的年度财务报告，找出公司的合并政策和分部信息，进行对比研究。

1. 西班牙/英国：

　https：//www. iairgroup.com/en/site-services/site-map

2. 德国：

　https：//www. basf. com/global/en. html

3. 荷兰：

　https：//www. results. philips. com/publicationsar20

4. 美国：

　https：//investor. gm. com/sec-filings/

5. 中国：

　http：//www. jrj. com. cn/（从"股票"栏目中选择公司和年报项目进行查询）

第九章 外币会计

外币会计主要包括两方面的内容：第一个方面是外币交易会计，它是一国的企业与外国企业进行以非记账本位币标价的交易而产生的会计问题。例如，销售的商品以外币标价，以外币计价结算，从而产生了以外币计算的销售收入和应收账款等；或者是购进的商品以外币标价，以外币计价结算，从而产生了以外币计算的采购支出和应付账款等；还有以外币计价的各种费用、以外币计算的借款还款业务等。第二个方面是外币折算会计，它是一个企业或一个集团向国外直接投资，设立分支机构，控制国外子公司或与外国经营者联合经营设在国外的企业，因而在由许多公司组成的企业集团需要把各公司以不同货币表示的财务报表折算成同一货币表示的财务报表、以便编制集团合并财务报表、反映整个集团的财务状况和经营成果时而产生的会计问题。

第一节 基 本 概 念

一、外汇交易和外汇市场

会计的特点之一是以货币为计量单位进行核算，并以货币为单位提供报告。企业在国内环境中从事经营活动时，正常情况下自然是以本国货币为计量单位的。但是，当企业的经营活动置于国际环境之中时，情况就不一样了。这时，企业的生产经营可能涉及多种货币；企业的债权人和债务人可能属于多个国家，因而债权、债务就会用多种货币进行结算；企业购买的各项资产来自不同的国家，企业的产品也会销往不同的国家；集团内母公司和各子公司分设于世界各地；等等，所有这些都给相关企业提出了选择记账货币和报告货币的问题。因为不同的货币不能直接相加，所以必须将所有的业务以同一的货币来确认和计量，这样才能得到一个实体以同一货币反映的总括财务状况和经营成果。因此，需要从企业涉及的各种货币中选择一种作为记账本位币或报告货币，把用其他货币计算的业务或编制的报表折算成按记账本位币或报告货币列报的报表来反映。一般的企业是选择本国货币作为记账本位币，也有的企业选择一种业务中使用最多的外币作为记账本位币。而跨国公司的合并报表，一般是以母公司所用的货币作为报告货币进行综合反映。

外汇是一种特殊的商品，可以进行买卖。外汇市场即是进行外汇买卖的交易场所，是外汇流通、交易的市场。在外汇市场上一般是由外汇的买方和卖方通过银行或经纪人进行外汇买卖的。在外汇买卖交易中一国货币单位用另一国货币单位表示的价格,即两种不同货币的比价叫汇率,又叫外汇牌价。汇率有直接标价和间接标价两种表示方式:直接标价是指每单位外币可兑换的本国货币的金额,以本国货币的数额增减变化来反映汇率的升降,如一种外币可兑换的本国货币数额增加,表明外币行市上涨,本国货币币值下降;反之,则表明外币价值下降,本国货币币值上升。间接标价是指每单位本国货币可兑换的外国货币的金额,以外币数额的增减变化来反映汇率的升降。大多数国家采用直接标价法,其中包括中国。

外汇交易是不同货币之间按一定的汇率进行的交换,可以是外币换成本国货币,也可以是本国货币换成外币,还可以是不同外币之间的交换。外币兑换时有买入价和卖出价之分,银行或经纪人收入外汇、付出本国货币时按买入价折算;银行或经纪人付出外汇、收入本国货币时按卖出价折算,买入价和卖出价之间的差额为银行或经纪人买卖外汇的收益。

外汇交易按交割期限的长短,可分为即期外汇交易和远期外汇交易两大类。即期外汇交易又称现汇买卖,是指外汇买卖成交后,在两个营业日内即办理有关货币收付交割的外汇交易,其适用的汇率为即期汇率,从事即期外汇交易的市场称为即期外汇市场。远期外汇交易也称为远期买卖,是指成交在先,而交割发生在某一约定的未来日期,即买卖双方在成交时先就交易的货币种类、价格、数量及交割的期限达成协议,并签订交易合同,然后在规定的交割日再结清有关货币的收付的外汇交易,其适用的汇率即为远期汇率,从事远期外汇交易的市场则称为远期外汇市场。

对大多数货币而言,远期汇率通常有 30 日,90 日和 180 日几种,分别标价。即期汇率与远期汇率往往不同,当远期汇率低于即期汇率时,我们称该货币远期贴水,其差额称为贴水额;当远期汇率高于即期汇率时,则称该货币远期升水,其差额称为升水额。西方外汇理论认为,远期汇率与即期汇率的差异,反映了市场对于该货币汇率未来变动趋势的预期。

二、外币折算

外币折算是指将以外币表示的金额换算成以本国货币表示的金额的过程,在外币报表的折算中,是指将报表上以非记账本位币或非报告货币表述的金额换算成以记账本位币或报告货币表示的金额的过程。外币折算会计中涉及的汇率主要有:① 现行汇率,又称结账日汇率,即会计核算中经济业务发生时通行的汇率或是结账日和编表日通行的汇率,记账汇率往往采用现行汇率,有时为了简化核算,在汇率波动不大时也可采用当月1 日汇率为记账汇率;② 历史汇率,即从以后某一时点来看的、外币经济业务最初发生时通行的汇率,一般都是已登记入账的账面汇率,现行汇率经过一段时间,汇率发生了变动就成为了历史汇率;③ 平均汇率,即某一期间内平均的汇率,包括简单平均汇率和加权平均汇率。

三、汇兑损益

汇兑损益是指由于汇率变动而发生的损益,包括交易损益和折算损益。交易损益是经济业务发生日的汇率不同于结账日汇率或结算日汇率而产生的损益。交易损益有两种情况:一种是已实现的交易损益;另一种是未实现的交易损益。例如,美国厂商在20×1年12月1日向英国客户出售商品,应收货款 10 000 英镑,当时汇率为 100 英镑等于 164.65 美元,折算后 10 000 英镑等于 16 465 美元。这年12月31日和下年1月31日英镑对美元的汇率分别为 164.95 和 165.70。美国厂商于20×2年1月31日收回款项。美国厂商在12月31日时有未实现的交易收益 30 美元(16 495−16 465);1月31日时则有已实现的交易收益 105 美元(16 570−16 465)。

在各国的外币会计实务中,对外币兑换损益的处理,有多种不同的做法。有的将外币兑换损益直接计入当期损益,但具体做法也不尽相同,如:在损益表中作为非常项目列示;只将外币兑换损失在发生时列入本期营业费用,未实现的兑换损失在损益表中予以补充说明;已实现的外币兑换收益列入本期营业收益,未实现的兑换收益则不予反映;只反映已实现兑换损益,不反映未实现兑换损益。有的将外币兑换损益作为递延项目处理,但具体做法也不尽相同,如:将所有外币兑换损益全部作为递延项目处理;只将金额较大的兑换损益作为递延项目处理等。

外币折算损益是在财务报表项目由一种货币折算成另一种货币时由于汇率变动而产生的损益。对折算损益的处理,有很多不同的做法。做法之一是在当期损益表中作为非常项目列报;做法之二是在资产负债表中作为折算调整额列报;做法之三是在资产负债表中作为递延项目处理。

第二节　外币交易会计

一、记录外币经济业务中的两种业务观

外币经济业务是以企业记账本位币或报告货币以外的货币标价的经济业务。一个企业的报告货币是企业编报财务报表时所用的货币,一般与企业的记账本位币是一致的。例如一个以人民币为记账本位币的企业向一个美国公司出售以美元标价的产品并收取美元就是一项外币经济业务。但是如果产品标价和收取货款都以人民币计算,则即使买方是美国公司,也不能将其视为一项外币业务。外币经济业务通常包括以外币标价的商品和劳务买卖业务,外币借款还款业务以及外币股利的收付业务等。

当外币经济业务发生时,企业要涉及四方面的会计问题:一是最初的经济业务记账;二是在随后的编表日外币业务余额的反映;三是汇兑损益的处理;四是业务最终结算时的记账。对这四方面的会计问题进行处理的不同观点形成了外币经济业务中的不同会计方法。不同观点的最基本划分是一项业务观和两项业务观。

(一)一项业务观

一项业务的观点认为,一项经济业务最初的确认和嗣后的结算是同一事件。汇率变动对同一事件中一个账户的影响也要对另一对应账户产生影响。例如,赊购货物中的"存货"账户和"应付账款"账户,在应付账款结算前,汇率发生变动,既要影响应付账款也要影响已入账的存货价值。直到应付账款结算,存货的账面价值才能固定下来,在账款结算前,整个业务从存货和应付账款确认到货款结算被视为一项业务。

【例1】 假设一中国公司于20×1年12月1日从美国进口一套设备,价值 \$80 000。该日汇率为 \$100=￥628。20×1年12月31日的汇率为 \$100=￥633。该货款于20×2年2月1日付讫,该日汇率为 \$100=￥631。按一项业务的观点所作的会计分录如下:

20×1年12月1日

借:固定资产——设备(￥6.28×80 000)　　　　　　　　　　　　　　　　￥502 400

　　贷:应付账款　　　　　　　　　　　　　　　　　　　　　　　　　　　　　￥502 400

20×1年12月31日

借:固定资产——设备[(￥6.33 − 6.28)×80 000]　　　　　　　　　　　　￥4 000

　　贷:应付账款　　　　　　　　　　　　　　　　　　　　　　　　　　　　　￥4 000

20×2年2月1日

借:应付账款(￥502 400+4 000)　　　　　　　　　　　　　　　　　　　￥506 400

　　贷:银行存款(￥6.31×80 000)　　　　　　　　　　　　　　　　　　　￥504 800

　　　固定资产——设备[(￥6.33 − 6.31)× 80 000]　　　　　　　　　　　1 600

至20×2年2月1日这项业务才算完结,在这期间,汇率发生变动产生的影响,既要调整货币类的"应付账款"账户,也要调整非货币类的"固定资产"账户。最后固定资产价值确定为504 800元,该设备在其使用年限内将按此金额计算各期的折旧。

(二)两项业务观

两项业务的观点认为,一项经济业务最初的确认和嗣后的结算是两个事件、两项业务,前一项业务往往属于经营业务,如购货、销货;后一项业务有可能是筹资业务或其他业务,如利用供货商的信用期,产生"应付账款",可列为筹资活动的范围。汇率变动对涉及最终结算账户的影响作为汇兑损益处理,不影响最初业务记录时的对应账户。如上例中,赊购设备中的"固定资产"账户和"应付账款"账户,在应付账款结算前,若汇率发生变动,则将汇率变动对应付账款形成的影响额记作汇兑损益。设备的账面价值在设备确认入账时即已固定下来,购买设备的业务已经完成。采用赊购方式的嗣后付款属于另一项业务。按两项业务的观点处理外币业务中,对资产负债表日产生的未实现汇兑损益有两种处理方法:一是当期确认法,即在当期损益中确认;二是递延确认法,即递延到结算日确认。

【例2】 假设上例购买设备的业务改按两项业务的观点处理。

(1) 采用当期确认法,年底未实现汇兑损益在当期损益中确认,应作会计分录如下:

20×1年12月1日

借:固定资产——设备(¥6.28×80 000)　　　　　　　　　　　¥502 400
　　贷:应付账款　　　　　　　　　　　　　　　　　　　　　　　　¥502 400

20×1年12月31日

借:汇兑损失[(¥6.33-6.28)×80 000]　　　　　　　　　　　¥4 000
　　贷:应付账款　　　　　　　　　　　　　　　　　　　　　　　　¥4 000

20×2年2月1日

借:应付账款(¥502 400+4 000)　　　　　　　　　　　　　　¥506 400
　　贷:银行存款(¥6.31×80 000)　　　　　　　　　　　　　　　¥504 800
　　　汇兑收益[(¥6.33-6.31)×80 000]　　　　　　　　　　　　1 600

20×1年12月31日的汇兑损失为未实现的汇兑损失,计入该年的损益之中。20×2年2月1日结算账款时,实际产生汇兑收益1 600元,算作20×2年的收益。

(2) 采用递延确认法,则20×1年12月31日和20×2年2月1日应改作如下会计分录:

20×1年12月31日

借:递延汇兑损益[(¥6.33-6.28)×80 000]　　　　　　　　　¥4 000
　　贷:应付账款　　　　　　　　　　　　　　　　　　　　　　　　¥4 000

20×2年2月1日

借:应付账款(¥502 400+4 000)　　　　　　　　　　　　　　¥506 400
　　汇兑损失　　　　　　　　　　　　　　　　　　　　　　　　　2 400
　　贷:银行存款(¥6.31×80 000)　　　　　　　　　　　　　　　¥584 800
　　　递延汇兑损益　　　　　　　　　　　　　　　　　　　　　　　4 000

20×1年12月31日的未实现的汇兑损失未计入该年的损益之中,而是计入"递延汇兑损益",这是一个资产负债表项目,该金额列入期末资产负债表中。20×2年2月1日结算账款时,又产生实际汇兑损失2 400元,同时将上年末的递延汇兑损益转出,两者相抵后实际产生汇兑收益 1 600 元,算作 20×2 年的收益。

国际上大多数国家接受两项业务的观点。美国第 52 号财务会计准则要求采用两项业务观的做法,并且将未实现的汇兑损益在产生的当期予以确认。国际会计准则第 21 号"汇率变动的影响"有类似于美国 52 号准则的规定。外币业务处理已逐步走向国际趋同。

二、期汇交易的会计处理

期汇合同是外汇买卖双方约定在未来某日以签约时市场上的远期汇率兑换不同货币的一种协议。从会计的角度讲,目前国际上一般按企业签约的目的不同而对期汇合同进行分类,对不同目的的期汇合同在账务处理方面有所不同。这些分类主要有:① 为已发生外币业务确定固定的汇率,避免交易日与结算日之间由于汇率波动可能给企业带来风险而签订的合同;② 为规避可确指的外币承诺事项可能给企业带来风险而签订的合同;③ 为进行外币投机生意而签订的合同。以此分类为基础形成了目前国际上较为通行的期汇交易会计处理惯例,期汇合同会计处理的一个明显特点是,由于按目的确定会计处理方法,故完全相同的期汇合同可能在不同的企业、不同的时期采用完全不同的确认和计量程序进行处理。

下面举例说明上述第 1 类业务中涉及期汇合同的会计处理。

【例3】　假设香港公司 20×1 年 12 月 15 日向美国购货商出售货物共计价值 50 000 美元,信用期两个月,经运输、验货和汇款等程序后,货款将于 60 天后结算、收讫。香港公司以港币为记账本位币、核算经营损益,故同日,香港公司与银行按 60 天远期汇率签订了 60 天后出售 50 000 美元的期汇合同。有关的汇率如下:

20×1 年 12 月 15 日,即期汇率:　　　　　US $1＝HK $8.25
20×1 年 12 月 15 日,60 天远期汇率:　　US $1＝HK $8.15
20×1 年 12 月 31 日,即期汇率:　　　　　US $1＝HK $8.10
20×2 年 2 月 15 日,即期汇率:　　　　　US $1＝HK $8.05

香港公司 60 天后要收到 50 000 美元,为了使这 50 000 美元兑换成的港币能够固定下来,不致因汇率变动造成汇兑损失,与银行签订了 60 天后出售 50 000 美元的期汇合同,这样 60 天后无论汇率如何变动,香港公司肯定能收到 407 500 元港币(HK $8.15× 50 000)。据此可编制如下会计分录进行反映:

1. 20×1 年 12 月 15 日,香港公司向美国购货商出售并发运货物。该批货物应收款项 50 000 美元按当日汇率折算计算销售收入。

借:应收账款(应收美元—美国购货商)(HK $8.25×50 000)　　　　　HK $412 500
　　贷:销售收入　　　　　　　　　　　　　　　　　　　　　　　　　　HK $412 500

2. 同日,香港公司与银行签订期汇合同,约定在 60 天后按远期汇率 HK \$8.15 出售 50 000美元,取得 407 500 元港币。应付银行的 50 000 美元按签约时的即期汇率折算相当于 412 500 元港币(HK \$8.25×50 000),与按远期汇率折算的金额两者之间相差 5 000 港元,该差额实际为美元折价,即这批美元表现为按折价出售。可作如下会计分录:

借:应收账款(应收港币—银行)(HK \$8.15×50 000)　　　　　HK \$407 500
　　期汇合同递延折价[(HK \$8.25−8.15)×50 000]　　　　　　 5 000
　　贷:应付账款(应付美元—银行)(HK \$8.25×50 000)　　　　　HK \$412 500

3. 20×1 年 12 月 31 日,结账日应作如下会计分录:

(1)记录期末汇率变动产生的影响,对汇兑损益采用递延确认的方法:

借:期汇合同递延损失　　　　　　　　　　　　　　　　　　　HK \$7 500
　　贷:应收账款(应收美元—美国购货商)
　　　　　[(HK \$8.25−8.10)×50 000]　　　　　　　　　　　HK \$7 500

借:应付账款(应付美元—银行)[(HK \$8.25−8.10)×50 000]　　HK \$7 500
　　贷:期汇合同递延利得　　　　　　　　　　　　　　　　　　HK \$7 500

(2)摊销半个月的期汇合同递延折价:

借:折价费用(HK \$5 000/4)　　　　　　　　　　　　　　　　HK \$1 250
　　贷:期汇合同递延折价　　　　　　　　　　　　　　　　　　HK \$1 250

若 20×2 年 1 月 31 日计算当月损益,则需比照上述会计分录进行调整。

4. 20×2 年 2 月 15 日,应作如下会计分录:

(1)记录汇率变动产生的影响:

借:期汇合同递延损失　　　　　　　　　　　　　　　　　　　HK \$2 500
　　贷:应收账款(应收美元—美国购货商)
　　　　　[(HK \$8.10−8.05)×50 000]　　　　　　　　　　　HK \$2 500

借:应付账款(应付美元—银行)[(HK \$8.10−8.05)×50 000]　　HK \$2 500
　　贷:期汇合同递延利得　　　　　　　　　　　　　　　　　　HK \$2 500

(2)记录收到美国购货商所付的美元:

借:银行存款(美元户)(HK \$8.05×50 000)　　　　　　　　　HK \$402 500
　　贷:应收账款(应收美元—美国购货商)
　　　　(HK \$412 500−7 500−2 500)　　　　　　　　　　　HK \$402 500

(3)记录向银行支付美元和从银行收到港币:

借：应付账款(应付美元—银行)(HK $412 500－7 500－2 500)　　　　　HK $402 500

　　贷：银行存款(美元户)(HK $8.05×50 000)　　　　　　　　　　　HK $402 500

借：银行存款(港币户)　　　　　　　　　　　　　　　　　　　　　　HK $407 500

　　贷：应收账款(应收港币—银行)(HK $8.15×50 000)　　　　　　　　HK $407 500

(4) 将期汇合同递延折价余额计入本年损益：

借：折价费用　　　　　　　　　　　　　　　　　　　　　　　　　　HK $3 750

　　贷：期汇合同递延折价(HK $5 000－1 250)　　　　　　　　　　　HK $3 750

(5) 将期汇合同递延损益余额计入本年损益：

借：期汇合同递延利得(HK $7 500＋2 500)　　　　　　　　　　　　　HK $10 000

　　贷：期汇合同利得　　　　　　　　　　　　　　　　　　　　　　HK $10 000

借：期汇合同损失　　　　　　　　　　　　　　　　　　　　　　　　HK $10 000

　　贷：期汇合同递延损失 (HK $7 500＋2 500)　　　　　　　　　　　HK $10 000

　　从上例可以看出,香港公司在20×1年度和20×2年度除将期汇合同递延折价摊销外,均未再因汇率变动而产生损益,因为一个项目产生损失的同时,另一个项目产生了利得,两者对冲之后消除了汇率变动产生的影响。20×2年2月15日香港公司如数收到407 500元港币,若不签订该期汇合同,按当时的即期汇率出售50 000美元则只能收到402 500元港币(HK $8.05×50 000),所以,签订合同获益5 000港元,如果港币升值更大,则香港公司会受益更大。当然,如果汇率朝相反的方向变动,香港公司会丧失换取更多港币的机会,遭受损失。

　　下面再举例说明上述第2类业务中涉及期汇合同的会计处理。与上例情况所不同的是,这类业务中期汇合同所保护的对象只是一种承诺,在会计记录中没有反映,故汇率变动只表现为对期汇合同的影响,所影响的金额在会计处理中一般予以递延,至交易实际发生时再冲回。

　　【例4】 假设中国公司20×1年12月1日向美国供货商定购设备共计价值100 000美元,货款将于60天后支付。中国公司以人民币为记账本位币、核算经营损益,故同日,中国公司与银行签订了60天后购买100 000美元的期汇合同。有关的汇率如下：

20×1年12月1日,即期汇率：　　　　　US$1＝¥6.25

20×1年12月1日,60天远期汇率：　　US$1＝¥6.32

20×1年12月31日,即期汇率：　　　　US$1＝¥6.30

20×2年1月31日,即期汇率：　　　　US$1＝¥6.40

中国公司60天后要向美国供货商支付100 000美元,为了使购入这100 000美元所需的人民币能够固定下来,避免因汇率变动造成汇兑损失,与银行签订了 60 天后按远期汇率(US$1=¥6.32)购买 100 000 美元的期汇合同。这样 60 天后无论汇率如何变动,中国公司肯定能以 632 000 元(¥6.32×100 000)买入 100 000 美元。据此可编制如下会计分录进行反映:

1. 20×1 年 12 月 1 日,中国公司与银行签订期汇合同,约定在 60 天以后支付 632 000 元,取得 100 000 美元。这 100 000 美元按签约时的即期汇率折算相当于 625 000 (¥6.25×100 000),两者之间的差额从签约的时点来看可视为折价出售人民币,该折价是购买设备的一种代价,用于调整设备的成本。可作如下会计分录:

借:应收账款(应收美元—银行)(¥6.25×100 000)	¥625 000
期汇合同递延折价〔(¥6.32-6.25)×100 000〕	7 000
贷:应付账款(应付人民币—银行)(¥6.32×100 000)	¥632 000

2. 20×1 年 12 月 31 日,结账日记录期末汇率变动产生的影响,应作如下会计分录:

借:应收账款(应收美元—银行)〔(¥6.30-6.25)×100 000〕	¥5 000
贷:期汇合同递延利得	¥5 000

3. 20×2 年 1 月 31 日,应作如下会计分录:

(1) 记录汇率变动产生的影响:

借:应收账款(应收美元—银行)〔(¥6.40-6.30)×100 000〕	¥10 000
贷:期汇合同递延利得	¥10 000

(2) 记录向银行支付人民币和从银行收到美元:

借:应付账款(应付人民币—银行)(¥6.32×100 000)	¥632 000
贷:银行存款(人民币户)	¥632 000
借:银行存款(美元户)(¥6.40×100 000)	¥640 000
贷:应收账款(应收美元—银行)(¥625 000+5 000+10 000)	¥640 000

(3) 记录购入的设备和支付的款项:

借:固定资产——设备(¥640 000+7 000-15 000)	¥632 000
期汇合同递延利得(¥5 000+10 000)	15 000
贷:银行存款(美元户)(¥6.40×100 000)	¥640 000
期汇合同递延折价	7 000

在该例中,中国公司在 20×1 年度发生支付外币的承诺业务,这种承诺在执行前会因汇率变动而产生损益。企业通过签订期汇合同来规避这种风险。20×2 年 1 月 31 日中国公司按合同约定以 632 000 元取得了 100 000 美元,若不签订该期汇合同,按

当时的即期汇率购入 100 000 美元则需支付 640 000 元(￥6.40×100 000),所以,签订合同获益 8 000 元,如果人民币贬值更大,则中国公司会受益更大。同样,如果汇率朝相反的方向变动,中国公司仍然要按合同约定支付较多的人民币换取该笔美元,因而相对来说要遭受损失。另外,固定资产的价值实际上在外币承诺业务发生和签订期汇合同时就已锁定,通过以上分录反映了汇率变动造成的影响,但最终不影响固定资产的价值。

对于为进行外币投机生意而签订的期汇合同,其会计处理与上述两类业务相似,且比其简单,一般不确认折价或溢价,最终以外币收、付交割为止。公司签订这类期汇合同的目的旨在利用汇率的变动套利,但同时也是在冒险,有可能套利不成反遭损失。汇率的剧烈波动会使有的公司取得巨额利得,而有的公司则可能破产倒闭。在合同期间内,市场汇率与合同汇率之间的差额构成了这种投机生意的损益,对这种期汇合同损益的会计处理有两种:一是在发生的各期逐期确认;二是在合同到期时一次确认。

三、衍生工具带来的会计问题

随着衍生工具的发展,金融市场已发生了巨大的变化。除传统的股票债券等金融工具外,许多公司运用越来越复杂的衍生工具,如期货、期权、互换等。公司往往将这些衍生工具用于风险管理,但是这些衍生工具往往本身带有很大的风险,可能会改变公司的风险状况。国际会计准则委员会、美国财务会计准则委员会等准则制定机构一直在研究制定相应的会计准则,旨在使这些衍生工具的影响在公司财务报表中能得到反映。衍生工具包含的内容十分广泛,而且品种还在不断地增加。

国际会计准则委员会在第 32 号国际会计准则"金融工具:列报"中定义的衍生工具,指具有以下特征的金融工具:① 其价值随特定利率、证券价格、商品价格、汇率、价格或利率指数、信用等级或信用指数或类似变量的变动而变动;② 不要求初始净投资,或与对市场条件变动具有类似反映的其他类型合同相比,要求较少的净投资;③ 在未来日期结算。

衍生金融工具区别于基础金融工具的最根本特性,是未来性、杠杆性和契约性。衍生金融工具交易是在现在的时点对基础工具未来可能产生的结果进行的交易,交易结果取决于基础工具未来某个时点的状态,具有不确定性;衍生金融工具定价以标的物的价值为基础,但只需支付占其较小比例的保证金,以小搏大,潜在的风险较大;衍生金融工具是一种形成一个企业的金融资产同时形成另一个企业的金融负债或权益工具的合同,其交易的对象是基于基础工具未来状态的契约化权利和义务。衍生金融工具种类繁多,但其基本类型有四种,远期、期货、期权和互换。以下简要介绍两个与外币有关的衍生工具。

（一）外币互换

外币互换是指一项同时进行的即期和远期交易。例如,一家中国公司从日本的子公司收到了日元股利，但是在收到股利后的 60 天内，中国公司并不需要动用日元，因而可以将其存入银行以赚取利息。该中国公司也可以用这笔日元进行外币互换，即到银行将日元按即期汇率换成人民币，使用 60 天，同时签订一个 60 天的远期合同，约定按 60 天的远期汇率在 60 天后换回该笔日元。

再如一家香港公司想在日本金融市场上借入日元，但由于缺乏资信需以负担较高利息的代价才能借到；同时，有一家日本公司则欲在香港金融市场上借入港币，同样由于缺乏资信而不能以市场通行的利率借到港币。这两个公司可通过外币互换来解决各自的问题。日本公司在当地以一般市场利率借入日元与香港公司在当地以一般市场利率借入的港币进行互换。假如双方签订外币互换合同，进行日元和港币的互换。约定的汇率为100 日元换 8 港元，日本公司在当地借入 1 000 万日元，香港公司也在当地借入 80 万港元，互换后，两个公司各自得到了自己所需要的货币。在利息支付日，日本公司将支付港币利息，香港公司则支付日元利息。在合同到期日，日本公司再以港币与香港公司的日元交换，各自用换回的本地货币偿还借款。

在上述互换举例中，日本公司面临的汇率变动风险包括两个方面：一是利息支付日要购买的港币受汇率变动的影响；二是合同到期再买回花掉的港币时受汇率变动的影响。香港公司也面临着同样的风险。为规避风险，两个公司可再各自签订期汇合同，将未来购买港币/日元需支付的本币固定下来。

（二）外汇期权

外汇期权是指在未来某一时日买卖一笔外汇的合约，包括买权和卖权，买权是在约定时日买入一笔外汇的合约；卖权是在约定时日卖出一笔外汇的合约。外汇期权交易是于20 世纪 80 年代从美国逐步发展起来的。外汇期权作为期权的一种，有着与其他期权共同的特征，具有标准的合同和规格，按份进行交易。

例如，一家中国公司 30 天后需要一笔美元，它可以为此而买入 30 天的外汇买权，30天后当汇率对公司有利时，它可以行使该买权；不利时，则可不行使。假设该中国公司 30天后需要 10 000 美元，为此以 200 元人民币买入 10 000 美元 30 天到期的买权，另付经纪人费用 40 元，合约约定的汇率为 1 美元等于 6.28 元人民币。30 天后若即期市场汇率变为 1 美元等于 6.34 元人民币，该中国公司可行使买权，以 6.28 元人民币换 1 美元的汇率用 62 800 元人民币取得 10 000 美元，这比按当时的即期市场汇率 6.34 元人民币换1 美元节约 600 元（¥63 400 − 672 800），减去买入期权的支出和经纪人费用 240 元，共节约 360 元，由此可见，当出现人民币大幅度贬值时，买入该买权会使公司大大受益。30 天后若人民币升值，市场汇率变为 1 美元低于 6.28 元人民币，则公司可按市场汇率购入美元，这时公司所损失的只是买入期权的支出和经纪人费用 240 元。从该例可以看到，外汇期权不是一项固定的承诺。前述有关外币承诺事项的会计处理方法不适用外汇期权。

衍生金融工具的发展带来一系列会计问题,如在会计系统中如何确认、计量衍生工具,如何及时、充分、真实地披露衍生工具信息等。衍生金融工具对传统会计模式的权责发生制、历史成本计量、报表披露方式等造成了很大的冲击。

20世纪80年代以来,国际会计准则委员会以及美、英、加、澳等国的准则制定机构开始着手研究并制定衍生金融工具会计准则。之后,国际会计准则委员发布了第32号准则"金融工具:列报"(1998)和第39号"金融工具:确认和计量"(1998),进入21世纪后,经过多次研讨和征求意见,又发布了第9号国际财务报告准则"金融工具"(2009)。美国财务会计准则委员会发布的相关准则有:SFAS105"对具有表外风险和信用集中风险的金融工具的披露",SFAS107"金融工具公允价值的披露"(1991),SFAS 115"某些债权性及权益性证券的会计处理"(1993),SFAS119"对衍生金融工具以及金融工具公允价值的披露",SFAS125"金融资产的转移与服务,以及债务消亡的会计处理"(1996),SFAS133"衍生金融工具和套期行为的会计处理"(1998),SFAS138"某些衍生工具和某些套期活动的会计处理"(2000),SFAS155"某些混合金融工具的会计处理"(2006),SFAS161"衍生工具和套期活动的披露"(2008)。英国、加拿大和澳大利亚等国也发布了类似的准则。

第三节 外币报表折算

合并报表实务扩大到国际经营环境中时,折算问题自然就产生了。在不同国家从事经营活动的企业,一般是以其所在国的货币为单位编制会计报表的,来自不同国家的、以不同货币表示的会计报表必须首先进行外币折算,折算为相同货币的金额才能进行合并。

外币折算中存在的种种难题,因汇率处于波动之中,起伏不定,难以估计。1971年美国政府被迫宣布停止美元兑换黄金之后美元几度贬值,西方主要货币相继实行浮动,固定汇率制被抛弃,布雷顿森林会议所确立的以美元为中心的国际货币体系遂告瓦解。从此以后,由于各国的国际收支状况、政治状况及政府的干预程度、市场利率、通货膨胀率、甚至投机和谣言等诸多因素的影响,汇率就再也没有稳定过,有时甚至是剧烈波动。

一、外币报表折算的意义与方法

外币报表折算是将以非记账本位币或非报告货币表述的金额换算成以记账本位币或报告货币表述的金额的过程。折算就是将会计记录或财务报表项目中以一种货币表示的金额用另一种货币的一定金额来表示,如以美元为单位的报表项目换算成以日元为单位的项目来表示;英镑报表项目换算成用港元来表示。折算的结果只是账面上或报表上转换货币的种类,这与货币兑换有着明显的区别。

在外币报表折算过程中涉及两个主要问题:一是折算汇率的选择;二是折算损益的

处理。由折算汇率选择方式的不同而区分出了不同的折算方法。历史上曾先后有四种外币折算方法被采用过:① 结账日汇率法,又称现行汇率法;② 流动与非流动法;③ 货币与非货币法;④ 时态法。

下面依次举例说明不同的折算方法,先以资产负债表的折算为例。折算损益的处理采用在资产负债表中作为折算调整额列报的方法进行。

(一)结账日汇率法(Closing Rate Method)

在结账日汇率法下,以结账日的现行汇率折算所有的资产和负债各项目,以结账日计算的平均汇率折算收入和费用各项目,只有资本项目以资本实际收到日时的历史汇率折算。这种方法是一种单一汇率法。运用这种方法进行折算,就是用被折算项目乘以现行汇率或平均汇率来求得折算后金额,这里的乘数实际上是一个单一的常数,因此折算后的财务报表能保持原来各项目之间已存在的比例关系,除资本项目外,不会产生折算差额。

下面举例说明结账日汇率法的折算过程。

【例5】　20×1 年 12 月 31 日 S 公司以美元表示的资产负债表如图表 9 - 1 所示。该日汇率的中间价为 US $1=￥6.25;公司收到股本时的汇率为 US $1=￥7.60。

(图表 9 - 1)

S公司资产负债表(原始资料)

20×1 年 12 月 31 日　　　　　　　　　　　　　　　单位: 美元

资　　　产		负债及所有者权益	
现金	1 000	应付账款	1 500
应收账款	2 000	长期负债	123 000
存货	58 000	普通股本	50 000
固定资产	184 000	未分配利润	25 500
减:累计折旧	45 000		
合　计	200 000	合　计	200 000

现将 S 公司 20×1 年 12 月 31 日以美元表示的资产负债表折算成以人民币表示的资产负债表。折算过程是:以原始资料各项目的外币金额分别乘以汇率￥6.25 就可得到折算后各项目的人民币金额,其中普通股股本项目乘以历史汇率￥7.60 得到按历史汇率折算的金额,再用按现行汇率折算后的净资产金额减去按历史汇率折算的普通股股本和未分配利润的合计数后为折算调整额,也可以这样计算:(￥6.25-7.60)×US $50 000 =-￥67 500。折算后的合计数可用原合计数乘以汇率求得,也可将折算后的各项目的金额直接相加求得。其中未分配利润的金额从损益表中转来。折算后资产负债各项目原来的比例关系不变。折算结果如图表 9 - 2 所示:

（图表9-2）

S公司资产负债表（结账日汇率法）

20×1年12月31日　　　　　　　　　　　　　　单位：人民币元

资　　　产		负债及所有者权益	
现金	6 250	应付账款	9 375
应收账款	12 500	长期负债	768 750
存货	362 500	普通股本	380 000
固定资产	1 150 000	未分配利润	159 375ʳ
减：累计折旧	281 250	折算调整额	−67 500
合　　计	1 250 000	合　　计	1 250 000

r：根据损益表。

（二）流动与非流动法（Current-Noncurrent Method）

采用这种方法，首先要将资产负债表上的被折算项目划分为流动性项目和非流动性项目两大类。流动性项目，如流动资产和流动负债，按结账日的现行汇率进行折算，其他非流动性项目按其各自入账时的历史汇率折算。这种方法的基础是将被折算项目按仍将继续存在的期限进行划分，凡是一年以内到期的项目为流动性项目，按现行汇率折算，除此以外的项目为非流动性项目，按历史汇率折算。由于使用了不同的汇率，折算后的财务报表打破了原来各项目之间已存在的比例关系。采用这种方法是使流动性项目暴露于汇率变动之中，因此折算调整额为流动性项目采用结账日汇率折算产生的差额合计数。

仍以前述资料为例说明这种方法的运用。

【例6】　为简化起见，假设所有的历史汇率均为 US $1＝¥7.60，折算结果如图表9-3所示。其中折算调整额为流动性项目净额乘以汇率变动差额的结果：−80 325＝（1000＋2 000＋58 000−1 500）×（6.25−7.6）。

（图表9-3）

S公司资产负债表（流动与非流动法）

20×1年12月31日　　　　　　　　　　　　　　单位：人民币元

资　　　产		负债及所有者权益	
现金	6 250ᶜ	应付账款	9 375ᶜ
应收账款	12 500ᶜ	长期负债	934 800ʰ
存货	362 500ᶜ	普通股本	380 000ʰ
固定资产	1 398 400ʰ	未分配利润	193 800ʳ
减：累计折旧	342 000ʰ	折算调整额	−80 325
合　　计	1 437 650	合　　计	1 437 650

c：按现行汇率计算。h：按历史汇率计算。r：根据损益表。

（三）货币与非货币法(Monetary-Nonmonetary Method)

采用这种方法,首先要将资产负债表上的被折算项目划分为货币性项目和非货币性项目两大类。货币性项目按现行汇率进行折算,非货币性项目按历史汇率折算。这种方法的基本原理是货币性资产和负债有着相似的性质,它们的价值与汇率的变动有密切的关系,随着汇率的变动,它们的被折算货币的等价物也要变动,这些项目主要是现时货币或代表着未来货币的债权债务,因此应按现行汇率进行折算。非货币性项目主要包括存货、固定资产以及股东权益等除货币性项目以外的其他项目,它们的价值不随汇率的变动而变动,因此应按历史汇率进行折算。同流动与非流动法一样,由于使用了不同的汇率,被折算的财务报表各项目之间原有的比例关系要被打破。采用这种方法是使货币性项目暴露于汇率变动之中,因此折算调整额为货币性项目采用结账日汇率折算产生的差额合计数。

【例7】　现仍以前述S公司有关资料为例说明这种方法的运用,折算结果如图表9-4所示。其中折算调整额为货币性项目净额乘以汇率变动差额的结果：$164\ 025 = (1\ 000 + 2\ 000 - 1\ 500 - 123\ 000) \times (6.25 - 7.6)$。

（图表9-4）

S公司资产负债表(货币与非货币法)

20×1年12月31日　　　　　　　　　　　单位：人民币元

资　　产		负债及所有者权益	
现金	6 250^c	应付账款	9 375^c
应收账款	12 500^c	长期负债	768 750^c
存货	440 800^h	普通股本	380 000^h
固定资产	1 398 400^h	未分配利润	193 800^r
减：累计折旧	342 000^h	折算调整额	164 025
合　计	1 515 950	合　计	1 515 950

c：按现行汇率计算。h：按历史汇率计算。r：根据损益表。

（四）时态法(Temporal Method)

时态法的基本做法是,结账日资产负债表中,以现行价值、可变现净值或现行重置成本反映的项目以及代表未来金额的项目,根据时态的原则,按结账日汇率进行折算;反映为历史成本的项目按历史汇率折算。资产项目中以过去的交换价格记录的,反映的是历史成本,就要按历史汇率折算;按市价记录的、反映现行价值的,就要按现行汇率折算。例如,一项固定资产是以其被购买时的当时货币价格记录的,就要按购买这项资产时的汇率进行折算,以结账日现行重置成本计价的,就要按现行汇率折算;负债代表的是未来金额,要按结账日汇率折算。时态法同样要打破被折算财务报表各项目之间原有的比例关系。采用这种方法是使采用结账日汇率折算的项目暴露于汇率变动之中,因此折算调整额为按结账日汇率折算的项目采用结账日汇率折算产生的差额合计数。

【例8】 现仍以前述 S 公司的有关资料为例说明这种方法的运用。假设 S 公司的存货中有 40% 是按现行市场价格计价的,有 60% 是按历史成本计价的。折算后的资产负债表如图表 9-5 所示。其中折算调整额为货币性项目净额乘以汇率变动差额的结果: $132\,705 = (1\,000 + 2\,000 + 58\,000 \times 40\% - 1\,500 - 123\,000) \times (6.25 - 7.6)$。

(图表 9-5)

S公司资产负债表(时态法)

20×1年12月31日 单位:人民币元

资　　产		负债及所有者权益	
现金	6 250^c	应付账款	9 375^c
应收账款	12 500^c	长期负债	768 750^c
存货	409 480$^{*c/h}$	普通股本	380 000^h
固定资产	1 398 400^h	未分配利润	193 800^r
减:累计折旧	342 000^h	折算调整额	132 705
合　　计	1 484 630	合　　计	1 484 630

c:按现行汇率计算。h:按历史汇率计算。r:根据损益表。

$* 455\,880 = 58\,000 \times 40\% \times 8.25 + 58\,000 \times 60\% \times 7.6$。

在西方国家对外币折算方法的选择方面没有硬性规定的相当一段时期内,实务中有的公司所采用的方法在某个基本方法的基础上有一定的变形。有的公司使用流动与非流动法,但对长期负债项目却按现行汇率折算;有的公司使用货币与非货币法,但对存货项目按现行汇率折算;还有的公司使用结账日汇率法,但对固定资产项目采用历史汇率折算,等等。

实际上各种方法之间的差别有时很小,条件变了,一种方法与另一种方法的区别也就消失了。例如,在历史成本制度下不允许重新估价,这时货币与非货币法和时态法就有很小的区别;如果采用现行成本制度,时态法显然要和结账日汇率法取得基本相同的折算结果了。

(五)各种方法在损益表折算中的运用

前面介绍各种方法时,主要说明了资产负债表中各项目的折算。现在说明一下各种方法在损益表折算中的运用。在结账日汇率法下,对于收入和费用按结账日现行汇率折算或按某种合适的平均汇率折算,采用结账日汇率法的优点是折算后仍保持子公司报表中原有的各种比例关系。而采用流动与非流动法和货币与非货币法时,大多数公司是将折旧费和摊销费按历史汇率折算,其他收益和费用项目按当期平均汇率折算,也有的公司将全部项目均按平均汇率折算。

采用时态法,从理论上说,收入和费用各项目应按业务发生日的汇率折算,但在实务中,一般采用合理的近似的汇率进行折算,如平均汇率。与资产有关的费用,如折旧费和摊销费,用历史汇率折算;销货成本则按与所售货物成本相适的汇率折算。在折算销货成本时,期初和期末存货通常以存货积累期间内的平均汇率折算,购货项目按存货购入时已存在的平均汇率折算。其他收益和费用按以销售量为权数计算的平均汇率进行折算。一个公司可以按月折算损益表然后将各月经过折算的损益表简单地加在一起。

资产负债表中股东权益部分一般包括实收资本和未分配利润两部分。未分配利润可通过利润分配表计算。这个表有时也并入损益表。期初未分配利润数就是上期末的期末数,所以可使用上期末该项折算后的数字作为本期的期初未分配利润数。净损益经上述损益表折算后可求出。股利按宣布股利时的实际汇率折算。期末未分配利润就是期初未分配利润加净利减股利后的余额,由于资产负债表与利润分配表都采用了不同的汇率进行折算,使资产负债表中与利润分配表的折算产生了折算损益。

二、折算损益的披露

以上比较各种折算方法时,都没有过多地阐述折算损益的处理问题,只是简单地将折算中产生的差额作为折算调整额在股东权益部分列示。这种做法只是处理折算损益的一种办法,即资产负债表处理方法。此外,也有将折算损益列入损益表、作为损益表项目处理的,即损益表处理方法。

美国第52号财务会计准则和英国第20号标准会计实务说明书都规定结账日汇率法下产生的折算损益应直接计入资产负债表的储备项目,而不应通过损益表反映。起草这些文件的英美人士认为折算损益并不是真正的损益,只是折算过程中产生的差异,美国人称为"折算调整额"(Translation Adjustments),英国人称为"换算差异"(Exchange Differences)。也有不少公司是以某种标准为基础作为递延项目处理的。

一般来说时态法下往往采用损益表处理方法。下面举例说明时态法下折算损益的列示。

【例9】 假设美国某公司的国外子公司财务报表采用时态法进行折算,折算损益在当期损益表中确认。折算后的资产负债表和损益表及利润分配表如图表9-6、9-7所示:

（图表 9-6）

资产负债表
20×4 年 12 月 31 日

项　目	当地货币	汇　率	美　元
资　产			
现金	FC200 000	$2.10①	$420 000
存货	250 000	2.08②	520 000
固定资产	800 000	1.97③	1 576 000
累计折旧	(200 000)	1.97	(394 000)
合　计	FC1 050 000		$2 122 000
负债及权益			
应付账款	FC225 000	2.10	$472 500
应付债券	200 000	2.10	420 000
普通股本	450 000	1.95④	877 500
未分配利润	175 000	—	352 000
合　计	FC1 050 000		$2 122 000

（图表 9-7）

损益表及利润分配表
20×4 年

项　目	当地货币		汇　率	美　元	
销货		FC1 400 000	$2.07⑤		$2 898 000
销货成本					
期初存货	FC275 000		2.03⑥	$558 250	
购货	450 000		2.06⑦	927 000	
小　计		725 000		1 485 250	
期末存货	250 000		2.08	520 000	
货物成本		475 000		965 250	
人工成本		400 000	2.07	828 000	
折旧费		90 000	1.97	177 300	
销货成本合计		965 000			1 970 550
推销及管理费用		150 000	2.07		310 500

（续表）

项　　目	当地货币	汇　率	美　元
折算损益	——————		20 000
税前利润	285 000		596 950
所得税	170 000	2.07	351 900
税后利润	FC115 000		$245 050
期初未分配利润	FC150 000		$295 950
净利	115 000		245 050
减：股利	90 000	2.10	189 000
期末未分配利润	FC175 000		$352 000

① 20×4 年 12 月 31 日结账日汇率。② 存货积累期间内的平均汇率。③ 固定资产购买时的历史汇率。④ 股票发行时的历史汇率。⑤ 年平均汇率。⑥ 期初存货积累期间内的平均汇率。⑦ 存货采购期间内的平均汇率。

另设所得税是在全年内平均支付的,股利于年底宣布。图表 9-7 中的折算损益也可这样计算：损益表中不包括折算损益项目的税后利润 265 050 美元。期末未分配利润应为：

期初未分配利润	$295 950
净利	265 050
小　计	561 000
减：股利	189 000
期末未分配利润	$372 000

损益表及利润分配表中期末未分配利润应有数为 $372 000,资产负债表中未分配利润数经平衡调整计算应为 $352 000,两者之间的差额 $20 000 即为折算损益,在当期损益表中折算损益项目中予以确认。

三、折算方法的历史回顾

各种折算方法在理论上和实务中都是逐步发展起来的。其中结账日汇率法是最悠久的。早在 19 世纪英国的会计师就将它用到了海外分支机构的折算实务中。在早期贸易中,英美和其他贸易比较发达的国家汇率比较固定,而其他不发达国家的货币又没有什么影响,因此,对于大多数重要的货币来说,选择汇率的问题还没有产生;另外,结账日汇率法简便易行,自然成了首先形成和被使用的方法。

流动与非流动法产生于美国。1931 年美国注册会计师协会在第 92 号公报中提出这种方法,后于 1934 年在美国注协第 117 号公报、1939 年在会计程序委员会的会计研究公报第 4 号和 1953 年的第 43 号中又对这种方法进行了补充。

　　流动与非流动法在两次世界大战之间用得比较普遍,当时汇率不是连续地在同一方向上变动,而是有正常的轻微波动。支持采用这种方法的观点认为汇率在未来几个月或几年内要上下波动几次,因此,对于非流动项目,在结账日不必确认由于汇率变动而产生的损益,汇率在未来的变动有可能又向着这些非流动项目的历史汇率的方向发展。

　　然而,后来由于美元对其他货币的汇率的变动不再围绕着固定的均衡比价波动,使得那种认为汇率的变动要保持上下反转的观点变得不合理了。对于非流动负债来说结账日汇率也许是这些项目未来汇率的最好估计。这样,产生了另一种可供选择的方法即货币与非货币法。

　　货币与非货币法是美国密执安大学教授塞缪尔·R·海普沃思(Samuel R. Hepworth)1956 年在他的专著《国外经营报告》中提出的。他认为应按各项目的性质而不是到期日选择折算汇率进行折算。这样,被折算项目不是划分为流动的和非流动的两大类,而是要划分为货币性和非货币性的两大类。货币非货币法与流动非流动法的不同在于将长期负债而不是存货暴露于汇率波动之中。1965 年会计原则委员会意见书第6 号正式提出了这种方法。

　　不同的意见认为采用货币与非货币法对利润的影响较大。在母公司货币贬值的情况下,长期负债折算的结果要出现损失,而固定资产或存货却没有折算收益。与这种汇率变动的实际结果相反,在母公司所用货币贬值的情况下,实际上会使子公司的利润以母公司的货币表示时增大。

　　在时态法提出之前存在着前述三种折算方法,这三种方法各自都存在着一定的缺陷。美国注册会计师协会为了寻找更好的折算方法,于 20 世纪 70 年代初指定伦纳得·洛伦森(Leonard Lorensen)对此进行全面的研究。洛伦森于 1972 年提交了研究报告,发表在美国注册会计师协会的《会计研究文集》第 12 集中。报告中提出了按"时态原则"进行折算的理论和方法。这是一项质量很高的会计研究成果,对以后的会计实务产生了重要的影响。1975 年美国财务会计准则委员会发布的财务会计准则第 8 号正式要求采纳这一方法。时态法的基本理论是试图为折算中汇率的选择提供一种逻辑基础。然而时态法也是不完善的,折算后的财务信息仍然失真,对外币反映的财务状况和经营成果产生歪曲。

四、单一汇率法还是多种汇率法

　　前述四种折算方法分为两类:① 单一汇率法,即现行汇率法或结账日汇率法;② 多种汇率法,包括流动与非流动法、货币与非货币法和时态法。多种汇率法中,理论上相对比较完善、实务中广泛采用的是时态法。因此外币折算方法的选择,实际上是采用单一汇率折算还是采用多种汇率折算的选择,是结账日汇率法与时态法之间的选择。

结账日汇率法历史较久,它的优点是操作中简便易行,折算结果基本不改变原币报表中各项目之间的比例关系和原来的经营成果,因而根据折算后的金额计算的许多财务比率与折算前是一致的。国外子公司是一个单独的实体,只有它的资本净值承担风险,而不是所有每个项目的余额。这样,所有的余额都应按相同的汇率折算,这个汇率应是资产负债表日的流行汇率。否则,使用不止一种汇率会搞乱各项余额之间原有的关系。

结账日汇率法的缺点是与历史成本原则不一致,国外子公司的历史成本余额按结账日汇率折算会变得毫无意义,因为这种折算结果既不是历史成本也不是现行成本。再者,对长期项目的折算所得的结果容易令人误解。例如中国的一个企业投资 20 000 美元在国外购得一块土地,当时美元对人民币的汇率为 US $1 = ￥5.8,则这块土地的价值折算为人民币是 116 000 元。如果一年后汇率变为了 US $1 = ￥6.8,则上述土地再折算为人民币就变成了 136 000 元,比较两年的数据,土地价值增加 20 000 元,土地数量并没有发生变动,在历史成本模式下一般是不允许确认这种价值增值的,单纯与上一年的人民币金额对比时,会使人误以为又购买了新的土地。

时态法克服了以前曾采用过的流动与非流动法和货币与非货币法中存在的缺陷,使多种汇率法达到了一个比较完善的地步。采用时态法的优点是保持了历史成本原则的一致性。时态法的缺点在于它不能吸收结账日汇率法的优点。它操作复杂,而且折算结果往往要改变原币报表中各项目之间的比例关系和原来的经营成果。因此采用时态法进行折算后提供的财务信息是不能令人满意的。时态法改变的太多。

美国 1975 年 10 月发布的第 8 号财务会计准则是实施时态法的正式文件。但是,时态法尽管在理论上可行,而一旦付诸实施,问题就接踵而来,导致对它的批评声四起。第 8 号准则实施两年以后的 1978 年 5 月,财务会计准则委员会在征求公众对第 1～12 号准则的意见的过程中,收集的大多数意见是关于第 8 号准则的,评论信件达 200 多封。批评者认为按第 8 号准则的要求进行外币折算所得的结果不能反映国外经营活动的基本经济现实。人们已经发现这种会计结果不能反映基本经济状况的表现主要有两个方面:① 所报告的盈亏反复无常;② 财务成果和财务关系不合常规。这些问题的原因是:① 当期确认未实现的汇率变动调整额;② 存货和固定资产按历史汇率折算而债务按现行汇率折算。

1981 年美国财务会计准则委员会发布了第 52 号财务会计准则,提出了确定职能货币(functional currency,或译功能货币)的方法,国外子公司或分支机构的财务状况和经营成果首先以职能货币进行计量,然后再考虑与报告货币相一致的问题。第 52 号准则提出了 6 项确定职能货币的指标。这 6 项指标如图表 9 - 8 所示①:

---

① 根据 FASB Statement No. 52, "Foreign Currency Translation" par. 42 整理。

(图表 9 - 8)

确定职能货币的指标

经济因素	应以母公司所在国的货币作为职能货币的情况	应以子公司所在国的货币作为职能货币的情况
现金流量	直接影响母公司的现金流量,经常向母公司汇款。	以当地货币支持日常的经营周转,不影响母公司的现金流量。
销售价格	对汇率变动有反应,由世界范围内的竞争所决定。	对汇率变动基本上没有反应,主要由当地的竞争所支配。
销售市场	主要在母国,以母公司所在国的通货标价。	主要在东道国,以当地通货标价,也有可能有大量的出口。
费 用	生产成本和经营费用主要与从母国进口的资源有关。	生产成本和经营费用主要由当地环境和条件所决定。
理 财	财源主要来自母公司,或依靠母公司偿付债务。	主要依赖当地货币,当地实体的经营现金流量足以偿付债务。
内部交易	大量的公司间内部交易,母公司和国外实体的经营活动之间有着广泛的相互联系,或国外实体是母公司投资或筹资的手段。	少量的公司间内部交易,母公司和国外实体的经营活动之间没有广泛的相互联系,但是,国外实体可能要依赖母公司或联营公司的竞争优势,如专利和商标。

　　一个实体的职能货币基本上是依据事实确定的。对于在一个特定国家内其经营活动相对独立和完整的实体来说,职能货币一般就是该实体所在国的货币;对于直接构成母公司整体之一部分,或者说是母公司经营活动之扩展的国外经营实体来说,职能货币通常是母公司所在国的货币。

　　第 52 号准则第 12 段规定,财务报表的所有要素都要用现行汇率折算。资产和负债项目使用资产负债表日的汇率,收入、费用、利得和损失等项目,一般应采用这些项目确认日的汇率,为简化,也可以采用当期近似的加权平均汇率。如果一个国外实体的账簿记录不是用职能货币登记的,那么在折算之前要将有关记录重新计量为职能货币,如果国外实体的职能货币就是报告货币,那么重新计量为职能货币也就计量为报告货币了,折算的过程也就完成了。重新计量的过程中要使用历史汇率完成有关货币之间的转换,其中产生的汇兑损益要予以确认。国外实体的财务状况和经营成果最终是以职能货币计量的,整个重新计量的过程实际上是时态法的运用。如果国外实体所用的货币本身就是职能货币,或经过重新计量以后已折算为职能货币,职能货币又与报告货币不一致,那么按第12 段的要求折算为报告货币的过程实际上是结账日汇率法的运用。

　　这样,第 52 号准则实际上规定要根据具体情况分别采用时态法和结账日汇率法。对于相对独立的国外实体,采用结账日汇率法折算;对于构成母公司整体之一部分或是母公司经营活动之扩展的国外实体，采用时态法折算。

美国在外币折算方面的理论和实务是居于领先地位的，所以影响也是很大的。英国1983 年颁布的第 20 号标准会计实务说明"外币折算"，基本上与美国的相同。英国是一直坚持使用结账日汇率法的国家，在第 20 号标准会计实务说明中，又进一步规定了可以采用时态法的条件："国外企业的交易比其自己的报告货币更加依赖投资公司货币所处的经济环境"（第 55 段），并且列举了适用时态法的情况，例如推销机构、垂直的整体经营活动中的一部分、避税港的经营活动等。第 21 号国际会计准则"汇率变动的影响"也有类似美国的规定，将国外经营单位分为主要使用当地货币的国外实体和作为母公司经营活动有机组成部分的国外实体两大类，前者应选用结账日汇率法，后者应选用时态法。

结账日汇率法并不是一种完善的折算方法，这一点我们已经指出。折算长期项目所得的结果容易使人误解。不过，这一缺陷是可以补救的，比如通过附表或附注的形式，分别列示国外子公司中长期项目本身的增减变动数额和汇率变动引起的增减变动数额。参照之后即可得出正确的结论。

五、中国外币报表折算实务

外币折算是跨国公司合并财务报表中遇到的国际性难题之一。中国的合并报表实务随着企业集团的国际发展必然会涉及外币折算问题。而且在中国合并财务报表实务尚未充分发展起来的时候，跨国企业已经"扬帆出海"，走向世界。因此在发展中国合并报表实务的同时，必须解决外币折算中的有关问题。

中国曾发布关于外币折算的具体会计准则（征求意见稿），将境外营业划分为"报告企业经营组成部分的境外营业"和"境外实体"两类，前者基本上是要求按时态原则折算其会计报表，而后者实际上要求采用现行汇率法①。

关于现行汇率法与历史成本原则不一致的问题需要进一步讨论一下。其实，无论中国还是外国，都有一些与历史成本原则不一致的会计方法，例如购买一个企业时采用购买法进行有关的会计处理，被购买企业的账目要重新估价，调整为当时的市场价值，而购买企业的账目仍保持历史成本，这时编制的购买企业与被购买企业的合并报表能说与历史成本原则相一致吗？当然我们不能说其他会计方法也不完善，现行汇率法有缺陷就是合理的，而是说现行汇率法的这一缺陷是与整个历史成本会计模式相联系的，在这种会计模式下不只现行汇率法不完善，不能对这种方法苛求过多。再者，历史成本原则实际要求的是，不得任意调整（尤其是调高）账面价值，任何账户都必须始终保持有关业务发生时的入账金额。历史成本模式下仍有反映现行成本的内容。比如当期购买的设备和 5 年前购买的设备加总在一起，其中当期购买的设备反映现行成本，5 年前购买的设备反映历史成

---

① 参见财政部会计司："企业会计准则第 X 号——外币折算（征求意见稿）"，1995 年 7 月。

本。所以,在历史成本模式下,许多项目的金额往往是历史成本与现行成本的混合。在这样的情况下,合并财务报表中加进一些按现行汇率折算的长期项目(并不完全是现行成本)并非十分不妥。当然,如果历史成本模式改为现行成本模式,那么,不但现行汇率法的这种缺陷不复存在,而且现行汇率法与时态法的区别也会自然消失。

现行汇率法的选择在中国会计理论界和实务界首先被提出并且得到了实际运用,但是实务界在相当长的一段时间内不很熟悉时态法。时态法应当用于境外某些实体的"重新计量"过程。即,境外实体确定一种职能货币(或称记账本位币),如美元,将平时用非职能货币作出的会计记录,按时态原则折算为职能货币,以职能货币计量境外实体的盈亏结果和财务状况,然后再按现行汇率法将按职能货币编制的财务报表折算为人民币表示的报表以便与其他集团成员的报表进行合并。时态法一般不宜用于外币直接向人民币的折算过程。这是因为人民币不是可自由兑换的货币。企业取得外汇一般尽可能不兑换成人民币,所以人民币的现金流量不足以反映国外实体的盈亏状况,在这种情况下以人民币的现金流量计量国外实体的经营成果和财务状况是没有什么意义的。另外,境外实体几乎没有用人民币作为职能货币的,所以按时态原则进行折算的方法在某些境外实体的财务报表项目由非职能货币向职能货币的转换过程中可予以采用。

1995 年财政部颁发的《合并会计报表暂行规定》对中国企业外币报表折算实务进行了规范,曾是中国企业进行外币报表折算的主要依据。目前有效的是企业会计准则第 19 号《外币折算》,其主要内容是:

确定记账本位币,即企业经营所处的主要经济环境中的货币。企业通常应选择人民币作为记账本位币。企业选定记账本位币,应当考虑下列因素:① 该货币主要影响商品和劳务的销售价格,通常以该货币进行商品和劳务的计价和结算;② 该货币主要影响商品和劳务所需人工、材料和其他费用,通常以该货币进行上述费用的计价和结算;③ 融资活动获得的货币以及保存从经营活动中收取款项所使用的货币。

企业选定境外经营的记账本位币,还应当考虑下列因素:① 境外经营对其所从事的活动是否拥有很强的自主性;② 境外经营活动中与企业的交易是否在境外经营活动中占有较大比重;③ 境外经营活动产生的现金流量是否直接影响企业的现金流量、是否可以随时汇回;④ 境外经营活动产生的现金流量是否足以偿还其现有债务和可预期的债务。

企业对境外经营的财务报表进行折算时,应当遵循下列规定:① 资产负债表中的资产和负债项目,采用资产负债表日的即期汇率折算,所有者权益项目除"未分配利润"项目外,其他项目采用发生时的即期汇率折算;② 利润表中的收入和费用项目,采用交易发生日的即期汇率折算;也可以采用按照系统合理的方法确定的、与交易发生日即期汇率近似的汇率折算。

按照上述①②折算产生的外币财务报表折算差额,在资产负债表中所有者权益项目下单独列示。

复习思考题

1. 企业发生外币经济业务时，涉及哪些会计问题？

2. 分别解释一项业务观与两项业务观的概念及原理。

3. 请举例说明什么是衍生金融工具？衍生金融工具给我们带来了怎样的会计问题？

4. 假设中国香港公司20×1年12月15日向美国供货商定购设备，共计价值75 000美元，货款将于60天后支付。香港公司以港币为记账本位币并核算经营损益。为实现套期保值，同日，香港公司与银行按60天远期汇率签订60天后购买75 000美元的期汇合同。有关汇率如下：

20×1年12月15日，即期汇率：　　　　US $1＝HK $8.25

20×1年12月15日，60天远期汇率：　　US $1＝HK $8.28

20×1年12月31日，即期汇率：　　　　US $1＝HK $8.22

20×2年2月15日，即期汇率：　　　　US $1＝HK $8.35

试写出自期汇合同签订至合同执行期间所涉及的所有会计分录。

5. 简述外币报表折算的意义与四种折算方法的原理，并完成下列习题：

20×1年12月31日某公司以美元表示的资产负债表如下图表9-9所示。该日汇率的中间价为US $1＝¥6.28；公司收到股本时的汇率为US $1＝¥7.10，并假设该汇率为其他所有项目的历史汇率。再假设该公司的存货中有50%是按现行市场价格计价的，另外50%是按历史成本计价的。

（图表9-9）

某公司资产负债表　　　　　　　　　　　　单位：美元

资　　　产		负债及所有者权益	
现金	8 000	应付账款	12 000
应收账款	15 000	长期负债	102 000
存货	47 000	普通股本	45 000
固定资产	156 000	未分配利润	15 000
减：累计折旧	52 000		
合计	174 000	合计	174 000

要求：分别运用四种折算方法将该公司以美元表示的资产负债表折算成以人民币表

示的资产负债表。

6. 简述目前中国外币报表折算的会计准则及实务。

参 考 文 献

1. 常勋：《财务会计三大难题》第三章、第四章、第五章，立信会计出版社 1999 年版。

2. ［美］法博齐和莫迪利亚尼著、唐旭等译：《资本市场：机构与工具》，经济科学出版社 1998 年版。

3. Choi, F. D. S. and Meek, G. K. (2011), *International Accounting*, 7th edition, Pearson Prentice Hall, chapter 6.

4. Nobes, C. W. and Parker, R. H. (2016), *Comparative International Accounting*, 13th edition, Pearson Education Limited, chapter 17.

5. Nobes, C. W. (1980), "Areview of the translation debate" in *International Accounting and Multinaional Enterprises*, edited by Arpan, J. S. and Radebaugh L. H., 2 nd edtion, John Wiley & Sons.

6. Radebaugh, L. H., Gray, S. J. and Black, E. L. (2007), *International Accounting and Multinational Enterprises*, 6th edition, China Machine Press, chapter 10.

上 网 查 询

阅读下列公司的年度财务报告，找出有关外币折算和衍生工具处理方法的会计政策，进行对比研究。

1. 日本：

http：//www. sony. net/SonyInfo/IR/financial/ar/index. html

2. 荷兰：

http：//www. unilever. com/investorrelations/

3. 美国：

https：//investor. hp. com/

第十章　通货膨胀会计

  各国在经济发展过程中,普遍遇到了通货膨胀这一经济现象,所不同的是,有的国家通货膨胀严重一些,有的轻微一些;在同一国家,有的时期通货膨胀率居高不下,有的时期保持较低的通货膨胀率。通货膨胀已经成为世界各国普遍关心的全球性问题。通货膨胀冲击了传统的会计,给会计带来了许多新的问题,为解决这些问题,产生了一些新的会计理论和方法,从而逐渐形成了一个新的会计领域——通货膨胀会计。在不同国家进行经营活动的跨国公司面临着不同的通货膨胀环境,各国在提供反映通货膨胀信息的过程中逐步建立了一些会计模式或反映方式,这是本章所要讨论的主要内容。

第一节　通货膨胀会计的基本理论

一、通货膨胀对财务信息的影响

  第一次世界大战以后,许多资本主义国家普遍出现通货膨胀现象。通货膨胀的出现和加剧,使企业提供的财务报表不能真实地反映企业的财务状况和经营成果。这样,在一些主要的资本主义国家,开始出现为反映通货膨胀影响或为消除通货膨胀影响的新的会计理论和方法,展开了关于通货膨胀会计问题的探讨和研究。德国商人出于资本保全的目的,自发地使用重置成本计算盈亏,出现了通货膨胀会计的萌芽。但是萌发通货膨胀会计思想的德国并没有进一步发展通货膨胀会计的理论和实务,主要原因是第一次世界大战以后出现的通货膨胀很快得到了抑制,物价稳定之后,企业一般又恢复了严格的历史成本模式。

  通货膨胀表现为货币贬值、物价上涨,而货币是会计的统一计量单位,物价是会计计量的基础,会计的计量尺度和基础处在一种变动的状态之中时,被计量的客体就无法得到准确的反映,这就动摇了币值不变、历史成本等基本的会计假设和原则。为了稳定会计计量单位和计量基础,为了反映通货膨胀对被计量客体的影响及影响程度或为了消除通货膨胀的影响而采用或设想的会计方法和程序就构成了通货膨胀会计。

  通货膨胀会计是在美国逐步形成较为完整的理论体系和方法体系的。1918年美国《会计杂志》发表米德尔迪齐(Middleditch)的文章,题目是:"在账上应否反映美元价值的变动?",文章建议:"账户的年末余额应按某种稳定的计量单位加以计量,即按物价变动指数重新表述账户余额"。佩顿(Paton)教授也在 1920 年撰文建议在通货膨胀的条件下应将固定资产增值为重置成本,并按重置成本计提折旧。此后斯威奈(Sweeney)教授1936 年出版了《稳定币值会计》一书,他详细考查了德国通货膨胀会计文献之后提出一套将以历史成本为基础的传统财务报表上的美元调整为"等值美元"的方法①。

第二次世界大战以后,资本主义国家物价普遍上涨,从而引起人们对通货膨胀会计的再度重视。美国会计学会、美国会计师协会都曾有关于物价变动和折旧等问题的会计处理方法研究公报发表,主张对财务报表按一般物价水平进行调整。20 世纪 70 年代,美国出现了经济危机,通货膨胀率达到两位数,这促使了美国通货膨胀会计的进一步发展。1974 年,美国财务会计准则委员会发表了"按一般购买力单位编制财务报告"的征求意见稿。1976 年,证券交易委员会要求上市公司按规定格式在其年报中反映重置成本的资料。1979 年,财务会计准则委员会对征求意见稿进行修改后,公布了第 33 号财务会计准则:"财务报告和变动的物价",要求上市公司在财务报表以外提供按一般购买力单位重新换算的补充资料和以现行成本为计量基础的补充资料。

通货膨胀会计产生的客观环境是货币贬值、物价上涨;产生的动机是使资本得到保全,保证财务会计信息的相关性和有用性。通货膨胀会计的实施引起了会计方法和程序、财务报表披露以至会计思想和会计观念等方面的重要变革。

通货膨胀既影响资产负债表也影响损益表。在资产负债表中,现金会因通货膨胀引起的购买力下降而产生损失。非货币资产因通货膨胀造成的影响既反映在资产负债表上,也反映在损益表上。在价格上涨期间,重置存货和固定资产的价格变得更加昂贵,而利润数字则虚假增大。从销售中收回的资金越来越多地用于重置资产,折旧积累起来的资金不足以重置固定资产,而利润增大,企业需要多交所得税,股东们则要求取得更多的股利。结果造成企业流动资金全面紧张,有时处于虚盈实亏的状态,使企业蒙受不应有的损失,对企业的生存和发展构成严重威胁。

通货膨胀条件下的物价变动对企业资产、负债所产生的影响表现可概括为:企业持有的现金资产将产生货币购买力损失;企业持有的实物资产将产生资产持有收益;企业持有的货币性债权将产生持有损失;企业持有的货币性债务将产生持有收益;在采用先进先出法对发出存货计价的情况下,通货膨胀将可能导致企业低估资产耗费、虚计利润、资本流失、实际生产能力下降的后果。

二、反映通货膨胀影响的主要方式

为了反映通货膨胀的影响及其影响程度,各国在会计实务中所采取的措施中比较普

---

① Scapens, R. W. (1981) *Accounting in an Inflationary Environment*, 2nd edition, the Macmillan Press Ltd., pp. 11 – 12.

遍的做法是在坚持按历史成本原则编制正规财务报表的同时,提供有关通货膨胀所产生影响的补充信息。这种补充信息采取的方式主要有:以附注的形式反映财务报表中某些项目的现行市场价值以及由于价格变动所可能产生的损失或收益;以价格变动后的货币重新编制财务报表作为原来报表的补充报表或者在原来报表上另设一栏反映物价变动后的数据。通过这些形式将通货膨胀产生的影响传达给财务报表的使用者,以便他们能够形成正确的判断,作出正确的决策。

为了抵销一部分通货膨胀的影响,有些国家还特别采取了某些会计方法适当提高成本费用,尽量避免虚增利润。例如,发出存货按后进先出法计价;按加速折旧法计提固定资产折旧等等。这样可以挽回一部分因通货膨胀而可能损失的资金,尽可能多地使资本得到补偿。

对于跨国公司来说,母公司和设置在不同国家的子公司处于不同的通货膨胀环境之中,不同的环境对通货膨胀的会计要求有所不同,有的国家不要求编制调整通货膨胀影响的财务报表,而有的国家则要求必须编制,还有的国家的企业是自愿编制的。编制调整报表的企业所采用的方法也不尽相同。因此,当整个公司集团编制合并财务报表时,就需要采用统一的方法将国外子公司的财务报表进行调整,以便在统一计量尺度的基础上编制合并报表。

对财务报表进行调整的方法主要有:① 保持历史成本会计模式,以历史成本为基础编制财务报表。但同时确定一种不变价格,将历史成本转变为不变价格,以使不同时期的财务报表信息获得可比的计量基础;② 日常核算坚持历史成本的会计原则,期末则以现行成本为计量基础编制财务报表;③ 彻底改变传统的会计模式,除以现行成本为计量基础编制财务报表外,还要将账簿调整为现行成本。这一基础所改变的不仅是财务报表而且包括了所有的会计记录。

三、通货膨胀会计的若干概念

(一) 资本保全概念

通货膨胀会计的理论基础是资本保全理论。资本保全理论要求企业在其经营活动中以保持资本完整无损为前提来确认收益。在物价稳定情况下,按历史成本能够正确计算损益,并使资本得到保全。然而,在通货膨胀情况下,按历史成本核算的结果将虚计利润,使资本有可能以利润分配的形式流失。如何计量资本才能使资本得到保全,是资本保全理论的核心问题。对于这一问题的不同理解和认识,形成了三种资本保全概念,即账面资本保全、不变购买力资本保全和实物资本保全。

1. 账面资本保全概念

在该概念下,资本是指以一定货币金额表示的原始投资额形成的账面资本,账面资本保全即以一定货币额表示的账面投资额始终得到保持、不发生减少,利润的确认以账面资

本得到保全为前提,在当期未发生所有者投资、减资和利润分配的情况下,利润确认的概念可通过下式反映:

$$当期利润 = 期末净资产账面金额 - 期初净资产账面金额$$

2. 不变购买力资本保全概念

在该概念下,资本是指以一定货币量表示的原始投资额具有的购买力,不变购买力资本保全即资本的购买力水平始终得到保持、不发生减少,利润的确认以资本的相对购买力得到保全为前提,在当期未发生所有者投资、减资和利润分配的情况下,利润确认的概念可通过下式反映:

$$当期利润 = 期末净资产的购买力水平 - 期初净资产的购买力水平$$

3. 实物资本保全概念

实物资本是指企业的实物生产能力或经营能力,或取得这种能力所需的资源或资金,在该概念下,资本等于一定的生产能力或经营能力,实物资本保全即企业的生产能力或经营能力始终得到保持、不发生减少,利润的确认以企业生产能力或经营能力得到保全为前提,在当期未发生所有者投资、减资和利润分配的情况下,利润确认的概念可通过下式反映:

$$当期利润 = 期末净资产的生产能力 - 期初净资产的生产能力$$

(二) 通货膨胀会计与物价变动会计

通货膨胀会计反映的是物价上涨对财务信息的影响,物价变动会计则是从双向反映物价升降变动对财务信息的影响,所以可以说,通货膨胀会计是物价变动会计的一个方面。由于各国已遭遇的通货膨胀表现出持续时间长、物价上涨引起的物价拨动大、造成的经济恶果和扭曲的财务信息严重,故各国多集中研究和对付通货膨胀引起的物价变动问题。所以会计上对付通货膨胀的理论与方法概括为"通货膨胀会计"更容易为人们所接受和理解。在阐述物价变动会计的文章或书籍中,往往是在探讨物价上涨带来的会计问题,因此在多数情况下,通货膨胀会计与物价变动会计两词可以互换使用,讲述的内容是一致的。

对于物价变动,可以从两个角度进行考察和说明,一是总体物价变动,二是个别物价变动。总体物价变动是一定时期内各类商品价格普遍发生的变动,是商品价格的综合变动,也称为一般物价水平变动;个别物价变动是一定时期内各种各样商品价格各自发生的变动,是各种商品价格有大有小、有升有降的变动,也称具体物价水平变动。所有个别物价变动构成了总体物价变动,总体物价变动反映的是物价的平均变动水平,也反映货币购买力的平均变动水平。反映总体物价变动的指标称为物价指数,它是某一特定日期一定组合的商品和劳务的平均变动值。通货膨胀会计从反映不同物价变动的角度进行设计形成了不同的通货膨胀会计模式,如反映总体物价变动的叫一般购买力会计模式,反映个别物价变动的叫现行成本会计模式。

（三）通货膨胀会计对会计原则的影响

通货膨胀现象否定了传统会计所依据的币值不变假设,并且影响到与这一假设有关的一些会计原则。

1. 对历史成本原则的影响

传统会计在币值不变的假设下,采用了历史成本计价原则,以"名义货币"作为计量单位,资产、负债、权益等各项目入账后始终保持其原始成本,损益计算以成本费用的历史成本为依据。当物价发生剧烈变动时,按名义货币反映的各个项目不同时期金额的购买力就不再有可比性。通货膨胀的存在使得会计核算再以历史成本为计量原则变得不合理和相应的数据不可靠,需要通过通货膨胀会计将名义货币调整为不变购买力货币,或者用现行成本替代其历史成本。

2. 对配比原则的影响

在物价上涨的情况下仍按历史成本计价,会导致会计配比原则出现内在矛盾。在物价不断上涨时期,会计收入往往是按现行价格（或成本）计算的,而与之配比的成本和费用则是按历史成本计算的,收入与成本费用不能在同等币值上或同一时间的价格水平上配比。配比不正确就会据此计算出的损益不正确。通过采取通货膨胀会计的某种处理方法可以将收入与成本费用拉到同等币值上或同一价格水平上进行比较,使得配比结果更趋于合理。

3. 对稳健原则的影响

按照会计的稳健原则,应该预计和确认可能的损失,但不预计和确认可能的收益。在通货膨胀的情况下,历史成本会计模式却不能确认已经发生和可能发生的通货膨胀损失,甚至将这种损失确认为收益。采取通货膨胀会计,将购买力变动额视为购买力利得或损失列入损益表,或者计算和确认持有资产的持有利得或损失,从而对稳健原则产生了直接的影响。

第二节　一般购买力会计模式

一、一般购买力会计模式的调整步骤

这一模式的基本原理是以同一购买力单位计量不同时期的资产、负债、收益和费用等各项目,这种方法一般又称作"历史成本/不变币值模式"。在这一会计模式下,日常的会计处理保持传统的历史成本会计模式的做法,物价变动时不调整有关的账户。期末将以历史成本为基础编制的财务报表,按一般物价水平进行调整后重新编制,即可得到对通货膨胀进行调整以后的财务报表。由于货币性项目和非货币性项目受购买力变动影响不同,因此在采用这种模式进行调整时,首先要划分货币性项目和非货币性项目,计算货币性项目购买力损益。

这种模式的调整方法一般是：

（一）划分货币性项目和非货币性项目

货币性项目是指在物价变动的情况下，其账面金额不随价格变动而变动，但其实际购买力要发生变动的那些项目，主要包括企业现时持有的货币、在未来要收到或付出的货币等。除上述项目以外的项目都是非货币性项目，即在物价变动的情况下，其实际价值随一般物价水平变动而变动的项目，这些项目不会发生购买力损益。例如，现金、应收账款、应收票据、债券投资、应付账款、应付票据、长期负债等都是货币性项目，其他的都是非货币性项目。

一个企业拥有的货币性项目因通货膨胀或紧缩会产生购买力损益，拥有的非货币性项目，如存货、厂房、设备、无形资产等，不会受到通货膨胀或紧缩的影响，因为通货膨胀所改变的是货币的价值而不是商品的价值。但是通货膨胀率和取得非货币性项目时的交换价格之间的关系要对非货币性项目产生影响。

（二）确定物价指数和调整系数

一般采用官方机构公布的权威物价指数，若有几种物价指数可供选择时，企业应选择最能反映企业物价变动水平的物价指数。由于一年中的物价是不断波动的，对于一年中均衡发生的业务，对应的物价指数可采用年平均物价指数；而对于反映年末金额的项目，大多数采用年末物价指数。

调整系数用于调整报表中历史成本数据。调整系数的一般公式为：

$$调整系数＝\frac{调整年度平均或年末物价指数}{被调整项目取得日或形成时物价指数}$$

由于货币性项目的特殊性，即金额不变、购买力变化的特点，决定了货币性项目的持有日便是其取得日，无需用调整系数进行调整，而非货币性项目则要将取得日金额调整为反映报告日购买力的金额。损益表项目主要是一段时期内陆续形成的，一般不易与某一特定时间的物价指数相对应，因此形成时的物价指数应采用"本年平均物价指数"。

（三）将历史数据调整为不变价格

首先确定财务报表中某一项目形成或取得的时间，然后确定以前有关年度和本年度的物价指数，并根据各年的物价指数计算调整系数，最后根据调整系数进行调整。

对资产负债表，用调整前的资产负债表各项目数额分别乘以各自的调整系数进行调整，其中货币性项目的本年年末余额，不必进行调整，但本年年初（即上年年末）的货币性项目应调整为本年年末金额。"留存收益"项目没有对应的调整系数，应为调整后的资产合计减调整后的负债及所有者权益合计（不包括"留存收益"）后的差额，即"留存收益"为资产与负债及所有者权益的"轧差"：

调整后的资产总额－调整后的负债总额－调整后的投入资本＝调整后的留存收益

对损益表,用调整前的损益表各项目数额分别乘以各自的调整系数进行调整,损益表中的折旧费及无形资产、递延资产摊销费等项目的调整系数要与其相应的资产调整系数一致,因为这些费用的现金流出是在其资产形成时发生的,而不是在计入费用的当期发生的。损益表中的销货、销货成本和营业费用等项目一般采用年平均指数进行调整。

现以固定资产为例说明调整系数和调整后金额的计算。例如,经确定某类设备的取得时间、取得时的成本和物价指数,如图表 10-1 所示:

(图表 10-1)

某设备取得的时间、成本和物价指数

取 得 年 份	成　　　本	物 价 指 数
2011	¥32 000	107.63
2013	74 000	124.87
2018	31 000	131.19
2022	18 000	162.28
合　　计	¥155 000	

2022 年 12 月 31 日代表一般购买力记账单位的调整系数计算如下:

$$2011 年 \quad 162.28 \div 107.63 = 1.508$$
$$2013 年 \quad 162.28 \div 124.87 = 1.300$$
$$2018 年 \quad 162.28 \div 131.19 = 1.237$$
$$2022 年 \quad 162.28 \div 162.28 = 1.000$$

运用调整系数将设备中各项设备的历史成本换算成 2022 年 12 月 31 日以一般购买力表示的价值,如图表 10-2 所示:

(图表 10-2)

历史成本以一般购买力价值调整后成本

取 得 年 份	成　　　本	调 整 系 数	调 整 后 成 本
2011	¥32 000	1.508	¥48 256
2013	74 000	1.300	96 200
2018	31 000	1.237	38 347
2022	18 000	1.000	18 000
合　　计	¥155 000		¥200 803*

※¥200 803 表示 2022 年 12 月 31 日代表与历史成本¥155 000 相同的一般购买力金额。

（四）计算货币性项目净额上的购买力损益

由于此种模式是用不变购买力调整其历史成本，故不会发生资产持有利得，而只会发生货币性项目购买力损益。

货币性项目净额是指货币性资产减货币性负债的差额。如果本期未发生货币性收支，其货币性项目净额就是期初货币性资产与货币性负债的差额。如果本期发生货币收支，应在此基础上将本期货币性项目收支考虑进去，其货币性项目净额为：

$$\frac{货\ 币\ 性}{项目净额} = \frac{期初货币}{性\ 资\ 产} - \frac{期初货币}{性\ 负\ 债} + \frac{本期货币}{性\ 收\ 入} - \frac{本期货币}{性\ 支\ 出}$$

货币性项目净额购买力损益是调整后的货币性项目净额与调整前的货币性项目净额间的差额。当货币性项目净额为负数时，即货币性净负债，其差额为购买力收益；当货币性项目净额为正数时，即为货币性净资产，其差额为购买力损失。

（五）编制对通货膨胀进行调整后重新表述的财务报表

根据调整计算后的金额编制重新表述的资产负债表和损益表，原来财务报表上的各项目经过重新表达，就可以编制出以特定时期的一般购买力为统一计量单位的消除了通货膨胀影响的财务报表。这种模式下的损益表要披露不包括购买力损益的税后净收益、货币性项目净额上购买力损益及不变购买力净损益。

二、一般购买力会计模式举例

现举例说明一般购买力会计模式的调整过程。

【例1】 假定S公司于2021年12月31日开业，普通股本于开业时一次投入，固定资产均于开业时购买。该公司2022年年末资产负债表和损益表以历史成本为基础编制的结果，如图表10-3、10-4所示：

（图表10-3）

S公司资产负债表
2022年12月31日　　　　　　　　　　　　单位：人民币元

资　产	年初数	年末数	负债及权益	年初数	年末数
现金	10 000	16 000	应付账款	5 000	25 000
应收账款	15 000	20 000	长期负债	15 000	75 000
存货	58 000	154 000	普通股本	250 000	250 000
固定资产(净值)	217 000	210 000	留存收益	30 000	50 000
合　计	300 000	400 000	合　计	300 000	400 000

(图表 10-4)

S公司损益和留存收益表

2022年度　　　　　　　　　　　　　单位：人民币元

销货		600 000
销货成本		
存货(1/1)	58 000	
购货	496 000	
可供销售的存货	554 000	
存货(12/31)	154 000	400 000
毛利		200 000
销售与管理费用		90 000
折旧费用		7 000
税前收益		103 000
所得税		53 000
净收益		50 000
期初留存收益(1/1)		30 000
减：支付股利		30 000
期末留存收益(12/31)		50 000

物价指数：2022年年初100,2022年平均160,2022年年末200。

存货按先进先出法计价。年初存货购于上年12月31日,年末存货购于本年第四季度,其平均物价指数为180。固定资产本年折旧费为¥7 000。全部收入和费用都在一年中均匀发生。股利的宣布与支付均在年末。

在资产负债表的调整计算中,年初数调整成年末数时的调整系数是200/100,年末存货采用先进先出法计价时¥154 000为第四季度所购,故其调整系数为200/180。留存收益"调整后"一栏的数额采用"余额法"计算,其计算公式如下：

$$留存收益 = 调整后净资产 - 调整后普通股本$$

S公司资产负债表调整通货膨胀影响计算表,如图表10-5所示。

在损益和留存收益表的调整计算表中,年初存货和折旧费用都以调整系数200/100调整；年末存货的调整与资产负债表相同；支付的股利按年末调整系数调整；其他各项目都假设在一年中均匀发生,故用平均调整系数调整。S公司损益和留存收益表调整通货膨胀影响计算表,如图表10-6所示：

（图表 10 - 5）

S公司资产负债表调整通货膨胀影响计算表

2022 年 12 月 31 日　　　　　　　　　　单位：人民币元

	年　初　数			年　末　数		
	调整前	调整系数	调整后	调整前	调整系数	调整后
资　产						
现金	10 000	200/100	20 000	16 000	200/200	16 000
应收账款	15 000	200/100	30 000	20 000	200/200	20 000
存货	58 000	200/100	116 000	154 000	200/180	171 111
固定资产(净)	217 000	200/100	434 000	210 000	200/100	420 000
合计	300 000		600 000	400 000		627 111
负债及资产						
应付账款	5 000	200/100	10 000	25 000	200/200	25 000
长期负债	15 000	200/100	30 000	75 000	200/200	75 000
普通股本	250 000	200/100	500 000	250 000	200/100	500 000
留存收益	30 000	—	60 000	50 000	—	27 111
合计	300 000		600 000	400 000		627 111

（图表 10 - 6）

S公司损益和留存收益表调整通货膨胀影响计算表

2022 年 12 月 31 日　　　　　　　　　　单位：人民币元

	调　整　前		调整系数		调　整　后
销货		600 000	200/160		750 000
销货成本					
存货(1/1)	58 000		200/100	116 000	
购货	496 000		200/160	620 000	
可供销售的存货	554 000			736 000	
存货(12/31)	154 000	400 000	200/180	171 111	564 889
毛利		200 000			185 111
销售与管理费用		90 000	200/160		112 500
折旧费用		7 000	200/100		14 000
税前收益		103 000			58 611

（续表）

	调 整 前	调整系数	调 整 后
所得税	53 000	200/160	66 250
税后收益（亏损）	50 000		（7 639）
净货币性项目货币购买力损益			4 750
不变价格净收益（亏损）			（2 889）
期初留存收益	30 000	200/100	60 000
本期实现收益（亏损）	50 000		（2 889）
减：股利支出	30 000	200/200	30 000
期末留存收益	50 000		27 111

　　净货币性项目购买力的损益计算是：以调整后的年初净货币性项目加本年销售取得的货币性项目减各项支出的货币性项目等于年末应有的净货币性项目，再以年末实有的净货币性项目减去年末应有的净货币性项目，所得之差即为净货币性项目购买力损益。实有额大于应有额即为收益，实有额小于应有额即为损失。S公司净货币性项目购买力损益计算表，如图表10-7所示：

（图表10-7）

净货币性项目购买力损益计算表
2022年12月31日　　　　　　　　　　　单位：人民币元

A. 期初净货币性项目的计算			
现金	10 000	200/100	20 000
应收账款	15 000	200/100	30 000
应付账款	（5 000）	200/100	（10 000）
长期负债	（15 000）	200/100	（30 000）
净货币性项目	5 000		10 000
B. 期末净货币性项目应有额的计算			
净货币性项目（1/1）	5 000		10 000
加：销货	600 000	200/160	750 000
减：购货	496 000	200/160	620 000
费用	90 000	200/160	112 500
所得税	53 000	200/160	66 250

（续表）

股利	30 000	200/200	30 000
净货币性项目(12/31)			(68 750)

C. 净货币性项目购买力损益计算

期末余额：现金	16 000
应收账款	20 000
应付账款	(25 000)
长期负债	(75 000)

2022 年 12 月 31 日净货币性项目实有额	(64 000)
2022 年 12 月 31 日净货币性项目应有额	(68 750)
净货币性项目购买力损益	4 750

三、一般购买力会计模式的优点及局限性

一般购买力会计模式的主要优点是：① 容易理解和便于操作。这种模式的日常账务处理仍然遵循历史成本会计原则，只是在期末将不同时期购买力历史数据调整为反映期末购买力的金额，所以比较容易理解和操作。② 比较客观。该种模式调整的根据是政府公布的物价变动指数，而不是企业自行确定的调整依据，故调整依据比较客观。③ 保持了财务报表之间的可比性。由于各个企业按照统一的物价指数对各自的当年的或不同期的财务报表进行重新表述，使得企业间以及企业的不同时期的财务报表具有了可比性。

一般购买力会计模式的局限性是：① 假定前提不具有普遍的适用性。该种模式假定通货膨胀对所有企业以及所有项目都具有同等的影响程度。而实际中，不同企业、不同项目受通货膨胀的影响程度是不同的。② 购买力利得有时会使人产生误解。购买力利得只是购买力支出的相对减少，并没有增加企业的购买力，也没有增加企业的现金。因此，该种模式将购买力利得列入企业的当期收益，容易使人产生错误的认识，误将购买力利得作为拟派股利的准备或股东产权的增加。③ 受物价指数的限制。采用这种模式必须有合适的、权威的物价指数，否则这种模式便不能实行。

第三节　现行成本会计模式

一、现行成本会计模式的基本概念

现行成本会计模式中的"现行成本"，是与已入账的历史成本相对的，一般是指在结账

日或编表日反映当时市场价值或公允价值的某种金额。与现行成本会计概念相近的提法有"现行价值会计""重置成本会计"等,这些概念没有本质的区别,只是对替换历史成本中应该用何种价值认识不同而已。现行成本会计模式可以分为三类:

(一)完全的现行成本会计模式

在这种模式下,不但期末财务报表要调整为现行成本,有关的账簿也要调整为现行成本,日常核算要不断地在新的现行成本的基础上进行。这种现行成本会计模式的概念往往是与历史成本会计模式概念对照使用的。

(二)现行成本/历史币值会计模式

在这种模式下,只有期末财务报表要调整为现行成本,有关的账簿仍保留历史成本,日常核算仍坚持历史成本原则。这种现行成本会计模式的概念通常是与前述另一通货膨胀会计模式——一般购买力会计模式的概念对照使用的。

(三)现行成本/不变币值会计模式

在这种模式下,期末财务报表不但要调整为现行成本,而且有关项目还要按一般购买力水平进行调整,日常核算可以坚持历史成本原则,也可以调整为现行成本。这种现行成本会计模式的概念是在探索新的通货膨胀会计模式的过程中提出的,仍属于理论研究的范围。

在通货膨胀会计范围内,一般是用上述第二类概念,这类现行成本会计模式的特点是:用现行成本替代历史成本;只针对非货币性资产项目进行调整;货币性项目和投入资本仍保持历史成本金额;销售收入、营业费用(除折旧费外)、所得税、现金股利等项目的历史成本与现行成本之间的差异很小或无差异,故这些项目的历史成本即视为现行成本;由于销售成本牵涉到期初、期末存货,因此需要按现行成本进行调整;计算已实现持有资产利得和未实现资产持有利得,并在损益表中分别列示。

二、现行成本会计模式的调整步骤

以现行成本为计量基础,当个别资产的价格发生变动时,以它的现行成本取代历史成本以确认该项资产价格变动的影响,并计算持有资产因成本变动而发生的、尚未实现的利得或损失。现行成本往往以现行重置成本来确定。严格说来,现行成本与重置成本是有区别的,现行成本侧重于计量企业拥有的资产所含服务潜力的成本;重置成本侧重于计量替代企业现有资产的另一资产的成本。

这一模式的调整方法一般是:

(一)确定各项资产的现行成本

货币性项目的现行成本都按账面价值确定,不作任何调整,年初的历史成本也是年末的现行成本。非货币性项目的现行成本按现行发票价格、标准的制造成本或参考市场价格进行的作价和估价确定。现行成本所反映的是某项或某类资产的现行价格水平,而不是一般的购买力水平。在一般购买力会计模式下,购买力损益体现一般物价水平的变动;而在现行成本条件下,持有损益反映了某项或某类资产价格水平的变动。

(二)计算各项资产的持有损益

企业持有某项资产期间,由于同样资产的价格发生变动而使该项资产发生的损益即为该项资产的持有损益。这样在企业所取得的收益总额中,既有经营损益也有持有损益。在持有损益中包括未实现的持有损益和已实现的持有损益。如果一项资产在现行成本发生变动时仍为企业持有,未改变其原来的形态,这时的损益为未实现的损益;如果一项资产在现行成本变动时已不属企业所持有,或改变了资产原来的存在形态,这时的损益为已实现的损益。

若采用完全的现行成本会计模式,非货币性资产的现行成本变动是通过作成会计分录,记入有关账户而将持有损益在会计账簿和财务报表上反映出来的。若不采用完全的现行成本会计模式,非货币性资产的现行成本变动只通过工作底稿进行调整,在财务报表上反映出来。

下面举例说明。

【例2】　某企业于年初购进商品甲100件,每件进价12元。该企业至当年6月底已出售商品甲70件,每件销价20元,当时,商品甲每件的重置成本为15元,这样企业取得经营收益350元[(20−15)×70],取得已实现的持有利得210元[(15−12)×70]。尚未售出的商品甲30件有未实现的持有利得90元[(15−12)×30]。

【例3】　假设企业某年1月1日购买的某项设备原始成本50 000元,使用年限5年,期末无残值,采用直线法计算折旧。该年年末时该设备的重置成本为60 000元。则按历史成本计提的年折旧额为10 000元,按年末重置成本计提的年折旧额为12 000元。这样该设备本年产生持有利得10 000元(60 000−50 000),将随着设备的使用分5年实现,本年度有2 000元为已实现持有利得,剩余的8 000元为未实现持有利得,要在未来的4年内逐年实现。

(三)重新编制调整通货膨胀因素影响后的财务报表

现行成本会计模式下,资产负债表的重新表述是,首先将资产负债表各项目分为货币性项目与非货币性项目。由于货币性项目的现行成本就是其历史成本,因此不作任何调整;对非货币性项目需用其现行成本替代其历史成本;普通股本项目保持其历史成本;留存收益项目采用"轧差法"计算。

损益表的重新表述,销售收入是按现行成本实现的,因此其历史成本就是现行成本;销售成本因受期初、期末存货及本期购货影响,应用其现行成本替代其历史成本;营业费用(除折旧费等外)、所得税、现金股利等当期按现行成本发生现金流出,故其现行成本就是其历史成本;折旧费应按期初与期末的平均重置原值计算。现行成本模式下的损益表需计算现行成本下的经营收益;现行成本经营收益加已实现资产持有利得等于已实现收益;已实现收益加未实现持有利得增减等于现行成本下收益;现行成本下收益加年初未分配利润等于可供分配利润;可供分配利润减现金股利等于本年末未分配利润,即年末留存收益。

三、现行成本会计模式举例

现仍以前面 S 公司的基本资料为例说明现行成本会计模式下的账务处理和财务报表的编制。

【例 4】 仍如前例,另外补充资料如下:2022 年 12 月 31 日存货年末数的现行成本为 ¥200 000,销货成本在一年中均衡发生,其现行成本为 ¥500 000。固定资产在 2022 年 12 月 31 日年末时现行成本 ¥237 000。按历史成本和按年初现行成本计算的折旧费用为 ¥7 000,按年末现行成本计算的折旧费用为 ¥8 000。销售与管理费用以及所得税这两项以历史成本为基础与以现行成本为基础所计算的金额是相同的。

根据以上资料编制如下调整分录:

(1)调整期末存货:

借:存货(200 000 − 154 000)　　　　　　　　　　　　　　　　　46 000
　　贷:未实现持有损益　　　　　　　　　　　　　　　　　　　　　　46 000

(2)调整销货成本:

借:销货成本(500 000 − 400 000)　　　　　　　　　　　　　　　　100 000
　　贷:已实现持有损益　　　　　　　　　　　　　　　　　　　　　　100 000

(3)调整固定资产期末净值:

借:固定资产(237 000 − 217 000)　　　　　　　　　　　　　　　　20 000
　　贷:未实现持有损益　　　　　　　　　　　　　　　　　　　　　　20 000

(4)调整累计折旧:

借:未实现持有损益(8 000 − 7 000)　　　　　　　　　　　　　　　1 000
　　贷:累计折旧　　　　　　　　　　　　　　　　　　　　　　　　　1 000

根据上述调整分录编制 S 公司 2022 年年末以现行成本为基础的资产负债表以及损益和留存收益表,如图表 10-8、10-9 所示:

(图表 10 - 8)

S公司资产负债表（以现行成本为基础）

2022 年 12 月 31 日　　　　　　　　　　　　单位：人民币元

	年 初 数	年 末 数
资 产		
现金	10 000	16 000
应收账款	15 000	20 000
存货	58 000	200 000
固定资产(净值)	217 000	229 000
合 计	300 000	465 000
负债及权益		
应付账款	5 000	25 000
长期负债	15 000	75 000
普通股本	250 000	250 000
留存收益	30 000	115 000
合 计	300 000	465 000

(图表 10 - 9)

S公司损益和留存收益表（以现行成本为基础）

2022 年度　　　　　　　　　　　　单位：人民币元

销货	600 000
销货成本	500 000
毛利	100 000
销售与管理费用	90 000
折旧费用	7 000
税前收益	3 000
所得税	53 000
税后收益（亏损）	(50 000)
已实现持有利得	100 000
已实现收益	50 000
未实现持有利得	65 000
总收益	115 000
期初留存收益(1/1)	30 000
减：股利支出	30 000
期末留存收益(12/31)	115 000

在资产负债表中年初数在年末时不必进行调整,仍反映年初时的现行成本。年末数中存货按年末现行重置成本列示;固定资产年末现行成本为￥237 000,上述第4笔分录中调增累计折旧￥1 000,则固定资产净值应调减￥1 000,为￥229 000。留存收益仍采用余额法计算,实际上,调增的存货和固定资产价值直接增加了留存收益。

在损益和留存收益表中,销货成本按现行成本￥500 000 冲减销售收入,其大于历史成本的￥100 000 作为已实现持有利得加到税后收益中去取得已实现收益,然后再加上未实现持有利得即为总收益。

四、关于现行成本/不变币值模式的探讨

这种模式是将一般购买力会计模式与现行成本会计模式结合起来的一种设想。提出这种模式的人认为前述现行成本会计模式不考虑一般物价水平的变动对货币性项目净额上的购买力损益产生的影响是一种缺陷。即货币性项目因物价变动而产生的购买力损益在上述现行成本模式中没有得到反映,因而如果能用物价指数加以调整,就可以较好地解决这一问题。

这种模式的调整方法一般是:以现行成本为基础进行个别物价水平调整,反映各项资产的现行成本,并记录持有损益。编制以现行成本为基础的财务报表,然后再通过调整系数调整成不变价格表示的财务报表,在调整过程中要反映货币性项目的购买力损益和现行成本与一般购买力价格不同而产生的已实现或未实现持有损益。

【例5】　仍以前两种模式中所设S公司的有关资料为例加以说明。

在资产负债表中,年初数反映的是各项目年初的现行成本,需按调整系数调整成年末一般购买力价值,调整结果同一般购买力模式下的该栏数据一样。年末数反映的是各项目年末的现行成本,货币性项目仍为各项目原来的账面价值;存货和固定资产以现行重置成本为不变价格;普通股本要按调整系数调整成代表一般购买力的不变价格,留存收益仍采用余额法确定。

在损益和留存收益表中,大部分项目都是在一年中均衡发生的,故以现行成本为基础编制的损益和留存收益表中的有关项目需按年平均调整系数调整成一般购买力的不变价格,有关项目的调整结果如下:

销货:	￥600 000×200/160＝￥750 000
销货成本:	￥500 000×200/160＝￥625 000
销售与管理费用:	￥90 000×200/160＝￥112 500

折旧费用是按期初固定资产重置成本计算的,故其调整成期末不变价格为￥14 000(7 000×200/100)。所得税期末不变仍为￥66 250。在整个调整过程中产生的持有损益是:销货成本调整后的不变价格超过调整前的现行成本而产生已实现的持有利得

¥60 111(625 000−564 889)；期末存货的现行成本超过其不变价格而产生的未实现持有利得¥28 889(200 000−171 111)；期末固定资产的现行成本低于其不变价值而产生的未实现持有损失¥191 000(420 000−229 000)，与未实现持有利得抵销后得未实现持有损失¥162 111。这些持有损益并不过入账簿而仅在损益表中列示，账簿中反映的仍是现行成本，而损益表中反映的则是一般购买力水平。此外，净货币性项目购买力损益与一般购买力会计模式下的计算方法一样，结果也是¥4 750。按这种模式编制的财务报表，如图表 10 - 10、10 - 11 所示：

(图表 10 - 10)

S公司资产负债表(现行成本/不变币值模式)

2022 年 12 月 31 日　　　　　　　　　　　　　单位：人民币元

	年初数	年末数
资　产		
现金	20 000	16 000
应收账款	30 000	20 000
存货	116 000	200 000
固定资产(净值)	434 000	229 000
合　计	600 000	465 000
负债及权益		
应付账款	10 000	25 000
长期负债	30 000	75 000
普通股本	500 000	500 000
留存收益	60 000	(135 000)
合　计	600 000	465 000

(图表 10 - 11)

S公司损益和留存收益表(现行成本/不变币值模式)

2022 年度　　　　　　　　　　　　　单位：人民币元

销货	750 000
销货成本	625 000
毛利	125 000
销售与管理费用	112 500
折旧费用	14 000

（续表）

税前收益	(1 500)
所得税	<u>66 250</u>
税后收益(亏损)	(67 750)
已实现持有损益	<u>60 111</u>
已实现收益(亏损)	(7 639)
未实现持有损益	(162 111)
净货币性项目购买力损益	<u>4 750</u>
总收益(亏损)	(165 000)
期初留存收益(1/1)	60 000
减：支付股利	<u>30 000</u>
期末留存收益	<u>(135 000)</u>

五、现行成本会计模式的优点及局限性

现行成本模式的主要优点是：① 能够反映企业资产服务潜力的近似值。例如，固定资产的服务潜力用历史成本是难以估计的，而现行成本则能比较接近地反映企业固定资产的服务潜力。② 可以较好地反映企业的经营成果。资产按现行成本计算重新表述后，各企业的经营成果排除了由于历史成本造成的虚假利润，将资产持有利得从经营收益中分离出来，能够合理正确地反映企业经营收益，因而反映企业的经营成果是比较真实的。

现行成本会计模式的局限性是：① 难以可靠地确定各项资产的现行成本。现行成本确定的依据有多种，如现行发票价格、卖方的报价、买方的估价、标准的制造成本等。各种估价依据又都带有很大的主观性色彩。② 实务中已采用的现行成本会计模式，即现行成本/历史币值会计模式忽略了货币性项目净额上的购买力损益。而设想的现行成本/不变币值模式在克服这一缺点的同时，又集中了前两种模式的其他所有缺点，操作更加复杂而不可行。

第四节　各国通货膨胀会计概述

除上述的几种调整通货膨胀影响的模式外还有一些其他的方法。如现行销售价格(脱手价格)模式，特点是将以历史成本为计量基础改变为以现行销售价格为计量基础。收益不是通过收入与费用相配比来确定，而是通过年末与年初净资产的变动来确定。因此，收益表的作用下降，资产负债表的作用显著提高。不过这种模式目前还只是一种设想，许多具体问题尚未解决。再如，有的国家只进行个别项目的调整，比较多的是调整固

定资产,期末对固定资产按现行重置成本重新估价,并将估价损益调整股东权益账户。

尽管通货膨胀几乎已成为一个全球性问题,人们普遍认为通货膨胀已扭曲了财务报表的数字,但是对于怎样调整财务报表甚至是否应调整财务报表的问题并没有取得完全一致的意见。这就形成了国际上在通货膨胀会计领域内,各种意见、观点、方法和措施方面的多样性。

一、各国通货膨胀会计的现状

(一) 欧洲

20 世纪 60 年代末当价格增长幅度有较大变动时,英国会计准则制定机构决定尽快就这一问题提交讨论材料。于是在 1971—1974 年间,原会计标准委员会提出了三份有关通货膨胀会计的文件,它们都涉及了货币的一般购买力问题:① "通货膨胀和会计",讨论文件和事实材料,1971 年发表;② "关于货币购买力变动的会计",征求意见稿(ED8);1973 年 1 月发表;③ "关于货币购买力变动的会计",一项暂行的标准会计实务说明,1974 年 5 月发表。

1975 年 7 月,英国政府的一个专门委员会——桑迪兰兹委员会(Sandilands Committee)——经过调查以后提交了一份 364 页的关于通货膨胀会计的报告,提出所有的公司应尽快实行现行成本会计。于是,会计职业团体于 1976 年 11 月发布了关于现行成本会计准则的征求意见稿(ED18)。然而,这个文件并不被主要职业团体的成员所接受。

许多会计师反对用现行成本会计代替历史成本会计,因为它很复杂而且带有主观性,尤其不适合股票不上市的公司,同时也产生了许多审计问题。不考虑货币性项目的一般购买力损益也受到很大的批评,尤其是银行和其他金融机构。

结果,1977 年 11 月原会计准则委员会又提出了一项新建议,题目是"通货膨胀会计——暂行建议"。这些建议被称为"海德委员会(Hyde Committee)指南",它相当简单,只要求在证券交易所上市股票的公司提供补充的收益表。

下一步的发展是 1979 年 4 月发布的"现行成本会计"的征求意见稿(ED24)。它除了与海德委员会指南相同的地方外,还要求销售额超过 500 万英镑的公司要发布补充的现行成本会计报表,包括现行成本会计下的资产负债表。对征求意见稿进行修改后,正式发布了第 16 号标准会计实务说明书。

然而,英国 20 世纪 80 年代以后的低通货膨胀率使得公司执行关于通货膨胀会计的第 16 号标准会计实务说明书的热情大大降低,许多上市公司决定停止公布有关现行成本的资料,尽管审计师在审计报告中指出公司未遵守第 16 号会计准则,但公司和社会对此都没有大的反响,到 1984 年末时公布现行成本信息的上市公司的数量只有 50%,1985 年 6 月第 16 号准则被暂停执行,1988 年 4 月又被最终撤销。

　　欧洲大陆的一些国家,如德国和瑞士,20 世纪 70 年代以来物价上涨平均都低于 5% 的年通货膨胀率,在 80 年代以后也都不超过两位数,结果在这些国家中对通货膨胀会计都不很热心,使得这些国家本来就不很发达的通货膨胀会计更失去了发展的必要。原西德的通货膨胀率在 20 世纪 80 年代只有 2%,20 世纪 30 年代在极度通货膨胀情况下产生的探讨通货膨胀会计的热情完全不复存在了。而在另外一些国家中 70 年代后期的膨胀率已达到两位数字。法国和意大利是西欧各国中通货膨胀率较高的国家,曾有过调整通货膨胀影响的建议和要求,但是纳税计算和财务报告的密切联系使得这些国家始终没有离开历史成本原则。

　　在荷兰,重置价值会计制度从 20 世纪 20 年代开始就被运用了,然而运用的范围仅限于少数几家有影响的公司。虽然会计团体和原三方会计准则委员会有时发布一些有关通货膨胀会计的说明,但关于这个问题的法律却一直未制定。

　　总之,在欧洲,即使是在欧盟范围内也很难概括出比较一致的对待通货膨胀的意见和办法。但有一点是明显的,就是历史成本原则还要发挥主要的作用,通货膨胀会计一般是在坚持历史成本会计制度的基础上发展的。

　　(二)美洲及大洋洲

　　北美有大量的关于通货膨胀会计的文献,但对实际的财务报告并没有太大的影响。在美国有许多调整通货膨胀影响的会计方法。但却主要存在于理论上,实务中并没有普遍运用。在 20 世纪 60 年代和 70 年代,一些企业公布了反映一般购买力水平的补充财务报表。此外,存货计价中广泛运用了后进先出法,这可以抵销某些价格变动的影响。美国在纳税计算中也允许使用后进先出法。加拿大有一些企业在存货计价中也使用后进先出法,但在纳税计算中却不允许使用。此外,在北美的会计实务中还广泛使用快速折旧法。

　　美国财务会计准则委员会于 1974 年发布了"按一般购买力单位编制财务报告"的征求意见稿。许多企业家和会计师提出一般购买力财务报表所提供的益处不足以抵偿所付出的代价。另外,证交会明确表示这种报告制度最好建立在重置成本的基础上。1976年,证交会发布《会计公告文集》第 190 号使美国关于通货膨胀会计的争论进入了一个新的阶段,这个文件要求主要的上市公司在每个财务年度末在呈送证交会财务报表中都要披露重置成本的信息。但并没有要求这种信息也应在提交股东的年度报告中公布。

　　证交会发布了重置成本的规定后,财务会计准则委员会决定集中精力研究财务报表的目标,希望这将有助于寻求收益计量中更令人满意的方法。1977 年发布了一个讨论稿"企业财务报告的目的和财务报表的要素"。这份讨论稿于 1978 年 11 月以财务会计概念公告第 1 号"企业财务报告的目标"的形式正式发表。

　　关于"目的"的公告发表后,财务会计准则委员会又回到了通货膨胀会计问题上,于1978 年 12 月发布了一项新的征求意见稿"财务报告和价格变动"。这个文件要求美国的大型公司应以一般购买力或现行成本原则为基础编报补充的财务报表。1979 年 10 月,财务会计准则委员会发布了财务会计准则第 33 号"财务报告和变动的物价"。与讨论稿所不同的一点是一般购买力和现行成本的财务报表要都公布而不是选择其一。长期公布一般购买力和现行成本的有关数据将有助于财务报表使用者确定通货膨胀影响的类型以及通货膨胀会计信息的种类。不可避免地,财务报表的编制者因提供两种补充资料要耗费大量时间和金钱会产生许多抱怨。

20 世纪 80 年代以后由于西方主要资本主义国家通货膨胀率一直很低,通货膨胀会计在这些国家中再无任何进展。美国于 1985 年发布了第 82 号财务会计准则,减轻了第 33 号准则的要求,然而,由于 1984 年和 1985 年美国的通货膨胀率不到 3%,使许多会计师呼吁彻底取消有关通货膨胀会计的准则,这样财务会计准则委员会于 1986 年发布了第 89 号准则,将第 33 号关于通货膨胀会计的准则改为自愿遵守的规定,之后,绝大多数美国公司不再公布有关通货膨胀会计的信息。

在加拿大,最初的通货膨胀会计方面的建议是以一般购买力财务报表为基础的,但是在实施方面得到的支持不够。后来,对现行价值会计进行过充分的讨论,在这期间,有些公司公布补充的通货膨胀会计报表。加拿大会计职业团体于 1979 年发布关于"现行成本会计"的会计准则征求意见稿,后于 1982 年 10 月正式发布"报告物价变动的影响"的会计准则,但是该准则的执行却令人失望,在该准则所涉及的 300 家公司中,不到 25% 的公司按要求公布有关的信息,然而随着通货膨胀率的降低,这一比率再也没有提高过,而且还大幅度下降了。澳大利亚会计职业团体在 70 年代曾发布过有关现行成本会计的暂行公报,1981 年发布了关于通货膨胀会计的准则草案,然而在征求意见后,会计职业团体于 1983 年决定不发布正式的会计准则,而是将该会计准则征求意见稿转变成一个指导会计实务指南,对提供现行成本信息的公司给予指导。

大多数南美国家都经历着高度的通货膨胀,因此在这些国家中都必须执行通货膨胀会计制度。这些国家基本采取一般物价水平调整的不变购买力会计模式,由国家公布权威的物价指数,各公司按该物价指数调整期末报表,因为缺乏令人满意的个别资产的物价指数,似乎南美国家不可能实行现行成本会计。有人认为南美将在世界上继续成为实验通货膨胀会计的"沃土"①。

在巴西,从 20 世纪 50 年代开始就进行通货膨胀会计的调整了。在 70 年代,巴西的年通货膨胀率平均超过了 30%。通货膨胀会计的完整制度是 1964 年建立起来的,它是国家消减通货膨胀有害影响战略的一部分。在这个制度下,固定资产和投资在每个财务年度末必须进行调整,调整的基础是政府公布的官方物价指数。折旧根据重新估价后的资产数字计提。对于营运资本项目也要求进行调整,目的是为保持存货和净货币性项目的购买力而提供一种准备。对损益表和资产负债表等主要财务报表都有规定的调整要

---

① Nobes, C. W. and Parker, R. H. (1998) *Comparative International Accounting*, Prentice-Hall, Inc., p. 408.

求,调整后的利润数字可用于计算应纳税金。

在阿根廷,会计职业界一直在下大力气发展通货膨胀会计,早在 1972 年就发布了一项公告,建议企业从 1973 年开始公布补充的一般购买力财务报表。布宜诺斯艾利斯的会计职业团体提出从 1979 年 10 月 1 日起的财务年度要提供一般购买力的资料,这对实务界产生了一定的影响。在智利,会计职业界从 20 世纪 70 年代初开始多年来一直试图引入一般购买力会计。据报道智利已成为第一个接受一套既用于财务报告又用于纳税计算的综合一般购买力会计制度的国家。在墨西哥,会计职业团体于 1975 年 9 月发布了一项关于一般购买力会计的征求意见讨论稿,1978 年的另一份讨论稿发布后最终形成了一项会计准则。在其他国家,如秘鲁和乌拉圭等国家,多年来一直允许为计提折旧而重报固定资产数字,其中主要的目的还是为了少纳税金而不是建立修订的会计制度。

(三) 亚洲和非洲

在亚洲和非洲的一些国家中尽管通货膨胀率比较高,但却未采用通货膨胀会计制度。在非洲唯有南非制定了详细的规定,1978 年 8 月南非特许会计师协会发布了"关于披露价格变动对财务成果影响信息的指南"。这个文件只涉及收益表。在此之前,南非的一些公司,主要是英国持股公司的一些子公司,已公布调整通货膨胀的财务报表。不过南非的这项指南并非强制执行的。

在亚洲,像印度尼西亚、日本和韩国等国家在过去的三四十年中发布过临时性法规允许使用调整后的固定资产和折旧数字。在大多数情况下,提出的调整是为了纳税计算而不是财务报告。1978 年,日本财政部指定了一个研究小组注意观察英美通货膨胀会计的动向,但没有立即采取行动。

在中国,大量地介绍国外通货膨胀会计的理论与实务是从 20 世纪 70 年代末开始的,而通货膨胀会计研究的热潮则是在 80 年代中后期掀起的。这与中国改革开放后的政治经济环境关系极为密切。长期的计划经济模式没有形成研究通货膨胀会计的气候,而改革开放后出现的通货膨胀现象引起了人们对外国通货膨胀会计研究的兴趣。

有人主张中国应按照一般商品和劳务物价平均相对变动的百分比调整历史成本的财务报表。其理由是:① 一般物价指数是一种标尺,可用于所有企业的价值核算。② 一般物价指数调整法简单易行。也有人主张采用现行成本会计模式,认为:① 各个企业的资产结构不同于测定总物价指数中的代表商品的结构,所以一般物价指数对个别企业来说,不具有一般等价物作用。② 用一般物价指数反映不变购买力比较抽象。

有人认为中国实行通货膨胀会计的各种条件尚不具备,但个别项目的物价变动程度又影响了企业的会计信息质量。因此,主张对物价变动较大的单项资产进行调整。单项资产调整包括:存货的调整、固定资产与折旧的调整以及货币性项目的调整等。

在 20 世纪末,中国通货膨胀回落,物价持续偏低,因此关于通货膨胀会计的主张和争论也就逐渐淡化了。

二、国际组织对通货膨胀会计的主要要求

国际会计准则委员会在通货膨胀会计领域内保持着一种调和的姿态。国际会计准则委员会于 1977 年公布第 6 号国际会计准则"会计对物价变动的反映";1981 年,国际会计准则委员会发布了第 15 号国际会计准则"反映物价变动影响的信息",取代第 6 号准则。第 15 号准则建议上市公司应采用调整物价变动的任何方法,披露下列信息:① 地产、房屋和设备及其折旧费的调整金额或调整后金额;② 销货成本的调整金额或调整后的金额;③ 筹资调整额(如果这种调整通常是所采用的报告物价变动信息方法的一部分);④ 重新计算企业的经营成果,以反映①、② 两点所述项目的影响。如果采用现行成本法,应披露存货和房屋设备及土地的现行成本。用来计算通货膨胀调整的方法也应予以披露。

1989 年国际会计准则委员会发布公告:"为了保证企业的财务报表与国际会计准则相符合,企业不必披露《国际会计准则第 15 号》所要求披露的信息。然而,理事会鼓励企业列报这类信息,并且促使列报这类信息的企业披露《国际会计准则第 15 号》所要求的信息。"2002 年在经过征求意见后,国际会计准则委员会又作出一项决定,决议对 2005 年 1 月 1 日或以后日期开始的年度撤销《国际会计准则第 15 号》的执行。

1989 年 7 月原国际会计准则委员会发布了第 29 号国际会计准则"恶性通货膨胀经济中的财务报告",适用于职能货币是恶性通货膨胀经济中的货币的实体,恶性通货膨胀是指三年累计通货膨胀率超过 100% 的情况。在恶性通货膨胀环境中,报告实体应当运用一般物价指数对财务报表进行调整,调整货币性项目产生的损益应当包括在当期损益中并应当单独披露,披露内容还应包括调整财务报表的情况说明和调整中所使用的物价指数。

欧盟第 4 号指令允许成员国采用通货膨胀会计制度。该指令规定的估价是以历史成本为基础的,但同时也允许各成员国要求其公司按重置成本或其他适当的通货膨胀会计基础对有形固定资产和存货重新进行估价。在提供有关通货膨胀会计的信息方面没有限制性规定。在第 4 号指令的形成过程中,荷兰极力主张采用重置价值,因为在荷兰有一些非常重要的公司多年来一直采用现行重置价值制度,而且是自愿提供,不过自愿提供这种信息的公司仍然是少数。后来,英国和其他国家也表示支持重置价值制度。欧共体第 4 号指令要求在资产计量中保持以历史成本为计量基础的基本信息,历史成本与重置成本或现行市价之间的差额,需要加总后单独披露为所有者权益部分的重估价准备项目。同时,把总括的重估价值按其应归属的资产主要类别分开。

三、外币报表的通货膨胀调整

母公司在合并其设在不同通货膨胀环境中的国外子公司的报表时,也要涉及通货膨胀对财务报表的影响。在这一领域中,目前有以下三种观点:

（一）先调整后折算

这种方法是从子公司观点出发,先按子公司所在东道国的物价变动影响进行调整,对外币金额进行重新表述;然后折算为母公司本国货币。这种论点的提倡者认为:这样,可以使报表的使用者既能按照各国子公司的当地货币来评价以历史成本为基础的经营成果,又能评价各国通货膨胀对这些子公司的个别经营成果的影响。同时,也能使母公司管理当局更好地判断、评价各子公司在保持财务资本的前提下所达到的经营业绩。批评者则认为:各个子公司分别按照其东道国的物价变动水平进行重新表述,将导致公司的计量基础多重性。此外,重新表述后再折算将导致通货膨胀因素的重复计算,因为外汇汇率的变化已经包含了通货膨胀因素。

（二）先折算后调整

这种方法是从母公司观点出发,先按母公司的本国货币对国外子公司的财务报表进行折算;然后,按母公司本国的物价变动影响进行调整,并重新表述。这种论点的提倡者认为:这种方法不仅显示了外币汇率的变动对国外子公司财务报表的影响,而且能揭示出本国的通货膨胀对母公司股东可望得到的投资报酬的影响;也不会重复计算通货膨胀的影响;还可以避免计量标准的多重性,使其统一在母公司本土国的物价水平上。对这种论点持批评意见者认为:这种程序抹杀了各国不同程度的通货膨胀对子公司的个别经营成果的影响。

也有人主张:当国外子公司的外币报表折算采用"现行汇率法"时,即国外子公司以其东道国货币为功能货币时,采用"先调整后折算"程序;当国外子公司的外币报表折算采用"时态法"时,即国外子公司以母公司本土货币为功能货币时,采用"先折算后调整"的程序。

（三）以现行成本先调整后折算

这一观点是美国的乔伊和米勒在他们合著的《国际会计》一书中提出的[①]。首先,对所有的国外子公司和国内子公司以及母公司的财务报表都按现行成本进行调整,反映特定物价的变动;其次,应用各种外币的现行汇率把所有国外子公司的外币报表折算为母公司本国货币。这种观点的实质是:在通货膨胀会计中,以现行成本模式替代历史成本会计模式;在外币折算中,以现行汇率法替代时态法,并采用"先调整后折算"的程序。

复习思考题

1. 通货膨胀对财务信息产生了哪些影响?

---

① 乔伊和米勒著、常勋和陆祖汶等译:《国际会计》第201～207页,立信会计图书用品社1984年版。

2. 简述各国在会计实务中所采取的反映通货膨胀影响的普遍做法。

3. 通货膨胀会计与物价变动会计有何异同？

4. 通货膨胀会计对会计原则的影响有哪些？

5. 简述一般购买力会计模式的原理及其优缺点。

6. 简述现行成本会计模式的原理及其优缺点。

参 考 文 献

1. 常勋:《财务会计三大难题》第六章,立信会计出版社 1999 年版。

2. 葛家澍:《通货膨胀会计》,中国财政经济出版社 1985 年版。

3. Choi, F. D. S. and Meek, G. K. (2011), *International Accounting*, 7th edition, Pearson Prentice Hall, chapter 7.

4. Rosenfield, P. (1981), "Correcting for Inflation and Value Changes" in *Accountants' Handbook*, 6th edition, volume I, edited by Lee J. Seidler and D. R. Carmicheal, John Wiley & Sons, Inc., chapter 24.

5. Radebaugh, L. H., Gray, S. J. and Black, E. L. (2007), *International Accounting and Multinational Enterprises*, 6th edition, China Machine Press, chapters 11.

6. Scapens, R. W. (1981), *Accounting in an Inflationary Environment*, 2nd edition, the Macmillan Press Ltd.

第十一章　预算控制和业绩评价

跨国公司需要在一定的战略指导下,通过编制预算、实施控制等手段,使各部门、各子公司协调行动,共同实现公司总体目标。各子公司、各部门执行预算、为公司总目标做贡献的业绩如何,需要通过业绩评价制度得出结论。这一过程需要有效的管理信息系统予以支持。

第一节　跨国公司全球化战略

一、全球化战略的含义

战略关系到企业的宗旨和大局,跨国公司的全球化战略是指跨国公司规划和行动要服务于集团全球发展目标和全球行动部署。企业战略体现着企业的发展意图或目标,包括确定企业的理念与使命,制定旨在实现企业目标、用于指导企业资源运用策略的计划,它可以协调企业经营行为和组织模式,其核心内容是实现企业的经营目标、实现内部结构与外部环境的动态平衡和统一。

许多跨国公司规模庞大、经营领域广泛、活动地域宽广,因而一个跨国公司的存在和发展必须有长期和完备的战略以协调各子(分)公司及研究开发和销售机构之间的行动,从而以最有效率的方法把公司控制的人才、资金、制度、信息等资源加以整合,保证企业整体中长期目标的实现。

因此,战略是跨国公司存在的生命线,跨国公司的比较优势取决于一个整体的战略以及围绕整体战略的具体策略的实施。跨国公司具有的比较优势包括:具有集中化和职能化经验传递的能力;具有较高管理效率的潜力;具有在更多市场上分摊研究开发成本的潜力等。

跨国公司的战略是一个分层次、分功能的子战略的集合体。由于战略是"全局性"的,因此,只有各个战略单位、各个基层部门所有的工作都实现了围绕战略而制定的部门战略和目标,跨国公司的管理战略才能够有效实现。各个基层单元既是公司总体战略的有机组成部分,都承担着实现公司整体战略的部分功能,同时各个部门又有按照功能或者按照区域划分的次级战略和目标。

二、战略目标的分解

整个跨国公司战略和远景目标的集成纽带是全面计划体系,它将跨国公司的战略目标体系构建成一个金字塔式的结构,使战略和远景目标分别与跨国公司母公司与子公司的不同层级相对应,并在各层之间进行分解,如图表 11-1 所示:

(图表 11-1)

战略目标的分解

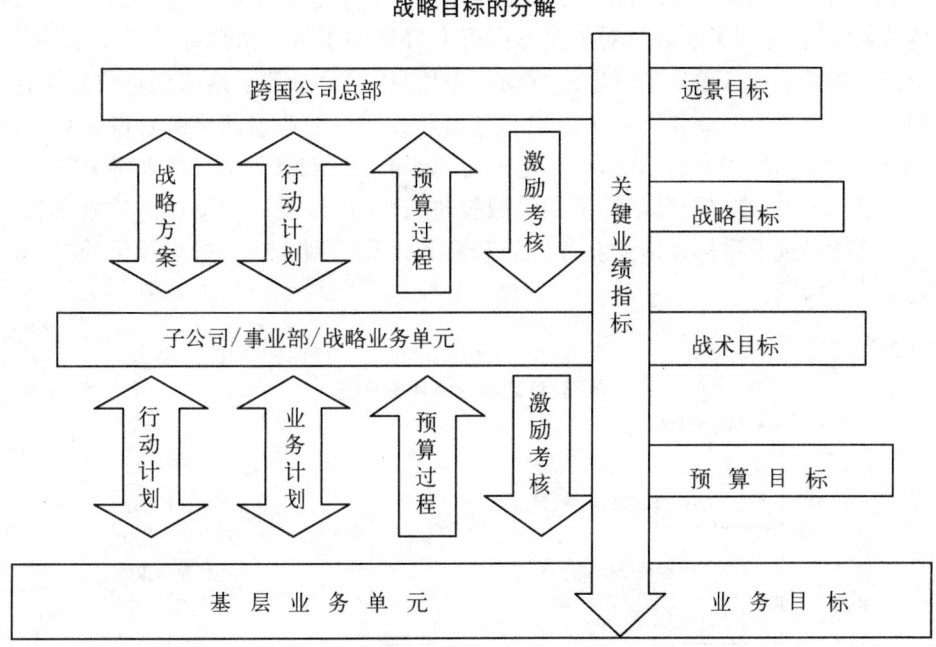

战略目标需要严密的计划予以落实,全面计划系统即以公司的战略远景目标为起点,根据跨国公司自身的优势和关键要素将战略目标具体化为各项指标,以指标为目标确定行动计划,行动计划成为下一层次运营单位的战术目标,战术目标的落实即为业务计划,将战略目标具体化为各项指标的过程是战略规划的过程,行动计划和业务计划构成公司的运营计划,根据运营计划制定财务计划,财务计划的具体形式就是预算。预算的目的就是明确地将整个公司的目标具体化。预算可以提供一种比较实际运营状况的基准。分析实际脱离预算的差异可以对业绩进行评价并且提高未来运营的效率。以跨国公司为代表的国际经营活动日益呈现出多样化、复杂化和广泛化的发展趋势,因而对国际经营活动的预算和控制提出了更多更高的要求。

预算用具体的金额指标将总体战略目标分解为可以在实际中运行的标准和指标。通过预算所确定的这些标准和指标,一方面具有固定性,规定了完成计划所必需的最低要求,同时又具有一定的弹性,使实际操作者能够根据实际情况的变化灵活变通。因此,良好的预算往往被视为利用企业现有资源实现最佳生产效率和获得较高盈利能力的控制措施。

三、战略、计划与业绩评价系统

跨国公司总部可以用各个外国子公司的预算来作为整个公司预测的基础,并以此来修正整个跨国公司的预算。总部的分析是在掌握广泛信息的基础上进行的,包括对可能的环境的了解、目标的了解以及对整个国际经营环境的了解。从总部反馈回来的预算信息对子公司和基层业务单位来说也是行动指南信息,因为总部下达的预算要用于评价子公司和基层业务单位的业绩。对子公司和基层业务单位的业绩评价既要以预算为基础,也要参考预测显示出的发展趋势,同时这种业绩评价需要与管理会计的业绩分析、经营管理审计、业务运行总结以及其他外部相关数据进行整合,以提高业绩评价的效率和效果。跨国公司从战略远景目标开始到业务计划和财务预算再到业绩分析与评价的整个流程,如图表 11 - 2 所示:

(图表 11 - 2)

战略、计划与业绩评价系统

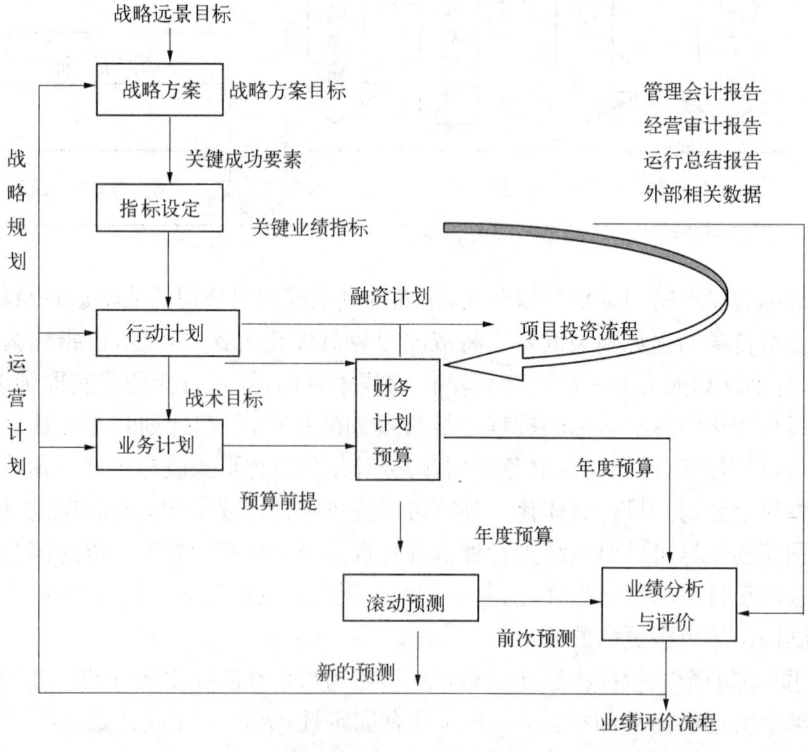

第二节　跨国公司的管理信息系统

一、管理信息系统的基本概念和类型

随着跨国公司的迅速发展,管理会计也遇到了许多跨越国境的问题。预算控制在国际范围内会有一些新问题产生。会计本身是一个收集信息、处理信息的信息系统,跨国公司会计在国际范围内收集、储存、处理和反馈信息的范围越来越广,对信息系统的要求也越来越高。为支持管理部门的决策和控制而设计的信息收集、处理和反馈系统统称管理信息系统,它一般由战略支持系统、决策支持系统和经营支持系统等系统要素构成,通过管理信息系统可以对企业日常经营活动进行监测和控制。管理信息系统有两大作用:一是为管理部门决策提供信息;二是对企业各部门的行为进行控制。会计人员参与设计开发公司的管理信息系统十分必要,能够使信息系统在成本会计、内部控制和数据交流等方面更为完善,更好地适应决策和控制的需要。

信息系统的主要功能是向控制系统提供实施控制和行为评价的数据资料,所以跨国公司中管理信息系统的设计必须能够适应各子公司所处的政治经济环境和社会文化环境。跨国公司参与全球经营活动的程度越深,其管理部门进行经营决策时对信息的依赖就越大,因为他们的经营决策必须以全球结构为基础,还要考虑复杂环境的影响。因此,跨国公司建立的管理信息系统必须更加周密和完整,形成对集团公司全球性经营活动实施立体交叉式控制的强大网络。

跨国公司内部需要将准确的信息以可理解的方式及时传递给恰当的信息接受者,以便信息接受者进行分析和作出正确的决策。跨国公司的各种信息量很大,需要进行及时的处理和传递,信息传递的频率要依国外经营活动的重要性和稳定性而定,一般来说,经营活动比较重要而经营环境和业务不稳定的情况下要有比较频繁的信息传递与交流。信息对及时性有很高的要求,信息迟到就会变为无用的信息;而信息传递的过早有可能引起误解或被遗忘。

对于跨国公司来说信息的安全性是至关重要的。良好的信息系统应能防止信息被无需收到的人收到或被无权收到的人收到。信息被无需收到的人收到会增加费用、浪费资源,信息被无权收到的人收到不仅会增加费用,而且会给公司带来风险。

管理信息系统并不是独立于企业组织之外的孤立系统,它是企业组织结构中的一个有机组成部分。因此,设置具体的管理信息系统应与企业的现行组织结构和经营政策相协调,使之成为一个统一的整体系统。

跨国公司的管理信息系统可以分为四种具体类型,每种类型在公司的管理中发挥的作用不同。它们是：

① 业务处理系统，主要功能是处理跨国公司日常业务产生的各种数据。这种系统能够自动产生、处理和回应公司业务涉及的各种信息；② 管理报告系统，主要功能是根据日常业务产生的数据，生成管理所需各种定期或不定期报告，这类报告的格式通常是固定的，因此系统能够自动产生；③ 控制监测系统，主要功能是向管理者和决策者提供结构性和程序性管理决策所需信息，这种系统通常支持比较简单和固定的决策模式；④ 专家支持系统，主要功能是向高层决策者提供能够解决较难问题的高级专业知识和经验，这种系统可以支持比较复杂和不固定的决策模式。

二、系统建立中所考虑的原则

跨国公司在建立管理信息系统时普遍所考虑的原则主要有三种类型：

（一）坚持本国标准的原则

坚持本国标准的原则强调把本国的标准和做法应用到海外分支机构中去，在管理控制方面，母公司对海外经营活动实施严密的控制，在信息处理方面，海外经营活动都直接按本国的标准来计量和交流，因此，根据这一原则跨国公司只需将本国的管理信息系统移植到海外即可。一般刚开始海外经营活动的跨国公司多采用这一原则，因为它比较简单，便于推广，成本也较低。

（二）建立世界性单一标准的原则

建立世界性单一标准的原则强调跨国公司的海外分部或子公司都是集团整体经营网络的重要组成部分，跨国公司整体中的各个组成部分都要为实现全球性最优目标而努力。跨国公司通过整体战略安排，力争做到生产资源在世界上成本最低的地方取得，产品在生产率最高的地方生产、在实现收入最大的地方出售等。这样的战略要求管理信息系统必须能够从跨国公司整体的角度进行协调，支持全球经营决策的实施，因此必须根据全球经营战略和环境特点，重新设置全球性单一标准的管理信息系统。专门设置面向世界的管理信息系统虽然成本很高，但有时却是必需的。

（三）设置多中心灵活标准的原则

设置多中心灵活标准的原则强调给予跨国公司海外分部或子公司更大的自主权，允许海外分部或子公司多样化的发展，这时海外分部或子公司管理部门所需要用于决策的信息和母公司管理部门所需要用于控制的信息是不完全一致的。因此必须建立扩大的管理信息系统，使之能够满足不同的、但又是平行的信息需求。在这个系统中，所有的信息都经过统一的处理并存储到中心数据库中，任何级别的管理部门都可以随时获得所需要的任何信息，这种平行的系统已成为目前多数跨国公司建立管理信息系统时普遍采用的形式。

第三节 跨国公司的计划体系

一、计划体系的前提条件

跨国公司计划体系的发展是渐进的过程,随着国际市场的不断拓展,许多跨国公司逐渐发展成为在世界各地设有子公司或分支机构的跨国经营网络。建立合适的跨国公司组织结构是公司得以顺利实现其战略规划的基础,而计划体系的建立和实施又是落实战略规划的有效手段。

近年来,跨国公司的计划体系趋于实施全面计划管理,将公司战略与计划进行整合,即在明确公司远景目标、制定公司总体战略的前提下,设定关键业绩指标,进行全面计划管理,同时引入业绩评价体系,强调运营的效率和效果,将战略与运营结果连接起来,及时调整基层单位的经营行为使之保持与公司战略目标的一致性和连贯性,确保跨国公司各级组织充分利用已有资源实现公司的全球战略目标。

作为一个完整的体系,应该包括计划制定的前提条件。跨国公司总部和各子公司或事业部共同制定的战略是以一定的假设为基础的,这些假设又构成了计划体系的前提。这些前提条件主要包括:① 宏观经济发展趋势假设;② 政治社会形势稳定性假设;③ 政策法规保持、修订和新发假设;④ 金融市场尤其是资本市场走势假设;⑤ 各国货币汇率、利率假设;⑥ 产品市场供需状况假设;⑦ 原材料市场供需状况假设;⑧ 关键技术前景假设;⑨ 劳动力市场供需状况与劳动力素质假设;⑩ 合作伙伴假设。

其中宏观经济发展趋势、政治社会形势稳定性、政策法规保持、修订和新发、金融市场尤其是资本市场走势等假设相互影响,同时又影响产品市场供需状况、原材料市场供需状况、劳动力市场供需与劳动力素质等假设。跨国公司在上述战略假设的前提下再确定财务计划或预算假设:① 生产能力假设以政治社会形势稳定性假设和关键技术前景假设为前提;② 销售量或业务量假设以产品市场供需状况假设和关键技术前景假设为前提;③ 产品销售价格假设以产品市场供需状况假设和合作伙伴假设为前提;④ 主要原材料价格假设以原材料市场供需状况假设和合作伙伴假设为前提;⑤ 能源价格假设以宏观经济发展趋势假设和政策法规保持、修订和新发假设为前提;⑥ 劳动力价格和素质假设以劳动力市场供需状况与劳动力素质假设、宏观经济发展趋势假设和政策法规保持、修订和新发假设为前提;⑦ 长短期利率、汇率假设以宏观经济发展趋势假设、政策法规保持、修订和新发假设、金融市场尤其是资本市场走势假设、各国货币汇率、利率假设为前提;⑧ 公司股价、债券价格假设以关键技术前景假设、金融市场尤其是资本市场走势假设和各国货币汇率、利率假设为前提。

二、全面计划的设计与组织

跨国公司全面计划的设计中要求每一上层业务计划都要包括下层计划的内容,因为下层计划是为实现上层计划而提出的具体目标。所以跨国公司子公司、事业部和基层单位要实现的目标成为连接各层计划的纽带。这些目标往往表现为一定的指标,指标成为目标的载体。

在全面计划系统中跨国公司各级层次的责任和任务是各不相同的。基层单位确定本单位的业务目标和相应的业务指标,参与本单位的预算制定过程并提出要实现的预算指标。子公司或事业部既要确定基层单位的业务目标、指标和相应的预算,又要确定自身范围内的业务目标和相应的业务指标,参与本公司或本部的预算制定过程并提出要实现的预算指标。跨国公司总部管理层既要确定子公司或事业部的业务目标、指标和相应的预算,又要确定整个跨国公司范围内的经营目标和相应的经营指标,确定整个公司业绩指标体系和整体预算,同时还要提出公司整体战略目标。跨国公司董事会要最终决定公司的整体战略目标、业绩指标体系和预算,并最终决定公司长远发展的远景目标。

为协调公司各层次各部门的计划和预算行为,需在公司各层次各部门之间建立有效的沟通机制,整合人力资源和信息资源,跨国公司通常要建立非常设的计划联合小组或预算委员会,接受公司最高决策层的领导。计划联合小组或预算委员会由各相关职能部门经理组成,设秘书长负责安排会议、分派工作。

计划联合小组或预算委员会不是一个决策机构,是董事会或相应决策机构的支持机构,是公司目标方案、业务计划和预算初稿的起草者和初审者。计划联合小组或预算委员会一般不设成一个常设的全职机构,而是根据需要随时集中开会、讨论问题,也经常采取分组分工的办法展开工作。

第四节　国际经营活动中的预算

一、预算在国际经营活动中的意义和作用

预算在国内公司中一直被广泛地接受,是控制公司运营并可以监测运营情况的管理工具。预算的一个目的就是明确地将整个公司的目标具体化。预算可以提供一种比较实际运营状况的基准。分析实际脱离预算的差异可以对业绩进行评价并且提高未来运营的效率。以跨国公司为代表的国际经营活动日益呈现出多样化、复杂化和广泛化的发展趋势,对国际经营活动的预算和控制提出了更多更高的要求。

预算是控制未来经营活动的财务计划,是企业总体战略计划的具体化。它用具体的数量指标将总体战略计划分解为可以在实际中运行的标准和目标。通过预算所确定的这

些标准和目标,一方面具有固定性,规定了完成计划所必需的最低要求,同时又具有一定的弹性,使实际操作者能够根据实际情况的变化灵活变通。因此,良好的预算往往被视为利用企业现有资源实现最佳生产效率和获得较高盈利能力的控制措施。

跨国公司总部可以用各个外国子公司的预算来作为整个公司预测的基础,并以此来修正整个公司的预算。总部的分析是在掌握广泛信息的基础上进行的,包括对可能的环境的了解、目标的了解以及对整个国际经营环境的了解。从总部反馈回的预算信息对子公司来说也是行动指南信息,因为总部下达的预算要用于评价子公司的业绩。预算的作用是多方面的:

（一）控制

企业在国际经营活动中可能遇到的不确定性因素会更多,通过完善的预算系统可以将对未来不确定性因素预测的结果转变为管理部门可以具体利用的较为直观的信息,通过先进的预算方法还能使这一转变过程更加简捷,获得的信息更加可靠和相关。预算的制定和实施离不开各种具体的计划,计划使企业经营目标用可数量化的指标予以具体化,使企业目标得以有秩序地实现。有了预算才能实施控制,预算成为实施控制的一个必要前提。控制是一种管理过程,通过实际运作结果与预算的对比,掌握两者的差异,以预算作为调整的尺度和督导的工具,确保经营活动达到既定的目标。

（二）交流

信息通过预算系统在公司内部进行交流有两种方式:一种是自下而上的,称为参与式,即由各机构、各部门编制自己的部门预算,向上汇总到企业的预算委员会,由预算委员会进行总体的协调;另一种是自上而下的,称为命令式,即由预算委员会编制各机构、各部门的预算,并征求各部门的意见。一个公司采取何种方式取决于公司的管理体制和所处的具体环境。在预算的执行过程中,反馈系统的有效运作将可以保证各机构、各部门之间信息的顺畅流通,保证信息交流的及时性和可靠性。预算在制定和执行过程中具有通过交流、增进理解的作用。

（三）协调

跨国企业在国际经营的运作中,如何保证各个分支机构、各个职能部门间的合作是至关重要的,因为每个单独部门的业绩将直接影响整个企业的业绩。比如,生产部门和销售部门必须通过有效的协调才能较好地合作,才能避免出现供货不足或库存积压的问题。预算就可以起到协调内部各部门、各机构使其较好合作的作用,在留有余地的前提下,使各部门、各机构都能以企业总体目标为基准,实现部门目标和企业总体目标的一致。

（四）激励

预算系统的实施可以提高工作效率、降低费用消耗,这些目的的实现与员工的努力分不开,因此预算系统中的控制措施注重组织行为对员工的影响,强调用制度激励员工,根据员工完成预算的情况对员工进行奖励或惩罚,使企业的各级员工都能以实现企业总体目标为己任,充分发挥自己的潜能。

（五）评价

预算系统通过建立具体的指标,为企业各级员工的工作确立了目标,同时也成为评价员工业绩的最好标准。预算委员会通过定期进行实际运作结果与预算的比较,可以考核各级预算指标的实现情况。在企业组织结构日益庞大和复杂的情况下,预算指标作为评价员工业绩的标准是较为规范和公正的。

二、影响预算的主要因素

由于预算反映了跨国公司的战略目标和经营手段,所以公司经营内外环境中的许多因素都会影响预算的编制和执行。其中比较重要影响因素有以下几点:

（一）经营范围

如果跨国公司的销售和生产活动范围比较小,那么由公司总部集中编制预算是比较合理的;如果公司的经营范围比较广泛,那么由公司总部集中编制预算的方式就会变得不太合适;在跨国公司经营范围日益扩大的情况下,需要预算编制人员熟悉各地子公司不同的环境状况,为了使各级地方管理人员能够充分发挥其知识优势,必须采用多级分权的预算编制体系。

（二）汇率变动

海外子公司编制预算时使用的是当地货币,而上报时则要换算成母公司的报告货币,以便与母公司货币保持一致,这时公司采用的外币会计政策和国际市场上汇率的变动都会影响到海外子公司的预算编制和执行。

（三）政府政策

各国政府通常都会制定鼓励出口、限制进口的政策,同时也会限制资本向海外流动。海外子公司则经常和母公司或其他海外子公司发生业务往来,所以在编制往来业务的预算时要将各国政府的限制政策考虑进去。

（四）公司战略

跨国公司致力于在全球实现资源配置最优化、生产成本最小化和赚取利润最大化的战略目标,所以世界各地的分支机构或子公司在编制自己的预算时必须由母公司统一协调,围绕公司总体目标进行预算安排,保证跨国公司战略的实现。

（五）子公司的独立性

当国外子公司独立性较大时,预算应该由子公司自己来做。因为本地的管理者对于当地的经营情况有着较深的了解,他们的经验十分重要。这样制定的预算比较切合实际,有助于控制公司运营并且使目标的实现成为可能。预算也给当地的管理者制定他们自己的业绩标准提供了机会,有调动当地管理者积极性的作用。不过当地管理者制定预算的经验水平不一样,当地的商业习惯也会影响预算的制定过程以及以后预算的执行,管理者自己制定预算作为业绩评价的工具,也存在诱发管理者滥用预算的条件,这些都是跨国公司制定预算中要考虑的因素。

三、可供选择的预算形式和方法

(一)预算的形式

预算的形式有多种,国际上已有的预算形式主要有以下几种:① 固定预算,只反映单一业务量下各收入、成本等项目的具体数额,它为企业的生产经营提供了一个确定的目标,编制相对简便。② 弹性预算,分别确定与多个业务量相适应的收入和成本项目金额,可以提供与实际情况相近的预算结果,便于从不同的角度进行成本差异的分析,更能发挥预算作为一种控制手段的作用。③ 增量预算,以前期预算作为列入本期预算的起点,作适当调整后编制。④ 零基预算,对有关预算项目进行逐个分析和定量并完全从零开始编制的预算。可以使管理部门更关注未来期间可能出现的各种新情况、新问题,将注意力集中在未来。⑤ 定期预算,预算以一定的期间为限,有效期随着时间的推移而日益缩短,直至预算期限结束,再重新编制新的预算。⑥ 滚动预算,预算的有效期随时间的推移而推移,不断地续编,从而始终保持相同的时间长度和相同的预算期限。⑦ 作业基础预算,每个部门预算的编制都应以引发相关预算项目的作业活动为起点,首先确定相应的成本驱动,再围绕该成本驱动形成相应的成本积聚,从而确定各预算项目的具体数额。

(二)编制预算的两种方法

1. 关键要素决定法

首要步骤是寻找关键要素。跨国公司从事国际性经营活动,需要国内外各方面的资源和条件,包括人力、物力、财力、市场份额、出口配额等。从绝对的角度来讲,这些资源和条件都是有限的,但从相对的角度来讲,这些资源和条件有些是不足的,有些又是充裕的。编制预算时所要寻找的关键要素就是相对稀缺的资源或条件,它是制约企业总体预算的变量,其他因素都将受到该因素的约束,因此必须首先考虑该关键因素,否则总体预算将无法实施,这一关键要素在预算中被称为基本预算要素。

找到关键要素之后,应先编制以该关键要素为主的预算,其他预算都要以该关键预算为基础进行编制,最后综合形成总体预算。假设经过调查和分析,确定市场占有量是关键要素,那么总体预算就必须从销售预算开始,先确定预算销售量,其他预算,如生产预算、原材料预算、人工预算等都要以销售预算为基准。假设跨国公司确定某种原材料供应量为整个集团的关键要素,则应先编制原材料采购预算,其他预算再以其为基准继续编制。

2. 销售预算起始法

预算编制方法与上一种方法的不同在于,它不是从编制数量预算开始入手,而是从编制货币金额预算开始,第一步先编制以预算金额表示的销售预算,接着根据预测价格得出销售数量预算;第二步利用销售数量预算、产品期初库存数量、预测期末库存数量等推算出产成品的生产数量;第三步根据生产预测推算出原材料、劳动工时和其他生产费用开支的预测使用表;第四步根据要素预测使用表预测出生产过程所需各项要素的购置使用预算,包括原材料采购预算、人工成本预算、存货预算、管理费用预算、现金预算、资本支出预算等。最后编制以财务报表形式表示的总预算,包括损益表、资产负债表、现金流量表等。

这种预算的编制方法无需先编制数量预算,因为在有些情况下,确定相关的数量指标是很困难的,比如在以提供服务为主的行业中,这样只编制货币金额预算就避免了这一问题。但是,由于各成本项目都是以销售总额的一定百分比计算出来的,所以这些成本项目表面上好像都是以变动成本的性质出现的,如果每年的百分比固定不变的话,这些成本项目就会表面上看起来是随销售总额的变动而变动的,这将影响成本性态的分析、使预算脱离实际过大。

(三) 预算中的反馈

通过反馈,管理部门可以及时了解预算的实际运行情况,而只有掌握了实际与预算的差异,才能采取最佳的反应措施。如果是由于预算的编制不当,则可以根据实际结果及时修正预算;如果是由于对预算的执行不当,则应采取改进措施使预算能得以更好地实施。

为保证反馈措施的有效性,必须保证与差异相关的任何信息都能及时地传递给控制预算运转过程的管理部门,而所采取的相应改进措施也必须在有效的时间范围内生效。只有这样才能保证预算系统和反馈控制的有效性。跨国公司建立完整有效的管理信息系统是保证预算执行情况得到及时反馈的重要条件。

(四) 资本预算

资本预算是一种特殊的预算,涉及的时间长、资金量大,包括长期投资的计划、确认和评估。恰当的资本预算是跨国公司合理使用资金,保证资金成本最小化、实现利润最大化的有效手段。跨国公司编制资本预算时往往面临缺少海外投资市场和有关国家各项经济指标的有效信息,使得公司无法对现金流量进行合理准确的预测,造成跨国公司进行海外资本投资的风险性增大。当考虑风险因素时,除了基本的经济因素外,海外投资还必须考虑被投资国家的政治稳定情况。在不同国家投资面临的政治风险是不同的。

评估长期投资的方法主要有:回收期法、投资报酬率法、净现值法和内部报酬率法等。回收期法的基本思路是比较各投资项目回收资金的速度,项目回收期越短越好;投资报酬率法可用以比较各投资项目按照会计政策计算出来的回报率大小,一般来说,在其他条件相同的情况下,应选择投资报酬率高的项目;净现值法和内部报酬率法是在考虑了货币的时间价值的基础上对投资项目进行分析评价的方法。当分析单一项目时,要求项目净现值应为正值、内部报酬率应达到设定的水平,当多个项目比较分析时,一般选择净现值大、内部报酬率高的项目。

第五节　全球经营活动的管理控制

一、管理控制与企业战略

跨国公司全球范围内的管理控制作为执行企业战略、保证企业战略目标实现的重要系统，其作用的发挥离不开对决定企业战略目标外部环境的理解与把握。最高管理层不仅要考虑母公司所在国的情况，还必须充分了解国际政治形势、各国法律法规的具体内容及其变动趋势、各国经济发展的前景、世界科学技术发展状况及未来可能的新突破、社会意识、文化观念及生活习俗对消费者需求的影响、国际市场行情及竞争对手的动向等。在企业内部经营环境方面，跨国公司最高管理层必须考虑经营活动范围、管理状况、生产技术条件、组织结构、人员素质等等。跨国公司在实现总体战略目标的过程中必须根据内外部经营环境相互制约、相互影响的条件，恰当地实施调节和控制。

企业管理控制系统的运行，一是要符合企业战略目标的要求；二是要考虑组织结构、企业文化、人力资源的状况。这些都是影响与决定企业管理控制系统运行的重要内部环境。在设计跨国公司的控制系统时，子公司管理层自主进行决策的权力范围是一个非常重要的考虑因素。分权制的跨国公司将权力下放给子公司，使其行为独立程度较高；集权制的公司则将决策权力保持在小范围的高层管理人员手中。一般来说，子公司所在国家与总公司距离越远，总公司与之沟通的成本越高（所需费用增加、时间增长），同时地方管理人员对于地方上的环境状况更为了解，能够在较短时间内对突发事件做出反应，因而地方子公司的自治程度也就越高。

由于人力资源素质、企业文化环境等对跨国公司管理控制的影响与企业外部道德环境紧密相关，企业管理控制系统的运行，既要符合企业战略目标的要求；又要考虑组织结构、企业文化、人力资源的状况。这些都是影响与决定企业管理控制系统运行的重要内部环境。

企业战略与管理控制系统的关系可以从以下几个方面分析。战略制定与管理控制相辅相成，战略制定是决定组织目标和达到这些目标的战略部署的过程，管理控制是落实战略部署保证企业战略实现的过程。战略制定与管理控制的区别主要体现在，战略制定是决定企业运动方向的过程；管理控制是决定如何执行战略的过程。从系统的观点来看，两者的最重要区别在于战略制定一般是非系统性的，而管理控制往往是一个系统的过程。管理控制是发生在一个组织中的各种计划与控制活动之一。战略的提出和确定通常涉及的人不多，而管理控制过程则涉及组织中各个层次的管理者和员工。

二、管理控制与组织结构

企业管理控制系统与企业组织结构紧密相关。企业组织结构包括企业管理体制和企业责任中心的设置。如前述,跨国公司的组织结构可分为自主子公司结构、国际业务部结构、全球职能结构、全球区域结构、全球产品结构、全球混合型结构以及全球矩阵结构等。不同的企业组织结构,其管理控制方式与权限各具特点。从责任中心角度看跨国公司组织结构,可分为成本费用责任中心、收入责任中心、利润责任中心和投资责任中心。不同的责任中心其管理控制的方式是不同的:

第一种情况,跨国公司母公司以直接控制方式控制各国子公司和分支机构的,管理控制权集中。

从财务控制角度看,母公司总部财务部门作为统一的权力机构,对整个跨国公司的资金筹集、运用及利润分配实行高度集中的管理,统一下达指令给下属子公司、经营单位的财务部门。

第二种情况,跨国公司母公司以直接控制与间接控制相结合方式控制各国子公司和分支机构,母公司总部对各子公司或地区总部进行直接控制,各子公司或地区总部对其管辖业务具有自主权。

如从财务控制角度看,这种控制结构的母公司总部对子公司或地区总部的主要财权进行集中,只对重大的、全局性的财务事项做出决策,如重大的筹资、投资决策等,而将有限规模的财务决策权力根据需要下放给各子公司或地区总部。在这种控制结构下母公司总部与各子公司或地区总部之间划分财权,使集团各层次拥有一定的自主经营的权力。

第三种情况,跨国公司母公司以间接控制方式控制各国子公司和分支机构,母公司总部的管理控制权下放。

如从财务控制角度看,这种控制结构的跨国公司的财务决策权由各子公司或地区总部分散行使,子公司或地区总部独立决策、独立经营、独立核算。然后这些子公司或地区总部又在各自的下属企业之间选择集权、分权或放权的管理控制体制。

三、管理控制的实务分析

(一) 全球管理控制实务中的主要问题

1. 母公司目标与子公司目标可能出现矛盾

跨国公司在繁杂多变的国际市场上参与竞争,每个子公司都必须掌握能适应当地市场的优势产品,独立地应对当地市场的各种风险和挑战,但从公司整体战略来讲,各子公司的经营活动又必须连为一体,统一围绕实现集团总体目标来运转。因此,跨国公司的管理控制必须能够解决每个分支机构具体目标与集团总体目标相互矛盾的问题,尽可能缩小两者的差距。

2. 规模和距离扩大可能增加控制的难度

跨国公司业务规模扩大之后,其各子公司与母公司在空间上的实际距离越来越大,全球经营活动的扩展使往来交通和信息传递的时间、费用及可能出现的信息传递误差会大幅度增加。跨国公司的管理控制必须能够及时灵活地掌握其在全球各地经营活动的情况，对出现的各种问题进行及时的调整，因而需要用更大的精力和更高的技术解决规模和距离扩大带来的问题。

3. 全球经营活动中的不确定因素可能会增多

跨国公司在全球经营活动中可能会遇到更多的不确定因素，其管理控制系统必须能够及时、准确地甄别表明不确定性因素存在的各种迹象，按规定程序反馈到适当的管理层次，并能够采取有效的防范措施控制不确定因素，保证公司目标的实现。

4. 环境复杂多变有可能影响决策信息的准确性

跨国公司所处环境的复杂性，使其母公司在进行集团总体战略决策时所依据的信息可能会存在不准确、不及时、不完整的问题，依据这样的信息作出的决策、制定的计划在实施的过程中往往会出现各种不同的情况，即使决策正确也难免受瞬息万变的各国政府政策变化的干扰。因此，跨国公司的管理控制必须要非常灵活机动，能够随时弥补和调节不稳定因素引发的各种问题。

5. 集权与分权的矛盾可能会产生的影响

跨国公司集权与分权的矛盾可能会影响其管理控制制度的建立和实施。跨国公司的管理控制体系需要既能保证为集团最高管理部门提供必需的信息，使其有效地协调全球的经营活动，并确保各子公司和各分支机构的经营活动符合集团整体目标的要求；又能为各子公司和各分支机构留有一定的灵活余地，使其能够根据经营环境和所在地市场的变化调整经营活动。

6. 不同会计准则影响财务信息的可比性

跨国公司由于母公司和各子公司所在国的会计准则各不相同，使得各实体的会计核算依据和结果不尽相同，影响了财务报表的统一性和财务信息的可比性。跨国公司母公司和各子公司财务信息不一致不仅影响内部财务报表的编制和对外财务报告，而且也会影响到管理控制的有效性发挥。

总之，跨国公司的控制系统将公司内部和外部信息融合在一起，比较计划行为（目标）和实际行为（结果），使得公司的管理层在必要时能够做出正确的行为决策。也就是说，控制系统必须既能解决其在国内经营中所遇到的问题，又能克服其在国际竞争中所遇到的各种障碍，既能强化集团总体的集中控制，又能完善对各分支机构的分散控制，使两者处于最佳的平衡状态。

（二）管理控制的步骤

管理控制的目的是要以最高的效率和最佳的效果来完成公司目标，这一过程可以通过以下几个步骤来完成：

1. 明确责任中心的责任和目标

跨国公司根据企业发展战略，一般制定三个层次的管理目标，与战略计划相适应的是企业战略目标,这是企业集团的长远、总体目标,涉及资源的取得、分配和处置的总体战略;为实现企业战略目标而确定的若干年度的行动计划是企业的中期目标,涉及企业总体目标的实施阶段和步骤,包括对企业集团各职能部门经营活动效果和效率的监视;一个年度或一个生产周期的经营活动安排是企业的短期目标,涉及企业总体目标各实施阶段和步骤的具体落实,包括对企业集团各层次管理部门和人员日常经营活动的控制。

跨国公司各级企业目标确定之后,必须以最及时、最有效、最可靠的方式传达给适当的责任中心,使各责任中心各司其职,根据企业集团总体目标确定本中心的具体目标,并为实现企业集团总体目标而努力。根据各责任中心产品或劳务的性质不同和管理人员责任的不同,责任中心可以分为成本中心、利润中心和投资中心三种类型。在实现公司总体目标过程中,对不同的责任中心在管理控制和业绩考核方面有所不同。

2. 确定评价责任中心经营业绩的标准

财务和非财务标准是两类重要的评价标准,不同的责任中心适用的评价标准有所不同;即使是同一责任中心,在其处于不同的发展阶段或是外部环境发生变化时也有可能选取不同的标准进行评价。

跨国公司在确定评价标准时一般要考虑不同的责任中心其目标和战略是不相同的这一因素,因此所有子公司采用统一的标准并不恰当。利润中心的目标是开拓并保持市场,其评价标准应该是市场占有份额、销售量等指标;成本中心的目标重点是提高生产效率、完成产量任务、实现技术进步等,其评价标准为成本费用控制、技术更新速度等指标;投资中心负责进行投融资活动,其评价标准为投资回报率、剩余收益等。跨国公司母公司在确定评价标准时还要考虑海外子公司经常面临许多它们无法控制的外部因素,包括:政府管制、法规限制、职工素质等。

制定评价各责任中心经营业绩的标准在跨国公司整体管理控制系统中十分关键,它不仅关系到集团总体目标和各责任中心具体目标的协调均衡问题,而且也关系到能否有效地激励各责任中心为完成企业目标而努力的问题。由于各责任中心的性质和特征不同,因此制定评价标准时必须具体情况具体分析。

对于成本中心来讲,评价经营业绩的标准应主要是可控制成本,即该责任中心管理人员在特定时间内可以直接控制其发生的那些成本,包括:① 责任中心通过自己的行为能有效地影响其数额的成本项目;② 责任中心通过使用某种资产或劳务所产生的成本项目;③ 责任中心虽不能直接控制,但可以通过影响上级部门的相应决策而间接控制的成本项目。

对于利润中心,应以实现利润的情况作为评价经营业绩的标准。但是尽管利润指标具有综合性,利润的计算也具有强制性和较好的规模化程度,但单一指标的评价标准仍然是不够的,需要一些非货币表示的衡量指标作为辅助,比如生产率、市场份额、产品质量、职工态度、社会责任的履行、长短期目标的均衡等。

对于投资中心,主要的经营业绩指标有投资报酬率、剩余收益等。投资报酬率是一个相对数指标,反映了部门的税前净利与该部门所拥有资产额的关系,用这个指标衡量部门业绩比较客观,并且具有可比性,通过这一指标的进一步分解,还可以对资产和收支各明细项目进行分析,以对整个部门经营状况作出评价。剩余收益是一个绝对数指标,它等于部门净利减去部门资产与资金成本率的乘积;这一指标还可以使用不同的风险程度调整资金成本,使其运用更加灵活。

3. 实施监控

跨国公司全球经营活动的管理控制能否得以有效实施,关键取决于监控各责任中心实际经营业绩的控制和控制措施是否健全,是否有效。控制过程中的重要一步就是对员工的行为进行评价,获取评价信息的途径既有正式的报告,也可通过谈话、会议、个人观察等手段。这种评价包括日常的监测,即对员工实际业绩和评价标准进行连续比较和对差异的及时、准确报告。对子公司员工行为评价主要用于确认子公司是否能够执行公司的总体战略计划。评价会产生两种结果:一是子公司进行自我修正;二是母公司改进实施计划。

反馈控制系统在监控过程中的作用是不容忽视的,正是由于反馈的运用,才使得控制得以顺利实现。对分支机构和子公司进行监控既可依赖财务指标也可运用非财务指标,比较重要的非财务性标准有:产品质量和生产率、消费者满意程度、员工接受培训状况、新产品研究开发、市场增长率和环境保护责任等。

4. 进行差异分析并采取调整措施

控制系统的目的就在于努力实现既定的目标,包括效率的提高和效果的改善,因此当实际经营业绩与既定评价标准间存在差异时就须对差异原因进行分析和调查,找出导致差异存在的最主要原因,是由于评价标准确定不当,还是由于执行标准过程中存在失误,找出原因,分清主次,采取最为有效的改进措施,尽可能缩小实际经营业绩与既定目标间的差异,这样才能使控制系统的目的得以实现。

明确管理控制的对象和内容与确定管理控制的步骤一样重要,跨国公司面临错综复杂的经营环境,其控制对象主要有两个方面:一是对结果的控制,即根据企业战略计划和经营计划,对各部门和各分支机构的收入、成本、利润、投资收益等生产经营业绩进行监测和评价,并对发现的问题及时作出反应;二是对行为的控制,即在事前或事后对各部门和各分支机构的决策行为、投资行为、生产行为和销售行为施加影响,以保证这些行为有利于实现企业既定的各种目标。对结果的控制与对行为的控制相辅相成,在很多情况下是不能截然分开的,比如对投资效果进行控制,既包括对投资收益率等结果的监测和评价,也包括对投资决策行为的监测和评价。

(三)管理控制的内容

跨国公司对全球经营活动实施管理控制的内容要比国内企业更加广泛和复杂。这些控制主要包括:

1. 财务控制

跨国公司的财务控制着重于对盈利能力增长水平和预算执行情况的控制,这对企业战略计划和经营计划的顺利完成是非常重要的。跨国公司一般都采用格式统一的月、季、年度报表,要求相应的部门和分支机构按期编制,及时上报,并对实际结果与预算指标的差异进行分析。母公司可以根据各子公司上报的信息了解实际结果与计划目标的差异及其产生的原因,找到原因后有的放矢地采取纠正措施。

2. 营销控制

跨国公司母公司对各子公司提供的销售报告进行审查,将销售产品的数量、市场份额、销售额增长率和销售成本率等数据与既定目标进行比较,这一分析既可以按产品的品种进行,也可以按销售地区进行,从中了解各种产品在各地区的销售情况,并根据分析结果调整未来的营销政策。

3. 生产控制

跨国公司的生产控制主要包括对各子公司产品生产数量、生产成本、劳动生产率、单位产品直接制造费用、库存原材料、库存产品、成本效益率和质量控制等方面的控制。

4. 采购控制

跨国公司的采购活动必须能够满足集团各部门、各分支机构生产经营的正常需要,必须保持在既定的预算范围内,因此对采购活动的控制表现为对采购开支的事前控制和对采购效果的事后控制两个方面。

5. 人力资源控制

人力资源的控制对于跨国公司尤为重要,特别是对海外子公司人事方面的控制,如由谁担任子公司的主要负责人以及负责生产、营销、财务、人事等各部门的人员。跨国公司一般都建立定期的人事报告制度,定期报告人事聘用、人员变更、人员培训、职务升迁、工资水平、福利待遇、劳资关系等方面的问题。

6. 后勤保障控制

跨国公司母公司定期审查上报的销售报告、原材料和产成品库存报告、存货成本和周转率的分析报告、集团内部产品转移报告,并结合有关的数据和信息对集团在后勤保障方面存在的问题采取有效的控制措施。

7. 研究开发费用控制

跨国公司负责研究开发新产品、新技术的部门需定期将研究结果、开发进度、市场销售前景、研发费用等情况上报母公司,供母公司进行分析和协调。

8. 投资项目进度控制

跨国公司投资项目的进展是否顺利在很大程度上影响着公司的发展前景,对投资项目进度的控制需要提供关于投资项目进展情况的季度和年度报告,报告中包括投资计划期内资金来源和投向的具体数据和资料,以及工程设计、工程建设、设备安装、技术和管理人员培训,以及项目投产后的效益等信息。在投资项目完成之后,公司还应定期评价项目运营情况,在生产能力、耗费成本、实现盈利等方面是否达到预期目标,通过这种控制,不但可以掌握投资项目的质量和效益,还可以改进未来的投资决策。

第六节 跨国经营业绩评价

一、常见的业绩评价指标

一般认为传统的财务性业绩评价系统的核心指标有以下几个:

(一)净收益

净收益亦即利润指标。20世纪以前,由于企业的经营活动相对单一,投资活动也相对较少,投资者的目标很明确,以收抵支,赚取利润,净收益自然成为业绩评价的核心指标,许多跨国经营的企业用这一指标来评价业绩,有时排在最重要的位置,有时则与其他指标结合运用。净收益指标一定程度上可以反映公司产品产量及质量、品种结构、市场营销等方面的工作质量,进而在一定程度上反映了公司的经营管理水平。公司净收益越多,说明企业业绩越好。净收益是一个总量绝对指标,不能反映公司的经营效率,缺乏公司之间的可比性。所以采用净收益指标时往往同时采用销售利润率、投资报酬率等相对指标作为效率指标,这可以一定程度上解决绝对指标存在的问题。

(二)剩余收益

剩余收益(Residual Income)是20世纪50年代以后出现的,它是指净收益与投资成本之间的差异。与一般净收益指标相比,其特点在于考虑了资金成本。其计算公式如下:

$$剩余收益 = 息税前利润 - 投资额 \times 资本成本$$

资本成本的确定是根据投资的不同来源而有所区别的。一般来讲,如果资金是银行借入或发行债券筹集到的,借款或债券的利率就是资本成本;如果资金是以发行股票方式筹集的,就应当以股东所要求的投资报酬率作为资本成本。确定所用的最低投资报酬率是使用剩余收益进行评价的关键。剩余收益与资本预算中的净现值法相似,只不过剩余收益未考虑货币的时间价值。为此,在确定最低投资报酬率时,可参照内含报酬率,即计算平均的内含报酬等。以剩余收益作为评价公司经营业绩的尺度时,只要投资的收益率大于资本成本,该项投资便是可行的。不过,剩余收益仍是个绝对值指标,在可比性方面有一定的局限性。

(三)营业现金流量

营业现金流量是指公司正常经营活动所发生的现金流入量与现金流出量。现金流量可以用来评价企业业绩,也可以用来评价企业支付债务利息、支付股利的能力及偿还债务的能力。由于现金流量同净收益相比受权责发生制的影响较小,因而有助于理解企业经营活动持续稳定发展的现状和潜力。但单独的营业现金流量不能反映业绩的全貌,也不能借以可靠预测将来的业绩。

（四）企业的市场价值

这是一个理论上正确、实务中较难操作的指标。从理论上说，一个企业经营业绩的好坏可以通过该企业市场价值的升降反映出来。一般说来，在一个有序和有效的证券市场中，投资者对企业业绩的评价可以反映在股票价格中，市场价格的变化可以是企业业绩的一个恰当的指示器。但是用市场价值评价企业业绩不可避免要受市场众多因素的影响，其中的很多因素都是企业不可控的。

以上叙述的几个有代表性的传统财务性业绩评价指标可以在一定程度上从不同角度反映企业的经营业绩，基本满足了企业大规模、多元化、跨国家发展后对其业绩评价的需要。但传统的财务性业绩评价指标也有明显的缺陷，主要表现为：比较注重当期经营效果，容易使公司追求眼前利益产生短期行为；传统的财务性业绩评价指标的预测能力较差，而对经营业绩的评价不仅要看已经发生的经济活动，而且要看未来的发展潜力，因为这直接影响到股东财富的增值；这些业绩指标容易被操纵，造成企业业绩良好的假象。

二、经济增加值指标

（一）经济增加值（Economic Value Added，EVA）的概念

经济增加值体系的创造者是美国人思腾和思特，他们于 1982 年成立了思腾思特公司（Stern & Stewart Co.），该公司是 EVA 商标持有人和 EVA 体系的推动者。经济增加值（EVA）是税后净营运利润减去投入资本的机会成本后的所得。即在考核一个企业的收益指标时，应将该企业运用资本的资本成本考虑进去。实际上，EVA 理念的始祖是剩余收益或经济利润（Economic Profit）。经济增加值不仅计算债务成本，还计算权益成本，因此，它实际反映的是企业一定时期的经济利润。如果 EVA 为正值，则表示公司获得的收益高于为获得此项收益而投入的资本成本，即公司为股东创造了新价值。相反，若 EVA 为负值，则表示股东的财富在减少。

经济增加值以公式表示如下：

$$EVA = NOPAT - k_w \times CE$$

其中：

NOPAT 表示公司的税后净营业利润；

k_w 表示公司的加权平均资本成本；

CE 表示运用或占用的资本。

EVA 的目的在于使公司管理者以股东价值最大化作为其行为准则。对投资者来说，企业业绩的最终表现应该是投资者投入资本的价值的增加，正确衡量投资者对企业的投入的价值成为衡量企业经营业绩的关键之一。投资者对企业的投入表现为企业资产的价值，这一价值可以用账面价值来衡量，也可以选择经济价值进行衡量，在 EVA 系统中业绩以企业现

有资产经济价值的增值为衡量标准，从而消除了传统财务业绩评价体系中存在的一些弊端。

从理论上讲，经济增加值指标是剩余收益的进一步发展，在技术方法上改进了剩余收益的理念和计算，主要体现在以下几个方面：首先，在计算权益资本成本时，引进资本资产定价模型，使得权益资本成本能够直观准确地得到反映。其次，对会计数据进行调整，调整项目多达 160 多个，这样可以准确得出真正的经济收益。不过，在实际操作中，根据各公司的不同情况，一般只需进行 5～10 项重要的调整就可以达到相当的准确程度。

（二）经济增加值体系

EVA 体系常被概括为 4 个 M，即：① 评价指标（Measurement），为了考核企业全部投入资本的净收益状况，要在资本收益中扣除资本成本。② 管理体系（Management），EVA 将企业管理的所有方面都囊括在内，包括战略企划、资本分配、并购或撤资的估价、制定年度计划——甚至包括每天的运作计划。③ 激励制度（Motivation），用 EVA 进行评价时，要考虑经营者所应用的资本量的大小以及使用该资本的成本大小。这样，经营者的激励指标就与投资者（即股东）的动机（即使其财产增值）联系起来，可以使所有者和经营者的利益取向趋于一致，促使经营者像所有者一样思考和行动。④ 理念体系（Mindset），EVA 是一套理念体系，试图将股东、经理和员工在利益一致的激励下，用团队精神大力开发企业潜能，最大限度地调动各种力量，形成一种人人关心 EVA 的奋斗气势，共同努力提高效率，降低成本，减少浪费，提高资本运营能力，创造最大价值。

许多公司将 EVA 设计为一种激励制度，使管理者在为股东着想的同时也像股东一样得到报偿。在 EVA 奖励制度之下，管理人员在为股东创造更大财富的同时也为自身谋取了更多利益，管理人员创造的 EVA 越多，股东的财富就越多，他们得到的奖励也越多。许多分析师也利用 EVA 指标进行分析，像高盛、JP 摩根、瑞士信贷第一波士顿等金融机构就采用 EVA 体系来分析和评价股票。

（三）经济增加值的优点与不足

总的说来，EVA 作为一种创新的企业业绩评价体系，具有以下优点：① 能将股东利益与经理业绩紧密联系在一起，避免决策次优化。② EVA 不仅可以用于业绩评价，而且也可以用于公司资本预算、收购、定价、激励性补偿计划等一些方面，有利于企业内部财务管理体系的协调和统一，避免财务决策与执行之间的冲突。③ EVA 有利于减少传统会计指标对经济效率的扭曲，更真实地反映企业的经营业绩。由于 EVA 将权益资本成本也计入资本成本，从而能更准确地评价企业或部门的经营业绩，反映企业或部门的资产运作效率，有利于促进公司进行长期战略投资。

EVA 理论虽然取得了一定的成功，但其本身也有局限性，主要体现在以下几点：① EVA 是一个绝对值，不便于不同规模企业之间业绩的比较，而且其计算较复杂，需要对财务报表进行大量调整，这在一定程度上妨碍了它的广泛应用。② EVA 不能解决不确定性条件下的业绩评价问题。精确地估计资本成本是十分困难的，尽管资本资产定价模型为确定资本的风险成本提供了理论框架,但是确定不同地区、不同国家各子公司或分支机构的系统风险 β 是极为困难的,并且预期未来现金流量的估计也存在很多的不确定性。③ EVA 仅对真正分权决策的公司有效。如果公司建立了 EVA 业绩评价系统和激励计划,但将决策权留在组织的最高层,那么 EVA 系统成效会降低。④ EVA 仍然是一种单一财务指标,无法评价经理人员贯彻企业战略思想的情况,这也是 EVA 最关键的缺陷。EVA 系统对非财务资本重视不够,这在信息革命、各种技术革新和全球经济一体化的环境下,就无法全面衡量企业的业绩。

三、平衡计分卡绩效管理工具

(一) 平衡计分卡(Balanced Scorecard,BSC)的内容

平衡计分卡是美国哈佛商学院教授罗伯特·卡普兰(Robert Kaplan)和咨询公司总裁大卫·诺顿(David Norton),在总结多家绩效测评处于领先地位公司经验的基础上,于1992 年提出并推广的一种战略绩效管理工具。平衡计分卡逐步推广之后,世界 500 强企业中有 80% 的企业或多或少的在应用平衡计分卡绩效管理工具。

平衡计分卡中的目标和评估指标来源于组织战略,它把组织的使命和战略转化为有形的目标和衡量指标。主要包括:

1. 客户

管理者们确认组织将要参与竞争的客户和市场部分,并将目标转换成一组指标,如市场份额、客户留住率、客户获得率、顾客满意度、顾客获利水平等。

2. 业务流程

为吸引和留住目标市场上的客户,满足股东对财务回报的要求,管理者需关注对客户满意度和实现组织财务目标影响最大的那些内部过程,并为此设立衡量指标。在这一方面,平衡计分卡重视的不是单纯的现有经营过程的改善,而是以确认客户和股东的要求为起点、满足客户和股东要求为重点的全新的内部经营过程。

3. 学习和成长

确认组织为了实现长期的业绩而必须进行的对未来的投资,包括对雇员的能力、组织的信息系统等方面的衡量。组织在上述各方面的成功必须转化为财务上的最终成功。产品质量、完成订单时间、生产率、新产品开发和客户满意度方面的改进只有转化为销售额的增加、经营费用的减少和资产周转率的提高,才能为组织带来利益。

4. 财务

列出组织的财务目标,并衡量战略的实施和执行是能够在为最终的经营成果的改善作出贡献。

平衡计分卡中的目标和衡量指标是相互联系的,这种联系不仅包括因果关系,而且包括结果的衡量和引起结果的过程的衡量相结合,最终反映组织战略。而平衡计分卡中的"平衡"是指在长期与短期目标之间、在外部计量(股东和客户)和关键内部计量(内部流

程/学习和成长)之间、在所求的结果和这些结果的执行动因之间、在强调客观性测量和主观性测量之间四个方面间保持平衡。这样,企业管理者可以计量他们的经营单位如何为现在和将来的顾客创造价值、如何建立和提高内部生产力,以及如何为改善未来经营而对人员、系统和程序进行改进。

　　平衡计分卡最突出的特点是将企业的远景目标和发展战略与企业的绩效评价系统联系起来,把企业的远景目标和战略转变为具体的可执行的目标和测评指标,实现战略和绩效的有机结合。平衡计分卡以企业的战略为基础,将各种衡量方法整合为一个有机的整体,它既包括财务指标,又包括非财务指标,通过客户满意度、内部流程、学习和成长等业务指标,来补充说明财务指标,这些业务指标是财务指标的驱动因素。

　　财务指标是企业最终的追求和目标,也是企业存在的根本物质保证;要提高企业的利润水平,必须以客户为中心,满足客户需求,提高客户满意度;要满足客户,必须加强自身建设,提高企业内部的运营效率;提高企业内部效率的前提是企业及员工的学习与创新。也就是说这四个方面构成一个循环,从四个角度解释企业在发展中所需要满足的四个因素,并通过适当的管理和评估促进企业发展。当某一个循环结束后,企业又会面临新的战略目标,开始新的创新,新的循环。平衡计分卡的内容与企业战略之间的关系,如图表 11 - 3 所示:

(图表 11 - 3)

平衡计分卡的内容与企业战略之间的关系

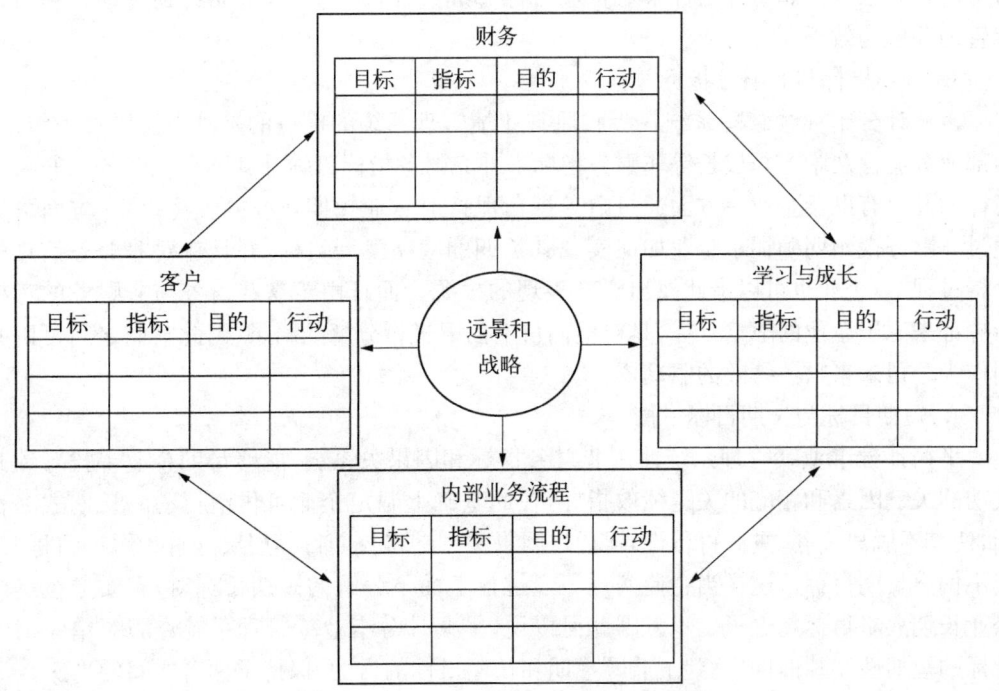

（二）平衡计分卡的特征

作为一个适应信息社会需要的新型业绩管理系统,平衡计分卡与传统的业绩管理系统相比,其特征主要体现在以下四个方面:

1. 以战略为核心

平衡计分卡业绩管理系统的产生不仅为企业提供了一种全新的业绩管理系统框架,同时也为企业的战略管理与绩效考核之间建立系统的联系提供了思路与方法,其方法主要是通过与企业关键成功因素和关键绩效指标相结合来设置业绩管理系统,描述企业的战略框架。并通过财务、客户、内部经营过程、学习与成长四方面指标之间相互作用的因果关系链来表现组织的战略管理轨迹,从而实现绩效考核与绩效改进以及战略实施与战略修正的目的。平衡计分卡把战略放在了其业绩管理过程的核心地位,通过相应绩效指标的设计与分解和绩效考核与激励将企业战略在企业各个层面进行层层落实。所以,在一定程度上讲,平衡计分卡既是一个业绩管理系统,又是一个战略管理系统。

2. 过程管理与目标管理并重

平衡计分卡业绩管理系统的另一特征是既注重对经营目标完成程度的管理,又注重对经营目标实现过程的管理。一个良好的绩效管理系统应该是过程管理与目标管理并重。平衡计分卡业绩管理系统一方面通过财务方面的指标来对企业目标完成程度进行管理;另一方面则以目标实现过程中的因果关系链为基础分别设置客户、内部经营过程和学习与成长等三方面非财务指标来对企业目标完成过程进行管理,进而达到过程管理与目标管理并重的效果。

3. 财务指标与非财务指标并存

平衡计分卡业绩管理系统在吸收原有业绩管理系统的优点的基础上又增加了客户、内部业务流程及学习与成长等非财务指标来补充财务指标以弥补其不足。财务与非财务指标的并存有助于企业一方面通过财务视角保持对企业短期业绩的关注;另一方面可以通过非财务视角明确揭示企业如何实现其长期的战略发展目标,并且在对非财务信息的分析过程中,企业也可以借此找出财务表现的根源。而且由于这些财务与非财务的考核指标都来源于企业的战略目标,是对他们自上而下进行分解的结果,因此它们之间可以共同作为公司未来财务绩效的驱动器。

4. 短期目标与长期目标平衡

平衡计分卡业绩管理系统使用非财务指标和因果关系链,能够帮助企业寻找导致其成功的关键因素和相应的关键绩效指标,在此基础上确定企业可付诸行动的长期战略目标,使其不脱离实际,具有可行性,再通过因果关系链将长期目标层层分解为短期目标,使其不偏离长期目标。这样当企业实现了经过自上而下分解的短期目标时,实质上也是向企业长期战略目标靠近了一步。因此可以说,平衡计分卡业绩管理系统克服了单一财务指标的短期性和片面性,达到了兼顾短期和长期目标的目的,保持了两者之间的平衡。

四、建立跨国公司业绩评价系统应考虑的问题

(一) 是否将管理者的业绩与子公司业绩分离

一些管理会计理论研究者提出要区分子公司管理者和子公司本身的业绩,在跨国公司总部从整个国际的角度来分配成本以及制定内部交易价格,从而实现整个公司的利润最优和现金的正常流动。所以在评价各个国外分公司的管理者的业绩时必须要首先考虑所有分配到他们运营中的不可控成本。因此在评价管理者的业绩时要和评价作为一个投资对象的子公司的业绩区分开。对管理者的评价可能涉及一些比较主观的内容,比如考虑到子公司的特点、环境的特点、当地政府的行为以及被评价管理者的一些特别目标等。从理论上说,由于不可控原因造成的子公司业绩较差不应据此认为管理者业绩较差,如果管理者要承担他们可以控制的结果之外的责任,就会导致他们作出不符合总部目标的行为。

但在实际中很少有跨国公司进行这样的区分。在美国的一次调查中显示,跨国公司用来评价管理者和子公司业绩的财务指标是完全相同的,包括利润总额、预算利润与实际利润的对比或投资报酬率。责任报告作为一种会计系统,可以用来追踪成本、收入、资产和负债并且最终找到对其负责的管理者。这样在业绩评价体系设计中要充分考虑这一因素。

(二) 是否将国外的子公司看作是利润中心

将国外子公司看作是利润中心的话,这些利润中心分布在各个具有不同环境的国家中,他们在具有不同的通货膨胀率、不同的经济、政治、文化及技术的条件下进行运营。利润中心的概念在外国子公司的应用中有时不像在本国子公司中的应用那样有用,所以它并非是一种非常成功的业绩评价工具。跨国公司有一个全球的经营目标,在这样的环境下确认各个子公司的确切贡献往往是困难的。子公司的管理者不直接对子公司的所有行为负责,虽然一些控制权是下放的,但是一些影响整个跨国公司和个别子公司利润的主要决策还是由总部来制定的。

跨国公司的内部转移价格政策是一个重要的方面。内部定价在国内的利润中心之间时比较容易考虑各个分支机构的公平问题。然而国际间各个子公司的内部转移价格的制定要考虑到很多的因素,因此有时并不可能实现公平。要考虑的因素参见本书第十三章。

虽然存在着各种问题,跨国公司一般地还是将各国的子公司看作是利润中心。跨国公司的集中控制使得对当地管理者的业绩评价和对子公司资源运用情况的评价产生困难,因为这些管理者不能作出影响其运营结果的重要决策。这是跨国经营业绩评价中需特别考虑之处。

(三) 如何分析汇率变动的影响

国外子公司的会计记录和报表一般都是使用当地的货币作为计量单位,向母公司进

行报告时需要将这些外币财务报表折算成母公司本国货币。为了准备用母公司货币计量的报表,以外币计量的所有数据都必须要转换成母公司的货币。这是一个计量转换的过程,它仅仅改变计量的单位,而不涉及会计政策。外币折算后可以使国内外公司的合并报表使用统一的计量单位。

在折算中的关键问题就是关于折算汇率的选择。选择不同的折算汇率进行报表折算对经营业绩有着不同的影响,在子公司业绩评价中应将汇率变动因素排除,因为汇率变动属于子公司管理人员不可控的因素。从目前通行的国际惯例来看,各国财务会计准则中涉及外币折算问题时,一般规定要使用期末汇率来进行资产负债表的折算,使用本年的平均汇率来进行损益表的折算,即外币折算实务以现行汇率法为主①。跨国公司对外报告使用的折算方法与他们内部报告使用的折算方法是相同的,对子公司以及其管理者的评价都使用相同的折算办法。现行汇率法是对业绩评价影响较小的一种折算方法,它基本上保持了原币反映出的经营业绩。若采用多种汇率法进行折算,则会给业绩评价带来一定困难。

(四) 如何分析币值不稳定的信息

如果外国子公司所在国的货币是稳定的,使用当地货币和使用母公司货币进行评价都是有意义的。当币值不稳定的时候,如果使用当地货币计量就会产生一些非经营因素引起的损益。币值波动较大时,会使子公司的经营结果产生较大的脱离预算的差异,而且使得以不同币值进行计量的各个子公司之间的业绩比较失去意义。

用当地的货币计量,应当扣除子公司管理人员无法直接控制的价格变动因素之后,来评价管理者的经营业绩,这样评价被认为是比较理想的,但是这样评价一般是难以实现的,完全排除价格变动影响的评价往往是不可能做到的。

复习思考题

1. 如何理解跨国公司的全球化战略?

2. 跨国公司的管理信息系统可分为哪四种具体类型? 每种类型在公司的管理中发挥的作用有什么不同?

3. 跨国公司在建立管理信息系统时需考虑哪些原则?

4. 跨国公司的计划体系应考虑哪些前提条件?

5. 简述预算在国际经营活动中的意义和作用以及影响预算的主要因素。

6. 比较两种编制预算方法(关键要素决定法和销售预算起始法)的异同。

7. 简述跨国公司的管理控制与企业战略、与组织结构的关系。

---

① 参见本书第九章关于折算方法的讨论。

8. 简述跨国公司对全球经营活动实施管理控制的内容和步骤。

9. 建立跨国公司业绩评价系统应当考虑的问题有哪些?

参 考 文 献

1. 保罗·尼文著、胡玉明等译:《平衡计分卡 —— 战略经营时代的管理系统》,中国财经出版社 2003 年版。

2. 康荣平:《大型跨国公司战略新趋势》,经济科学出版社 2001 年版。

3. 尚志强:《跨国公司业绩评价系统》,上海财经大学出版社 1998 年版。

4. Belkaoui, A. R. (1994), *International and Multinational Accounting*, The Dryden Press, chapters 5 & 7.

5. Choi, F. D. S. and Meek, G. K. (2011), International Accounting, 7th edition, Pearson Prentice Hall, chapter 10.

6. Kaplan, R. S. and D. P. Norton (1992), The Balanced Scorecard: measures that drive performance, *Harvard Business Review*, January — February.

7. Kaplan, R. S. and D. P. Norton (1996), *The Balanced Scorecard*, Harvard Business School Press.

8. Radebaugh, L. H., Gray, S. J. and Black, E. L. (2007), *International Accounting and Multinational Enterprises*, 6th edition, China Machine Press, chapter 14.

9. Iqbal, M. Z., Melcher, T. U. and Elmallah, A. A. (1997), *International Accounting*,东北财经大学出版社,Chapters 8 & 9.

第十二章 外汇风险管理

从事跨国经营的企业必须对与其业务相关的各种外币的汇率波动情况给予高度关注,因为其现金流量会受到汇率变动的影响。有效的外汇管理还要求企业对汇率的确定机制具有相当的理解,进而尽可能地把握未来汇率的变动趋势,避免汇率波动可能造成的不利后果。

第一节 汇率的影响因素及其预测

一、外汇风险管理概述

外汇风险是金融风险的一种,源于外汇汇率的不利变动,跨国公司在世界各地的经营中往往涉及多种货币对资产、负债、收入和费用等进行计量和记录,这其中伴随着大量的现金流动、货币兑换、外币折算等,汇率的不利变动可能给公司带来的损失就构成了外汇风险,所以外汇风险是指某一经济实体的经济活动绩效受到汇率波动的不利影响的可能性。

与风险密切相关的一个概念是"敞口",它是指企业经济活动中能够受到汇率波动影响的项目,具体来说是公司资产、负债、收入和费用中以外币金额进行计量和记录的部分,即受险部分。敞口反映了一定外汇波动条件下企业受到影响的范围广度,敞口越大,一定外汇风险下的受险金额越大,风险程度就越大,反之亦然。故外汇风险是否存在及风险的大小取决于公司经营活动中是否存在敞口及敞口的大小。敞口金额暴露在汇率变动的影响之中。外汇风险管理即是对敞口进行决策、调整、控制和分析的过程。如果公司的敞口金额不大,或者考虑到汇率变动的双向性,公司可能对敞口不采取任何措施。但对于跨国公司来说,往往有较大的外币敞口,必须进行外汇风险管理。

外汇风险管理的基本思路是,识别外汇风险、确定敞口规模,寻找规避风险的方法和措施,对防范风险的方案作出决策。对跨国公司来说不可能规避所有的风险,所以进行外汇风险管理主要是寻找规避风险的办法和采取措施的时机。

在进行外汇风险管理的过程中重要的是认识引起汇率变动的原因和影响因素,从而能把握汇率变动的趋势。在这方面一些学者的研究成果值得借鉴。阿利伯和斯蒂克尼(Aliber and Stickney,1975)根据经济学理论论证的"购买力均等定理"和"费雪效应"具有较大的影响,它们分别阐释了汇率变动与物价变动、汇率变动与利率变动之间的关系,对于人们根据一个国家物价变动和利率变动情况推测汇率变动情况有一定作用。

二、影响汇率的主要因素

在任一时点上,汇率代表一种货币的价格。正如市场上出售的其他商品一样,货币的价格也是由其需求与供给决定的。对于一种货币的各种可能的价格,都存在着对应的需求量与供给量。在任一时点上,都存在一个价格水平,在此价格水平上,对该种货币的需求量与供给量相等,这一价格水平即为该货币的均衡汇率。当然,随着时间的推移,货币的需求与供给会受到各种因素的影响而发生变动,从而导致其价格,即汇率发生变动。因此,探讨汇率变动的影响因素,应从分析影响一种货币的需求与供给的各种因素着手。

(一)相对通货膨胀率

两国间相对通货膨胀率的变动会影响国际贸易活动,即两国相互间产品和劳务的流动,进而影响各自货币的需求与供给,导致汇率的变动。一般而言,在其他情况不变的条件下,如果一国的通货膨胀率相对于其他国家有所提高,将导致本国产品相对于外国产品更加昂贵,本国对外国产品的需求增加,而外国对本国产品的需求降低,使本国对外币的需求增加,外国对本国货币的需求减少,同时,本国货币对外国的供给增加,外币的供给减少,所以本国货币相对于外币将贬值,而外币将升值。例如,假定美国的通货膨胀率不变而英国通货膨胀率突然大幅提高,则将导致美国对英镑的需求下降,英镑的供给增加,从而英镑对美元的汇率将下降;与此同时,英国对美元的需求增加,美元的供给减少,美元对英镑的汇率提高。当然,具体的升降幅度将由英国通货膨胀率提高的幅度、两国间产品的需求与供给弹性等因素决定。

一般说,在两个国家之间,汇率的变动与该两国相对的物价水平的变动成正比。按照"购买力均等定理"的原理,当一国货币的汇率对另一国货币的汇率发生变动时,该国的物价水平肯定也在发生变动,使得该国货币的购买力在汇率和物价发生变动之前和之后保持不变,即汇率变动总是伴随着物价的变动,一种货币在汇率变动后换得的另一种货币的数量,其购买力水平与汇率变动前换得的该种货币的数量的购买力水平是相当的,购买力保持均等。

例如,中国一公司于20×1年年初同时在中国和某一外国A国投资建造两个同样的工厂,在中国投资20 000元人民币,在A国投资20 000元A国货币(货币符号$),当时两种货币的汇率为￥1=$1。两国投资的投资报酬率均为20%,即在中国每年将取得净收益￥4 000,在A国每年将取得净收益$4 000。20×1年年末中国物价水平比年初上涨了10%,每年净收益将为￥4 400;同时A国物价水平比年初上涨了50%,每年净收益将为

$6 000。根据购买力均等定理,年末汇率为￥1.1＝$1.5。这样,未来两个工厂的净收益按新汇率折算后,无论折算成人民币还是折算成外币,都与汇率和物价变动前的购买力相等。

购买力均等定理对外币会计报表折算方法的选择带来了一定的思考。若期末资产按历史成本列报,则上述中国工厂的价值在资产负债表上要按￥20 000列报;A国工厂的价值也应按相同的金额列报,即将A国工厂按历史成本记账的投资按历史汇率进行换算。如果资产按未来现金流量的现值列报,则年末中国工厂的价值为￥22 000(￥4 400÷20%),年末A国工厂的价值按原币计算为$30 000($6 000÷20%),这时按现行汇率折算,即可将A国工厂的价值折算为与中国工厂价值相同的金额。如果购买力均等定理正确的话,那么外币报表折算方法中的时态法就是一种合理的方法。

一般认为,购买力均等定理从长期(比如10年以上)来看在一定程度上与现实相符,尤其是可自由兑换货币之间,物价和汇率的变动是相互影响的,物价变动会引起人们用一种货币去换另一种货币,从而引起汇率的变动;同样,汇率的变动也会产生引起物价变动的结果。因此该定理从长期观察来看是对实际情况的较好反映。但从短期来看,物价变动不会立即引起汇率变动,或不会立即引起汇率与物价成等比例的变动,因而一国货币的购买力不会在汇率和物价变动之前和之后保持均等,必须经过一定时间以后才能达到新的均衡。

(二)相对利率水平

两国间相对利率水平的变动会影响两国相互间证券投资资金的流动,从而影响两国货币的需求与供给,导致汇率发生变动。一般而言,在其他情况不变的条件下,如果本国的利率相对于另一国有所提高,将导致外国对本国货币的需求提高,本国对外国的货币供给减少,本币升值;同时,本国对外国货币的需求下降,外币的供给增加,外币贬值。例如,假定英国利率不变而美国利率水平提高,则在美国存款或投资于债券将更富有吸引力,会促使英国企业和投资者将其持有的英镑兑换成美元投资于美国,导致美元需求增加而英镑供给增加,同时,由于投资于英国的吸引力减小,美国企业和投资者不愿投资于英国,导致英镑的需求下降而美元的供给也减少,这样,将造成美元升值,英镑贬值。具体的升贬值幅度将由利率变动幅度、两种货币需求与供给的利率弹性等因素决定。

在某些情况下,两国货币间的汇率还会受到第三国利率水平变动的影响。例如,1987年年初,加拿大利率提高后,吸引大量日本投资者,导致日本对以美元标价的证券的投资减少,美元对日元的汇率下降。

一般说,在两个国家,若同类财务性资产上所赚得(或支付)的利息不同,则经市场调节后,两国利率不同的差异比将等于预期的汇率变动的差异比。按照"费雪效应"原理,当一国货币的汇率对另一国货币的汇率发生变动时,该国的贷款利率肯定也在发生变动,使得该国货币的汇率随利率的变动而变动,即一国的贷款利率高于另一国的贷款利率时,该国的借款人就会到另一低利率国去寻求借款,这种寻求借款者增多以后,会引起两国间汇率和利率的变动,直到从低利率国取得借款换成本国货币后的实际利率与在本国取得借款的实际利率相等时为止。

例如,中国一公司于20×1年年初同时在中国和某一外国A国投资建造两个同样的工厂,在中国投资20 000元人民币,在A国投资20 000元A国货币(货币符号$),假设当时两种货币的汇率为￥1=$1,两国的贷款利率均为10%,则在两国建造工厂分别从当地资本市场筹资的筹资成本是相同的。若预期的汇率在年末将变为￥1=$1.2,A国的利率将会调整为32%。这样,两国分别取得贷款的本利和在年末才会相等。在中国贷款￥20 000,一年以后的本利和将是￥22 000,在A国贷款$20 000一年的本利和为$26 400,按年末汇率￥1=$1.2换算为人民币的结果将与中国贷款的本利和相等:￥22 000($26 400÷$1.2)。根据费雪效应,中国和A国两国之间的利率差异比1.2(1.32÷1.1)等于两国之间的汇率差异比1.2($1.2÷1)。若情况不是如此,比如中国的利率调整为15%,则筹资成本升高,就会出现套汇行为,借款人将从A国筹资,这将引起A国资本市场供不应求、A国货币兑换人民币的数量增加,同时中国资本市场供大于求、人民币兑换A国货币的数量减少。结果,要么人民币利率下降、A国利率上升;要么人民币贬值、A国货币升值。利率和汇率相互产生影响。该例中从两国贷款的实际筹资成本也是相等的,在A国的贷款按人民币计算的筹资成本计算如下:

利息:　　　　　$20 000×32%=$6 400×￥1÷$1.2=￥5 333

减:贷款价值下降

年初　$20 000×￥1÷$1.0=￥20 000

年末　$20 000×￥1÷$1.2=￥16 667　　　　　　　　　　　3 333

实际利息　　　　　　　　　　　　　　　　　　　　　　￥2 000

一般认为,费雪效应从长期(比如10年以上)来看在一定程度上与现实相符,尤其是可自由兑换货币之间,利率和汇率的变动是相互影响的,利率变动会引起人们到其他资本市场去投资或筹资,从而引起汇率的变动;同样,汇率的变动也会产生引起利率变动的结果。因此该观点从长期观察来看是对实际情况的较好反映。但从短期来看,利率变动不会立即引起汇率变动,因而一国的利率变动是逐渐地和汇率的变动相互影响的,要经过一定时间以后才能达到新的均衡。

(三)实际利率水平

尽管相对较高的利率水平倾向于吸引外国投资从而促进货币升值,但如果较高的利率水平仅仅反映了相对较高的通货膨胀预期,则由于高通货膨胀对当地货币的向下的压力,较高的利率水平并不一定伴随着汇率的提高。正因如此,在分析汇率变动趋势时考查实际利率水平的高低有时更具现实意义。名义利率与实际利率的关系是：

$$实际利率＝名义利率－通货膨胀率$$

由于实际利率包括了名义利率和通货膨胀率这两个影响汇率变动的变量，通过比较各国实际利率水平的高低以确定汇率变动趋势，往往较之单个比较名义利率和通货膨胀率两个变量更容易得出明确的结论。其他条件不变的情况下，实际利率水平与汇率之间具有高度的正相关关系。

（四）相对收入水平

一般来说，一国相对于其他国家而言收入水平的升降会影响该国对外币的需求，从而导致外币汇率的升降。比如，假定英国收入水平不变，而美国收入水平有较大程度的提高，将导致美国对英国物品的需求增加，进而增加了对英镑的需求，而英镑的供给不变，英镑对美元的均衡汇率将提高。

（五）政府管制

各国政府可以采取多种管制措施影响外国货币对本国货币的汇率，包括：① 实施外汇壁垒；② 设置贸易壁垒；③ 通过买卖外币干预外汇市场；④ 通过影响诸如通货膨胀率、利率、收入水平等宏观经济变量来调控该国货币汇率，等等。例如，假定美国利率水平相对于英国有较大幅度的提高从而使英镑面临贬值的压力，英国政府可以采取提高对本国企业和居民来源于国外投资所得征税等措施来降低对美元的需求，阻止英镑的贬值。

（六）市场预期

像其他金融市场一样，外汇市场对任何具有未来影响的消息都会作出反应，因为这些消息会使市场参与者形成汇率变动的预期。例如，有关美国通货膨胀率将大幅提高的新闻会使得市场形成美元贬值的预期，导致交易者抛售美元，形成美元贬值的压力。在国际外汇市场上，很多机构投资者根据其对各国利率变动的预期而决定是否持有各种货币头寸。例如，如果他们预计英国利率会提高，就会暂时地将资金投到英国，因为利率提高将促使英镑升值，待英国利率提高时，他们将从中获利。市场预期未必都与实际相符，基于预期而持有某种货币头寸也同样冒有一定的风险，但不可否认的是，预期确实会促使投资者增减其持有的货币头寸，从而造成汇率的变动。

总而言之，政治和经济因素是影响汇率变动的主要原因，除了海外子公司所在国的政治社会环境和对待海外投资的政策、经济增长趋势、通货膨胀和国际收支净额等方面外，汇率还受到许多其他因素的影响。而且，影响汇率变动的各种因素在特定情况下将从不同的方面、不同程度地制约着汇率的实际变动。

三、汇率预测

正确的预测汇率变动是跨国公司进行外汇风险计量和管理的前提条件，对未来汇率走势进行预测的方法可以分为技术性预测、基础性预测和市场性预测三类。

（一）技术性预测

技术性预测指从历史的汇率数据出发，运用特定的模型以得出未来汇率预测值的一类方法。技术性预测大都采用一定的统计分析模型，例如时间序列模型等。和股票价格的技术分析类似，技术性预测侧重于从汇率变动的内在技术性变量（如支撑位、阻力位、时间窗口等）探寻汇率走势的规律。在基本经济、政治形势保持不变的情况下，技术性预测方法往往能对汇率的近期走势给出准确的预测。但就长期而言，经济、政治因素往往发挥着更加关键的作用。此外，这类方法只能给出未来汇率的运行区间，而不能精确地预测未来某一时点的汇率值。

（二）基础性预测

基础性预测是从经济变量与汇率的基本关系出发来对未来汇率进行预测的一类方法。运用这类方法同样需要采用数量化的统计模型，但其着眼点放在某一经济变量对汇率的具体影响程度上。例如，我们可以运用回归分析来就某些经济变量对汇率的影响进行预测。假定现在影响汇率变动的因素只有通货膨胀率和收入增长率。首先，需要根据历史数据确定这两个因素对汇率的影响程度。比如预测英镑与美元之间的汇率，可以按季度搜集英国和美国通货膨胀率和收入增长率的数据，以各季度英镑对美元汇率变动的百分比（BP）作为因变量，以前一季度两国通货膨胀率差异变动的百分比（INF）和收入增长率差异变动的百分比（INC）作为自变量，回归方程可以写成：

$$BP = a + bINF + cINC + u$$

这里 a 是常数，b 和 c 分别代表汇率对通货膨胀率差异变动的百分比和收入增长率差异变动的百分比的敏感程度，u 代表误差值。通过将历史的数据代入上述回归方程的系数求解方程，可以求出回归系数 a、b 和 c 的值。假定根据某期历史数据求出的回归系数分别为：$a = 0.002, b = 0.8, c = 1.0$。再假定本季度两国通货膨胀率差异较上一季度变动了 4%，收入增长率变动了 2%，则利用该回归方程，可预测下一季度英镑汇率变动的百分比为：

$$BP = a + bINF + cINC = 0.002 + 0.8(4\%) + 1.0(2\%) = 5.4\%$$

上述举例只含两个自变量，实际应用中，需要找出所有影响汇率变动的变量，并且为了保证精确性，需要很长时间序列的历史数据库。

基础性预测方法直接从决定汇率的因素出发预测未来汇率，既可用于长期预测，也可以用于短期预测，并且能够给出点估计值。但也存在一定的局限性，主要是因为：① 各个变量对汇率的影响在时间上具有不确定性；② 模型中可能会忽略某些变量；③ 各个变量对汇率的影响程度可能会随着时间的推移而有所变化。这些情况可能会导致预测结果出现偏差。

(三) 市场性预测

市场性预测指利用市场指标进行预测的一类方法。在实际应用中,通常采用的市场指标是即期汇率和远期汇率。采用即期汇率进行预测,就是以现行汇率作为近期汇率的预测值,它是建立在如下假设基础上:现行汇率反映了市场对汇率升降的预期,如果市场预计某一货币的汇率会升值,则市场各方将会买进该种货币,导致该种货币升值;反之,将会卖出该种货币,导致该种货币贬值。以市场预期理论为依据,即期汇率预测法认为现行汇率已经反映了市场预期和市场行为的结果,因此应作为近期汇率的预测值。

采用远期汇率指标进行预测,就是以某一货币的远期汇率标价作为该种货币在相应时期期末的预测值,它建立在套汇理论基础之上:即未来某一时点的汇率应反映目前人们对该种货币在将来的价格的预期,如果现时的远期汇率标价与市场的预期存在差异,将会引起投机行为,促使远期汇率与市场预期相一致,因此,远期汇率应与未来相应时期期末的即期汇率一致,远期汇率成为预测未来即期汇率的一项可靠的指标。

以上各类方法在实践中往往需要结合起来使用。例如,可以采用不同的方法得出不同的预测值,然后根据具体情况给各种方法得出的预测值以不同的权重,最后计算出其平均值,作为最终的预测值。

第二节　外汇风险敞口的计量与控制

一、外汇风险的类别和计量

(一) 外汇风险的类别

如前所述,外汇风险是公司经济活动绩效受到汇率波动不利影响的可能性,这些不利影响可能表现在几个方面:一是导致公司外币资产或负债在未来兑换成本币或以本币进行清偿时发生损失,这种风险称为交易风险;二是汇率波动导致公司未来现金流入量的现值减小或现金流出量的现值增加,这种风险称为经济风险;三是导致跨国公司合并财务报表中外币折算后的合并数字发生不利的波动,这种风险称为折算风险。

与上述三种外汇风险相应的敞口分别称为交易敞口、经济敞口和折算敞口。各种货币敞口程度的计量和调整是外汇风险管理的核心。

敞口有正敞口和负敞口之分,对于有外币资产和外币负债的公司而言,如果其外币资产大于外币负债,那么该公司净资产的敞口是正的,反之则是负的。在折算外币报表时,不是所有的外币项目都作为敞口对待,只有那些根据现行汇率进行折算的报表项目才属于敞口的范围,这些项目受汇率变动的影响,而那些根据历史汇率折算的项目则不属于敞口部分。以折算敞口为例概括的正敞口与负敞口的情况如图表 12-1 所示:

（图表 12－1）

正敞口与负敞口情况汇总表

汇率变动	正　敞　口	负　敞　口
	（外币资产＞外币负债）	（外币资产＜外币负债）
外币升值	换算或折算利得	换算或折算损失
外币贬值	换算或折算损失	换算或折算利得

实务界和学术界普遍认为外汇风险与企业，尤其是与跨国公司的经营业绩高度相关。尽管企业无法准确地预测汇率的未来数值，但至少可以计量外汇风险的敞口程度，如果其敞口程度较大，则可以考虑采用适当的技术来减少敞口，以降低外汇风险。外汇风险控制就是跨国公司为保护自己不受汇率波动的不利影响或减少这种影响而采取的各种手段和措施。

（二）外汇风险的计量

1. 交易敞口的计量

跨国公司开展的外币业务要求未来的现金流入或流出用外币进行收付，由此产生交易敞口，其原因是在交易发生日和未来外币收付日之间汇率发生变动造成的。计量交易敞口时，需要按照货币种类，分别预计未来一定期限内包括所有子公司在内的合并现金净流量。例如，假定甲子公司的港币净流量为 ¥800 000，而乙子公司的港币净流量为 －¥700 000（净流出），则整个跨国公司的港币净现金流量（净头寸）为 ¥100 000。如果在这些现金流量发生实际收付之前港币贬值，将对甲子公司产生不利影响，对乙子公司产生有利影响，从整个跨国公司的角度来看，其影响是不利的，但影响不大，因为甲子公司与乙子公司的现金流量具有抵销的作用。可见，决定整个跨国公司对某一货币的敞口程度的是其合并现金净流量。

除合并净现金流量外，影响跨国公司交易风险的还有货币的波动程度和各种货币间的相关关系两个因素。外汇市场上，没有波动程度完全相同的两种货币。在敞口程度相同的条件下，对波动程度大的货币的敞口所带来的交易风险相对也较大。各种货币的波动程度一般以其汇率的标准差来加以反映。为了解各种货币的波动程度，可以搜集其历史汇率数据来计算标准差，作为衡量其波动程度的标准。

在考查交易风险时，另一个重要因素是货币间的相关关系。假设有两家美国的跨国公司 A 和 B，在合并了各自所有的子公司的货币流量后，A 公司有大量的加拿大元流入敞口，而 B 公司有大量的美元流入敞口和港元流出敞口，哪家公司的交易风险更大呢？如果只从货币波动性着眼，有稳定的加拿大元敞口的 A 公司的交易风险应较小，而具有不稳定的美元和港元的 B 公司的交易风险应较大。但这种推理忽视了货币相关性这一因素。

当企业具有的两种货币敞口不同(即一种货币为流入敞口,另一种货币为流出敞口)时,如果两种货币的波动呈高度的正相关,则两种货币的交易敞口将部分抵销,从而大大降低交易风险;如果两种货币的波动呈现负相关,则不会产生敞口抵销作用。在该例中,由于美元和港元间具有正相关关系,会使B公司的交易敞口部分抵销,交易风险降低,所以B公司的交易风险未必比A公司大,这要看敞口的具体金额和两种货币间的相关系数而定。

2. 经济敞口的计量

汇率波动不仅影响一定金额的外币能够兑换的本币金额(交易敞口),还对企业外币金额本身产生影响,也就是说,即使是不涉及外币业务的纯国内企业,如果其产品市场受到国外产品的竞争,汇率变动也会对其现金流量产生影响。当本币升值时,企业的国内销售额、国外销售额(无论以本币定价还是以外币定价的)都倾向于下降。因为在国内市场上,企业将面临较便宜的外国产品的竞争;在国外市场上,以本币定价的产品由于本币升值而对外国消费者变得更加昂贵,需求数量会因此而下降;以外币定价的产品尽管其国外需求量不受影响,但等量的外币能兑换的本币金额将减少。也就是说汇率的波动能够影响跨国公司在海外的竞争地位和未来现金流量。海外子公司涉及进出口(如从国外购入原材料、产品销往国外等)时其产量和价值会随汇率变动而变化。图表12-2总结了汇率变动带给海外子公司竞争地位、运营利润和现金流量方面的变化情况。

(图表12-2)

汇率变动带给海外子公司几方面的变化情况

汇率变动趋势	产品出口增加	产品出口减少
	原料进口增加	原料进口减少
子公司所在国币种升值	状况恶化	状况好转
子公司所在国币种贬值	状况好转	状况恶化

现金流入量的变化还表现为国外投资的收益因本币升值而兑换成较少的本币。本币升值使现金流出量方面受到的影响表现为以外币定价的货物所需支付的本币金额将下降,国外贷款的利息支出也将减少。由此可见,本币升值后,以本币计价的现金流入量和流出量都趋于减少,所以很难确切判定现金净流量的变动情况,这要视构成现金流量的各要素受货币升值的具体影响程度而定。例如,如果一家产品出口企业的原材料和资金供应均来自国内,则其现金流入量的减少将远远超过流出量的减少,本币升值将导致企业净现金流量减少。相反,产品主要在国内市场销售的企业,很少有外国产品的竞争,其现金流量受本币升值的影响则很小;如果这类企业的原材料和资金供应来自国外,则其现金流出量将减少,从而导致其现金净流量增加。本币贬值将产生与上述相反的结果。

3. 折算敞口的计量

当跨国公司拥有国外子公司，并且需要将国外子公司财务报表反映的业务活动、财务状况和现金流动并入母公司报表编制合并财务报表时，才存在折算敞口。而且，只有那些根据现行汇率进行折算的报表项目才会产生折算敞口。对于折算敞口的重要性一直有不同的认识。有人基于财务报表的合并并不影响跨国公司的实际现金流量的事实而认为折算敞口无关紧要；有的跨国公司则认为由于合并财务报表反映了企业的经营业绩并影响有关的决策，所以折算风险确实存在并应得到高度重视。

折算敞口主要由以下三个因素决定：

(1) 国外子公司的规模。

一般来说，国外子公司的规模大，在跨国公司总体业务中所占的比重就大，规模大的子公司净资产或净负债数额也会比较大，这样该子公司在合并财务报表中的折算敞口也就比较大。

(2) 子公司东道国货币的稳定性。

由于子公司财务报表通常以东道国货币计量，所以其报表各项目在合并时的折算金额将受到东道国货币稳定性的影响。东道国货币的稳定性越差，折算风险越大。

(3) 折算方法。

目前，世界各国折算财务报表的方法尚不统一，各种折算方法对同样的报表进行折算时会得出不同的数字。如第九章第三节所述，目前折算方法虽然有结账日汇率法（现行汇率法）、流动与非流动法、货币与非货币法和时态法，但实务中已趋向于采用结账日汇率法（现行汇率法）为主、在某些情况下采用时态法为辅的方向发展。采用不同的折算方法，折算敞口的范围就会不同，若子公司报表中的存货项目因属于流动性项目而按现行汇率折算时就属于折算敞口的范围，但若将存货归于非货币项目而按历史汇率折算则不受汇率波动的影响，就要排除在折算敞口的范围之外。其他一些项目，如长期负债、以重置成本计价的固定资产等，也会由于折算方法的不同而得出不同的折算金额。

二、外汇风险的控制

(一) 交易敞口的控制

对交易敞口，一般要从跨国公司整体的角度进行集中控制。之所以如此，是因为各子公司的交易敞口之间往往可以部分抵销，进行集中控制有利于充分利用这种抵销作用，减小整个公司需要面对的敞口，节约交易风险控制的费用支出。

跨国公司处理交易敞口的基本思路一般有以下四种：

① 风险转移——即公司要求用本币进行收付结算，这样就将交易敞口转移到交易的另外一方；

② 风险共担——即买卖双方达成协议，当汇率变动不超过一定的范围时，该项业务

的结算和收付将采用协议中规定的价格和汇率,当汇率变动超过协议的范围时,交易风险由买卖双方共同承担;

③ 价格调整——即买卖双方经过协商,同意一旦汇率变动产生不利影响,则通过调整交易价格来减少交易暴露的程度;

④ 外币交易——即公司单方面通过业务交易之外的渠道(如金融机构提供的各种外币保值手段)对交易敞口进行冲减。

跨国公司对交易敞口的控制,一般是从两个方面着眼的:一是进行套期保值(hedging);二是调整收入或支出货币的种类,使之与需要支出或收入的货币匹配。例如,假定一家香港公司由于向德国出口货物而产生大量欧元应收款。如果该公司同时从德国的其他公司进口产品,则可以将进口结算货币定为欧元,由此产生的欧元应付款便可起到减少欧元敞口的作用,从而减轻汇率波动对公司的影响。当然,付款货币的调整并不能完全消除交易敞口,因为很难使一种货币的应收款和应付款的金额完全相同并且收付时间完全匹配,对此,可以考虑采用套期保值的方法进行补充。

如果企业决定就其某些交易敞口进行短期套期保值,则可在如下几种保值技术中进行选择:

1. 期货合同和远期合同

企业可通过买卖货币期货合同来运用期货合同进行套期保值,以此消除汇率波动的可能影响。如果企业具有某种货币的净流出敞口,则可以通过购买期货合同以获得在未来某一特定日期按照规定汇率取得一定数量的该种货币的权利。持有该合同,企业便可将需要于未来支付的外币所需的本币金额锁定。如果企业具有某种货币的净流入敞口,则可以通过出售期货合同的方式获得在未来某一特定日期按照规定汇率出售一定数量的该种货币的权利,由此将需要于未来收入的外币能够兑换的本币金额锁定①。

与期货合同的性质基本相同的另一种手段是远期外汇合同,远期外汇合同是与银行签订的场外交易协定,可以满足客户的个性化要求,与此不同,期货合同是在期货交易所里进行的,每份合同的规模是标准化的,在任何时候都只有一个市场价格,所以它们的交易场所和交易方式都有所差别②。外汇交易额较大的企业通常采用远期外汇合同进行保值。例如,如果一家美国跨国公司一个月以后需要向其瑞士供应商支付 1 000 000 瑞士法郎,则可以同银行签订一份远期外汇合同,银行将按照远期汇率在一个月以后卖给该公司相应金额的瑞士法郎。通过远期外汇交易,企业可以事先确定将于未来支付的外币所需的本币金额。相反,如果企业将于未来收取一定金额的外币,则可以通过签订远期外汇合

---

① 在金融市场上,通过交易和结算系统进行场内交易的标准化的外汇期货合同,更多地运用于投机牟利。这里所说的是将期货合同用于套期保值,它可能适用于外币交易额较小的企业,因为,这就不需要与银行单独签订远期合同。

② 布赖恩·科伊尔编著,亓丕华等译:《货币风险管理(下)》第23~24页,中信出版社2002年版。

同卖出外币的方式事先确定可以兑换的本币金额。

远期外汇交易与外汇期货交易一样,只能事先确定未来买卖外汇的价格,从而消除汇率波动的影响,但并不一定会使企业实际受益。例如,交割日的即期汇率可能会低于合同规定的买价,或高于合同规定的卖价,无论哪种情况都有可能使从事交易的企业丧失一定的收益。

2. 短期借贷

货币市场上的短期借贷行为即是通过货币市场进行套期保值,短期借贷可以建立具有配比或抵销性质的债权和债务,进而达到减少和消除交易敞口的目的。

企业具有净流入敞口或持有外币应收账款时,可以事先通过货币市场借入该种外币,建立新的债务,以抵销原有的净流入敞口。例如,假定一家美国公司的应收账款 400 000 欧元将于 90 天以后收回,为防止外币在未收回期间发生贬值,该公司可以先借入欧元并将其兑换成美元。假定欧元 90 天借款的利率为年率 8%,则为完全抵销原敞口,需借入的金额是:400 000/(1+0.02) = 392 157 欧元。所借入款项到期需偿还的本息额将是 400 000 欧元,可用届时收回的应收账款偿还。

当企业具有净流出敞口或持有外币应付账款时,可以以闲置现金或借入的本币兑换成外币存入银行,建立新的债权,以抵销原有的净流出敞口。例如,假定一家美国公司需于 30 天后偿付其到期的 1 000 000 瑞士法郎应付账款,并且公司无闲置现金,则可先借入美元并兑换成瑞士法郎,然后将瑞士法郎存入银行,建立新的外币债权,存款到期时其本息和应与外币应付账款金额相等。假定瑞士法郎存款利率为年率 6%(30 天利率为 0.5%),则企业需存入的瑞士法郎金额为:1 000 000/(1+0.005) = 995 025。现进一步假定即期瑞士法郎汇率为 1 瑞士法郎＝0.65 美元,据此计算需借入的美元金额为:995 025×0.65 = 646 766。通过建立瑞士法郎存款,并使得其期限与应付账款的期限一致,可以免受汇率波动的影响。

3. 外币期权

企业采用上述两种方法进行套期保值的共同缺点是会丧失由于汇率变动而可能给企业带来的收益,为弥补这一不足企业可采用外币期权的方法进行套期保值。由于外币期权到期时[①],期权持有者有权选择实施(交割)或放弃实施,使得期权除具有前述两种方法的保值性质外,还具有不剥夺持有者获取价格波动带来的收益的权利的优点,因此成为近年来发展较快并得到日益广泛应用的一种创新金融工具。

期权在市场上具有一定的价格,外币期权的价格受外币即期汇率、实施价格(即规定的买进价格或出售价格)等因素的影响,具有波动性。期权定价理论已成为近年来西方财

---

① 期权持有者必须在到期日才能作出实施或放弃实施选择的,是欧式期权;如果在合同期限内的任何时日都可作出选择的,则是美式期权。如持权者作出放弃实施的选择,其在购买期权时支付的期权费就不能收回。

务、金融、投资等学科探讨的热门领域。期权分为买进期权和卖出期权两种①。买进期权的持有者在期权到期时,有权按规定价格买进一定金额的某种货币,同时,其持有者也可以放弃权利。卖出期权的持有者在期权到期时,有权按规定价格出售一定金额的某种货币,也可放弃权利。

企业如果拥有外币债权或净流入敞口,在运用货币期权进行套期保值时,则应考虑采用卖出期权;反之,企业如果负有外币债务或净流出敞口,则应考虑采用买进期权。例如,假设一家中国香港公司有 100 000 美元的应付账款于 90 天后到期,市场上美元买进期权的价格是 0.04 港元/美元,其实施价格为 7.80 港元,为抵补其应付账款,公司购买买进期权所需支付的价格(期权费)为 4 000 港元(100 000×0.4)。如果到期时美元的即期汇率小于 7.80 港元,则公司将放弃该期权而直接从外汇市场上购买美元现汇,此时公司付出的总支出不会超过 784 000 港元(100 000×7.80+4 000);如果到期时美元的即期汇率高于 7.80 港元,则公司将实施期权,无论即期汇率较 7.80 港元高多少,公司的总支出都是 784 000 港元。可见,采用期权进行保值,公司为偿付外币债务所需的本币的最大金额是已知的,如果到期时市场汇率低于实施价格,公司还可放弃期权而直接按市价买进外币,从而仍然享有汇率下降而带来的收益。

以上几种保值方法一般只适用于短期,如果企业能够准确地预计今后几年的外币应收款和应付款,并希望就长期敞口进行保值,则可从以下方法中选择。

4. 长期远期外汇交易

近年来超过一年的远期汇率在西方各大银行都有挂牌,最长期限可达五年,而以前远期外汇交易的交割期限一般短于一年。长期的远期交易对于那些未来较长时间的进出口价格已由合同确定又希望免受汇率波动影响的企业来说,是非常适用的。

5. 货币互换

货币互换是对长期交易敞口进行套期保值的第二种方法,可采用多种形式,能够满足两个企业不同的长期资金需要。例如,假定一家英国公司受雇于一家美国银行从事长期项目咨询工作,其收入为美元并且主要于五年后收到;同时,一家美国公司为英国建造天然气管道,其收入是英镑并且也将于五年后项目完工时收到。这两家公司可以签订货币互换协议,按照商定的汇率于五年后进行一定数量的货币交易。通过这种方式,美国公司可以确定其五年后将能够收到的美元数量,同时英国公司也可以确定其收到的英镑数量。两家公司都可免受汇率波动的影响。

6. 平行贷款

平行贷款是指两家跨国公司达成协议,同意各自向对方设在本国的子公司提供金额

---

① 买进期权又称看涨期权,因为行情看涨时才对购买有利;卖出期权又称看跌期权,因为行情看跌才对卖出有利。

相等的本国货币贷款,贷款期满后,再重新换回各自的本金。实质上,平行贷款包含两个货币互换协议,一个是贷款发生之初,一个贷款到期的期末,由此两家跨国公司都降低了交易敞口。

（二）经济敞口的控制

一般采用调整营业结构的方法减少经济敞口。这里营业结构指企业的外币业务在其各个现金流量中的分布情况,主要包括三个部分:即外币销售、外币采购和外币筹资。其中外币销售影响现金流入量,外币采购影响现金流出量,外币筹资既影响现金流入量也影响流出量。

如果外币变动对企业现金流入量的影响比流出量的影响大,则为规避敞口,企业要从以下方面调整其营业结构:① 减少外币现金流入量,如减少出口或出口改按本币定价;② 增加外币采购的现金流出量,更多地采用外国原材料;③ 增加外币投资的现金流出量,尽早地偿还外币借款。

如果外币变动对企业现金流出量的影响比流入量的影响大,则要采用相反的方式调整营业结构以规避经济敞口,即:① 增加外币现金流入量,如增加出口或出口改按外币定价;② 减少外币采购的现金流出量,减少使用外国原材料;③ 减少外币投资的现金流出量,推迟偿还外币借款。

为减少经济敞口,首先在开展海外业务之前就要将其包括在可行性分析中一并考虑;其次跨国公司总部可以借鉴证券市场中的"证券组合"这个思路,母公司利用某子公司的正敞口来冲抵其他子公司的负敞口;由于汇率变动十分频繁,跨国公司必须尽可能地对经济敞口进行弹性计划,以应付意想不到的情况;当海外子公司所在国币种的不利变动已无法避免,跨国公司则必须采取其他方法（如价格和营销方面的各种手段）进行弥补。

（三）折算敞口的控制

对于折算敞口,一般采用资产与负债配比的方式进行控制,即创设新的外币资产或负债来抵销原来存在折算敞口的外币资产或负债。可以采用的具体方法与控制交易敞口的各种套期保值方法相同。例如,假定一家美国跨国公司在英国有一家全资子公司,某年年初预计子公司全年盈利为 1 000 000 英镑,子公司计划将盈利全部用于在当地重新投资,则该跨国公司尽管不存在可预见的交易敞口（无需将英镑兑换成美元）,却存在折算敞口。要消除这 1 000 000 英镑投资所存在的折算敞口,跨国公司需要在全球范围内设法创立金额大体相当的英镑负债。年底时,如果英镑汇率提高,跨国公司将由于拥有负债而发生一笔损失,但同时合并子公司损益时又将产生金额相当的一笔收益,两者相互抵销;如果英镑汇率下降,则拥有负债所产生的收益正好抵补合并盈利的下降,保证子公司盈利合并时不因汇率变动而减少。

对折算敞口进行套期保值在实务中存在难于解决的问题,如盈利预测不够准确、某些货币无法获得远期合同等,更为严重的是,有时为了消除折算敞口却带来交易敞口,从而形成两种敞口无法同时消除的尴尬局面。因此,应对折算敞口的最好办法是,在外汇风险管理中致力于应对交易敞口和经济敞口,而对折算敞口,只需在财务报表中说明本期合并盈利受折算敞口影响而升降的金额即可。

三、中国企业外汇风险管理问题

中国企业目前面对的汇率风险主要表现为两个方面:一是在进出口贸易中,结算货币汇率变化带来的风险;二是国际融资中,在借款期间汇率变化带来的风险。与在贸易中的汇率风险相比,外债的汇率风险更大。由于外国政府贷款具有期限长、利率低的优势,一直深受中国地方政府和企业的青睐,有不少企业通过此途径取得了外币贷款。因为这些外币贷款的期限比较长,通常是 20 年或者 30 年,所以其中经历汇率波动的风险相应会较大。

远期结售汇业务是中国银行自 1997 年起在全国独家推出的,是运用远期外汇买卖方式为企业规避外汇汇率风险的保值工具。远期结售汇在国际上是较常见的一种规避汇率波动风险的金融工具,一般是由银行与客户签订远期结售汇合约,约定将来办理结汇或售汇的外币币种、金额、汇率和期限,在到期日外汇收入或支出发生时,再按照远期结售汇合同约定的币种、金额、汇率办理结汇或售汇。目前,工、农、中、建四大商业银行都已经推出远期结售汇业务,国际市场上有的,这些商业银行都可以做,如远期外汇买卖交易、期权交易等。

企业借助银行做货币掉期进行外债风险管理的成本并不高。在通常情况下,商业银行在帮助企业做货币掉期时会收取一定的手续费,一般为 1%～2%。而政策性银行开展代客保值业务的出发点主要是提高银行转贷业务的资产质量,服务对象仅限于银行转贷外国政府贷款的企业,因此这项业务的目的主要是帮助客户锁定债务成本,规避汇率风险,收取的手续费也就相应更低一些。

由于存在机会成本,有的企业往往觉得汇率的变动是天经地义的事,汇率变动所带来的亏损也是天经地义的。不少企业的负责人觉得多一事不如少一事,比如,如果一个企业决定用汇率掉期来做外债的风险管理,未来可能会有两种结果:所借货币可能是升值,也可能是贬值,如果所借货币升值了,那么做汇率掉期的效果将非常好,因为企业借此可以锁定所负外债的成本,使汇率的变动对企业的影响降到最少。但是如果所借货币贬值了,可能就会遭到非议,为什么要做汇率掉期,否则企业会因为外债贬值而获得收益,少付利息和本金。所以一些企业的负责人认为,如果锁定汇率,万一外币贬值就会吃亏。但实际上,不做保值,就等于把本钱也做了投机。

以下规避外汇风险的一些思路值得中国企业借鉴:

1. 选择本币计价

选择本币目的是为了避免货币兑换而出现的外汇风险。人民币可自由兑换的实现将有助于推进以本币结算的进程。当然,使用本币结算实际上是将汇率风险由一方转给了另一方,所以要受对方意愿的影响。

2. 选择有利货币计价

在外币结算中"收硬付软"。所谓硬货币是指汇率相对稳定而且具有升值趋势的货币,收款企业应尽量争取硬货币结算。软货币是指汇率波动幅度大,且具有贬值趋势的货币。付汇企业应尽力选择软货币。软硬货币的选择与贸易条件有关。当某一时期市场以买方主导时,购买商占据有利条件,可以选择有利货币;如果是卖方市场,则销售商有权选择有利货币。

3. 软硬货币搭配

外汇汇率上有些货币是此消彼长的关系,所以要选择一些货币和另一些货币搭配使用,软硬货币的搭配一般要在合同中注明计价货币、计价时间、软硬货币的汇率等。

4. 价格调整

当企业能与交易对方就汇率风险的承担进行谈判时,可根据承担风险的大小调整交易价格,如销售方进行加价保值,购买方进行压价保值等。

5. 提早收款或推迟付款

销售方企业应与交易对方早签订合同,提出收汇时间,尽早收货款。购货方则应尽可能推迟向国外购货或要求延期付款。

复习思考题

1. 影响汇率变动的主要因素有哪些?

2. 正确的预测汇率变动是跨国公司进行外汇风险计量和管理的前提条件。分别列示对未来汇率的走势进行预测的三种方法,并简述其原理。

3. 什么是"外汇风险"? 什么是"交易敞口"和"经济敞口"?

4. 简述跨国公司处理"交易敞口"和"经济敞口"的基本思路及控制方法。

5. 什么是"折算敞口"? 决定"折算敞口"的因素有哪些?

参 考 文 献

1. 布赖恩·科伊尔编著、亓丕华等译:《货币风险管理》,中信出版社 2002 年版。

2. 法博齐和莫迪利亚尼著、唐旭等译:《资本市场:机构与工具》,经济科学出版社 1998 年版。

3. Choi, F. D. S. and Meek, G. K. (2011), International Accounting, 7th edition, Pearson Prentice Hall, chapter 11.

4. Hill, C. W. L. (1994), *International Business*, Richard D. Irwin.

5. Madura, J. (1995), *International Financial Management*, 4th edition, West Publishing Company, New York.

6. Radebaugh, L. H., Gray, S. J. and Black, E. L. (2007), *International Accounting and Multinational Enterprises*, 6th edition, China Machine Press, chapter 13.

第十三章　国际转移价格

跨国公司总是设法到海外寻求新的资源,开辟新的市场,最终实现"在成本最低的国度生产产品,在价格最高的国度出售产品,从而赚取最大限度的利润"的目标。在跨国公司所采取的各项经营策略和管理方法中,国际转移价格的定价策略和方法是重要的一个方面。

第一节　国际转移价格的意义

在跨国经营的前提下,如果交易双方,一方能控制另一方或能对另一方的经营决策和财务决策施加重大影响,或双方都同为第三方所控制或第三方同时能对双方的经营决策和财务决策施加重大影响,则该交易双方在交易结算时所采用的价格称为国际转移价格。符合以上控制定义的交易双方被称为关联企业,由于转移价格的存在,关联企业对于跨国公司会计政策、纳税计划的制订产生了很大的影响。

跨国公司利用国际转移价格的意义和必要性可概括为以下几个方面:

一、促进分权经营管理

跨国公司从事国际生产经营活动,往往在许多不同的国家设置子公司和分销店,与此相适应一般采用分权经营的管理方式。为了充分发挥分权经营的效率性和效益性,跨国公司在分权经营的体制下,实行责任会计,把决策权经由各种责任中心分授给各个责任中心的主管人员,配合实行"目标管理"和"预算控制",激励下属单位努力完成公司的总目标。

"目标管理"和"预算控制"的核心内容就是把公司的战略目标经由预算制度分配给下属各个责任中心,而后对其目标完成情况进行考核和评价,根据考评结果给予相应的奖惩,从而激励下属发挥潜力,恪尽职责。跨国公司的分权和授权必须辅之以控制和考核,国际转移价格定价系统可在其中发挥重要作用。由于这些责任中心一般也是利润中心,而国际转移价格最明显、最基本的作用是能够在一定程度上影响各部门之间的利润分配,所以转移价格的制定和实施将影响跨国公司对子公司经营绩效的评价。因此,国际转移价格定价系统是跨国公司分权经营管理体制的一个必不可少的组成部分。

二、确保资源最佳利用

竞争机制有利于使资源达到最优配置,使资产的运用取得最大效益。国际转移价格定价系统建立的目的之一就是要在跨国公司内部使有限的资源达到最佳配置、发挥最大效用。为此,要根据不同情况引入不同的竞争机制。

不存在外部中间产品市场的情况下,公司内部之间的交易是垄断性的。对该内部交易的卖方来讲,可以说不存在竞争对手,这样,很有可能卖方公司失去提高其产品或服务质量、努力降低成本、提高资产运营效益的动力。而如果恰当运用国际转移价格定价系统对其进行管理,比如对其提供的产品或服务采用标准全额成本法计价时,卖方公司就有了一个"竞争对手",这个竞争对手就是公司总部给它设定的成本标准。如果卖方公司提供的产品或服务的成本低于标准成本时,呈现净利润;反之,则出现亏损。这就会促使卖方公司想方设法来提高其资产的运营效益,优化资产组合,努力降低成本,使资源得到最佳利用。

存在外部中间产品市场的情况下,市场竞争机制就要发挥作用。对那些即可利用外部市场又可利用内部市场的买方公司来讲,价格在其内部交易和外部交易的选择中起着关键的作用。内部转移价格制定的合理可以实现资源在跨国公司内部的有效配置。利用内部交易的转移价格和现行的市场价格的共同作用以及它们所带来的内部市场与外部市场之间的竞争,可以对卖方公司形成制约,促使其提高经营管理水平、降低产品成本、合理利用资源。

三、完善公司经营策略

国际转移价格问题并不简单的是如何选择合适的国际转移价格定价方法的问题,它应该被认为是跨国公司经营策略的一个重要组成部分,在实施一定的经营策略时应有相应的转移价格策略与之相配合。例如,跨国公司实行新产品策略,新产品是由两个子公司协作生产的:其中一个子公司提供中间产品,另一个子公司将其加工成最终产品出售。在这个策略的实施中,需要两个子公司全部依赖内部交易,即供应方公司生产的中间产品要全部用于内部交易,不得对外出售;而购买方公司所需的中间产品也必须从内部交易中获得。这主要是从商业保密的角度来考虑的,因为若自由进行外部交易时,则有可能泄露生产和商业机密。这时就要为该类内部交易设定合适的转移价格,这种转移价格既对供需双方有约束作用,又对外部市场具有竞争力。此时,转移价格已成为该跨国公司新产品策略的一个重要组成部分。

另外跨国公司在经营活动过程中,要经常根据实际情况制订各种不同的策略,以保证各种生产经营活动顺利进行。国际转移价格通常在以下五种经营策略的制定中起到重要作用:降低出口引起的通货膨胀风险和外汇波动风险;逃避外国政府对于直接投资的利润返还、股利分配方面的限制；简单迅速地满足公司内部现金流动的需要；使公司获得低廉的融资成本；与当地政府和消费人群保持良好关系、在开拓和保持公司的海外市场方面使公司获得竞争优势。

四、实现利润最大化

对于跨国公司来说，要涉及许多不同国家的税收制度。各国的税法税制都有一定的差异，通过比较各国的税收制度，利用各国税收法规之间的差异，从中寻求最大的利益，降低公司的整体税负，这已成为跨国公司利用转移价格实现利润最大化的一个重要方面。跨国公司通过制订有利的国际转移价格，将利润转向低所得税税率的国家，可以实现整个公司税后利润最大化。

总之，跨国公司在制定长远战略目标、进行日常运营管理和确定具体策略这三个主要的管理方面都要考虑到国际转移价格的影响和作用。

第二节　国际转移价格定价系统

通过国际转移价格定价系统生成合适的国际转移价格的过程可以表述如下：首先要分析对国际转移价格定价产生影响的因素，弄清国际转移价格定价系统所要实现的目标以及这些目标之间的内在联系和相互影响，在此基础上，选择适合本公司的转移价格定价方法，进而确定并产出合适的国际转移价格。很显然这是一个系统过程。

一、国际转移价格定价系统的目标

（一）弄清国际转移价格定价系统的影响因素

跨国公司的国际转移价格定价系统的影响因素可以分为内部因素和外部因素。内部因素是指公司本身在组织管理上和经营活动方面具有影响力的因素，外部因素是指公司所处的外部环境中的影响因素。

1. 内部影响因素

（1）公司组织结构的分散程度

虽然分权经营体制已被大多数跨国公司所接受，但这并不意味着对集权制的全盘否定，也不意味着所有的跨国公司或企业都采用分权经营一个模式。实践表明，绝对集中的"集权制"和绝对分散的"分权制"对跨国公司来讲都不是完美的组织管理方式，比较好的管理方式应该是根据自己企业的实际情况确定的介于这两个极端之间的组织管理方式。

公司的集权或分权程度对国际转移价格定价系统的影响很大。集权化程度较高的公司往往要求集中确定内部交易的转移价格，一般情况下，采用成本为基础的定价方法。而分权化程度较高的公司则往往将转移价格定价权下放给各下属公司或部门，一般情况下采用市场价格定价法或协议定价法。还有一些公司对一部分产品的生产实行集权化管理而对其他的产品实行分权化管理,在这类企业中,往往同时运用多种转移价格定价方法。总之,跨国公司在确定国际转移价格定价系统时,总要考虑公司的分散程度这一影响因素。只有这样才能保证公司组织管理体制的有效运行,提高其经济效益。

(2)公司的策略

国际转移价格定价系统不能简单地认为是选择定价方法,而应该将其视为公司策略的一个必不可少的组成部分。公司策略是指公司为了生存和发展而确定的行动方针和经营原则以及长远的运行规划。公司策略包括公司经营各个方面的策略,如新产品策略、营销策略、扩张策略等。策略之间存在着内在联系并且相互影响,共同组成公司的策略系统。跨国公司在确定国际转移价格定价系统时要考虑现行的策略,要将国际转移价格定价系统作为策略系统的一个有机组成部分来看待,与策略系统中各种策略保持协调。

(3)公司的业绩评价体制

跨国公司的业绩评价体制就是要对各利润中心的工作业绩和经营效果进行严格的考核、评价,并根据考核的结果实施相应的奖惩,帮助利润中心的主管人员认识存在的问题,使其按照公司总体目标的要求不断降低成本,提高经济效益。在业绩评价体制的实施过程中,对转移价格定价系统有着明显的影响。转移价格制定的如何决定着各利润中心业绩的好坏。无论采用哪一种转移价格定价方法,都应该能对公司下属的各子公司或分支机构及其主管人员在其控制范围内的营业绩效进行充分和科学的测量,并且同时应能激励各下属公司取得更好的成绩。因此,公司的业绩评价体制成为转移价格定价系统的重要影响因素和决定因素。

(4)公司的管理信息系统

由于电子计算机和通信技术的发展,一个有着良好管理信息系统的公司可以将下属各个公司或部门的相关信息集中到公司总部,并对其进行快速处理。在此基础上,公司总部对信息处理的结果进行分析,作出决策,并将其所作的决定反馈回下属单位,责令其执行。这样既可以提高经营资源在各下属公司之间的配置效益,又加强了对各下属公司的控制,使其经营运行相互协调。与其相适应,公司的国际转移价格定价的决策权也集中到总部,由总部根据各下属公司反馈上来的相关信息进行统一的制定,这样可以保证部门目标与公司整体目标的一致性。转移价格的制定权限和方法要受制于公司管理信息系统的水平。

2. 外部影响因素

(1)不同国家之间的所得税税率

目前,各国的所得税征收规定和所得税税率都有一定的差异。就平均水平来看,美国公司所得税税率为21%;加拿大为26.5%;德国为30%;日本30.62%;中国为25%。国家之间不同所得税税率的存在使得跨国公司在确定国际转移价格定价时颇为慎重,因为,从跨国公司的立场上来看,将产品或货物从一个子公司转移到位于不同国家的另一关联公司中去时,这宗内部交易的价值在这相应的两个国家内分别形成纳税收入和抵税成本,纳税收入部分就要增加应纳税额,而抵税成本的部分则要抵消应纳税额,从而这宗内部交易的发生对跨国公司的整体税负产生影响。在这个过程中,内部交易的价值主要是由跨国公司所确定的国际转移价格来决定的。如果跨国公司内部交易的国际转移价格确定得好,就会使公司的收入集中到低所得税的国家而公司的成本则集中到高所得税的国家,从而降低企业的整体所得税负,反之则会增加企业整体所得税负。故跨国公司在确定其国际转移价格定价系统时一般要考虑各公司所在国之间不同所得税税率的影响,总是力图使公司的整体所得税税负最低。

（2）不同国家之间的关税税率

与各国所得税的征收情况相仿,各国关税税率也差别很大。关税可分为从量关税和从价关税,对跨国公司内部转移价格产生影响的主要是从价关税。由于关税计算时所依据的关税完税价格主要是由交易的价格所决定的,所以跨国公司在制定国际转移价格时要充分考虑到各国关税税率以及关税政策之间的差异,力争减少公司整体支付的关税,从而降低跨国公司的经营成本,使其整体利润最大。

一般情况下,跨国公司对进入低关税国家的货物制订较高的内部国际转移价格,而对进入高关税国家的货物制订较低的转移价格。另外,跨国公司下属的两个位于不同国家的子公司之间进行内部交易时,除了买方公司要向其所在国交纳进口关税外,卖方公司也要就这批货物向其所在国交纳出口关税。这就存在着一个权衡的问题,因为跨国公司制订的内部国际转移价格不能同时既减少这宗交易的出口关税,又减少其进口关税。不过,由于大部分国家都鼓励出口,出口税率一般较低,有的甚至是零税率政策,故跨国公司在制定内部国际转移价格时主要考虑买方公司所在国的进口关税因素。

（3）外汇交易风险

由于跨国公司在外国设立的子公司的资产和负债一般都是用外币来计价的,而在浮动汇率制下,外币与母公司所在国的货币的汇率并不总是稳定的,这就使得跨国公司面临着较大的外汇交易风险。比如母公司向子公司出口商品,如果子公司所在国的货币贬值,则会使得跨国公司母公司蒙受外汇交易损失,但如果外币升值,母公司将获得一部分外汇交易利得。国际转移价格定价系统则是跨国公司对付外汇交易风险常用的一种工具,因为通过控制内部交易的转移价格,可以将软货币国家里的资金转移到硬货币国家中去,从而减少外汇交易风险。

（4）所在国政府的限制性措施

跨国公司母公司及其下属子公司所在国的政府,出于维护本国利益的考虑,往往对跨国公司在本国的经营行为作出种种限制,如对公司内部转移价格作出的限制、对外国公司利润返还的限制等。跨国公司利用转移价格减少税负意味着公司所在国政府税收收入的减少;子公司利润返还的增加则意味着所在国外汇的大量流失。目前,大部分国家都已认识到这些问题,采取了相应的措施来限制跨国公司内部转移价格的制定。所以,跨国公司在制定国际转移价格时,需要充分考虑到母公司和子公司所在国政府对国际转移价格制定的限制,在合法的前提下利用国际转移价格策略为本公司的利益服务。

以上讨论的这些内部影响因素和外部影响因素之间是相互影响和相互作用的,在实际工作中,它们有时对国际转移价格定价系统的影响不一致,比如说,跨国公司的内部转移价格定价可以减少所得税税负但却可能增加外汇交易风险。所以,跨国公司要综合考虑所有的因素,并分析它们之间的相互作用,在它们之间进行权衡,以便明确目标,制定适合本公司的转移价格。

(二)明确国际转移价格定价目标

根据对跨国公司转移价格影响因素的分析,跨国公司国际转移价格定价的目标可以概括如下:

1. 保证各级目标的一致性

跨国公司母公司和各子公司由于生产经营条件和物质条件的不同,往往会发生利益上的矛盾,转移价格制定不当有可能加深这种矛盾。跨国公司一般都要采用适当的转移价格定价策略,对产生的利益冲突进行协调,使分权经营的各公司既能像真正的独立经营单位那样提高效益和利润水平,又能使整个公司在转移价格政策的支持下获得长期的分权经营效益,最终保证公司总体目标和各利润中心目标的一致性。

2. 确保转移价格具有激励作用

分权经营体制下的跨国公司需要有一个激励机制,通过这个机制来激励各利润中心的经理在不影响企业整体利益的基础上,努力实现自己公司利润的最大化,并使公司充满活力。国际转移价格策略被认为是激励机制中的一个重要手段。在实际工作中,可以通过授予利润中心一定的转移价格决策权来实现这一目标。因为将转移价格决策权在一定程度上下放给各利润中心,意味着将竞争机制引入了利润中心之间的内部交易,这样便激发了下属公司经理的能动性和创造性,从而起到激励作用。

3. 保证公司业绩评价客观公正

业绩评价系统是跨国公司分权经营管理体制的一个重要组成部分,其实施的正确与否对企业的经营管理至关重要,而国际转移价格定价系统是跨国公司的业绩评价系统能否得到正确实施的一个关键性因素。在实际工作中,实现这一目标的关键是要保证国际转移价格的制定及其产生的效果能符合跨国公司的实际经营情况,尽可能客观反映各有关公司或部门的工作业绩,以便作出公正的评价。

4. 谋求跨国公司全球总税负最低化

对跨国公司而言,税负因素主要有两个方面:所得税与关税。由于跨国公司的母公司及各子公司所处的国家不同,且不同国家的税收政策各不相同,所得税税率和关税税率也存在或大或小的差异,故跨国公司要利用国际转移价格谋求其总体税负的最低化。

5. 减少外汇交易风险

通过合理地运用国际转移价格定价策略,尽可能将软货币国家中的资金转移到其他国家,从而减少由于汇率变动可能给跨国公司带来的损失。在实际工作中,跨国公司还将内部转移价格的制定与创新金融工具的运用结合起来,以求更好地实现减少外汇交易风险这一目标。

6. 避免与各国政府发生冲突

现在大部分国家都已采取了种种措施来限制跨国公司的国际转移价格定价中的任意操纵行为,所以,跨国公司在制定国际转移价格时,都将争取避免与东道国的有关规定发生矛盾作为一个目标,不使东道国政府机构介入公司决策过程,不影响公司的经营。

7. 提高资金使用的自由度

各国对跨国公司设立于其国内的子公司都有一些管制措施,如对"利润返还"行为加以限制等,这意味跨国公司对各子公司所创造的利润的自由使用受到限制。在这种情况下,跨国公司除利用股利、使用费和公司管理费用等方法从其所属公司收回一定的资金外,还要利用转移价格来提高其自由使用下属公司所创造的利润的能力。如制定较高转移价格是将利润转出某个国家的一种办法。所以要通过转移价格达到提高资金使用自由度的目的。

8. 增强海外子公司在当地市场上的竞争力

在一个成功的跨国公司中,母公司总是设法帮助国外子公司增强竞争力,尤其是对那些尚处于初期阶段的子公司。在这个过程中,公司的内部转移价格定价系统是其常用的一种工具。通常的做法是:对转移进入该附属公司的劳务或商品制订较低的转移价格,以降低它们的成本,这样便可以保证国外子公司在当地市场的竞争中处于有利地位。

除了这八个基本目标外,国际转移价格定价系统还能够帮助跨国公司实现资源的优化分配、现金流动的短期需求和海外子公司的自治等目标。有时这些目标之间会产生一些矛盾,在确定国际转移价格定价系统时,跨国公司要在这些目标之间进行权衡,作出对整个公司最有利的决策。

二、国际转移价格定价方法

跨国公司主要利用经济方面和会计方面的信息来确定转移价格。这些方法可以分为以下几类:

(一)成本基础定价法

1. 全额生产成本法

全额生产成本法是指跨国公司将供应方公司所提供的中间产品或服务的全额成本作为内部交易的转移价格的定价方法。全额生产成本包括:直接材料、直接人工和制造费用。全额生产成本法按照成本确定的方式不同又可分为全额实际生产成本法和全额标准生产成本法。

运用全额实际生产成本法确定转移价格有一定的缺陷。首先,如果供应方公司确信其全部生产成本可以通过转移价格转移到购买方公司中去时,那么供应方公司就失去控制产品成本、提高生产效率的动力,从而对公司的整体利益造成损害。其次,如果供应方公司所提供的中间产品的全额实际生产成本高于市场价格,那么作为购买方公司在其权限范围内就会做出从外部市场购买该中间产品的决策,这样便会导致公司部分生产能力的闲置,长期下去会损害公司的整体利益。再次,在这种方法下,购买方公司将供应方公司生产中间产品所耗费的固定成本视为其变动成本,而对公司整体来说,这部分应视为固定成本。这种情况会导致购买方公司根据其会计信息所作出的决策对企业整体来说不一定是最优决策。

为克服这些缺陷,有些跨国公司制订合理的成本标准,采用全额标准生产成本法制定国际转移价格,这可以在一定程度上避免上述情况的出现。一般来讲,实务中倾向于采用全额标准生产成本法,因为以标准成本为定价基础的转移价格使供应方公司按照公司总部制定的标准成本来组织生产,能够提高其生产效率;以实际发生成本为定价基础的转移价格则使得公司总部很难通过转移价格来评价供应方公司管理行为,子公司也就不会因为生产的无效率而受到批评;但是对于原材料、中间产品以及服务来说,标准成本不太容易确定,因此许多跨国公司采用相关标准作为转移价格的基础。相关标准成本一般按照部门过去的生产行为,或是类似部门和类似公司在相同产品的生产过程使用的成本标准来确定。

2. 变动生产成本法

变动生产成本法是指跨国公司将供应方公司所提供的中间产品或服务的变动成本作为内部交易的转移价格的一种定价方法。产品的变动生产成本包括:直接材料、直接人工和变动制造费用。变动生产成本法又可分为实际变动生产成本法和标准变动生产成本法。一般来讲,后者要优于前者。

运用变动生产成本法确定转移价格可以使得购买方公司所生产的最终产品的变动成本与从跨国公司整体来看的该产品变动成本保持一致。它可以使得下属公司所作的决策是代表公司整体最大利益的。但是利用变动生产成本法确定转移价格,会使得供应方公司的利润为零或呈现出数额相当于生产该产品所耗费的固定成本的亏损,这可能有损于国际转移价格定价系统的业绩评价目标。

3. 成本加成定价法

这种方法是指跨国公司将供应方公司所提供的中间产品或服务的实际或标准的生产成本再加成一定利润来作为内部交易的转移价格的一种定价方法。加成的部分一般是成本的一个统一比例,比如说加成10%。这里的成本既可以用全额生产成本(实际或标准),也可以是变动生产成本(实际或标准)。

成本加成定价法的优点在于:简单;清晰;近似于市场价格,这一点特别是在中间产品不存在外部市场时,显得尤其有意义;比较有利于业绩评价目标的实现,因为同前面几种成本为基础的定价方法相比,它在成本的基础上加成了一块利润。正是由于上述这些优点,使得成本加成定价法在实务中得到广泛应用。但是这种方法只是按照成本加成公式计算确定转移价格,而不看其加成的比例是否与其所处的经济环境相关,制订时有一定的武断性,有可能会导致非最优决策。

4. 边际成本定价分析

从生产过程来讲,变动成本一般是自产品转移到其他子公司的时点之前的费用成本。但是从经济学(尤其是新古典经济学)的角度来讲,增值成本,也称边际成本,比变动成本的含义更广泛一些,可用作对国际转移价格定价系统的成本定价基础进行理论分析。

从经济学角度讲,转移价格是供应方公司在最优产出水平下的边际成本。为说明其基本原理,首先假设两个子公司其产品的平均成本都是产量的函数 $f_1(q)$ 和 $f_2(q)$,后一个将产品出售给消费者的子公司其平均收入为 $g(q)$。两个子公司的总成本则为 $q \times [f_1(q) + f_2(q)]$,据此计算出两个子公司的总边际成本;公司的总收入为 $q \times g(q)$,据此计算出公司的边际收入。再根据边际收入=边际成本的公式计算出最优产出水平,这时每件产品的最优转移价格就等于供应方子公司在最优产出量水平下的边际成本,而公司整体的净利润也达到最大值。用边际成本为定价基础来计算转移价格的目的是在不考虑税负影响的环境下希求公司整体利润最大化。关于公司整体利润最大化的前提假设是,公司外部不存在能够提供这类中间产品或服务的完全有效的竞争市场。否则中间产品或服务的市场价格必需等于供应方子公司的边际成本,这时选择内在供应商还是外部供应商并不影响公司的整体利润水平。

(二) 市场价格定价法

在不完全有效的竞争市场内,供应方子公司提供给购买方子公司的价格通常要低于市场价格,因为在成本中可以省略销售费用、融资费用等。市场价格定价法是指在跨国公司的内部交易中,供应方公司将其产品或服务出售给另一家公司时,以市场价格为基础确定内部转移价格的定价方法。这种方法又可以分为完全市场价格定价法和市场价格扣减法两种,完全市场价格定价法所确定的价格和出售给公司外部的购买者所采用的市场价格一样,是完全的市场价格;市场价格扣减法是在市价的基础上减去一定百分比的扣减额后作为转移价格的定价方法。

在利用公平市场价格为基础制定转移价格时,要满足以下标准:① 存在一个竞争的中间产品市场;② 各公司经理在生产经营方面有较大的独立性和自主权,有权对外销售其产品和从外部采购其所需的原材料等物资和各种劳务;③ 有市场价格可供参考。只有满足这些条件,运用市场价格定价法确定的转移价格才是真正意义上的市场价格。

利用市场价格定价法确定转移价格有以下几个好处：首先，有利于对利润中心进行业绩评价，因为在市场价格定价法下，各利润中心就如同在经营一个完全独立的企业，能够激励各利润中心降低成本、提高自身业绩。所以，其业绩报告上的营业利润是能够反映其经营实际情况的。其次，由于市场价格往往是一种公允价格，所以采用市场价格法确定转移价格可以避免有内部交易的公司与本国政府有关法规之间发生冲突。

但是，在实际运用市场价格定价法确定转移价格时也存在着以下几个问题：首先，由于现在的市场瞬息万变，所处的时间、地点不同，市场价格也就不同，所以较难建立一个稳定的市场价格转移定价系统。其次，有许多公司的中间产品根本就不存在一个外部市场，或即使存在，也是一个很不完善的市场，这样很难得到一个公允的市场价格作为其转移价格。

（三）协议价格法

这种方法是通过协商确定转移价格的方法，是指在跨国公司的内部交易中，买方公司和卖方公司通过谈判和协商来形成双方都能接受的转移价格。这种方法保持了利润中心之间的独立性，使它们能为自己的实体做出正确决策，并为这个决策所带来的后果负责。因此，这种方法能够激励各利润中心的经营人员控制其产品成本，提高其经营业绩。

但这种方法在使用中，两个利润中心有可能联合起来，作出对它们两家有利但却损害公司整体利益的转移价格决策。另外，这种方法要求买方和卖方进行协商和谈判，一般会需要很长时间，这往往会影响决策的及时性，有时甚至还得需要高层管理人员的介入来解决两者之间的争端。因此，许多较大规模的公司常为此成立一个由精通经济业务并有组织才能的专家组成的"议价委员会"或"议价小组"，处理这方面的问题。

以上我们介绍和论述了跨国公司的内部国际交易所采用的基本转移价格定价方法。从跨国公司管理系统的角度分析，分权经营程度较高的跨国公司通常采用市场价格定价法、协议定价法等方法；而分权经营程度较低的跨国公司则往往采用全额成本定价法、变动成本定价法等方法。

这里需要指出的是，对于跨国公司来讲，它不可能得到一种理想的、能够满足系统要实现的所有目标要求的转移价格定价方法。这主要是因为：① 国际市场上环境因素的快速变化和跨国公司策略的相应变化，使得跨国公司在不同条件下，不同时间上要采取不同的转移价格定价方法；② 跨国公司内部国际转移价格定价系统的目标之间在实现上存在着矛盾，不可能存在一种转移价格定价方法的运用能满足所有目标的要求；③ 跨国公司转移价格的制定往往要受到各国政府有关规定的限制。

三、西方发达国家跨国公司国际转移价格定价实务

在西方发达国家，企业的国际化水平比较高。到 20 世纪 80 年代末，西欧 66.7％的企业、美国和加拿大 46.8％的企业从事跨国经营，日本有 90％的企业进行了国际化经营的

活动。英国跨国公司内部交易占公司总销售量的比率逐年上升。到 1990 年,内部交易占公司总销售量超过 25％的企业数量约占企业数量的 24％,内部交易占 10％～25％的企业数量占 21％。随着跨国公司的发展,对跨国公司的内部国际转移价格定价系统的实证研究也在不断增加。图表 13－1 和 13－2 总结了对美国、加拿大、日本和英国的跨国公司采用的国际转移价格定价系统进行实证研究所取得的成果。

(图表 13－1)

对跨国公司采用的转移价格定价方法所进行的实证研究成果[1]

方　法	美　国		日　本	加拿大	英　国
	ECCELS	TANG,WALTER RAYMEND	TANG,WALTER RAYMEND	TANG	TANG
市场价格法	30.0％	20.4％	22.2％	26.9％	23.9％
成本基础法					
变动成本法	4.5％	0.81％	1.6％	2.7％	
全额成本法	24.7％	10.2％	4.8％	6.5％	7.0％
成本加成法	16.2％				
变动成本加成法		1.7％	1.6％	2.8％	2.8％
全额成本加成法		32.2％	33.3％	19.4％	22.6％
协议价格法	21.5％	13.6％	22.2％	25.9％	26.8％
其他	3.2％	21.1％	14.3％	15.81％	16.9％
合　计	100.0％	100.0％	100.0％	100.0％	100.0％

(图表 13－2)

美国跨国公司所采用的国际转移价格定价方法排序表[2]

调　查　者 方　法	F. H. WU & D. SHARP		P. J. YUNKER
	有市场价格 可供采用的	无市场价格 可供采用的	
市场价格法	1.0		1.0
调整后的市场价格法	4.0		3.0
变动成本法	7.0	5.5	
标准			11.0

① 资料来源:Abdallah, W. M. (1989) *International Transfer Pricing Policies*, Quorum Books., p. 59.

② 资料来源:Abdallah, W. M. (1989) *International Transfer Pricing Policies*, Quorum Books., p. 60.

（续表）

调查者　　方法	F. H. WU & D. SHARP		P. J. YUNKER
	有市场价格 可供采用的	无市场价格 可供采用的	
实际			12.0
全额成本法	5.0	3.0	
标准			7.0
实际			8.0
全额生产成本			
加成利润法	2.0	1.0	
标准			2.0
实际			5.0
变动成本加成			
利润法	8.0	5.5	
标准			9.0
实际			10.0
协议价格法	3.0	2.0	4.0
其他			
线性模型法	9.0	7.0	
边际成本法	6.0	4.0	
个案定价法			6.0
边际贡献法			13.0
双重定价法			14.0

　　从图表 13-1、13-2 可以看出：① 大部分美国和加拿大的跨国公司通常采用市场价格法制订其国际转移价格。对美国的跨国公司来说,当没有合适的市场价格可以采用时,往往将成本加成定价法作为其备用的第一选择；② 比较多的英国跨国公司往往选择协议定价法,而比较多的日本跨国公司选择成本加成定价法；③ 对于用成本定价法的跨国公司来讲,标准成本定价法的运用要比实际成本定价法广泛。

　　实证调查结果还表明：① 跨国公司并不一定为其公司所有的内部交易都选用同一种转移价格定价方法,它可以进行不同方法的组合,但是相比之下,市场价格定价法是最重要的转移价格定价方法,紧随其后的是标准全额生产成本加成法。② 在设置跨国公司内部国际转移价格定价系统时,跨国公司的全球策略、国家对其"利润返还"的限制、企业的总税负和业绩评价系统是其中的几个关键性因素。跨国公司认识到可以通过操纵、控制内部交易的国际转移价格来实现他们的目标,但是,他们也认识到,这种做法有可能会引起相关国家政府的介入,从而会对跨国公司的全球目标造成长期的损害。

四、进一步的考虑

从以上的论述中可以概括出,在各种转移价格定价方法中,采用全额成本法通常定价结果较低;而协议价格法、市场价格法和标准成本法通常定价结果较高,因为前者不带利润。

另外,在跨国公司通常采用分权经营,同时信息又存在不对称的外部环境下,由于自治程度较高,无论最终转移价格水平如何,子公司及其管理者有可能通过假造数据等手段为自己谋求好处。这种情况的存在对转移价格的制定也构成影响,公司总部为此要考虑给子公司的好处必须要大于其损失。

跨国公司对外投资的不同形式也会影响转移价格定价政策,发展迅速的合资企业就是其中一种主要的投资形式。对于合资企业不能像对子公司一样,所以在跨国公司制定母公司(或其他子公司)与设立的合资企业之间的转移价格政策时,就会考虑利用较高价格向合资企业出售货物而使跨国公司在投资早期收回大部分资金,这通常正是合资企业所在国政府希望避免和防范的;另外的考虑是应用较低价格向合资企业出售货物能够使合资企业报表显示出较高利润,继续享受某些优惠政策。

合资企业的董事会也有当地合资方的代表,这使得跨国公司利用与合资企业之间的转移价格来实现降低外汇变动风险、取得竞争战略优势、尽早收回投资等目标难以完全按自己的意志实现。如前所述,转移价格定价政策并不能完全满足跨国公司经营管理方面的所有要求。

第三节　国际转移价格的总税负分析[①]

一、基本公式

为讨论跨国公司内部国际转移价格与其总税负之间的关系,先建立一个基本公式。
首先我们假设:

T：供应方企业的产品售价,即内部交易的国际转移价格;

R：所得税税率;

r：关税税率;

---

① 本小节由许江波博士根据其硕士学位论文提供初稿。

C：供应方企业的生产成本；

P：收购方企业的产品售价；

B：不含关税的营业费用。

以下标 1、2 区别供应方企业和收购方企业的相同因子，如 R_1 为供应方企业的所得税税率，R_2 为收购方企业的所得税税率。

图表 13-3 将收入、成本、利润和税负的基本公式列示出来，能够明显看出总税负和总利润、子公司利润之间的关系。

(图表 13-3)

总税负和总利润、子公司利润之间的关系

项　目	栏　次	收 购 方 公 司	供 应 方 公 司
收入	1	P	T
成本	2	$C_2 = T$	C_1
毛利润	3=1-2	P-T	$T-C_1$
营业费用	4	B_2	B_1
关税支出	5	r_2T(进口关税)	r_1T(出口关税)
税前利润	6=3-4-5	$P-B_2-(1+r_2)T$	$(1-r_1)T-C_1-B_1$
所得税	7	$R_2[P-B_2-(1+r_2)T]$	$R_1[(1-r_1)T-C_1-B_1]$
税后利润	8=6-7	$(1-R_2)[P-B_2-(1+r_2)T]$	$(1-R_1)[(1-r_1)T-C_1-B_1]$
税务负担	9=5+7	$(1-R_2)r_2T+R_2[P-B_2-T]$	$(1-R_1)r_1T+R_1[T-C_1-B_1]$

整个跨国公司内部交易业务所形成的总税负为收购方企业与供应方企业的税负之和，即：

跨国公司总税负=收购方公司税负+供应方公司税负

$$= (1-R_2)r_2T + R_2[P-B_2-T] + (1-R_1)r_1T + R_1[T-C_1-B_1]$$
$$= [R_2(P-B_2) - R_1(C_1+B_1)] + T[(1-R_2)r_2 - R_2 + (1-R_1)r_1 + R_1]$$
$$= [R_2(P-B_2) - R_1(C_1+B_1)] + T[(1-R_2)(r_2+1) - (1-R_1)(r_1+1)]$$

【例】　某跨国公司在一国设有一甲公司，该国所得税税率(R_1)为 45%，出口关税率(r_1)为 10%；在另一国设有一乙公司，该国所得税税率为(R_2)15%，进口关税率(r_2)为 30%。甲公司生产零部件，由乙公司加工装配成产成品，然后以每件 35 美元的价格销售。甲公司生产一套零部件的成本为 13 美元，以每套 24 美元的内部国际转移价格向乙公司结算。假定本期生产销售产品 20 000 件，甲、乙公司不含关税的营业费用分别为 30 000 美元、40 000 美元，为了表达简明起见，设乙公司的装配成本已计入其营业费用之中。企业的税负计算如下：

甲公司(供应方企业)税负＝所得税税负＋关税税负

$$=(R_1-R_1 r_1+r_1)T-(C+B_1)R_1$$

$$=(45\%-45\%\times10\%+10\%)\times20\ 000\times24-(20\ 000\times13+30\ 000)\times45\%$$

$$=50.5\%\times20\ 000\times24-290\ 000\times45\%$$

$$=111\ 900(美元)$$

乙公司(收购方企业)税负＝所得税税负＋关税税负

$$=(r_2-R_2 r_2-r_2)T+(P-B_2)R_2$$

$$=(30\%-15\%\times30\%-15\%)\times20\ 000\times24+(20\ 000\times35-40\ 000)\times15\%$$

$$=10.5\%\times20\ 000\times24+660\ 000\times15\%$$

$$=149\ 400(美元)$$

跨国公司总税负＝甲公司税负＋乙公司税负

$$=111\ 900+149\ 400$$

$$=261\ 300(美元)$$

甲乙两公司的本期合并利润,如图表 13-4 所示:

(图表 13-4)

甲乙两公司合并利润表

项 目	甲公司	乙公司	合并利润
销售收入	$480 000	$700 000	$700 000
销售成本	260 000	480 000	260 000
销售毛利	$220 000	$220 000	$440 000
营业费用	30 000	40 000	70 000
关 税	48 000	144 000	192 000
税前利润	$142 000	$36 000	$178 000
所 得 税	63 900	5 400	69 300
税后利润	$78 100	$30 600	$108 700

从图表 13-4 中可以看出,该跨国公司的总税负＝所得税税负＋关税税负＝192 000＋69 300＝261 300 美元,与按公式求得的结果一致。

二、税负最小化分析

在前述的公式中,对于$(C+B_1)R_1$ 与$(P-B_2)R_2$ 两个因子来说,一旦税率已定,无论国际转移价格的高低变化如何,这两个因子均不会改变,即对供应方企业、收购方企业及整个跨国公司来讲上述两个因子均不会改变其税负水平。为了讨论的方便起见,暂将其略去,将上述三式简化如下:

(1) 供应方企业税负＝$(R_1 - R_1 r_1 + r_1)T$

(2) 收购方企业税负＝$(r_2 - R_2 r_2 - R_2)T$

(3) 跨国公司总税负＝$T[(1-R_2)(r_2+1) - (1-R_1)(r_1+1)]$

$$= [(R_1 - R_2) - (R_1 r_1 + R_2 r_2) + (r_1 + r_2)]T$$

上式中的 T 就是公司之间的转移价格。由此可见,转移价格影响跨国公司总税负构成,各国所得税税率是一定的,同时大部分国家为了鼓励出口,一般不征收出口关税 r_1,或实行退税等政策。所以实际上跨国公司在制定转移价格时主要考虑的税负最小化是包括企业利润所得税和进口关税的公司整体总税负最小。

下面让我们将上面的公式具体化,分析一下实务中跨国公司内部国际转移价格定价的变化对跨国公司税负的影响。

(一) 货物从高所得税税率国向低所得税税率国转移

当 $R_1 > R_2$ 时,且将货物从高所得税税率国向低所得税税率国转移,这时我们可以看(3)式中,由于所得税税率小于 1,关税税率大于零,从而$(R_1 r_1 + R_2 r_2)$是小于$(r_1 + r_2)$的,因此上式中方括号的结果总为正数,也即在转移价格不使供应方企业出现亏损的前提下,转移价格与跨国公司的总税负成正比例关系:转移价格下降,总税负可以减轻;反之则加重。

这种现象在理论上的解释是:降低转移价格无论在什么情况下都会降低企业的从价关税税负,而在将货物从高所得税税率国向低所得税税率国转移时,降低转移价格则会将收入集中到买入方公司,即所得税税率低的公司,从而降低整个公司的所得税。

但是转移价格的降低是有限度的。一般来说,各国税法都规定企业无利润或出现亏损可以免交所得税。供应方企业亏损增加和无利润的情况一样不交所得税,亏损增加不会再使供应方企业少交所得税,所以供应方企业无利润后再降低转移价格,不会减轻供应方企业所得税税负,只可以减少关税税负。降低转移价格将使收购方企业的一部分抵税成本转为应税收益,因而要增加交纳所得税。若 $R_2(1-r_2) > r_1 + r_2$,则供应方企业无利润后再降低转移价格对整个跨国公司不利,整个公司多交的所得税大于节约的关税。所以,当转移价格降低到使供应方企业的利润为零时,要慎重考虑是否还要降低转移价格。

(二) 货物从低所得税税率国向高所得税税率国转移

当 $R_1 < R_2$ 时,且将货物从低所得税税率国向高所得税税率国转移。前述(3)式为:总税负＝$[(R_1 - R_2) - (R_1 r_1 + R_2 r_2) + (r_1 + r_2)]T$。这时我们无法保证方括号里的结果在任何情况下都能保持正数或负数,即无法保证降低转移价格或提高转移价格总能减轻跨国公司的总税负,增加跨国公司的全球净利润。因此要分情况讨论:

1. 当 $R_1 < R_2$,并且 $R_2 - R_1 + R_1 r_1 + R_2 r_2 < r_1 + r_2$

这时方括号里的结果为正数,即转移价格对跨国公司总税负仍成正比例关系:转移价格降低,总税负则减轻;反之则加重。

　　这种现象在理论上的解释是：降低转移价格无论在什么情况下都会降低公司的从价关税，但在货物从低所得税税率国向高所得税税率国转移时，降低转移价格则会将收入集中到买入方公司，即所得税税率高的国家里的公司中，从而增加跨国公司的整体所得税税负。但在 $R_2-R_1+R_1 r_1+R_2 r_2 < r_1+r_2$ 的前提下，减少的关税税负大于增加的所得税税负，从而公司的整体税负得以减轻。

　　但转移价格的降低超过一定限度时，低转移价格所带来的总税负降低的积极影响有可能被卖方公司所呈现的净损失所带来的消极影响所抵消。这种情况下的分析与 $R_1 > R_2$ 时对转移价格降低限度的分析基本相同。

　　2. 当 $R_1 < R_2$，并且 $R_2-R_1+R_1 r_1+R_2 r_2 > r_1+r_2$

　　这时方括号里的结果为负数即转移价格对跨国公司总税负成反比例关系：转移价格提高，总税负则减轻；反之则加重。

　　这种现象在理论上的解释是：提高转移价格无论在什么情况下都会提高公司的关税税负，但在货物从低所得税税率国向高所得税税率国转移时，提高转移价格则会将收入集中到卖出方公司，即所得税税率低的公司，从而减少公司的所得税。但在 $R_2-R_1+R_1 r_1+R_2 r_2 > r_1+r_2$ 的前提下，增加的关税税负小于减少的所得税税负，从而公司的总税负得以减轻。

　　但转移价格的提高超过一定限度时，高转移价格带来的总税负降低的积极影响就有可能被买方公司呈现的净损失带来的消极影响所抵消。在 $R_1 < R_2$ 且 $R_2-R_1+R_1 r_1+R_2 r_2 > r_1+r_1$ 的前提下，一般情况（指出口关税税率小于 1）下的转移价格的提高是有一定限度的。这时跨国公司在制订转移价格时，当转移价格提高到使得买方公司出现净亏损时，就要慎重了，避免跨国公司的全球净利润出现负增长。

第四节　各国政府对跨国公司转移价格的反应

　　跨国公司的转移价格是一个相当敏感的问题，日益引起各国政府的关注。跨国公司利用转移价格片面谋求本公司集团的利益，既引起了它们与母公司所在国政府的矛盾，也引起了与子公司所在国政府的矛盾。发达国家和发展中国家的政府都在采取一定的措施对跨国公司转移价格的制定进行监督和管制。许多国家都在不断地加强对跨国公司经营活动的检查。

一、跨国公司的策略

（一）低价销售、高价购买的策略

　　跨国公司中，母公司（或卖方公司）以低于市场公允价格的转移价格向另一国的子公司(或买方公司)出售货物、提供劳务,或以高于市场公允价格的转移价格从另一国的子公司(或卖方公司)购买货物、接受劳务,其结果是将利润和资金转入了该子公司。采取这一策略所考虑的因素有:

1. 所得税

通过转移价格,使整个跨国公司缴纳最少的所得税,实现利润最大化。如前所述,跨国公司利用转移价格将高税率国公司的利润转移给低税率国的公司,高税率国的公司可以少交税,甚至不交税;低税率国的公司取得了较大的利润,但由于其所在国的所得税税率较低,而只需缴纳较少的所得税,从而实现整个公司利润的最大化。

2. 关税和进口限额

通过转移价格少交关税,增加子公司的进口量。降低转移价格就可以少交从价关税。在东道国政府对某些货物有进口价值限额时,低价向该国子公司销售货物,就可在限额内增加该国子公司的进口量。

3. 竞争

低价向某国的子公司提供货物和劳务,可以使该国的子公司降低成本,从而以较低的成品价格参加当地的市场竞争,夺取更大的市场份额;子公司利润增多可以取得一个良好的有实力的企业形象,能较容易地取得当地的各种资金。

4. 通货膨胀

一个国家通货膨胀率低,币值稳定,就较容易使得利润和资金流向该国。跨国公司利用转移价格将资金和利润转移到通货膨胀率低的国家,可以减少由于通货膨胀而造成的损失。

5. 政府补贴

东道国政府为了鼓励出口,按出口品价值给予补贴或减免税收时,跨国公司母公司就会以高价从该国子公司购买货物,以使子公司享受更多的政府补贴或减免税负。

6. 其他外部条件

一个国家政局稳定,对外国子公司汇回利润或股利无限制,对外汇不实行严格的管制,就会吸引跨国公司利用转移价格将利润和资金转向该国。

(二) 高价销售、低价购买的策略

跨国公司中,母公司(或卖方公司)以高于市场公允价格的转移价格向另一国的子公司(或买方公司)出售货物、提供劳务,或以低于市场公允价格的转移价格从另一国的子公司(或卖方公司)购买货物、接受劳务,其结果是将利润和资金转出了该子公司。采取这一策略所考虑的因素有:

1. 减少子公司过高的利润

有时子公司利润过高可能会带来许多不利的后果。比如,雇员可能要求提高工资福利;东道国政府可能会取消某些优惠条件;过高的利润可能会招来许多竞争者;当地合伙人会分到更多的利润,等等。为了避免这些不利的后果,跨国公司母公司就会利用转移价格从该国子公司中转出利润。

2. 价格控制

东道国政府若以生产成本为依据对产品价格的上涨进行控制时,也会促使跨国公司利用转移价格增加该国子公司进口货物的成本,从而使该国子公司合法地提高其产品的价格。

3. 通货膨胀

一个国家通货膨胀率较高,币值不稳,那么将利润和资金留在该国的时间越长,造成的损失可能会越大,这将促使跨国公司利用转移价格将利润和资金转出该国。

4. 其他外部条件

比如,子公司所在国的政局不稳、存在着对子公司实行国有化的可能性、所得税税率较高、对子公司汇出股利加以限制、实行严格的外汇管制,等等,存在这些情况时,跨国公司就会尽可能利用转移价格将利润和资金转出该国。

(三)跨国公司转移价格定价策略中的两难境地

跨国公司利用转移价格时往往处于一种两难境地,并非随心所欲。因为转移价格的各项因素是同时发挥作用的,某一因素是有利的,另一因素就可能是不利的,顾此失彼,很难两全。

所得税税率低的国家,可能在汇出股利方面有不少限制,或实行严格的外汇管制,或通货膨胀率较高。这样将利润转移到该国,固然可以取得较多的税后利润,但不能自由地分配和汇出,甚至可能发生损失,得不偿失。

高价向子公司出售货物,可以减少子公司过高的利润,转出资金,但要交纳较高的从价关税,减少子公司在价值限额内的进口量,增加子公司的成本,削弱其竞争力。

低价向子公司提供货物,增强其竞争力,可以使子公司以较低的价格去占领当地市场,但这样可能引起当地其他企业的报复,又以更低的价格与其争夺市场,结果导致价格大战,两败俱伤。同时也会使子公司管理人员过分依赖母公司的转移价格政策,自身的竞争意识和能力下降;而且也给对子公司管理人员的业绩评价带来一定的困难。

减少子公司的利润避免与子公司当地合伙人平分更多的利润或避免被东道国政府收走过多的利润,结果可能损害当地合伙人和东道国政府的利益,失去它们的真诚合作和优惠条件,会使子公司在当地的经营中处处遇到困难。

二、各国政府的反应

跨国公司利用转移价格使集团利益最大化,这样做的同时却给有关国家的政府带来了损失。因而许多国家的政府早已对这个问题给予了高度的重视并采取了一定的措施加以管制和监督。

（一）采用局外价格检查来监督转移价格

发达国家的政府经常对跨国公司转移价格及其制定政策进行检查，往往通过立法的形式达到防止跨国公司利用转移价格转移利润、逃避所得税的目的。例如，美国国内收入署通过检查发现，超过 1/3 的跨国公司在其递交的年度报告中，几乎 75％ 的跨国公司不能及时就其采用的转移价格定价手段和数据提供有效而合理的信息。当国内收入署随后要求跨国公司提供相关信息时，至少 50％ 的公司采取拖延的手段，平均拖延时间大约为 12.2 个月。

根据美国《国内税收法规》的规定，国内收入署有权检查有关联的公司之间进行交易所使用的价格是否公平合理，每个企业是否都能得到合理的利润。如果公司无法证明其所使用的价格是公平的，则须采用按成本加合理利润的价格确定内部交易价格。国内收入署根据这种局外价格计算各公司应得的利润，如果发现定价不合理而转移了利润，则要对其收入进行调整。调整的方法是通过调整总收入对公司集团中的收入进行再分配，从而调整税基，并且按调整后的所得额纳税。如通过局外价格检查，发现母公司利用转移价格将利润转移到低税国子公司时，就按局外价格计算增加母公司的应纳税所得额，以此提高其应纳所得税。美国政府的直接干涉使得公司间任意定价的情况大为减少，这种做法为其他国家的政府树立了榜样，有不少国家的政府采取了类似的措施，对跨国公司转移价格的制定实行有效的管理。

（二）用"比较定价"的原则监督转移价格

有的政府通过"比较定价"来对转移价格进行监督。把某一行业相同产品的一系列交易价格和利润进行比较，如果某一跨国公司进口货物或出口货物价格偏高或偏低，距离该行业的平均利润率较大时，税务当局可以要求按正常价格进行计算，使该公司取得平均利润，然后补交税金。

（三）扩大跨国公司制定转移价格方面的信息披露

相对来说，发展中国家的政府在管制跨国公司转移价格方面缺乏强有力的措施。这一方面是由于发展中国家需要跨国公司向其投资、提供技术和增加就业机会，不便管制过严；另一方面也缺乏有关跨国公司制定转移价格方面的资料，不能进行有效的监督。为此，广大发展中国家强烈要求跨国公司公布有关制定转移价格方面的信息。在对跨国公司转移价格的监督和管制方面，需要发展中国家团结起来才能取得一定的效果。

复习思考题

1. 简述跨国公司利用国际转移价格的意义和必要性。

2. 影响跨国公司国际转移价格定价系统的因素有哪些？

3. 跨国公司国际转移价格定价的目标是什么？

4. 跨国公司主要利用经济方面和会计方面的信息来确定转移价格。简述几种确定转移价格的方法。

5. M 跨国公司母公司所在国的所得税税率为 45%，其某一子公司所在国的所得税税率为 15%，子公司生产的产品 A 由母公司收购并在母公司所在国的市场上出售。子公司生产产品 A 的单位成本是 $500，产品 A 在母公司所在国市场上的售价是 $900。请说明在目前条件下，M 跨国公司应确定何种转移价格策略，其子公司出售给母公司的产品 A 的转移价格定为多少可以使整个跨国公司的税后利润最大化，为什么？

6. 为什么说跨国公司利用转移价格时往往处于一种两难境地？

参 考 文 献

1. 常勋著：《国际会计》第九章，东北财经大学出版社 2001 年版。

2. 王德升、白肇鲁、阎金锷主编：《国际会计》第八章，中国时代经济出版社 2002 年版。

3. Abdallah，W. M.（1989），*International Transfer Pricing Policies*，Quorum Books.

4. Choi，F. D. S. and Meek，G. K.（2011），*International Accounting*，7th edition，Pearson Prentice Hall，chapter 12.

5. Emmanuel，C. R. and Mehafdi M.（1994），*Transfer Pricing*，Academic Press Ltd.

6. Nobes，C. W. and Parker，R. H.（2016），*Comparative International Accounting*，13th edition，Pearson Education Limited，chapter 21.

7. Radebaugh，L. H.，Gray，S. J. and Black，E. L.（2007），*International Accounting and Multinational Enterprises*，6th edition，China Machine Press，chapter 14.

第十四章 国际税务

税务是与会计紧密相关的一个重要问题。国际税务问题可以从不同的角度来考察。从税务当局的角度来看，国际税务是因纳税人、征税对象、税款来源等超越了国界而产生的税收问题；从跨国公司来看，国际税务是因公司面对的税收制度、税务当局及相应的税务会计等涉及许多国家而产生的纳税问题。国际会计所要考察的是后者而不是前者①。

第一节　税务是与会计密切相关的一个领域

从广义的角度讲，税收体制是会计环境的一个重要组成部分，尤其是在一些国家以宏观统一为基础、以税务为主导的会计模式中，会计规则的制定更是要求服从于税法税则。具体到税务与企业会计政策的关系上，西方发达国家有时出现这样的情况，税务当局采取了一项新的措施堵塞某个漏洞时，各公司立即调整自己的战略，寻找税法中新的空隙。如此循环往复，使得许多国家的税法税则规定得越来越细、越来越具体。

由于各国税法税则的要求不同（尤其是企业经营活动所得的纳税问题），给跨国公司经营管理和会计政策的制定带来了一定的影响。具体来讲，就是由于各国税法税则中大量关于会计处理方面的规定，使得跨国公司的会计政策要涉及许多国家不同的税收制度。比较各国的税收制度，从中寻求最大的利益，成为决定跨国公司投资流向的一个重要因素。因此，跨国公司经营决策中都要考虑税务这个重要的因素。

各国税法税则纷繁复杂，但其中总有一些基本的原则和概念。西方国家税务中有两个基本原则，即"衡平"的原则和"不偏不倚"的原则。税额衡平的原则要求，对情况相同的纳税人应该给予相同的对待，这一原则运用到国际环境中时，是指一个纳税人在国外取得的收益已在国外纳过的税，可以视同已经交纳了本国对同额的收益来源应课征的税款。不偏不倚的原则是要求税收对决策应给予不偏不倚的影响，实际中对这一原则有不同的看法，一种观点认为，坚持不偏不倚原则就是要使企业不论是在国内经营还是在海外经营都应承担相同的税负，即税收不应影响企业在国内投资还是在国外投资的决策；另一种观

---

① 对于因纳税人、征税对象、税款来源等超越了国界而产生的税收问题进行研究构成了国际税收学，请参阅朱青编著的《国际税收》（第九版），中国人民大学出版社 2018 年版。

点认为,坚持不偏不倚原则是要使在海外设立的子公司承担和当地竞争对手相同的纳税负担,即税收不应影响企业是否在某国进行投资的决策。不过,各国的税法规定往往是介于这两种观点之间的某种规定,而且随着情况的变化还要经常进行调整,作出新的规定。

上述两项基本原则在税法中的具体应用体现在一项称为"税额扣除"的措施中。该项措施指的是国家允许本国企业将其已在境外缴纳的所得税税额从其应向本国缴纳的所得税税额中扣除。税额扣除是避免国际重复征税的一个重要手段,同时能够平衡境外投资所得和境内投资所得的税负,有利于国际投资活动。税额扣除的具体做法有几种不同的方式,本章第三节具体说明避免双重征税的问题。

由于存在着各国税制、税率等方面的差异,跨国公司要求其会计人员要及时了解各国税收制度方面的各种变化,熟悉各国法律中税法的形式、内容和对会计实务的影响,懂得税务会计与财务会计之间的一致性和不同点,学会运用转移价格等途径合法避税,为跨国公司谋取最大的利益。会计人员的这项工作属于被称为"税务筹划(Tax Planning)"的范畴。

第二节　国际所得税税制

各国应纳所得税的计征方式取决于所得税税制,各国的所得税税制存在着一定的差别。国际上计征所得税的税制主要有以下三类[1]:

一、传统税制

传统税制(Classical System)视应纳税的公司具有一种独立的人格,在纳税上实行公司与股东完全分开的原则。在传统税制下,计算应纳税所得额时不能减去已经付给股东的股利,这些股利作为企业所得的一部分也要全部纳税。因此,分配给股东的股利在作为企业的所得交纳一次所得税后,作为股东的所得还要交纳一次个人所得税。如果企业的利润不分配,则留存利润只被征一次所得税。美国、荷兰、卢森堡以及澳大利亚等国多年来一直实行传统税制,英国在1965—1973年也实行过这种税制。

实行传统税制的国家,一般要求各公司对分配给股东的股利要预扣应交的个人所得税,然后由公司将扣收的税款交付国家税务机关。也有的国家不要求公司预扣税,而由股东自己向税务当局报税。不同的做法,股东所交纳的税款和所得到的股利是完全相同的。但在前一种情况下,公司会计要增加个人所得税的扣收与交纳业务。

传统税制对股利的重复征税,使得公司与非公司组织形式相比,税负较重,人们一般

---

① 本小节例题参阅了 Nobes, C. W. and Parker, R. H. (1998), *Comparative International Accounting*, Prentice-Hall, Inc. Chapter 20。

认为,这种状况对公司来说是不公平的,也是公司这种组织形式相对于合伙企业和独资企业业而言不利的一个方面。

二、归属税制

有些国家采用归属税制(Imputation System)来减轻重复征税。归属税制是将公司所付所得税的一部分归属到股东应付的所得税上,视同股东支付的所得税。按照这一税制,股东个人的所得税是以公司纳税总额的一部分体现的,公司应纳税所得额乘以所得税税率得出的应交所得税实际包括了公司所得税和个人所得税两部分,所以这种税制下的所得税税率一般比较高。股东个人的股利收入就是税后收入,它所承担的所得税按该股利收入乘以税款贷项分式计算,该分式的分子为个人所得税税率,分母为(1－个人所得税税率),其计算公式如下:

$$\text{归属于股东个人的所得税} = \text{股东股利收入(税后收入)} \times \frac{\text{个人所得税税率}}{1-\text{个人所得税税率}}$$

其中:

$$\text{股东股利收入} = \text{公司分配给股东的股利} - \text{归属于股东个人的所得税}$$

欧盟国家中除荷兰、希腊和卢森堡等国以外的大部分国家都采用这一税制,加拿大也采用这种税制。

传统税制和归属税制哪种税制下公司所得税和个人所得税总额交得多要视股利支付的多少而定。股利支付得少,传统税制下所得税交纳的数额比归属税制下所得税交纳的数额要少;相反,股利支付的多,传统税制下所得税交纳的数额比归属税制下所得税交纳的数额要多。下面举一简例对传统税制和归属税制进行对比。

【例1】　假设某国个人纳税者的所得税基本税率为30%,传统税制下的公司所得税税率为40%,归属税制下的公司所得税税率为50%。某公司某年度会计利润和应纳税所得相等,均为$250 000。现分两种情况列示计算结果:① 分配股利$50 000;② 分配股利$125 000。两种税制计税对比计算表以及按两种税制计算结果汇总比较,如图表14-1、14-2、14-3、14-4所示:

(图表14-1)

传统税制与归属税制对比计算表(少付股利)　　　　　单位:美元

	传 统 税 制	归 属 税 制
公司:利润	250 000	250 000
公司所得税	(40%)100 000	(50%)125 000

（续表）

	传 统 税 制		归 属 税 制
可分配利润		150 000	125 000
分配股利总额		50 000	
减：个人所得税(30%)	15 000		
股利净额	35 000		35 000
留存利润		100 000	90 000
股东：现金股利收入		35 000	35 000
扣除的所得税		15 000	0
税款贷项(3/7)		0	15 000
股利总额		50 000	50 000
所得税负债(30%)		15 000	15 000
减：已扣税金		15 000	15 000
减：税款贷项		0	15 000
欠交税金		0	0
公司与股东所得税总额		115 000	125 000

（图表 14 - 2）

两种税制计算结果汇总比较表　　　　　　　　单位：美元

	传 统 税 制	归 属 税 制
公司应纳税额	250 000×40%＝100 000	250 000×50%＝125 000
股东应纳税额	50 000×30%＝15 000	——
总纳税额	100 000＋15 000＝115 000	125 000
其中：		
归属于公司	100 000	125 000－15 000＝110 000
归属于股东	15 000	15 000※

※ T ＝(50 000－T)×30%/(1－30%)＝15 000

(图表 14 - 3)

传统税制与归属税制对比计算表(多付股利) 单位：美元

	传 统 税 制		归 属 税 制	
公司：利润		250 000		250 000
公司所得税		(40%)100 000		(50%)125 000
可分配利润		150 000		125 000
分配股利总额		125 000		
减：个人所得税(30%)	37 500			
股利净额	87 500			87 500
留存利润		25 000		37 500
股东：现金股利收入		87 500		87 500
扣除的所得税		37 500		0
税款贷项(3/7)		0		37 500
股利总额		125 000		12 500
所得税负债(30%)		37 500		37 500
减：已扣税金		37 500		0
减：税款贷项		0		37 500
欠交税金		0		0
公司与股东所得税总额		137 500		125 000

(图表 14 - 4)

两种税制计算结果汇总比较表 单位：$

	传 统 税 制	归 属 税 制
公司应纳税额	250 000×40%＝100 000	250 000×50%＝125 000
股东应纳税额	125 000×30%＝37 500	
总纳税额	100 000＋37 500＝137 500	125 000
其中：		
归属于公司	100 000	125 000－37 500＝87 500
归属于股东	37 500	37 500※

※ T ＝(125 000－T)×30%/(1－30%)＝ 37 500

三、分率税制

分率税制(Split-Rate System)是对已分配利润和留存利润分别按不同税率征收所得税的制度。在这种税制下,对未分配的留存利润按较高的所得税税率进行征税,对已分配的利润按较低的所得税税率进行征税。如实行这种税制的某国对留存利润按51％征收所得税,而对已分配利润按15％征收所得税。原联邦德国在1976年以前曾实行这种税制,此外,日本、挪威和奥地利实行这种税制。这种税制的实际含义是,公司取得的利润若分配给公司自己占有要交较多的所得税;而分配给股东个人占有就可交较少的所得税。

此外,还有其他一些避免重复征税的做法。例如,美国对传统税制有所修改,规定股东个人每年收到的股利中可以有一定的基数免纳所得税;在瑞典和爱尔兰,允许公司在计算应税所得额时扣减一定比例的股利。再者,上述三种税制并不是相互排斥的,有的国家既采用归属税制也实行分率税制;也有的国家在采用某种税制的基础上根据本国的情况进行某些修正。

所得税的多少有时直接影响投资者的投资决策,构成了影响国际投资决策的一个重要因素。因此,许多国家根据客观情况的需要不时调整自己的税制和税率,或作出一些补充规定,以便尽可能使税负合理,或使税法规定对本国的经济发展有利。

第三节　避免国际双重征税

一、国际双重征税和税收管辖权

双重征税也是一种重复征税,其共同的特征是对同一征税对象或同一税源(即同一纳税客体)进行多次课征,而不论征税主体和纳税主体是否唯一。国际双重征税涉及国家间税收管辖权的交叉重叠,在1963年经济合作与发展组织《关于对所得和财产避免双重征税的协定范本》中,将国际双重征税定义为两个或两个以上的主权国家或地区的政府,在同一时期内,对参与或被认为是参与国际经济活动的同一或不同纳税人行使税收管辖权,造成对同一征税对象(国际所得)由两个以上国家或地区政府征收的情况。国际双重征税有狭义和广义之分,狭义上的国际双重征税指的是在课征活动中只有征税主体具有非同一性,而纳税主体、纳税客体和纳税期间都是相同的,所课征的税种也相同或类似;广义国际双重征税则是指纳税客体的发生源泉相同,而征税主体、纳税主体和纳税客体都有可能不同。

一个主权国家,对在其所属领域内居住的本国人、外国人以及他们在该国从事的经济活动,有权依照本国的税法,行使课税的权力。这种权力称为税收管辖权。税收管辖权的主体分为征税主体和纳税主体两部分,在国际双重征税中征税主体即为各个主权国家,而纳税主体则有本国纳税人和外国纳税人,其应纳税所得额来源于多个国家的收入,对两个或两个以上国家负有纳税义务。国际税务中的纳税主体分为两种:一种负有有限纳税义务;另一种则负有无限纳税义务。前者是指纳税主体仅就其从某国国境内取得的收入向该国纳税,通常是该国的非居民;后者不但就其从某国国境内取得的收入向该国纳税,而且还要就其从该国境外取得的收入向该国纳税。这类纳税人通常是该国的居民,其广泛的纳税义务不受国境的限制。国际税务中涉及的税收管辖权的纳税客体主要指跨国纳税人的跨国所得,包括跨国经营和劳务所得、跨国投资所得和其他跨国所得。

不过,行使税收管辖权的原则,没有统一的国际法规,各个国家根据本国的政治、经济和财政政策,决定自己主权范围内行使税收管辖权的原则和范围。一般来说,世界各国实行的税收管辖权原则,通常分为属人原则和属地原则两种。

属人原则的税收管辖权包括居住管辖权和公民管辖权两种,分别以纳税人的居民身份(住所或居住期限)和国籍为标准,确定国家行使税收管辖权的范围。前者对凡是属于本国的居民和法人,后者对凡是属于本国的公民和法人,其来自国内和国外的收入及其在本国和国外的财产,均应依照本国税法规定纳税。属地原则的税收管辖权又称地域管辖权或来源地管辖权,以纳税人的收入来源地或以其应税经济活动地为标准,确定国家行使税收管辖权的范围,即只对纳税人来自本国的或在本国境内从事的经济活动取得的收入依照本国税法规定课税,而对其来自国外的收入及在国外从事的经济活动则不予课税。

拉丁美洲的绝大多数国家和一些自由港、自由区实行单一的地域管辖权,亚洲、欧洲、大洋洲和北美洲的绝大多数国家和地区同时实行地域管辖权和居住管辖权,只有美国和墨西哥同时实行三种管辖权。由此可见,现在多数国家对所得税实行属人原则和属地原则两种原则并用的做法,使一个国家的政府既可以对本国境内的本国公司征税,也可以对本国境内的外国公司征税;既可以对纳税人在本国取得的收益征税,也可以对纳税人在国外取得的收益征税。由于属人原则和属地原则之间的权力交叉重叠产生了国际双重征税的问题。从跨国纳税人的角度来说,一笔收益只承担一次纳税义务是比较公平合理的。在一个国家已纳过税的所得,到另一个国家就不应再纳税。国际双重征税增加了跨国纳税人的税务负担,对国际投资活动会产生阻碍作用。

二、避免国际双重征税

为了避免因国际双重征税对国际资本流动带来的阻碍和对税负公平原则的违背,许多国家采取了一定的措施,消除或减轻国际双重征税的影响,采用的方式分为单边、双边和多边措施等三种。政府单方面减免所得税或实施税额扣除就是第一种形式的具体例子,通过单方减免保证本国居民或公民纳税人的国外所得不会被双重征税;双边和多边措施有些类似,指的是两个或两个以上国家的政府通过谈判协商,签订双边或多边税收协定的手段来协调相互之间的税收分配关系、避免国际双重征税的方式。

常见的避免国际双重征税的具体做法主要有:

(一)两国或多国政府间签订对所得避免国际双重征税和防止偷税漏税的国际税收协定

前面曾经提到,第二次世界大战之后,经济合作与发展组织制定了《关于对所得和财产避免双重征税的协定范本》,提出了避免国际双重征税的两种方式:一是让具有领土管辖权的政府对其领土管辖范围内所产生的收益进行征税,免除纳税人在收益接受国纳税;二是允许收益产生国政府征税,同时也让收益接受国的政府对该项收益在国外所支付的所得税在国内作为应交所得税的抵免来进行计算征税。各国政府间签订的每一避免国际双重征税的协定采用其中的一种办法。联合国经社理事会于1980年也颁布了一份类似的文件——《发达国家与发展中国家关于国际双重征税问题的协定范本》,与经合发展组织的范本不同的是,联合国经社理事会的范本条文中有较多的有利于发展中国家的要求和利益的规定。1997年经合发展组织对其"范本"进行了修订,某些条款向联合国的"范本"靠拢,对收入来源地国家更为有利[①]。

国际税收协定分为特定税收协定和一般税收协定两类,特定税收协定指的是协定内容仅仅涉及缔约国之间某一单项业务的特定税收问题,例如关税方面的《关税及贸易总协定》、欧盟内部达成的增值税协定等;而一般税收协定通常是指国家之间为避免双重征税和防止逃税漏税的协定。其内容通常包括如何预防、避免或消除协议双方的国际双重征税问题,如何实现协议双方税收无差别待遇、避免税收歧视,如何防止国际逃税和漏税等。目前世界上大多数国家都广泛利用签订国际税收协定这种手段来协调各国的税收政策。签订协定的做法首先流行于发达国家之间,并且由此促进了发达国家之间的资本流动。从20世纪50年代末起,广大发展中国家也开始与其他国家签订税收协定,到80年代,已有130多个发展中国家与其他国家签有税收协定。通过这些税收协定,使签约国的投资者避免被国际双重征税,从而促进了各国间的相互投资和经济发展。

中国从20世纪80年代以后,已与许多国家的政府签订了避免国际双重征税和防止偷漏税的协定。这些国家包括美国、法国、比利时、德国、日本、英国、马来西亚、丹麦、新西兰、新加坡、加拿大、芬兰、意大利、荷兰、瑞典、巴基斯坦、泰国、澳大利亚、西班牙、奥地利、巴西、印度、以色列、越南等。这些协定有力地促进了改革开放,促进了这些国家投资者来华投资的增加,同时也促进了中国企业对外投资的扩大。

(二)单方免税或抵免来避免国际双重征税

某国政府在不与他国政府签订协议的情况下,单方面规定,对本国纳税人在国外取得的收益,如果在国外已纳过税,在国内就不再对其征税,或者在国外所支付的所得税在国

---

① 联合国和经合发展组织的协定范本可参见程永强主编的《国际税收学》第318～356页,中国税务出版社1998年版。

内可以作为计算应交所得税的抵免额对待。单方免税或抵免的做法与签订协议的做法的结果是一样的,而不同的是,这种做法是某国政府单方面作出的规定。这种规定的结果可以鼓励本国公司和其他投资者对外投资,特别是向那些低税率国投资,因为在与国内利润率相同的情况下,在国外的投资收益可以少交税而增加税后利润。

（三）以减税方式来抵免一部分国际双重征税

有的国家把在国外交纳的所得税从纳税人在国外取得的收益中减去后的余额作为应纳税所得额,再按本国的所得税税率计算征收所得税。这样纳税人在国外取得的收益中,相当于国外已交所得税税额的部分只交了一次所得税,其余部分则还存在国际双重征税的问题。所以只抵免了一部分国际双重征税。

下面举例说明上述免税、抵免和减税三种方式下计算所得税的不同结果。

【例2】 假设某公司在国外取得应纳税所得 \$20 000,该国所得税税率为 35%;本国所得税税率为 48%。现将各种方式下的计算结果列示如图表 14-5 所示：

（图表 14-5）

避免国际双重征税方式对照计算表　　　　　　　　单位：\$

项　　目	免税方式	抵免方式	减税方式
国外所得	20 000	20 000	20 000
国外纳税（35%）	7 000	7 000	7 000
国内应纳税所得	0	20 000	13 000
国内应纳税款（48%）	0	9 600	6 240
抵免税款	—	7 000	—
在国内纳税净额	0	2 600	6 240
国内外纳税总额	7 000	9 600	13 240
税后利润	13 000	10 400	6 760

从图表 14-5 可以看出,免税方式中企业国内外纳税总额就是企业在国外按照国外所得税税率计算的已纳税额,能够彻底避免双重征税。现实中的免税方式分为全额免税法和累进免税法,前者就是本例中的情况,而后者则是指虽然国家对居民的国外所得予以免税,但是在对居民的国内所得征税时,以国内外所得总额水平对应的较高的所得税率来课征国内所得。目前大多数实行免税方式的国家都采用的是累进免税法。

抵免方式中企业国内外纳税总额为企业按照国内所得税税率计算得出的应纳税额,需要注意的是,绝大多数国家都规定国外已纳税额允许抵免的部分不得超过国外所得收入按照国内税率计算的应纳税额。也就是说,企业国外收入在本国应纳税净额最小为零,不能出现负值。因为负值意味着本国政府要倒贴企业国外已纳税额大于国内应纳税额的那部分税款,这样会损害本国的利益。这种抵免方式称为普通抵免或限额抵免,与此相对的是国外收入已纳税额的全额抵免,由于全额抵免容易损害本国的利益,因此事实上是不存在的。此外从收入性质上分,抵免方式还可以分为所得抵免和股息抵免两种。所得抵免指的是本国居民直接交纳的外国所得税可以获得抵免,而股息抵免则适用于跨国公司采用股份制经营形式时,由下属海外子公司支付给上级母公司的股息的税收抵免。这是因为海外子公司支付的股息已经在国外缴纳过所得税,是税后利润的一部分,而母公司在将股息计入所得征税后就产生了股息部分的双重征税。这部分股息在国外已纳税额视为母公司间接缴纳,应该予以抵免。

减税方式由于存在着部分双重征税现象,其税后利润最低,单独采用的国家也较少,一些国家采用了抵免方式和减税方式并用的方法。

第四节 税种和税基的国际对比

一、税种与税负

在国际经营活动中,跨国公司会遇到各种各样的直接税和间接税。直接税和间接税是西方国家对税收较为普遍的一种分类。直接税是指立法时预期纳税人自己直接负担的税负,一般包括所得税和资本利得税。间接税是指立法时预期纳税人能转嫁给他人的税负,主要有周转税、增值税、消费税等。

公司所得税是除几个避税港国家和地区外几乎世界所有国家的政府都要征收的一个税种,是各国国家岁入的主要来源。发展中国家有的实行高所得税税率的政策,因为所得税是政府的主要收入来源;有的则实行低税率政策,目的是吸引直接投资,尤其是国外的投资。

周转税是按生产经营过程中某一环节或某几个环节上的销售总额计算征收的。因此,它可能在生产完成阶段计征,在产品批发阶段计征,在产品零售阶段计征,或者在这几个阶段都计征。

增值税是在生产和销售的各阶段仅就其新增价值或商品附加值进行计征的税种。这种税是在 20 世纪 50 年代首先由法国计征的,以后又扩展到欧共体国家和世界上的其他国家,中国自 1994 年实施工商税制改革后开始计征此税。

各国公司的税负有着明显的区别。除税制、税种的不同外,税率的不同是造成税负差别的另一个重要原因。

公司所得税税率在各国间的差别,不仅是影响国际资本流向的一个因素,而且也是造成各国公司税负差异的主要原因。奥地利和英国曾是所得税税率比较高的国家,达到过 50％以上。近年来许多国家普遍降低了公司所得税税率,澳大利亚、比利时、加拿大、丹麦、法国、爱尔兰、卢森堡、墨西哥、荷兰、新西兰和瑞典等国的税率一般在 20％至 30％之间。发展中国家为了吸引国际资本,所得税税率曾经都低于发达国家的水平,随着一些发达国家降低税率以后,发达国家与发展中国家的所得税税率趋于持平。有时政府通过调整税率来调整经济活动。如美国里根政府期间,曾将美国的所得税税率降到 34％,其目的一是吸引美国公司将利润带回国内;二是迫使外国政府降低税率来吸引美国的投资。

二、税基计算中的国际对比

在计算公司所得税、确定税基时,由于会计所得往往与应纳税所得不一致,需要对会计所得加以调整。这是许多财务会计与税务会计有所不同的国家经常遇到的一个问题。因为财务会计的目的是为了真实地反映公司的财务状况和经营成果,而税务会计的目的是为了正确计算税金。也有的国家其税法税则在会计和审计的发展中一直起着支配性作用,使得会计所得与应纳税所得没有什么区别。

折旧是在确定企业所得税税基中被各国税务当局关心较多的一个项目。英美等国财务会计与税务会计产生差异的原因之一就在于折旧项目的处理规定不同,而在法德等国,纳税申报中计算的折旧必须与财务报告中计算的折旧保持一致。

在英国,政府利用折旧政策来鼓励资本性投资,优惠规定的一种形式是对某些资产购买的第一年给予优惠。这种优惠有时可使公司的固定资产投资在当年全部收回,如1980—1981 年,机器设备可提 100％的折旧;1986—1987 年、1990—1991 年购买的机器设备以递减余额的 25％计算折旧。这样计提折旧,按真实与公允反映的要求来看是不正确的,因而只运用于应纳税所得额的计算中。根据政府的优惠规定计算出的应纳税所得额在资产使用的前期较少,可以少交所得税,实际上是推迟交纳所得税,使公司能够及时收回投资,对公司的发展是一种鼓励。但是,在公司的会计记录和提交的财务报表中仍需进行真实与公允的反映。

在美国,对不同资产的折旧有不同的规定。在纳税计算中一般采用修正的加速成本回收制度,允许采用加速折旧法等多种方法。机器设备等固定资产的折旧年限分为 3 年、5 年、7 年等,以直线折旧率的两倍按递减余额计算折旧。工业用建筑物采用直线法按31.5 年计算折旧。

荷兰的公司可以自己决定折旧计提方法,所有的资产都可采用直线法计提折旧,余额递减法可用于建筑物以外的固定资产。一般的折旧水平是:新落成的非住宅建筑物的年折旧率为 14％,厂房为 12％。

法国税法规定对所有的固定资产采用直线法计提折旧,折旧率一般是:工商业用建筑物 5％,办公用房或住房 4％,设备及装置 10％～20％,运输工具 15％～25％。对厂房设备可以采用余额递减法,折旧率按双倍的直线折旧率确定。对消除污染和节约能源的资产允许采用加速折旧法。

德国和日本都是由税法对折旧率作出规定的,除直线法外,两国都允许采用余额递减法。不过,德国规定建筑物必须采用直线法。德国一般的折旧率为:建筑物 4%,厂房10%,办公设备 20%,运输工具 20%～25%。

存货价值如何分配计入销货成本是与企业利润和应纳税所得密切相关的问题。一般各国都允许采用先进先出法和加权平均法。是否允许采用后进先出法在各国之间有一定的差异,有的国家允许采用,如美国;有的国家则不允许采用,如法国;德国规定只有在符合物流的情况下才允许采用后进先出法。

三、资本利得与年度亏损计税规定的国际对比

资本利得是存货类资产以外的资本性资产出售或交换而实现的收入超过其账面价值(或确定应纳税所得时的其他价值)的部分。在荷兰、德国、日本和美国,资本利得要全部加到应纳税所得中。在法国,资产持有期限为短期的(两年以下)要全部纳税,而长期持有资产的资本利得按降低的税率纳税。在中国,企业处理固定资产的收益作为营业外收入入账,并入应纳税所得额中全部纳税。

公司某年度发生亏损,有的国家规定,可以用公司以前年度的利润加以弥补,用规定年限的以前年度的利润不能完全弥补亏损的,可以在以后规定的年限内用各年所得加以弥补。有的国家则规定只可以用以后年度的利润弥补亏损。在用以前年度的利润弥补亏损时,以前年度利润已交纳的所得税可以由公司申请退税。对以前年度年限的规定,英国、日本为一年,德国为两年,美国、荷兰和法国为三年。对以后年度年限的规定,英国和德国没有限制,法国和日本为五年,荷兰为八年,美国为十五年。在中国,企业发生年度亏损,不可用以前年度的利润弥补,可以在以后五年内用所得税前利润延续弥补;连续五年仍未弥补的亏损,从第六年开始用缴纳所得税后的利润弥补。

第五节　　税收饶让和避税港

国际税务中还有以下两种情况值得跨国公司管理会计师和其他管理人员了解。

一、税收饶让

税收饶让是国际税收抵免的一个特殊组成部分,指经济发达国家对本国公司在发展中国家设立的子公司所享受的税收优惠的那部分所得税,特准给予饶让,视同已纳税额而给予抵免,不再按照本国税法规定补征。

税收饶让产生于解决发达国家公司如何真正享受发展中国家政府给予的税收优惠的问题过程中。发展中国家为了吸引发达国家的投资,往往规定对某些具备规定条件的公司,在一定的期限内给予一定的减免所得税的优惠。按一般的抵免方式,发达国家对来源

于国外的所得，只抵免其实际已纳所得税款，结果使得发达国家的公司因在国外未交或少交所得税而在本国仍要交纳或补交所得税，造成发达国家的政府增加了税收收入，而跨国公司实际并不能享受发展中国家政府给予的减免待遇的实惠，影响了发达国家中的跨国公司到所得税率较低或税收优惠较多的发展中国家进行投资经营的积极性。发展中国家政府旨在让与发达国家公司的税收收入，实际转移给了发达国家的政府。

采取税收饶让方式，发达国家承认其本国公司在发展中国家享受的减免税待遇，对享受的减免税款部分，视同已纳税款，与实际已纳税款一样同样准予抵免。这样将会有利于吸引发达国家的资本向发展中国家流动。税收饶让本质上是税收抵免的一种附加措施，但其在维护本国居民和法人从事跨国经营活动的积极性、保证各国税收鼓励措施正常发挥效果方面起到重要作用。

税收饶让方式需要由有关双方国家的政府签订条约或协定，其中要规定适用税收饶让的所得的项目。有些发达国家赞同税收饶让方式，如德国、法国、丹麦、日本、瑞典和英国等；有的国家则不赞成，如美国等。

税收饶让的具体实现一般出现于发展中国家与发达国家之间签订的国际税收协定当中，目前分为三种方式：差额饶让抵免、定率饶让抵免和普通饶让抵免。

差额饶让抵免是指政府对国内企业在国外按照税收协定中优惠税率缴纳的税额与按照税法规定税率计算的税额相比，以其差额视同已纳国外税款而给予抵免。也就是说国内企业虽然按照优惠税率在国外纳税，但是在国内按照外国税法规定的非优惠税率进行税额抵免，使得其在国外少纳的税额也受到了抵免待遇。

定率饶让抵免是指无论国内企业在国外得到多少税收减免的优惠政策，在国内均按照固定的抵免税率（已在双方的国际税收协定上明确该固定税率）计算允许给予的抵免额度。此时企业国内应纳所得税额按下式计算：

$$应纳所得税额＝应纳税所得额×（国内所得适用税率－固定饶让抵免税率）$$

普通饶让抵免是指国内企业在国外得到的减免税优惠，政府同意给予税收饶让，但按照两国签订的国际税收协定中规定的税种范围确定，视同已纳税额给予抵免。也就是说只要是在国际税收协定适用税种范围内，国外政府给予国内企业的税收优惠一般都可以按照实际得到的减免税数额与企业实际缴纳税额一起给予抵免。

二、避税港

避税港是指某些不征收所得税和一般财产税或对所得税和一般财产税实行低税率政策的国家或地区。经济发达的国家，所得税和财产税一般多采用高税率政策，这些国家的跨国公司则利用避税港来减轻或逃避税负，如他们在避税港投资设立子公司或金融机构，将其在高税率国家的营业收入设法转移到避税港的机构去实现，这样可以少纳税甚至不纳税；从而减轻税负或合法逃税。

属于避税港的国家和地区可以分为以下四类：① 全无个人所得税、公司所得税、资本利得税、财产税、遗产税和赠与税等所得税和财产税，如巴哈马群岛、百慕大群岛、凯曼群岛、瑙鲁等；② 以远低于国际一般水平的税率征税，如英属维尔京群岛；③ 对境外收入免税，对境内收入低税，如中国香港、巴拿马、哥斯达黎加等；④ 国家或地方政府本身存在规范的税收体制，但是给予特殊税收优惠，如巴巴多斯、牙买加、列支敦士登、澳门、摩洛哥和瑞士等。

这些避税港的共同特征是面积小、地理位置特殊、税率低、财政规模小同时拥有其他岁入来源。形成这些避税港有其历史、制度和经济上的各种原因。避税港的存在加剧了一些国家避税与反避税的矛盾。跨国公司将资金和利润转移到避税港的做法威胁到许多国家的岁入，因此，各国政府都在采取反避税的措施来遏制跨国公司利用避税港的趋势，如加强反避税立法、规定跨国公司揭示相关信息、削弱银行保密制度的屏障作用、加强与其他国家税务当局之间的信息交流与合作等。

复习思考题

1. 税务与企业会计存在怎样的关系？

2. 简述国际上计征所得税税制的三种类型。

3. 国际双重征税会对国际资本流动带来阻碍，以及违背税负公平的原则。那么应该如何避免国际双重征税呢？

4. 什么是税收饶让？国际避税港有哪些特征？

参考文献

1. 常勋著：《国际会计》第九章，东北财经大学出版社 2001 年版。

2. 朱青：《国际税收》（第九版），中国人民大学出版社 2018 年版。

3. 王德升、白肇鲁、阎金锷主编：《国际会计》第八章，中国时代经济出版社 2002 年版。

4. Choi, F. D. S. and Meek, G. K. (2011), *International Accounting*, 7th edition, Pearson Prentice Hall, chapter 12.

5. Nobes, C. W. and Parker, R. H. (2016), *Comparative International Accounting*, 13th edition, Pearson Education Limited, chapter 21.

6. Radebaugh, L. H., Gray, S. J. and Black, E. L. (2007), *International Accounting and Multinational Enterprises*, 6th edition, China Machine Press, chapter 16.

第十五章　国　际　审　计

国际审计是由审计对象、被审计单位的特殊性而形成的一个审计领域。由跨国经营活动而导致一些审计活动从一个国家逐渐扩展到多个国家,从而使这些审计活动不再纯粹是一个国家范围内的事情,审计过程和结果涉及多个国家有关方面的利益,具有国际影响。

第一节　国际审计的基本概念

国际审计是审计活动向国际化方向发展的结果。引起审计国际化的原因有以下几个方面:① 跨国公司国际经营活动的发展。跨国公司开展国际经营活动,促使原来为其服务的审计机构将其业务活动相应地扩展到国外,这样才能完成所承担的审计任务,实现审计目标,由此使审计活动从国内走向国际,并促进了国际性会计公司的发展。② 资本市场的国际化。国际资本市场需要有可比的和可靠的财务信息予以支持,审计是满足这种需求的重要途径,资本市场的国际化必然使为其服务的审计活动向国际化方向发展。③ 会计的国际化。独立执行审计业务的注册会计师面对日益国际化的会计实务展开审计工作,在解决各国会计实务差异的同时所形成的特有审计观念、方法和技术将审计活动推向国际化。

从技术的角度来看,执行跨国公司审计的审计师是对合并报表进行审计并提交报告,而不是针对个别子公司的报表。但是作为合并报表的编制基础,子公司报表的正确性具有很重要的意义。这意味着当审计师准备对合并报表提出审计报告时实际上是对集团中所有公司的报表作了报告。然而这些子公司可能处于其他的国家,它们的会计记录和财务报表是根据不同的会计准则编制的,而且可能由不同的会计公司的审计师审计过,审计时所依据的是各种不同的审计职业准则。

跨国公司是一些受到中心控制的自治实体的组合体。然而对于审计和财务报告的编制而言,每一个子公司都是一个自治的个体,他们必须按照所在国的规章来编报各种文件,同时担负各种由所在国要求的法定责任。因此,由母公司所在国的会计师事务所审计国外子公司会产生一些不同以往的问题,比如对当地的法律、会计准则、股利发放政策、税务及审计规则等的了解和熟悉问题。跨国公司的审计师必须考虑所能提供的审计可以在多大程度上满足跨国公司的要求,为了不断满足这种要求,会计师事务所必须将审计业务向国际方向发展。

第二节 国际审计中的主要问题

一、环境背景方面的差异

各国政治法律制度和经济体制与发展状况的不同不但对会计环境产生影响,而且造就了各国不同的审计实务。各国审计制度和观念因此而存在着一定的差异,如在一些国家,审计的任务就是对财务报表进行全面的评审,确保它们与公司的会计记录相一致;在另一些国家则除了要求审计师查实财务报表是否与会计记录核对相符外,还要检查会计记录是否真实与公允地反映了公司财务状况和经营成果,是否遵守法律法规。

各国的差异在最基本的"审计"概念上就存在,对跨国公司进行审计时,母公司审计人员对审计的理解可能与子公司审计人员对这一概念的理解不同,因此对子公司的审计人员报告已经完成一项审计任务时,按照母公司审计人员的理解可能只完成了一半的审计任务。基本概念方面的差异必然导致审计观念和审计准则方面的差异。执行跨国公司审计的审计师需对这些差异有充分的了解。

对大型跨国公司的审计可能是由具有不同文化背景、使用不同语言的不同国家的审计师共同完成的。文化上的差异会使不同国家的审计师对审计中的一些问题有不同的看法,例如对被审单位违反税法的行为,在有些国家中是一个很大的事件,会立即引起各方的关注,审计师会很谨慎地处理这种事情,而在另一些国家中,偷漏税并不被人们认为是很严重的事情,甚至会得到人们的同情,审计师不会将其作为重大事项处理。语言问题在国内审计中是不存在的,但在国际审计中有时有可能成为一种障碍。跨国公司审计中,母公司审计人员和子公司审计人员母语不是同一种语言时,日常的信息交流和传递必须使用一种工作语言,他们之间无论是直接使用这种语言还是通过翻译进行交流,都存在着误解的可能。意义上的细微差别和言语之中的情感含义可能反映不出来、传达不出去或不能被人理解。

二、各国会计实务差异

跨国公司往往涉及多种不同的会计规则,一般跨国公司的合并报表是母公司和所有子公司采用同样会计准则后进行抵销合并的结果,这套会计准则可能是母公司采用的会计规则,也有可能是国际会计准则或美国公认会计原则。这就意味着外国子公司需要编制两套报表:一套根据当地所在国的会计制度编制,用来作为当地所在国的报告文件及缴税依据;另一套是根据合并报表的要求按某种会计准则编制的。

跨国公司解决这种由母子公司会计制度不同所带来的问题主要有两种办法：

第一种办法是在整个集团内部使用统一的会计程序,大部分以母公司的会计准则为基础。这样做的好处是合并报表可以与子公司的报告系统建立直接的联系。所有的管理人员对各子公司的年度报告及每月的管理报告都使用统一的衡量尺度。同时它使得内部控制和内部审计变得简单起来,也减轻了集团审计师的负担。不过,在这种方法下子公司在当地为了所在国国内纳税和提交报告的需要再编制一套报告,有时这种重新报告需要当地审计师提供服务,因为公司内部没有人对当地的规则有详细的了解。

第二种办法是允许子公司自己决定自己的会计程序和方法。在这种情况下子公司根据当地的会计规则,作为一个独立的公司来编制报表。然后这些报表被送到母公司进行合并。母公司会计人员的责任是将这些报表根据统一的会计规则进行重新调整。这要求母公司的会计人员对子公司所在国的会计规则以及对各个报表的细节都有详细的了解。这种调整还要经过集团审计师的仔细检验。这种方法的相对缺点是,统一的内部控制和内部审计程序难以实施。其最大的好处是发生企业并购时不需要很大的成本去改造新的子公司的会计系统。

三、各国审计实务差异

集团财务报告的审计很大程度上依赖于各个子公司的财务报告是否依据相同的基础进行了有效的审计。然而各国在审计上都有很大的不同,这种不同不仅仅体现在审计的概念和目的上,还体现在对审计师的培训及职责的要求上。在 19 世纪一般要求公司审计师由公司的一名股东来担任。后来随着经济的发展,对上市公司的审计就由可以胜任这个职位的独立会计师来担任了。然而各国审计实务的发展状况不尽相同。

在英联邦国家,人们认为审计师的责任是对财务报表是否真实与公允地反映了公司的经济状况和财务成果出具意见。而在欧盟国家,主要是那些属于罗马法系的国家,比如在德国,审计师一般只需要证实报表是根据法律中规定的会计准则编制的即可。

审计师可以提供服务的范围和责任各国间也不同。一般为了能使审计师给出一个公正的意见,审计师要完全独立于被审计的企业。在欧洲大陆国家中,法律规定向一个公司提供审计服务的审计师不得再向该公司提供审计以外的其他服务,如在法国审计师除了审计业务外不能向客户提供审计之外的其他业务,在德国也是如此。在英美等国中,安然事件之前一直没有禁止注册会计师在做审计业务中兼做其他业务,当然这在美国一直都是有争议的。《萨班思-奥克斯雷法案》明确划定了注册会计师在执行审计业务的同时被禁止的非审计业务,如簿记或其他类似业务;设计及运行财务信息系统;评估或估价业务;精算业务;某些领域的管理、咨询、顾问或专家服务业务等。由此结束了争论已久的审计、咨询是否应该分开的问题。

审计与政府的关系也反映着各国审计的一定差异。在一些国家,由国家给审计师颁发执照,而在其他一些国家审计师是属于一些独立的职业团体,这些团体负责审计师的注册和监督。在计划经济条件下,审计师被看作是国家经济监督体系的一部分,而在市场经济条件下,审计师变成了一个独立的经济报告者,是相对自治的执业者。

第三节　国际会计公司

国际会计公司一般提供审计、税务和管理咨询等服务,其中国际审计业务随着跨国公司的发展而发展,大型国际会计公司的审计客户往往也是大型跨国公司。各国会计规则、税务规定和审计要求的不同使跨国公司审计不同于一般国内公司审计,主要表现在选择会计师事务所作为公司审计师方面。一般这些公司会选择一个国际会计公司满足他们在全球范围的审计需要。跨国公司的需求促进了国际会计公司向大型化方向发展。大型国际会计公司在 20 世纪下半叶,经历了几次合并扩张的过程,从原来的"九大""八大"合并为后来的"六大""五大",进一步拉大了与下一层次会计公司的差距,成为国际会计市场上的"巨人"公司。20 世纪 80 年代初,"九大"国际会计公司如图表 15-1 所示:

(图表 15-1)

"九大"国际会计公司概况[①]

公 司 名 称	业务费收入(百万美元)		
	1983 年	1982 年	1981 年
安达信(Arthur Andersen,AA)	1 238	1 168	973
毕马威(Peat,Marwick,Mitchell & Co.,PMM)	1 230	1 219	979
永道(Coopers & Lybrand,C & L)	1 100	1 098	998
普华(Price Waterhouse,PW)	1 013	1 003	850
庄柏彬(Klynveld Main Goerdeler & Co.,KMG)	1 000	970	850
安永(Ernst & Whinney,E & W)	972	914	706
雅特杨(Arthur Young & Co.,AY)	955	977	750
德勤(Deloitte Haskins & Sells,DH & S)	900	920	800
杜罗司(Touche Ross & Co.,TR)	—	832	700

国际会计公司的规模可以用多个标准来确定,如业务费收入、合伙人数量、雇员数量、分支机构数量等。至 20 世纪 70 年代,无论用哪种标准进行衡量,排名前九位的国际会计公司与下一层次的公司都有着明显的差距,故有"九大"公司之称。1979 年美国的两个会计师事务所宣告合并,并立刻开始与其他发达国家的大型事务所谈判合并,于当年宣告成

---

①　Source:Campbell, L. G. (1985), *International Auditing*, Macmillan Publishers Ltd., pp. 209-210.

立庄柏彬国际会计公司,其中包括了当时荷兰、丹麦、瑞士、加拿大四国最大的会计师事务所,以及德国第二大、英国第七大、澳大利亚第八大会计师事务所。庄柏彬公司的成立,标志着"巨人"合并时代的开始。庄柏彬公司成立之前,"八大"公司称雄,世人熟知"八大"。

20 世纪 80 年代合并达到高潮。1987 年,庄柏彬与毕马威合并,1989 年,雅特扬与安永合并,杜罗司公司与德勤合并。于是在 80 年代末形成了"六大"国际会计公司的格局。图表 15 - 2 是这六大公司 1989 年和 1995 年的基本情况。

(图表 15 - 2)

"六大"国际会计公司概况①

公司名称	业务费收入(百万美元)		合 伙 人		雇 员		分 支 机 构	
	1989 年	1995 年	1989 年	1995 年	1989 年	1995 年	1989 年	1995 年
安　永	4 278	6 870	6 100	5 288	62 831	46 779	850	685
毕马威	3 900	7 500	5 050	6 003	57 450	49 884	650	840
德　勤	3 761	5 950	5 470	4 650	43 014	42 000	969	680
安达信	2 820	8 100	2 016	2 563	33 568	82 121	217	361
永　道	2 653	6 200	3 600	5 228	46 400	70 500	498	755
普　华	2 218	4 460	2 568	3 246	26 736	38 985	424	434

1995 年时"六大"以下的主要国际会计公司如图表 15 - 3 所示:

(图表 15 - 3)

1995 年"六大"以下的主要国际会计公司②

公 司 名 称	业务费收入(百万美元)	分支机构	合伙人	雇 员
柏德豪(BDO International)	1 230	456	1 770	11 186
均富(Grant Thornton Int)	1 200	549	2 155	11 159
摩斯伦(Moores Rowland Int)	922	472	1 565	8 425

---

① 1989 年数据来源:郝振平、张立民、石爱中:《会计师事务所的组织与管理》,天津科学技术出版社,1999 年,第 7 页。1995 年数据来源:Walton, P., Haller, A. and Raffournier, B. (1998), *International Accounting*, International Thomson Business Press, p. 417.

② 数据来源:Walton, P., Haller, A. and Raffournier, B. (1998), *International Accounting*, International Thomson Business Press, p. 417.

（续表）

公 司 名 称	业务费收入 （百万美元）	分支机构	合 伙 人	雇 员
罗申美（RSM International）	871	416	1 448	7 283
萨美（Summit International）	754	369	1 222	6 051
皮刻夫（PKF International）	720	360	792	6 421
浩华（Horwath International）	590	289	1 144	6 624
那夏（Nexia International）	589	301	887	5 326
浩信（HLB International）	536	353	1 107	5 611

20世纪90年代后期,普华与永道合并,组成普华永道公司,至此国际会计公司前五名形成"五大"。从1999年前10名国际会计公司排名情况看,"五大"与下一层次的公司界限十分明显,如图表15-4所示。安达信会计师事务所由于在安然和世界通信财务报表的审计中涉嫌有违规行为而宣告破产,"五大"缩减为"四大"。

（图表15-4）

1999年度前10名国际会计公司①

公 司 名 称	业务费收入 （百万美元）	合 伙 人
普华永道（PricewaterhouseCoopers）	15 300	10 000
安达信（Arthur Andersen）	13 900	2 788
安永（Ernst & Young）	10 900	6 200
毕马威（KPMG International）	10 400	6 790
德勤（Deloitte Touche Tohmatsu）	9 000	5 608
柏德豪（BDO International）	1 601	1 732
均富（Grant Thornton Int）	1 506	2 335
浩华（Horwath International）	1 185	1 790
罗申美（RSM International）	1 182	1 864
摩斯伦（Moores Rowland Int）	1 141	1 884

国际会计公司不仅像它们的客户一样是一种一体化的国际性集团,而且是一个网络。

---

① Source：http：//www.accountancymagazine.com.

它们可以在本国进行服务也可以提供国际服务,它们共同享用一样的培训设施,一样的程序守则,一样的质量控制标准。当一家总部在底特律的跨国公司请美国的一家国际会计公司做它的审计师,那么,它在国外的子公司便会由该国际会计公司在国外的分支机构进行审计。这样总公司只需要与当地的会计师事务所联系,其子公司的审计问题也就解决了。国际会计师事务所已经有了较高的声誉,任何想要上市或者扩股的公司如果选择四大作为审计师,那么该公司信息的可信程度就会大大增加。目前大部分重要的跨国公司都使用四大的服务。

国际会计公司在各国当地设有分支机构,这样可以通过在各国的分支机构来完成跨国审计业务。在四大会计师事务所中,雇员在各个国家之间较易进行流动,但是各国都有一些有该国资格认证的合伙人来完成在该国的审计业务。因此虽然这些公司是进行跨国的业务,但是一般某个国家的业务都由该国的人员来完成,这样可以减少人员流动过多而增加的费用。

世界贸易组织有专门研究职业服务业务的工作组,他们准备在各国间建立协议,促进注册会计师在各国间的承认,使得审计师在进行跨国服务时减少障碍。这个工作组为各国将签订的书面协议提供了框架。在各国有可能鉴定协议中规定在 A 国获得资格认证的注册会计师,只要进行一次关于 B 国的法规的测试,就可以在 B 国提供服务。

这类协议在某些国家之间已经存在,如在欧盟各国之间,在加拿大和美国、澳大利亚和新西兰之间等。这些国家都是发达国家而且具有相似的职业组织结构。在发达国家与发展中国家之间签订类似协议尚有一定的困难。目前世界贸易组织正在继续为这个进程而努力,促进发展中国家建立自己的国际网络,从而改变国际业务的性质。

中国实行改革开放政策以后,随着国外资本流入中国,国际会计公司也随之进入中国。1980 年 12 月和 1981 年 1 月中国财政部先后批准当时的永道和安永两家公司分别在上海和北京设立常驻代表处,这是中国政府批准设立常驻代表处的最早两家国际会计公司。此后,经财政部批准,又有普华、安达信、杜罗司、毕马威、庄柏彬、德勤和雅特杨等九大公司中的其他公司分别在北京、上海、广州、福州等地设立常驻代表处。

第四节　　国际审计准则

一、各国审计准则

审计准则和会计准则一样在各国之间是不相同的,这至少是因为各国的经济环境不同。从美国在 20 世纪 30 年代末开始制定审计准则以后,许多国家都先后制定了本国的审计准则。各国审计准则的差异也造成了各国间审计实务的差异。在伦敦签发的一份审计报告,可能要被纽约证券市场上的投资者和分析家们、法国的贷款者们或者澳大利亚的雇员们查阅,成为他们进行经济决策的依据。这些阅读者如果熟悉审计报告签发者所遵循的审计准则,对他们理解财务报表的可比性和可靠性会有极大的帮助。

目前,各国的审计准则一般都是由会计职业团体制定的。美国于 1939 年最早开始制定审计准则,该年美国注册会计师协会成立了一个称为"审计程序委员会"的机构,通过总结审计实务,制定颁布"审计程序说明书"。后美国注册会计师协会的审计准则制定机构是审计准则委员会,该委员会制定颁布"审计准则说明书"。《萨班思-奥克斯雷法案》颁布之后,公众公司会计监管委员会被授权制定与上市公司审计报告有关的审计准则。谈到美国的审计准则,最重要的、被认为是处于最高层次的是十条"公认审计准则",它在审计界有着重要的影响,"审计准则说明书"等都被认为是对十条准则的扩充。

其他一些国家制定审计准则的机构是,澳大利亚会计研究基金会下属的审计准则委员会,加拿大特许会计师协会的审计准则委员会,日本大藏省所属的企业会计审议会,英国会计团体协商委员会下设的审计准则委员会。法国、德国和荷兰等国的会计职业团体也颁布类似审计准则的指导性文件或建议书。

二、国际审计准则

国际会计师联合会设有国际审计与鉴证准则委员会,负责制定国际审计准则和国际审计实务说明书。这些国际审计准则及说明书已经被国际证券组织接受作为上市公司编报审计报告应遵循的规范。国际审计与鉴证准则委员会已颁布的国际审计准则及相关准则见图表 15 - 5 所示:

(图表 15 - 5)

已颁布的国际审计准则及相关准则

编号	标　　　　　题
质量控制国际准则	
1	事务所对执行财务报表审计和审阅、其他鉴证和相关服务实施的质量控制
国际审计准则	
200	独立审计师的一般审计目标以及按照国际审计准则执行审计
210	就审计业务约定条款达成一致意见
220	对财务报表审计的质量控制
230	审计记录
240	财务报表审计中与舞弊相关的审计师责任
250	财务报表审计中对法律法规的考虑

（续表）

编号	标　　题
260	与公司治理层中的负责人进行交流
265	向公司治理层和管理层中的负责人就内部控制缺陷进行通报
300	计划一项财务报表审计
315	通过了解被审计单位及其环境识别和评估重大错报风险
320	计划和执行审计中的重要性
330	审计师对评估出的风险的回应
402	对被审计单位使用服务机构的审计考虑
450	评价审计过程中识别出的错报
500	审计证据
501	审计证据——对特殊项目的进一步考虑
505	外部证实
510	初次业务约定书——期初余额
520	分析程序
530	审计抽样
540	对会计估计的审计,包括对公允价值的会计估计和披露的审计
550	关联方
560	期后事项
570	持续经营
580	书面声明
600	对集团财务报表审计的特殊考虑
610	利用内部审计师的工作
620	利用审计专家的工作
700	对财务报表形成审计意见和出具审计报告
701	在独立审计报告中沟通关键审计事项
705	在独立审计报告中对审计意见的修正
706	在独立审计报告中增加强调事项段和其他事项段
710	比较信息——对应的数据和比较财务报表
720	审计师对包含已审计财务报表在内的文件中其他信息的责任

（续表）

编号	标　　题
800	对特殊目的财务报表审计的特殊考虑
805	对单一财务报表和财务报表特定要素或项目进行审计的特殊考虑
810	对简要财务报表出具报告的业务
国际审计实务说明书	
1000	银行间证实程序
1004	银行监管人员和银行外部审计人员的关系
1006	银行财务报表审计
1010	财务报表审计中对环境事项的考虑
1012	衍生金融工具的审计
1013	电子商务——对财务报表审计的影响
审阅业务国际准则	
2400	财务报表审阅业务
2410	中期财务信息审阅
其他鉴证业务国际准则	
3000	历史财务信息审计或审阅以外的鉴证业务
3400	预测性财务信息的审核
3402	对服务组织进行控制的鉴证报告
3410	对温室气体报告的鉴证业务
3420	对招股说明书中预测财务信息编制报告的鉴证业务
相关服务国际准则	
4400	对财务信息执行商定程序
4410	代编财务信息业务

与国际会计准则一样，国际审计准则为提高财务报告在国际资本市场和跨国经营活动中的价值发挥了作用。国际审计准则也为某些规则不完善的国家提供了发展本国审计准则的参考。

国际会计师联合会致力于在其成员国中推行上述国际审计准则及审计实务说明书，尤其本国审计规则与国际审计准则相抵触时，国际会计师联合会宪章要求其成员团体要设法在本国贯彻国际审计准则，或努力使本国准则向国际审计准则靠拢。当然，国际审计准则是建议性的，而不是强制性的，通过国际审计准则协调各国审计实务、缩小各国审计差异是一个渐进的过程,不可能在短期内消除差异。国际审计准则实施中的难点不在于怎样执行它,而在于在何种程度上执行它。

三、中国审计准则

　　1995年12月中国财政部发布了关于印发第一批《中国注册会计师独立审计准则》的通知,要求于1996年1月1日起执行该批准则,中国注册会计师职业第一次有了比较系统的、与国际接轨的职业准则。1996年12月、1999年2月中国注册会计师协会又发布了第二批、第三批独立审计准则。2006年中国审计准则完成了一次重大调整和修订,2月15日,财政部在京举行会计审计准则体系发布会,发布了新的注册会计师审计准则体系。2010年中国审计准则又完成了一次重大调整和修订。

　　中国制定审计准则的目标可以概括为以下四点: ① 建立执行审计业务的权威性标准,规范注册会计师的职业行为,促进注册会计师恪守独立、客观、公正的基本原则,有效地发挥注册会计师的鉴证和服务作用。② 促使各会计师事务所和注册会计师按照统一的执业准则执行审计业务,提高审计工作质量,提高业务素质和职业水平。③ 明确注册会计师的执业责任,维护社会公共利益,保护投资人和其他利害关系人的合法权益,促进社会主义市场经济的健康发展。④ 建立与国际审计准则相衔接的中国注册会计师执业准则。

　　中国注册会计师审计准则体系由以下层次组成:鉴证业务基本准则、审计准则、审阅准则、其他鉴证业务准则和会计师事务所质量控制准则。鉴证业务基本准则由鉴证业务的定义和目标、业务承接、鉴证业务的三方关系、鉴证对象、标准、证据、鉴证报告等内容组成,是鉴证业务的基本要求,是制定审计准则、审阅准则和其他鉴证业务准则的基本依据。

　　目前中国注册会计师审计准则体系内容,如图表15-6所示:

(图表15-6)

中国注册会计师审计准则体系

审　　计　　准　　则			
序号	题　　　　目	序号	题　　　　目
1101	注册会计师的总体目标和审计工作的基本要求	1324	持续经营
1111	就审计业务约定条款达成一致意见	1331	首次审计业务涉及的期初余额
1121	对财务报表审计实施的质量控制	1332	期后事项
1131	审计工作底稿	1341	书面声明
1141	财务报表审计中与舞弊相关的责任	1401	对集团财务报表审计的特殊考虑
1142	财务报表审计中对法律法规的考虑	1411	利用内部审计人员的工作

（续表）

审 计 准 则

序号	题目	序号	题目
1151	与治理层的沟通	1421	利用专家的工作
1152	向治理层和管理层通报内部控制缺陷	1501	对财务报表形成审计意见和出具审计报告
1153	前后任注册会计师的沟通	1502	在审计报告中发表非无保留意见
1201	计划审计工作	1503	在审计报告中增加强调事项段和其他事项段
1211	通过了解被审计单位及其环境识别和评估重大错报风险	1511	比较信息：对应数据和比较财务报表
1221	计划和执行审计工作时的重要性	1521	含有已审计财务报表的文件中的其他信息
1231	针对评估的重大错报风险采取的应对措施	1601	对按照特殊目的编制基础编制的财务报表审计的特殊考虑
1241	对被审计单位使用服务机构的考虑	1602	验资
1251	评价审计过程中识别出的错报	1603	对单一财务报表和财务报表特定要素审计的特殊考虑
1301	审计证据	1604	对简要财务报表出具报告的业务
1311	对存货、诉讼和索赔、分部信息等特定项目获取审计证据的具体考虑	1611	商业银行财务报表审计
1312	函证	1612	银行间函证程序
1313	分析程序	1613	与银行监管机构的关系
1314	审计抽样	1631	财务报表审计中对环境事项的考虑
1321	审计会计估计和相关披露	1632	衍生金融工具的审计
1323	关联方	1633	电子商务对财务报表审计的影响

审 阅 准 则

2101	财务报表审阅		

其他鉴证业务准则

3101	历史财务信息审计或审阅以外的鉴证业务	3111	预测性财务信息的审核

（续表）

	相关服务准则		
4101	对财务信息执行商定程序	4111	代编财务信息
	会计师事务所质量控制准则		
5101	会计师事务所对执行财务报表审计和审阅、其他鉴证和相关服务实施的质量控制		

第五节　跨国公司审计实务

一、跨国公司审计的基本点

一般来讲跨国公司审计在计划、执行及控制等各个方面都要比单一公司的审计复杂很多。一些关键的审计步骤，比如战略计划、风险估计、确定报告的步骤等都是跨国公司审计中绝对必要的组成部分。

审计是一种以客户为中心的服务行业，审计判断贯穿在整个审计业务中，审计师在评价客户财务报告中的一些决定、估计是否合理时要使用职业判断，同时在评价一些说明性的证据而非结论性的证据时也要使用职业判断。

尽管不同的审计业务的各个步骤顺序都有很大的不同，但是每个审计项目必然有三个关键的程序，国际审计也不例外，即计划、执行和完成。这三个步骤将审计程序分为一个有限的有始有终的过程。在实践中审计其实是一个循环的过程：完成了一年的审计工作一般就进入了下一年的审计计划阶段。

外部审计师需要对跨国公司和它的子公司的合并报表发表审计意见。这里即涉及当地会计准则问题，也涉及当地审计准则问题。合并财务报表最终将用来为跨国公司筹集资金或向股东进行报告服务。当客户陷入财务困境的时候，这种报表及其审计报告是最容易引起诉讼的。

作为集团的审计者，审计师有责任对整个集团的合并报表发表审计意见，并且负责制定整个集团的审计计划，确定集团在全球的审计范围。整个事务所要有合伙人（一般在总部）来建立整体的审计计划并且监督审计业务的圆满完成。

跨国公司一般都有自己的审计委员会（在美国上市，即在美国证券交易委员会登记的公司都要有这样的委员会）。它一般包括一些没有参与公司运作的董事，也有的公司可能会邀请一些参与财务或内部控制运作的负责人来参加，其目的是想让有关审计和控制的问题可以在有高级管理者参与的情况下更容易讨论和得出结论。外部审计师在公司审计委员会成立之后就会经常与其成员一同工作,而不是经常与董事会打交道。

为了能够使集团的审计计划建立在一个合理的基础之上,同时又可以对各个分支机构的审计提出明确的要求,主要的审计合伙人必须要理解以下的问题:① 集团的管理结构和企业文化;② 集团管理当局的期望;③ 集团在各地的主要经营行为;④ 地理、政治等一些对企业会产生重大影响的环境因素;⑤ 可能产生重大风险的因素;⑥ 法律、少数股权及租赁协议等可能要求较大规模审计的情况。

事务所的总部要考虑到客户子公司在提供一些需要公布的文件时会考虑到的问题,也要考虑到分支机构在对这些文件进行报告时会遇到的问题,审计师需要根据判断要求母公司及时通知子公司相关的情况。如果母公司做不到,那么事务所的总部就要采取一些其他的步骤来保证分支机构不会因为这些问题而出具错误的报告。集团的审计师要对各地的审计师的工作承担责任,因此他们必须要给各地的审计师发出详细、明确的指令要求,并且控制、复核各地的报告和其他资料。

二、审计策略

为使审计工作能圆满完成,集团审计师的合伙人要从上到下使整个事务所承担集团审计的工作人员对被审计集团的经营哲学、组织文化以及公司的目标都有一个详细的理解,对客户整个管理组织结构和管理计划、合同签订、控制操作的方式有详细的了解。审计的策略是建立在与管理当局进行会谈的基础之上的,它应该考虑到集团的控制结构和运营环境变化。

集团的审计师们主要关心的并非是个别业务或者余额的情况,而是将整个财务报告作为一个整体考虑。整个审计的计划和执行过程都是为了对财务报表没有重大的错报提供一个合理而非绝对的保证。审计的策略是根据对客户财务报表的完整性、真实性、公允性和连续性进行判定这样的审计目的而确定的。

集团审计策略主要包括以下的要素:① 考虑重大错报风险,在确定客户控制系统的有效性之前,对财务报表存在重大错误及不合规情况应有正当的职业怀疑态度;② 考虑控制环境以及其对控制风险的影响,控制系统有可能不能防止或检测出存在的重大错报及不合规的情况;③ 考虑检查风险,审计程序不能发现存在重大错报及不合规情况的风险;④ 将集团分为若干经营单位,对每一个单位确定其审计范围、重大错报风险及重要性标准;⑤ 分析财务报表的要素,考虑每一种要素的重大错报风险。

在计划阶段集团审计师要确定此项审计业务中的重要审计风险所在。通过他们的职业判断,选择可以将审计风险降到可以接受水平的审计程序。集团的审计师要考虑由客户经营的性质、各种财务计划和其他固有因素所造成的风险,分析和判断这些风险概率及其后果,最终目的是将审计风险降低到可以接受的程度。

三、审计范围

对于跨地区的审计一般会涉及对不同经营单位进行审计,即涉及审计范围的确定问题。即使是同一个被审计单位,其内部机构也会复杂庞大,也存在着确定审计范围的问题。另外,对被审计公司的不同机构或不同部分要实施不同程度的审计测试和检查。对于跨国公司来说,子公司当地的审计师对审计范围的确定是以母公司审计师所确定的重要性程度和审计风险标准为基础的。审计范围的确定会因为在审计过程中出现的实际情况和重要数据的变化而发生变化。

在客户集团中对各个单位审计范围进行确定时要考虑以下的因素: ① 公司管理人员的素质和诚实度;② 管理和财务控制系统;③ 审计师对集团经营条件和运营变化的了解;④ 相关的规章制定部门的最新要求;⑤ 以前的审计中的有关的审计发现;⑥ 为了高效务实而进行的审计重点循环。

审计范围的确定是为了保证集团审计师能够对合并财务报表总体发表审计意见。为此,对那些从集团整体来看财务地位不是十分重要的部分以及对当地审计来讲不需要详细审计的部分就可以相应的减少审计工作量、缩小审计范围。因此母公司审计师要根据集团审计的需要来确定不同的审计范围及审计工作量。

事务所的总部对各个经营单位的审计范围进行确定时有以下几种情况: ① 向各个分支机构提供总体计划的备忘录和详细的审计项目情况,包括对全部或某一个审计领域审计范围的决定;② 要求分支机构根据总部确定的重要性标准来进行对特定账户或整个财务报表的审计;③ 要求分支机构对某一个项目或账户根据自己的判断来进行审计。

母公司审计师需确认作为合并报表的每一个要素都应该已经在各地作过不同程度的审计。当存在审计程序的简化或者是审计重点的循环这样的审计方法时,母公司审计师要让集团的管理当局理解因此而存在的审计局限性。

母公司审计师对分支机构提出上报的文件,一般包括以下的内容: ① 测试的目的;② 对将要测试的经营单位的描述;③ 工作时间表;④ 工作的范围;⑤ 涉及的会计审计问题;⑥ 工作报告;⑦ 非审计服务;⑧ 收费情况;⑨ 相关工作人员名单;⑩ 一些相关的年度报告或内部审计控制等报告的复印件。

四、与其他注册会计师的合作

跨国公司有时会在各个子公司聘用互不相关的会计师事务所来进行审计。这样集团审计师就会遇到是如何利用或依赖对子公司进行审计的其他不相关的事务所的工作。这是集团审计或跨国公司审计中经常遇到的利用其他注册会计师的工作的问题。这使得集团审计师不但有审计工作能否顺利按照集团审计的目的进行的问题,而且还可能牵扯到一些是否合法的问题。集团审计师需要认可其他注册会计师的职业声誉、独立性和资格，对此进行评价时要做以下工作：① 调查其他审计师的职业声誉和立场；② 调查其他审计师是否熟悉有关会计审计法规；③ 调查其他审计师的独立性；④ 通知其他审计师为了能够正确编报合并报表需要与他们进行合作；⑤ 通知其他审计师有可能依赖或在可能的情况下引用他们的报告。

集团审计师最终对整个跨国公司审计负完全的责任，因此对其他审计师审计的结果还要采取以下的措施：① 走访有关的审计师并与其探讨审计程序及其结果；② 复审其他审计师的工作，进行必要的追加审计；③ 查阅其他审计师的工作底稿；④ 在可能的情况下要求对方完成审计问卷；⑤ 与由其他审计师审计的子公司的管理当局进行讨论。

在采取上述的各种步骤之前集团审计师要将其计划通知集团母公司及子公司。当集团审计师对其他审计师的职业水平不满意时，需在集团审计报告中提到进行说明，同时要说明他们作出的补救措施和进行的追加程序，如果最终还是无法对其工作表示满意，需在审计报告中进行说明。

五、对合并报表进行审计

集团审计师对合并报表进行审计，包括以下的内容：① 验证对子公司的报表被恰当的进行了合并；② 审计相关的抵销分录；③ 评价由分支机构提出的调整项目；④ 对整个合并报表进行分析性复核。

集团审计师最后要检查分支机构的审计报告和关于测试的备忘录，在需要的时候可能还会要一些其他的信息，将这些报告和资料的内容与分析性复核的结论进行对比，以便作出全面的分析。

跨国公司在合并报表的编制过程中会涉及抵销与合并的操作，还会有一些比较复杂的业务，如财务年度不同的调整，外币折算，年内进行的并购，少数股东权益的计算，税务影响的计算等。除了要对资产负债表和损益表进行合并审计之外，集团审计师还要对报表的附注进行审计测试。

集团审计师将各个分支机构的情况进行汇总，然后与集团的管理当局进行讨论，确定对不当之处进行适当的更正或调整。集团审计师将对结果进行评价，确定是否有未解决的调整问题会影响到对整个合并报表发表审计意见。

为了能够使审计报告覆盖从得到分支机构审计报告到出具集团审计报告这一期间的所有情况，集团审计师还要进行期后事项审计。这些程序保证在分支机构出具报告之后没有需要披露说明的新情况和新事件发生。集团审计师还要对整个的披露情况及有关的法律政策等情况做出说明，保证集团报表符合有关的要求。

近几年，董事会对年度报表的责任得到了越来越多国家的重视，各国要求在年度报告中表明董事会等高层管理人员对内部控制系统和年度财务报告所承担的责任。因此在整个审计过程的最后,集团审计师会向审计委员会作一报告,对内部控制情况和一些其他需要注意的情况提出建议。

第六节　跨国公司内部审计与审计委员会

公司内部审计已经有了几十年的发展历史,世界各国的内部审计师也已经形成了一支庞大的队伍。1941年在美国成立了内部审计师协会(Institute of Internal Auditors, IIA),该协会现已发展成为一个国际性组织,总部仍设在美国。协会的目标是通过思想和信息的交流提高内部审计师的各种素质、促进内部审计职业的发展。内部审计师协会的活动包括各分会组织的讨论会、协会组织的大型研讨会、通过其研究基金会开展研究活动、出版专业杂志(《内部审计》)、对现代内部审计政策和实务提出报告以及执行各种教育方案。内部审计师协会还制定内部审计准则、指南,提供有关内部审计的信息。

内部审计师协会颁发注册内部审计师(Certified Internal Auditor, CIA)证书,经过近30年的努力,该协会的证书已成为一种国际认可的职业资格证书。此外该协会还颁发控制自评证书(Certification in Control Self-Assessment, CCSA)、政府审计职业证书(Certified Government Auditing Professional, CGAP)。各种组织中的内部审计师在促进经营管理水平的提高、加强和完善会计信息系统和管理控制系统等方面发挥了重要作用,尤其由于内部审计师的影响,促使美国国会通过了《1977年国外贿赂法案》。

内部审计师协会在其《关于内部审计师职责的声明》中指出:"内部审计是在一个组织内部以检查会计、财务和其他经营活动为基础来为管理部门服务的一项独立的评价活动。它是一项管理控制,用于衡量和评价其他控制的有效性。内部审计的主要目的是通过进行目标分析、评价、提出建议以及对所查活动提出中肯意见,帮助所有管理人员有效地履行自己的责任。审计的目标包括以合理的成本促进有效的控制。"

内部审计是公司整体控制系统的有机组成部分,是更高层次的控制系统,即对控制的再控制。跨国公司子公司和各种分支机构众多,分布在许多国家和地区,组织结构也表现为管理层次多、人员构成复杂,所以,要实现公司的总体目标,就必须设置有效的管理信息系统和内部控制制度,而检查和保证管理信息系统和内部控制制度运转正常和行之有效对跨国公司显得更加重要,内部审计在其中发挥着越来越重要的作用,日益引起跨国公司的高度重视。

综观世界范围内的跨国公司,多以股份公司为主要的组织形式,公司的最高权力机关是股东大会,日常管理由董事会统一负责。内部审计在行政上一般由公司总经理领导,但是可以向董事长报告工作。内部审计的经费在公司中有专门的独立预算。这样设置是为了保证内部审计的独立性,保证工作进程的客观公正和审查结果的真实公允。

跨国公司内部审计与一般国内公司相比有一些明显的不同之处。跨国公司各子公司处于不同的法律环境之中,公司内部审计人员需要了解这些不同的法律环境,这是做好对各子公司进行审计的基础;各子公司通常遵循当地的会计准则,整个跨国公司会计实务存在着较大的差异,目前跨国公司尚不能做到在全球范围内实现公司内部会计实务的标准化;各子公司使用不同的货币作为记账货币,并用不同的语言记账;文化背景的不同和距离的遥远在跨国公司内部审计中也成为需要考虑的因素。所有这些都是跨国公司内部审计所面对和所应解决的问题。

许多跨国公司都设有审计委员会,有的作为董事会的下属委员会,有的作为监事会的下属委员会。审计委员会成员由股东大会选举产生,由非执行董事组成。审计委员会的职责主要包括,协助董事会或监事会履行监督职能,对内部审计的独立性提供必要的保证,审查其工作计划和接受其工作汇报,协调内部审计和外部审计的关系。审计委员会的具体工作包括:选择对本公司进行审计的外部审计师;与外部审计师签订审计约定书,审查外部审计师的工作计划;审查内部审计部门的预算、工作计划、审计结果和审计报告;检查公司经营政策、工作程序和内部控制系统;分析新颁法律法规对公司的影响等。

审计委员会的作用主要表现在:① 使内部审计部门的独立性得到强化,同时也使内部审计的地位得到提高;② 保证各种监督机制和控制制度的正常运转,从而保证财务信息和其他管理信息更为可信和客观;③ 保证内部审计工作的高质量,通过指导和监督内部审计部门的工作,确保其按计划开展工作和及时解决工作中存在的问题,从而提高内部审计工作的质量;④ 更好地协调董事会、外部审计和内部审计之间的关系。

复习思考题

1. 国际审计是审计活动向国际化方向发展的结果。引起审计国际化的原因主要有哪些?

2. 国际审计与国内审计相比有哪些主要问题?

3. 中国独立审计准则与国际审计准则相比的异同点有哪些?

4. 借鉴国际会计公司的发展经验探讨中国会计师事务所的发展方向。

参 考 文 献

1. 中国注册会计师协会:《中国注册会计师审计准则体系》,中国注册会计师协会网站(http://www.cicpa.org.cn)。

2. Campbell, L. G. (1985), *International Auditing*, Macmillan Publishers Ltd.

3. Nobes, C. W. and Parker, R. H. (2016), *Comparative International Accounting*, 13th edition, Pearson Education Limited, chapter 19.

4. Radebaugh, L. H., Gray, S. J. and Black, E. L. (2007), *International Accounting and Multinational Enterprises*, 6th edition, China Machine Press, chapter 15.

5. Walton, P., Haller, A. and Raffournier, B. (1998), *International Accounting*, International Thomson Business Press, chapter 20.

上 网 查 询

1. 国际会计师联合会
   http：//www. ifac. org/
2. 毕马威国际会计公司
   http：//www. kpmg. com/global/en/pages/default. aspx
   http：//www. kpmg. com/cn/zh/Pages/default. aspx
3. 普华永道国际会计公司
   http：//www. pwc. com/
   http：//www. pwccn. com/home/chi/index_chi. html
4. 安永国际会计公司
   http：//www. ey. com/GL/en/home
   http：//www. ey. com/CN/ZH/Home
5. 德勤国际会计公司
   http：//www. deloitte. com/view/en_GX/global/index. htm
   http：//www. deloitte. com/view/zh_CN/cn/index. htm
6. 内部审计师协会
   https：//global. theiia. org